THEORY AND PRACTICE OF **SENIOR CITIZEN WELFARE**

노인복지론

고수현 · 윤선오

수 양 재

머리말

최근 저출산 · 고령사회에 대한 논의는 가히 혁명적이라 할 만큼 확산되고 있으며, 앞으로의 사회에서도 지속될 전망이다. 저출산으로 인한 인구고령화 현상으로 국가적으로는 생산가능인구의 감소와 함께 노인부양문제가 대두되고 있고, 개인적으로는 평균수명의 연장에 따른 성공적 노화가 최대의 인생 과제로 자리 잡게 되었기 때문이다. 따라서 복지사회를 지향하는 현대국가나 100세 시대를 살아가는 현대인에게는 노후문제가 관건이 된다.

'노인복지론'은 바로 이러한 노후문제를 이론과 실제 영역에서 학습하고 논의하는 교과목이다. 즉 노화와 노인문제를 노화이론에 기초하여 노인복지정책과 노인복지서비스의 실천적인 접근을 하는 학문인 것이다. 그러므로 '노인복지론'의 학습은 생물학적(신체적) · 심리적 · 사회적 노화현상을 학술적으로 검증한 노화이론에 기초한 노인문제의 이해에서부터 시작되어야 한다. 그리고 그 노인문제를 해결하기 위한 노인복지정책과 노인복지서비스 차원의 노인복지활동에 관한 지식을 학습하여야 한다.

이러한 관점에서 이 책은 노인복지론 학습에 요구되는 전문지식을 체계적으로 제공하기 위하여 2006년에 『새로운 노인복지론』으로 처음 출판(도서출판 양서원)한 후, 급변하는 노인복지환경과 내용에 맞추어 『노인복지론』으로 개칭하여 지속적으로 개정판을 발간해 왔다. 그리고 이번에는 2021년 기준으로 전면개정하여 새롭게 도서출판 수양재에서 내놓게 되었다.

이 책의 구성은 노화와 노인문제, 노인복지정책, 노인복지서비스의 3개 부문으로 나누어 총 13개 장으로 배치하였으며, 그 세부적인 구성과 내용을 소개하면 다음과 같다.

제1부 <노화와 노인문제> 영역에서는 본격적인 노인복지를 논의하기 전에 일반적이고 기초적인 개념과 이론을 학습할 수 있는 내용을 4개 장으로 배정하였으며, 윤선오 교수의 일부 초고를 인용하여 주 저자가 전면적으로 수정·보완한 초판 발행 후, 재수정 단계와 재개정 단계를 거쳐 왔다. 제1장에서는 서론에 해당하는 부문으로서 노인과 노화의 이해를 위하여 노인의 정의, 인구의 고령화, 노화와 노년학에 관하여 다루었다. 제2장에서는 인간의 노화현상을 신체적·심리적·사회적 견지에서 분류하여 다루었으며, 제3장에서는 이러한 노화현상에 근거하여 검증된 노화이론을 생물학적(신체적)·심리학적·사회학적 차원에서 분석하였다. 제4장에서는 노인의 주요 사회문제로서 질환과 건강문제, 소득감소와 역할상실로 인한 세대 갈등 문제, 노인인권 영역인 학대와 성 문제를 다루었다.

제2부 <노인복지정책> 영역에서는 노인복지를 이해하는 기초이론에서부터 노인복지활동인 정책 및 프로그램을 학습할 수 있는 내용을 4개 장으로 배정하였다. 제5장에서는 노인복지정책의 개괄적인 이해를 위해 노인복지정책의 개념과 이념, 노인복지정책의 체계와 영역으로 구분하여 접근함으로써 그다음 장에서부터 각론으로 제시되는 분야별 노인복지정책 프로그램을 이해하는 초입 단계 역할을 하도록 하였다. 제6장에서는 저소득층 노인을 위한 공공부조 프로그램을 국민기초생활보장, 기초연금, 의료급여제도로 구분하여 다루었다. 제7장에서는 중산층 이상 노인의 소득보장 프로그램으로 국민연금, 특수직역연금, 주택연금으로 세분하여 다루었다. 제8장에서는 중산층 이상 노인의 의료보장과 요양보장 프로그램으로서 국민건강보험과 노인장기요양보험을 다루었다.

제3부 <노인복지서비스> 영역에서는 노인복지서비스가 전달되는 실천현장인 다양한 노인복지시설의 설치와 운영에 관한 실무적인 전문성을 익힐 수 있도록 5개 장

으로 배정하였다. 세부적으로 보면 제9장에서는 노인복지서비스의 유형을 시설노인복지서비스, 재가노인복지서비스, 노인사례관리서비스로 분류하여 개관하였다. 제10장에서는 노인복지서비스가 이루어지는 시설을 다루는 첫 장이므로 먼저 노인복지시설 전체를 개관하고 노인주거와 노인인권문제와 관련된 노인주거복지시설과 노인보호전문기관을 다루었다. 제11장에서는 노인여가활동과 사회적 참여와 관련된 노인여가복지시설과 노인일자리지원기관 등을 배치하고 해당 시설의 개요와 설치·운영 기준을 세부적으로 서술하였다. 제12장에서는 노인장기요양보험제도와 관련된 노인의료복지시설과 재가노인복지시설에 대하여 설치목적과 입소대상, 설치·운영 기준으로 나누어 서술하였다. 그리고 이번 개정판에 추가된 제13장에서는 죽음과 사후 복지/ 장묘복지서비스라는 주제로 인간으로서 누구나 생애종결 시기에 마주하는 죽음 이후의 사후복지서비스문제를 다루면서 전체적인 노인복지론을 종결하였다.

그러므로 이 책은 사회복지학도들의 전문적인 학습을 포함한 100세 시대를 살아가는 현대인 모두가 마주하게 되는 노후문제를 성공적으로 해결하고 생애종결을 준비할 수 있는 지침서라고도 할 수 있다는 점을 강조한다. 끝으로 이 책을 통하여 사회복지교육현장에서 마주하게 될 교수님들과 사회복지 학도들의 건승을 기원하고, 아울러 어려운 출판환경 속에서도 좋은 책 내기에 힘쓰고 있는 도서출판 수양재의 임직원 여러분께도 감사의 말씀을 드린다.

2021년 9월

고 수 현

차 례

Part 02 노인복지정책

chapter 05 노인복지정책의 개관 / 97

chapter 06 노인 공공부조정책 / 127

chapter 07 노인 연금보험정책 / 153

chapter 08 노인 의료보험정책 / 189

Part 03 노인복지서비스

01

노화와 노인문제

Senior Citizen Welfare | chapter 01

노인과 인구고령화

1. 노인의 정의

오늘날 인구고령화 문제가 국가가 추진하는 사회복지(사회보장)의 주된 영역이 되고 있는 것과 마찬가지로 노인을 대상으로 한 사회복지정책과 사회복지실천 영역은 사회복지실천현장에서도 광범위한 영역을 차지하고 있다. 같은 맥락에서 사회복지정책과 사회복지실천의 영역에서 활동하는 전문직 양성을 목적으로 하는 사회복지학 교육에서도 『노인복지론』은 사회복지분야론 중에서도 가장 중요하고 비중이 큰 교과목이다. 그러므로 사회복지정책이나 사회복지실천의 대상자인 '노인'이 누구인가를 제대로 규명하는 것은 『노인복지론』 학습에서 가장 중요한 기본이 된다.

일반적으로 노인(老人)이란 산업사회에서는 60세 이상의 나이가 많은 사람(senior citizen), 혹은 늙은 사람(aged person)을 지칭하는 말이지만 21세기의 고령사회에서는 전반적으로 평균수명이 연장됨으로 인하여 이를 학문적으로 정의하고자 한다면 그것은 그다지 용이한 것이 아님을 알 수 있다. 따라서 어느 정도의 나이를 기준으로 노인 나이로 규정할 것인가? 혹은 인간이 어느 정도의 나이가 들었을 때(Aging) '나이가 많은 사람' 혹은 '늙은 사람'이라고 지칭할 것인가? 등을 규정할 때는 시대와 사회, 또는 개개인의 주관적 입장 등에서 다소 차이가 발생할 수 있다.

그러나 사회의 고령화(Aging of Society)가 진행되면 될수록 노인복지정책이나 노인복지실천의 대상자로서의 '노인'을 어떻게 규정할 것인가는 매우 중요한 과정을 필요로 한다. 왜냐하면 어느 정도의 연령에 이르렀을 때 데모그랜트(demogrant)[1]성의 수혜를 적용할 것인가? 또는 국가적 · 사회적 노인복지정책은 몇 세를 기준하여 적용하여야 할 것인가? 연금혜택은 언제부터 적용해야 할 것인가? 등의 정책결정의 과정에서 노인의 기준을 확실히 정할 필요성이 증가하기 때문이다. 따라서 여기에서는 노인의 개념을 명확하게 규정하기 위해 노인에 관한 여러 정의들을 살펴보고자 한다.

일반적으로 노인의 정의는 크게 '노화현상에 의한 노인의 정의'와 '노인에 대한 인위적 혹은 조작적 정의'로 구분하여 개념화할 수 있다.

1) 노화현상에 의한 개념

(1) 국제노년학회의 정의

노화현상에 의한 노인의 정의란 노인의 개념을 노화현상과 관련하여 정립해야만 한다는 입장으로 국제노년학회의 정의가 대표적이다. 1951년에 발간된 국제노년학회의 간행물에서 정의하고 있는 노인은 다음에서와 같이 노화현상에 관련하여 정의하고 있다.

1) 데모그랜트는 개인이나 가족의 사회적 · 경제적 지위나 수준과 관계없이 한 나라의 국민 전체 혹은 특정 부류(category)에 속하는 사람 전체에게 국가가 일정한 액수의 금품 또는 서비스를 제공하는 것을 말한다.

① 환경의 변화에 적절히 반응할 수 있는 생리적 조직기능이 쇠퇴하고 있는 사람
② 생체의 자체 통합력이 쇠퇴하고 있는 사람
③ 생체의 기관, 조직, 기능이 감퇴기에 있는 사람
④ 생체의 적응능력이 감퇴하고 있는 사람
⑤ 생체조직의 예비능력이 감퇴하여 적응력이 떨어지는 사람

(2) 비렌의 정의

노화 연구의 대표적 학자인 미국의 비렌(Birren, 1959)은 노인의 개념은 최소한 인간의 생리적 · 신체적 · 심리적 · 사회적 노화현상과 결부하여 이해되어야 한다고 하였다. 따라서 노인의 개념을 노화현상과 결부하여 정의하고자 한다면, '노인이란 생리적 · 신체적 노화현상에 의해 심리적 · 사회적 기능과 역할이 감퇴하고 있는 사람'이라고 할 수 있다.

이러한 노화현상에 의한 노인의 정의는 노인의 개념을 노화현상의 복합적 의미와 결부하여 정의하고 있다는 점에서 비교적 객관적 입장을 취하는 것이라 할 수 있다. 그러나 감퇴의 정도와 기능 수행의 정도가 어떤 상태에 도달했을 때를 노년기에 접어들었다고 할 것인지는 다분히 주관적 판단에 의존할 수밖에 없다고 할 수 있으므로 실제적인 사회복지정책이나 실천의 대상으로서 '노인'을 규정하는 데는 한계가 있는 개념이다.

2) 조작적 설정에 의한 개념

노인에 대한 조작적 정의란 어떤 목적이나 편의를 위해 인위적, 혹은 조작적으로 설정한 노인의 개념을 의미한다. 예컨대 개인의 자각에 의해 스스로를 노인으로 규정할 경우와 사회적 역할을 상실하였을 경우를 노인이라고 칭하거나, 특정 시대와 사회의 통념에 의해 특정 역연령(曆年齡)을 기준으로 설정한 노인의 개념이 대표적이다.

좀 더 세부적으로 보면 행정적 조치와 정책을 수립하기 위해 노인을 설정해야 할

필요성에 의해 규정된 노인, 사회과학적 연구대상으로 노년층을 구분해야 할 필요성에 의해 설정된 노인, 산업현장에서 연령에 따라 기능의 정도를 구분하고, 구분된 연령에 따라 각기 상이한 역할을 부여해야 할 필요성이 있을 때는 조작적 설정에 따라 노인의 정의가 이루어진다고 볼 수 있다.

(1) 개인의 자각에 의한 연령

개인의 자각에 의한 노인의 정의는 개인 스스로가 주관적 자각에 의해 스스로를 노인이라고 생각하는 사람을 노인이라고 규정함을 말한다. 그러나 이러한 정의도 어느 정도 생리적 · 신체적 · 사회심리적 노화의 상태를 내포한다고 할 수 있지만 개인의 주관적 느낌에 전적으로 의존하므로 객관성이 결여되어 보편적 정의로는 볼 수 없다. 하지만 노년학 영역에서 노인으로서의 자각의 시기를 조사한다거나, 그러한 사람의 행위양식이나 의식구조 등을 조사할 경우, 개인의 자각에 의한 노인의 개념을 적용하기도 한다.

최근 고령사회가 일반화되자 80세의 노인도 경제력을 바탕으로 문화, 소비생활에 적극적이며 활동적인 노인세대를 이르는 'active senior'를 지향하고, 일반적으로는 1955년부터 1963년 사이에 태어나 1970~80년대에 사회생활을 시작한 세대를 일컫는다.

이러한 맥락에서 일본 등에서는 장수시대의 실상을 반영하여 '0.8곱하기(×) 인생'이라는 나이 자각법이 유행한다. 가령 80세일 경우에는 80 × 0.8을 하여 과거의 64세인 사람과 같이 스스로 생각하는 경향이 있는데, 이는 개인의 자각에 의한 조작적 노인의 개념이라고 할 수 있다.

(2) 역할감소나 상실에 의한 연령

사회적 역할감소나 상실에 의한 노인이란 생산활동으로부터 은퇴한다거나 여성의 경우 주부로서의 역할과 지위를 이양함으로써 중요한 사회적 역할과 지위가 감소하거나 그것을 상실한 사람을 노인으로 규정하고자 하는 조작적 정의이다. 예를 들어 산업사회 이후 임금근로자들이 직장에서 은퇴하는 시점을 노인기로 접어드는 시점으로 보고자 하는 견해이다(大道安次郎, 1987 참조 재수정).

이러한 정의에 의하면 한국의 경우 대부분 55세에서 65세 사이에 직장에서 은퇴하게 되고, 대다수 새로운 역할이나 지위를 획득하지 않게 되는데, 이러한 은퇴시기를 노인기가 시작되는 시점이라고 규정할 수 있다. 그러나 평소 사회적 역할을 수행하지 않는 사람이나 특정 연령대에 은퇴시기가 결정될 수 없는 역할을 수행하는 사람들에게는 적용하기가 어렵다. 예컨대 농수산업 종사자, 자영업자, 창조적 작업에 종사하는 예술인 등에게는 해당할 수 없고, 다만 정년이 정해진 임금근로자에게만 적용할 수 있다는 한계를 가지고 있는 조작적 정의라고 할 수 있다.

(3) 월력상의 연령

월력상 특정 연령에 이르게 되는 사람을 노인으로 규정하고자 하는 조작적 정의인데, 산업화 이후 대부분의 국가들이 65세를 노년기에 도달하는 연령으로 설정하고 있다. 역연령상으로 60세나 65세를 노년기가 시작되는 시점으로 보는 것은 생리적・신체적・사회적・심리적 노화의 특성을 반영하는 것이다. 하지만 개개인이 가지고 있는 신체적・정신적 노화의 정도는 사람에 따라 각기 상이한 양상을 나타낼 수 있으므로 획일적으로 특정 연령을 노년기에 도달한 나이로 규정한다는 것은 무리가 따를 수도 있다.

산업사회 이후의 대부분의 국가에서는 65세를 노인으로 규정하고 있는데, 이것은 1889년 독일의 비스마르크(Bismarck) 수상에 의해 세계 최초로 제정된 폐질노령연금의 수혜자격 연령을 65세로 규정한 전통에 따른 것이다. 그러나 연금수혜 한계연령을 설정함에 있어서 당시 독일인의 노화상태를 과학적으로 유추한 결과에 의해 65세가 연금을 수혜하기에 적합한 연령이라고 결정한 것이 아니었으며, 전적으로 비스마르크가 산업화를 달성하기 위한 정치경제적 의도에 의해 결정되었다고 볼 수 있다.

그러므로 60세나 65세 이상 연령대의 사람을 일률적으로 노인, 혹은 노년기의 사람이라는 하나의 집단(cohort)으로 분류한다는 것도 무리가 따른다. 따라서 특정 연령적

집단을 동일한 특성의 집단으로 분류함에서 오는 무리를 피하기 위해서 미국 시카고 대학의 심리학 교수 버니스 뉴가튼(Bernice Neugarten et al., 1964)은 55~75세의 노인을 연소노인(年小老人, young-old)으로, 75세 이상의 노인을 고령노인(高齡老人, old-old)으로 분류하여 규정하였고, 브로디(Brody, 1977)는 60~64세의 노인을 연소노인(年小老人, young-old), 65~74세의 노인을 중고령노인(中高齡老人, middle-old), 75세 이상의 노인을 고령노인(高齡老人, old-old)으로 각각 구분하여 칭하였다.

이러한 관점에 기초하여 일본에서는 2000년대 초반에 75세 이하의 노인층을 '신중년(Active Senior, 엑티브 시니어)'으로 칭하게 된다. 그러나 행정업무상 혹은 사회복지정책상의 노인은 모두가 역연령의 구분에 의해 결정되는데, 한국의 경우 「국민연금법」은 60세를 노령연금 수급연령[2]으로 정하고 있으며, 「국민기초생활보장법」이나 「노인복지법」상의 공공부조에 의한 수급연령대상은 대부분 65세로 정하고 있다. 그리고 「고용상 연령차별금지 및 고령자고용촉진에 관한 법률」상으로 고령자는 55세 이상인 자, 준고령자는 50세 이상에서 55세 미만인 자로 규정하고 있다.

한국 사회는 전통적으로 60세(이순, 耳順)를 노인에 도달한 나이로 보고, 만 60세가 지나면 회갑연(回甲宴)을 베풀어 평안한 시기에 이르렀음을 축하해 왔지만, 평균수명의 연장으로 최근에는 노년기의 시점을 70세(칠순, 七旬)[3]로 보고자 하는 경향성이 높아지고 있다.

(4) 기능상의 연령

역연령에 의해 획일적으로 노인을 규정한다는 것은 노화진행에 대한 개인차를 무시하고 각 개인이 가지고 있는 능력 및 특정 연령대가 소유하는 특수능력을 간과하게 된다는 문제점을 가지고 있다. 예컨대 20~30대에는 신체적 활동성과 분석적 능력을

2) 1969년 이후의 출생자는 65세부터 국민연금의 노령연금 수급자가 될 수 있다.

3) 62세를 진갑(進甲), 80세를 팔순(八旬) 또는 산수(傘壽), 90세를 구순(九旬) 혹은 졸수(卒壽), 99세를 백수(白壽), 100세를 상수(上壽), 120세를 천수(天壽)라고 칭한다.

필요로 하는 영역에서 강점을 나타낸다면, 40~50대에는 조직적이고 종합적인 능력을 강조하는 영역에서 우세하며, 60~70대에는 정적이고 사회적 관계와 경험에 의한 능력을 요구하는 영역에서 강점을 나타낼 수 있다.

기능적 연령에 의한 노인의 정의는 역연령상의 능력을 완전히 배제하는 것은 아니지만 각 연령대가 가지는 신체적·심리적·사회적 특성과 사회나 산업현장에서의 각각의 영역들이 요구하는 기능의 특성과 정도를 고려한 상태에서 노인을 규정하려는 것이다. 예를 들어 50대와 60대의 사람은 육체적으로 높은 강도를 요구하는 건설현장의 노동자로서는 쇠퇴한 노인일 수 있지만, 육체적 강도보다는 사회적 관계나 경험을 가지고 어떤 일을 처리하거나 관리를 해야 하는 영역에서는 노인이 아닐 수 있다는 것이다.

따라서 기능에 의한 노인의 정의는 산업노년학(Industrial Gerontology)의 관점에서의 개념이라고 볼 수 있는데, 개인의 능력과 기능을 감안하고 개인차를 고려한 상태에서 노인을 규정하고 있다는 장점이 있다. 하지만 개인이 가지고 있는 실제능력을 판단할 수 있는 의학적·사회적·심리적 기준이 모호하여 많은 경우 관찰자나 판단자의 주관적 기준에 의해 노인으로 규정될 수 있다는 단점도 있다.

2. 인구의 고령화

1) 인구구성비와 부양비

국제연합(UN)의 규정에 의하면 전체 인구에서 노인인구가 차지하는 비율이 전체 인구의 7%를 넘으면 고령화사회(aging society), 14%를 넘으면 고령사회(aged society) 그리고 20%를 초과하면 초고령사회(ultra/super-aged society)라고 칭한다.

한국은 2000년에 65세 이상 인구 비율이 7.2%에 도달하여 고령화사회에 접어들었고, 2017년에는 14%를 초과하여 고령사회에 도달하였으며, 2025년에는 20%를 초과하는 초고령사회가 될 것으로 보인다. 실제 인구수를 보더라도 노인인구는 2019년에

800만 명을 초과하여 수년 안에 1,000만 명에 도달할 것으로 보인다.

특히 2020년 출생자 수는 30만 명이 붕괴되어 27만 6천 명이고 사망자 수는 30만 8천 명에 이르러서 인구가 자연감소하는 '인구 데드크로스(dead-cross)'현상과 함께 전체 인구도 줄어드는 '인구절벽' 시대에 접어들게 되었다. 이러한 점에서 한국의 인구는 저출산으로 인해, 2050년에 이르면 전체 인구는 4,235만 명으로 감소하는 반면에 노인인구는 1,579만 명으로 늘어나 전체 인구의 37~40%를 노인인구가 차지할 것으로 예상된다(〈표 1-1〉 참고).

이러한 고령화는 노인부양에 대한 젊은이들의 부담이 가중되는 위기요인이 된다. 아울러 한국의 노인부양비는 1970년 5.7%, 2010년 14.9%이며, 2020년 21.8%, 2030년 37.3%로 꾸준히 높아질 전망이다(〈표 1-2〉 참고). 여기에서 부양비율(dependancy ratio)의 개념을 보면, 부양인구(경제활동가능인구)를 100으로 볼 때 피부양자가 차지하는 백분율로서 총부양비(율), 유년부양비(율), 노인부양비(율)로 구분된다.

〈표 1-1〉 **한국 인구구성비 추이**(1980~2050)

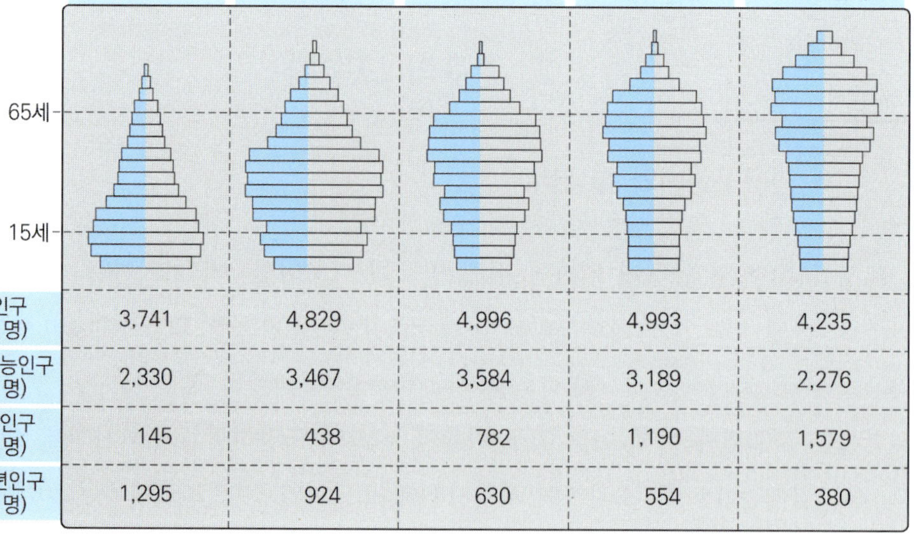

	1980년	2005년	2020년	2030년대	2050년대
총인구(만 명)	3,741	4,829	4,996	4,993	4,235
생산가능인구(만 명)	2,330	3,467	3,584	3,189	2,276
노인인구(만 명)	145	438	782	1,190	1,579
유소년인구(만 명)	1,295	924	630	554	380

출처 : 보건복지부, 『2013, 2015, 2018, 2021 노인복지사업안내』 참고.

먼저 총부양비는 연소인구(0~14세)와 노령인구(65세 이상)를 합한 인구를 생산인구(15~64세)로 나눈 값이며, 유년부양비는 유년인구(0~14세 인구)를 생산인구(15~64세)로 나눈 값이다. 그리고 노인부양비는 노령인구(65세 이상)를 생산인구(15~64세)로 나눈 값이다.

아울러 노령화 지수(index of aging)는 0~14세 이하의 유년인구를 100으로 볼 때 65세 이상의 노인인구 수가 차지하는 백분율(%)을 말하는데, 한국은 '2016년 인구주택총조사' 결과 고령인구가 678만 명을 기록함으로써 유소년인구(677만 명)를 처음으로 초과하여 노령화 지수 100을 넘어섰다.[4] 연도별로 세부적으로 보면 2011년 71%, 2012년 76.1%, 2013년 81.5%, 2014년 87%, 2015년 93%, 2016년 98.4%, 2017년 105.1%, 2018년 111.9%, 2019년 119.4%, 2020년 129.0%로 가파르게 노령화 지수가 상승하고 있는 실정이다.

〈표 1-2〉 부양비 및 노령화 지수 추이

구분 \ 연도	1970	1980	1990	2000	2005	2010	2020	2030	2050
총부양비	83.8	60.7	44.3	39.5	39.3	37.3	39.4	54.7	86.1
유년부양비	78.2	54.6	36.9	29.4	26.7	22.3	17.6	17.4	16.7
노인부양비	5.7	6.1	7.4	10.1	12.6	14.9	21.8	37.3	69.4
노령화 지수	7.2	11.2	20.0	34.3	47.4	66.8	129.0	214.8	415.7

주: • 총부양비 = (0~14세 인구 + 65세 이상 인구) ÷ (15~64세 인구) × 100(%)
• 유년부양비 = (0~14세 인구) ÷ (15~64세 인구) × 100(%)
• 노인부양비 = (65세 이상 인구) ÷ (15~64세 인구) × 100(%)
• 노령화지수 = (65세 이상 인구) ÷ (0~14세 인구) × 100(%)

출처: 보건복지부 및 통계청 자료 재작성.

4) 2017년 기준으로 인구노령화가 가장 심각한 지역은 경북인데, 군위군은 노령화 지수 617.7로 전국 최고이며, 의성군은 585.4로 나타나 유소년 1명당 고령인구 6명꼴이다. 반면 노령화 지수가 가장 낮은 곳은 울산 북구, 경기 화성시, 오산시 등이다.

2) 평균수명연장과 고령화

국제연합(UN) 산하의 경제사회국(DESA)과 세계보건기구(WHO)의 인구관련 보고서에 따르면, 2015년을 기준으로 한국인의 평균기대수명은 82세에 도달하였다. 그리고 2045~2050년경에는 88.4세까지 늘어 홍콩에 이어서 세계 2위가 되고, 2095년~2100년에는 평균수명(average life expectancy)이 95.5세가 되어 세계 최장수국이 될 것으로 전망되고 있다. 한국인의 평균수명이 2006년에는 79.1세로 증가해 OECD 가입국가 평균(78.9세)을 상회하게 됐다. 남녀 평균수명의 차이는 1980년 8.2년의 차이를 보였으나 점차 좁혀져 2020년에는 6.0년의 차이를 보이고 있다.

2021년 3월에 한국의 통계청에서 발표한 '국민 삶의 질 핵심지표'에 의하면, 2020년의 기대수명(출생 시 기대여명)은 83.3년(OECD 가입국가 평균 76.7년)이다. 성별로 보면, 2020년 출생한 남자의 기대수명은 80.3년, 여자는 86.3년이다. 이를 10년 전에 대비하면 남자는 3.1년, 여자는 2.2년 증가한 수치이다(〈표 1-3〉 참고). 그러나 이러한 수치는 암 등의 악성 질병이나 사고로 인한 사망요인을 제거한 수치로서, 실제로 사망하게 되는 나이는 평균수명(기대여명)과는 다른 개념의 사망 연령이다.[5)]

〈표 1-3〉 한국의 평균수명 변화 (단위: 세)

연도	남	여	평균
1990	67.7	75.9	71.1
2000	72.1	79.5	75.9
2010	77.2	84.1	80.7
2015	78.5	85.5	82.0
2019	79.7	85.7	82.7
2020	80.3	86.3	83.3

출처: 통계청 및 OECD 내부 자료 참조.

5) 통계청이 발표한 '2017년 고령자 통계'에 따르면 65세 남성은 83.2세, 여성은 87.4세까지 생존이 가능할 것으로 예상하였다. 이는 65세 이상 인구가 암 등의 악성 질병이나 사고로 인한 사망요인을 제거한 수치로서, 평균수명(기대여명)과는 다른 개념의 예상 사망 연령이다.

이처럼 평균수명의 연장과 급속한 고령화 속도는 상대적으로 생산연령인구의 감소 및 이에 따른 성장잠재력의 저하, 사회보장시스템의 재정악화 등 사회적 우려를 야기하고 있다. 또한 고령화사회의 개인은 퇴직 이후의 여명(餘命)이 증가함으로써 노후생활에 필요한 비용이 늘어나는 대신 소득수준의 상대적 저하를 맞이하고, 질병에 취약하게 되며, 긴 여가시간으로 무료한 나날을 장기간 보내야 하며, 자녀의 부양의식 저하 등으로 노후생활에 대한 불안요소가 갈수록 심각해지고 있다. 아울러 우리 사회의 노인고용제도, 연금제도, 사회보장제도 등의 취약성은 노인을 어려운 상황으로 내몰고 있다.

최근 사회의 경제구조가 변화함에 따라 조기퇴직, 명예퇴직, 강제퇴직 및 퇴직 이후의 재취업의 어려움 등으로 인해 많은 예비노인 및 노인은 경제적 능력이나 사회적 지위가 하락된다. 이로 인해 심리적·물질적 빈곤상황으로 내몰리고, 장기간 무료한 생활에 고통을 받을 수밖에 없게 된다. 따라서 사회구조와 인구구조의 변화, 특히 고령사회로의 변화 그 자체는 사회문제로서의 노인문제를 야기하는 종합적이고 직접적 요인이 된다.

3. 노화와 노년학

1) 노화

일반적으로 노화(aging)란 나이가 들어감에 따라 점진적으로 발생하는 생체조직과 생체기능의 약화현상을 말한다. 그러나 노년학은 노화현상을 생체조직과 생체기능의 변화 안에서만 국한하여 연구하는 것이 아니라, 인간의 심리적 상태와 기능의 변화를 통해 노화현상을 관찰한다거나, 사회적 상태와 기능의 변화를 통해 노화를 이해하는 등 다양한 영역을 통해 복합적으로 접근하면서 이해하고 있다.

따라서 노화의 개념 역시 생리적 노화, 신체적 노화, 심리적 노화 및 사회적 노화 등 다양한 각도에서 이해되고 있는데 인간의 생리적 조직과 기능의 약화현상 및 심리적 · 사회적 기능의 약화현상 등을 포괄적으로 의미한다고 할 수 있다.

연령이 증가하면 호르몬 체계의 활성능력이 저하되고 근육의 질량이 감소하는 반면 체지방은 증가하여 젊은 사람에 비해 노인의 운동력은 떨어지게 된다. 대부분의 영양분과 호르몬, 미네랄과 비타민 등은 콜라겐(collagen)과 엘라스틴(elastin)이 주성분을 이루고 있는 연결조직을 통과하여 뼈와 피부에 이르게 되는데, 뼈와 피부를 둘러싸고 있는 연결조직에도 연령의 증가와 함께 생리적 노화가 발생한다. 즉 나이가 들면 섬유단백질인 콜라겐의 생성이 감소하고 생성된 콜라겐도 탄력성을 잃게 되어 연결조직은 딱딱한 형태로 변하게 된다. 그 결과 호르몬과 영양분 등이 연결조직을 쉽게 통과하여 뼈와 피부로 공급되는 것이 어려워지면서 뼈는 쉽게 부러지고 피부는 탄력성을 잃어 주름이 생기게 된다. 이 밖에도 수정체의 혼탁, 신체의 균형유지능력 감소, 인지능력의 약화, 기억력의 감퇴 등 노화과정에는 다양한 현상들이 나타난다.

노화현상은 유전적 요인, 생리적 요인, 환경적 요인 등에서 다양한 개인차를 보이게 되는데, 이러한 요인들에 의한 개인차를 나타낸다는 것은 유전적 · 생리적 · 환경적 요인 등의 변경을 통해 노화과정을 둔화시킬 수 있다는 가능성을 반영한다고 할 수 있다. 유전적 요인이나 환경적 요인 등을 변경시키거나, 생리적 노화의 지연이나 최소화를 통해 노화과정을 수정하는 것을 '노화수정(aging modification)'이라고 하며, 노화수정을 통해 신체적 · 정신적 기능을 장기간 젊고 건강하게 유지하게 되는 것을 '성공적 노화(successful aging)'라고 한다(고정자, 2001 재수정).

유기체로서의 인간은 누구나 출생, 성장, 쇠퇴 그리고 죽음이란 과정을 겪게 된다. 성장의 최고점을 지나게 되면 그 이후부터 생체조직의 활동과 생체기능이 점진적으로 약화되는데 이것을 '노화' 또는 '노화현상'이라고 한다. 노화현상은 인간의 생리적 · 신체적 영역에서 뿐만 아니라 심리적 · 사회적 영역에서도 상호적이고 복합적으로 진행되며, 사람에 따라 개인차를 보이기도 한다. 그러므로 노인과 노화에 대한 구체화된 지식을 확립하기 위해서는 생물학, 심리학 및 사회학 등의 연구결과 중 노화에 관한 지식을 바탕으로 노화에 대한 구체적 현상을 학습하여야 한다.

2) 노년학

(1) 노년학 연구의 발달

노화에 대한 역구가 중심이 되는 학문인 노년학(gerontology)의 기원은 인류의 장수에 관한 염원과 노화방지에 관한 관심이 시작된 시점부터 끊임없이 이어져 왔다. 그러나 과학적이고 실증적 연구에 기초한 학문으로서의 노년학은 19세기에 출발하여 20세기 중반에 확립되었다고 볼 수 있다. 노년학은 1940~1980년대를 거치면서 끊임없이 발전하였고 현재는 종합학문의 형태로 변화하고 있다.

노년학계는 경험과 실증적 자료에 바탕을 둔 노화현상에 관한 최초의 연구가로는 1830년대 벨기에의 램버트 케틀레(Lambert A. Quetelet)를 꼽고 있다. 그는 1835년 저서 『인간의 본질과 그 능력의 발달(*On the Nature of Man and the Development of His Faculties*)』을 출간하였는데, 여기서 그는 인간의 각 신체기관의 특성과 변화들을 연령대별로 구분하여 조사・분석하고, 노화의 진행 상태를 연구하였다. 노년학계는 이것을 노화에 관한 현대적 연구의 시초로 인정하고 있는 것이다.

그 후 1884년 영국의 학자 갤톤(Galton)은 영국국제박람회에 참가한 사람들 가운데 5세에서 80세의 남녀 9,337명에 대해 일곱 가지의 신체적 특성을 조사・분석하여 보고서를 발간하였는데, 그는 이 연구보고서를 통해 '인간의 신체적 특성은 연령의 증가와 상관관계를 가지고 변화함'을 통계적으로 증명하였다. 그리고 1909년 '의학적 노화에 관한 연구의 아버지'로 불리는 미국의 나스케르(Nascher)는 'Geriatrie(노년의학, 노인병학)'라는 개념을 최초로 도입하였다. 그 후 미국의 심리학자 스텐리 홀(G. Stanley Hall)[6]은 1922년 심리학 영역에서 최초로 사춘기(Adolescence)와 노화(Senescence)란 개념을 사용하였다(Veelken, 1981).

노화와 노인에 관한 연구는 20세기 중반 이후에도 꾸준히 전개되었는데, 1941년

6) 스텐리 홀은 하버드대 심리학과 교수출신으로 다윈(Darwin)의 생물학적 진화론을 인생주기에 접목시켜 발생적 심리학을 주장했고, 이는 발달심리학의 주류를 이룬다.

미국사회과학연구회는 당시 미국의 사회문제로 대두되었던 '노년기의 사회적응문제'의 연구를 위해 다학문 간의 분과위원회를 구성하여 활동하면서 여러 차례 연구보고서를 제출하였다. 이러한 노력에 의한 연구결과들은 결국 '노화와 노인에 관한 연구'를 하나의 학문적 영역으로 구축하고자 하는 욕구를 결집하면서 노년학(Gerontology)이라는 독자적 학문을 탄생시켰다.

'Gerontology(노년학)'은 1929년에 리브니코프(Rybnikov)에 의해 최초로 사용되었으며(Lehr, 1977), 이것을 1944년 제1회 국제노년학회에서 '노화와 노인에 관한 학문'의 정식 명칭으로 사용하게 되었다. 이러한 정의는 오늘날 '노인학(Gerontology)'의 개념으로도 공히 사용되고 있다. 국제노년학회(International Association of Gerontology)는 1944년에 창설된 후, 1945년부터 노년학회지(*Journal of Gerontology*)를 발간하였으며, 국제노년학회 제1차 총회는 1950년 7월 10일 벨기에에서 개최되었다. 이후 2년 혹은 4년마다 총회가 개최되고 있으며, 한국은 1981년 독일 함부르크에서 개최된 제12차 국제노년학총회에서 정식 회원국으로 승인된 후 지속적인 관련을 맺고 있다.

1945년에는 미국노년학회(The Gerontological Society in America)가 창립되어 노년학 연구를 촉진하게 되었고, 독일노년학회(The Gerontological Society in Germany)는 1967년 창립되어 노화와 노인에 관한 성공적 연구결과들을 국제노년학회에 제시하였다. 한국노년학회(Korean Gerontology Society)는 1978년 12월 처음으로 발족되었고, 1980년 제1집 『한국노년학회지(*Journal of Korean Gerontological Society*)』를 발간하였다. 한편, 노인복지분야로는 한국노인문제연구소가 1973년에 발족되었고, 1988년에 창립된 한국노인복지학회(Korean Society of Gerontological Social Welfare)와 더불어 노인복지학계에 많은 공헌을 하고 있다. Gerontology는 한국어로 '노인학' 또는 '노년학'으로 혼용하여 사용되고 있는데, 학문적 용어라는 점을 감안한다면 노인복지학계와 노년학계의 종합적 합의를 통해 하나의 용어로 통일하여 사용할 필요성이 있다.

(2) 노년학의 개념과 영역

애츨리(Atchley, 1980)는 노년학을 "노화(aging)의 원인과 결과를 과학적으로 연구하는 학문"으로 정의하였는데 그 의미에 있어서 노년학이란 '노화와 노인을 연구대상으로 노화의 원인과 결과를 과학적 방법을 통해 연구하고, 노인의 제반 문제와 그에 대한 해결방법을 연구 · 모색하는 학문'이라고 개념화할 수 있다.

인간이 태어나서 신체적 성숙의 정점을 지나게 되면 점진적으로 생리적 · 신체적 기능이 저하되고, 이러한 기능의 쇠퇴와 동반하여 삶의 후반부에는 심리적 · 사회적 기능마저 약화되면서 궁극에는 죽음에 이르게 되는데, 노화현상이란 이러한 기능의 약화와 저하현상을 말한다.

노화현상에 대한 초기의 연구는 주로 생리적 · 신체적 기능의 약화와 저하의 과정 및 결과에 관심을 가짐으로써 노년의학(Geriatrics)적 측면에 치중하였다. 그러나 노화의 연구가 활성화되면서 인간의 노화는 생리적 · 신체적 기능 및 심리적 · 사회적 기능들이 상호적 · 복합적으로 작용하여 나타난다는 사실들을 밝혀내게 된다. 따라서 노화와 노인에 대한 연구는 종합적이고 다학문적인 성격을 가지게 된다. 이러한 과정을 통해 노년학은 노화 연구와 관련한 의학, 생리학, 심리학, 사회학, 교육학 및 건강하고 행복한 노화를 지원할 수 있는 복지학 등을 수용하면서 종합적 학문(Veelken, 1981)으로 확립된다.

이러한 맥락에서 종합학문으로서의 노년학(노인학)이 포함하고 있는 주요 영역들을 다음과 같이 6가지로 세분하여 제시할 수 있다.

① 노년생물학(Biological Gerontology) : 인체조직 및 생리적 기능의 노화현상에 대한 원인과 결과를 연구대상으로 삼는 노년학의 영역이다.

② 노년심리학(Psychological Gerontology) : 인지능력, 지각능력, 정신기능 및 행위양식 등의 변화를 노화와 관련하여 연구하는 노년학의 영역을 말한다.

③ 노년사회학(Social Gerontology) : 연령 증가에 따라 변화되는 사회성, 사회관계, 역할

수행, 사회적 지위, 사회적 기능 및 집단행동 등을 연구하는 미시사회학적 측면과 고령사회와 노인, 인구구조 변화와 노인, 고령화와 세대 갈등 등을 연구하는 거시사회학적 측면을 포함하는 노년학의 영역이다.

④ 노년교육학(Educational Gerontology) : 노년기의 신체적 · 심리사회적 특성, 학습욕구 및 학습능력 등을 고려하여 노인에게 적합한 학습내용 및 교수방법을 조직 · 연구 · 개발하고 교육함으로써 노인의 3차 사회화를 효율적으로 지원하는 것을 목표로 하는 노년학의 영역이다(Veelken, 1981).

⑤ 노년의학(노인병학, Geriatrics, Geriatric Medicine) : 노년기의 신체적 · 정신적 질병의 원인분석과 치료를 목적으로 하는 노년학의 영역으로서 주로 임상적 활동분야를 말한다.

⑥ 노년사회복지학(Gerontological Social Welfare) : 노년학의 연구결과들을 노인을 위한 복지에 적용하여 노인이 정신적 · 신체적으로 건강하고 행복한 삶을 영위할 수 있게 하는 노인복지서비스 프로그램 및 노인복지정책 등을 연구 · 개발하는 노년학(노인학)의 영역으로서 『노인복지론』에서 다루어지는 교과목의 핵심영역이 된다.

Senior Citizen Welfare | chapter 02

노화현상

1. 신체적 노화현상

1) 생리적 노화현상

(1) 소화기능

소화기관은 생물이 환경으로부터 양분을 얻어 에너지 또는 세포의 물질로 사용되기 전에 거치는 물리화학적 변화과정과 이를 담당하는 기관의 총칭인데, 입과 침샘, 위, 소장과 대장, 간, 췌장 등이 이러한 기관에 속한다. 일반적으로 연령의 증가와 더불어 치아의 결손이 증가하고 위장과 대장근육이 약화되는데 이는 소화기능을 감소시키고 변비를 일으키는 주요 원인으로 작용한다.

50대 후반이나 60대 초반에 이르게 되면 귀 밑 침샘으로부터 침의 분비가 저하되고, 위액과 소화효소의 분비는 건강한 젊은 사람의 1/2~1/3 정도로 감소하여 소화흡수율이 저하된다. 또한 위벽의 점막세포가 노화하여 위산분비가 줄어들면서 무산성이나 저산성 위염의 가능성도 높아진다. 위액과 소화효소의 감소로 인해 칼슘(calcium)이나 철(iron : Fe)과 같은 무기질(minerals)의 분해와 흡수가 떨어져서 골격계 질환과 빈혈의 위험성이 높아진다. 이로 인하여 특히 한국인에게는 위암(stomach cancer)을 포함한 상부 위장의 질환이 많은 것으로 조사되고 있다.

(2) 혈액순환기능

일반적으로 사람의 심박출량(cardiac output)은 심실에서 심장박동 1회에 분출되는 혈액의 양을 의미하는데, 건강한 성인은 기초박출량이 1분당 5리터가 약간 넘는 것으로 추정된다. 다만 누워 있다가 똑바른 자세로 바꾸면 다소 감소하는 것이 정상이며, 불안하거나 흥분하면 50~100%가량, 운동을 하게 되면 5배까지도 증가하기도 한다.

심박출량은 연령이 증가하면서 매년 1% 정도씩 감소하여, 80세 정도에 이르면 건강한 성인 시기의 3분의 2 정도로 줄어든다. 이는 연령의 증가와 함께 혈액순환과 신진대사기능이 약화됨을 보여 주는 것으로서 여성의 폐경도 심박출량의 감소 및 혈액순환속도의 저하와 직·간접적인 관계를 가지고 있다.

연령이 증가하면 혈관의 벽에 지방질(콜레스테롤 등)과 노폐물이 침착하고 경화현상을 나타내면서 혈액의 흐름을 방해하고 혈압이 높아지는데 그 정도가 심하게 되면 고혈압, 동맥경화증 및 뇌졸중(stroke)의 원인이 된다. 혈액순환의 약화와 감소는 생리기능의 저하와 뇌세포 파손의 원인이 되어 혈관성 치매(vascular dementia)가 발생하기도 한다. 혈관성 치매는 뇌혈관 질환에 의해 뇌혈관이 막혀서 나타나거나 파열되어 출혈이 발생하는 것을 말하는데, 기억력 소실, 언어장애 및 행동장애 등의 현상을 나타낸다. 알츠하이머성 치매(Alzheimer's dementia) 혹은 알츠하이머성 질병(Alzheimer's disease)의 진행이 비교적 점진적이라면 혈관성 치매는 급작스럽게 진행되며, 진행정도와 치유 노력에 따라서는 상당한 정도의 치유도 가능하다.

(3) 호흡기능

호흡기의 기능은 크게 공기를 최대한 폐 속으로 흡입할 수 있는 호흡의 양인 전폐용량(全肺容量), 흡입한 공기 중 폐에서 흡수되었다가 방출되는 폐활량(肺活量) 및 흡입한 공기 중 흡수・처리되어 방출되지 못하고 폐에 잔류된 잔기량(殘氣量)의 관찰을 통해 진단된다.

일반적으로 20대 후반 건강인의 전폐용량은 평균 7ℓ, 폐활량은 5.2ℓ, 잔기량은 1.8ℓ를 유지하는데, 나이가 들면서 전폐용량과 폐활량은 점차 감소하고 잔기량은 점진적으로 늘어나는 현상을 보이게 된다. 70세에 이르게 되면 1회 흡입하는 호흡의 양(전폐용량)은 6ℓ로 줄어들고, 잔기량은 2～2.5ℓ로 늘어난다(勝沼英字, 1983 재수정).

이는 연령의 증가와 함께 폐에 들어와서 순환되지 않고 남아 있는 호흡의 양이 점진적으로 증가함을 보여 주는데, 이러한 잔기량은 20대 후반부터 증가하기 시작하여 70세가 되면 20대 후반의 30～40%까지 증가하게 된다. 이것은 노년기에 이르게 되면 신진대사기능이 전반적으로 약화된다는 것을 의미한다. 또한 잔기량의 증가는 폐 등 호흡기질환의 주된 원인이 되기도 한다.

(4) 기초대사기능

연령이 증가하면서 휴식상태에서의 산소소모량인 기초(신진)대사율(basal metabolic rate)은 감소하여 신체대사활성도가 떨어지고, 혈액 속의 당분(혈당)의 포함 정도를 말하는 탄수화물대사율[1)]은 증가한다.

이것은 연령의 증가와 더불어 신진대사기능이 약화되면서 인체 내부에서 산소의 소

1) 탄수화물(carbohydrate)은 탄소와 물분자로 이루어진 탄소의 수화물(당류)로서 당류의 수에 따라서 단당류, 이당류, 다당류로 구분이 되며, 동물은 탄수화물을 합성하지 못하므로 식물을 통해 흡수하게 된다.

모량이 줄어들고 있음을 나타내며, 혈액순환이 원활하지 않아 인체 내부로 당분이 적절히 유통되지 못하고 혈액에 정체되어 있음을 보여 준다. 이러한 현상으로 인해 중년기 이후에는 혈액 속의 당의 수치가 점진적으로 높아지면서 당뇨병의 위험성이 증가한다.

(5) 신장과 비장기능

신장(kidney)은 인체 내의 수분과 전해질의 균형, 산과 염기의 평형, 체내 노폐물의 배설 등을 담당하여 신체의 항상성을 유지하는 기능을 맡고 있는 기관이다. 신장기능의 노화는 인체의 항상성 유지를 어렵게 하며 급격한 환경변화에 대한 적응력을 떨어지게 한다.

비장(지라, spleen)은 당을 조절하는, 즉 포도당을 다당류인 글리코겐(glycogen)으로 바꾸는 호르몬인 인슐린(insulin)을 생산하는 기관인데, 노화에 의한 비장의 기능저하는 인슐린의 생산저하를 가져옴으로써 노인성 당뇨병의 발생률을 증가시킨다. 중년 이후 노화가 시작되면 젊은 시절에 비해 혈당수치가 점진적으로 증가하게 되고 기력이 떨어지게 된다. 따라서 중년 이후 올바른 식습관을 획득하는 것이 중요하다.

(6) 간과 담낭기능

나이가 들수록 간(liver)세포가 줄어들어 간의 질량이 낮아지고, 간손상에 대한 재생력이 감소한다. 그러나 영양이 좋은 상태일 경우 간기능의 재생력은 지속적으로 유지될 수 있다. 담낭(gallbladder)은 간에서 생성된 담즙을 농축・저장하고 음식물이 소장의 윗부분에 위치한 십이지장에 도달할 때 담즙(쓸개즙)을 분비하여 음식물의 소화를 돕는 역할을 한다. 연령의 증가와 함께 담낭 내에 담즙이 과포화가 될 가능성이 높아지고, 담즙을 구성하고 있는 성분들의 고형화로 담석증에 걸릴 확률이 높아진다.

(7) 수면과 방광기능

수면시간은 개인에 따라 다양한 차이를 보이지만 20세에서 55세까지 점진적으로 감소되다가 55세 이후부터 급속히 감소되어 60세 이상이 되면 하루에 약 5~6시간을 수면하게 되는 것이 보편적이다. 노년기에 이르게 되면 불면현상이 나타나기도 하는데, 이는 노년기의 우울증이나 신경증, 죽음에 대한 공포 등의 심리적 문제로 인해 발생하기도 한다.

70세 이상을 넘기게 되면 초저녁에 잠이 들고 새벽에 일어나는 현상이 빈번히 나타나게 된다. 또한 야간수면장애현상이 나타나기도 하는데, 이는 평소 낮잠을 많이 자는 것이 그 원인이 되기도 한다. 또한 나이가 들면 야뇨현상이 증가하는데, 일반적으로 40대 후반에 나타나기 시작하여 60세 이상이 되면 하룻밤에 평균 2~3회씩 소변을 보게 된다. 노년기의 야뇨현상은 소변 내의 산성성분과 요소성분의 감소에 의해 발생하는데, 산성과 요소성분의 감소는 소변의 농축도를 떨어지게 하고 방광(urinary bladder) 내 세균의 번식을 용이하게 함으로써 방광염을 유발하는 원인이 되기도 한다.

(8) 생식기능

생식기능도 노화현상과 밀접한 관계를 가지고 있는데, 노화에 의한 생식기능의 상실을 갱년기현상(climacterium)이라고 하고, 특히 40대 중반에서 50대 초반 사이에 발생하는 여성의 갱년기현상을 폐경(menopause)이라고 한다. 남성은 여성과 달리 폐경이 없지만 50대에서 60대 사이에 생식능력을 상실하는 남성도 있는데 이것을 남성휴지(男性休止, andropause)라고 한다. 이러한 이유로 갱년기를 맞이하게 되면 사람에 따라 신체적・심리적・정서적 혼란을 경험하기도 한다.

과거에는 폐경이 여성의 성적 욕구를 상실하게 하는 주요 원인이라고 보았는데, 하버드대학의 알프레드 킨제이(Alfred Chales Kinsey)는 워델 포메로이(Wardell Pomeroy)와 공동으로 1948년에 성생활 실태에 관해 발표한 이른바 '킨제이 보고서(Kinsey Reports)'[2]에서 폐

2) 킨제이 보고서는 「남성의 성적 행동(Sexual Behavior in the Human Male)」(1948년)과 「여성의 성적 행동(Sexual Behavior in the Human Female)」(1953년)으로 구성되어 있다. 이 보고서는 성생활에 대한 최초의 통계분석서로 꼽히는데, 킨제이는 세상의 비난 속에 정부와 록펠러 재단의 연구비 지원이 끊어지고 여론의 비난 속에 과로가 겹쳐 1956년 62세로 사망했다.

경으로 인해 여성이 임신공포로부터 벗어날 수 있으므로 성적 욕구가 증가하기도 한다고 주장하고 있다. 그러나 폐경 이후 난소와 자궁은 크기가 작아지고, 질의 벽은 얇아지고 건조하게 되며 여성 호르몬의 생산이 감소하게 된다는 것이 일반적인 견해이다.

이처럼 여성의 폐경과 남성휴지 이후에도 성교능력과 성욕이 소멸되는 것은 아니며, 노인의 2/3 정도가 70대까지도 성적인 관심과 활동을 지속하고 있는 것으로 나타나고 있다(장인협 · 최성재, 1993 재수정). 특히 남성의 경우에는 여성과는 달리 폐경이 따로 없다는 점에서 여성보다 성적기능의 감소 정도가 급격하지 않다는 것이 일반적인 견해이다.

2) 신체구조의 노화현상

생물학적 노화가 진행되면서 인체의 지방성분은 증가하는 반면, 철분이나 칼슘과 같은 고형성분(固形性分)과 수분은 감소한다. 25세의 청년은 수분, 고형성분, 지방이 각각 61%, 25%, 14% 정도이지만 70세의 노인은 53%, 17%, 30% 정도가 된다. 이것은 청년기 이후 연령이 증가하면서 점진적으로 피부조직 내의 수분이 감소되고, 뼈의 밀도는 낮아지며 지방질이 체내에 축적됨을 의미한다(이인수, 2001).

이로 인해 20대 중 · 후반 이후 연령이 증가하면서 신체는 굴곡선이 줄어들어 완만한 구조로 변하게 되고, 피부에는 건조현상과 주름이 나타나고, 골다공증이나 관절계통의 이상이 발생한다.

(1) 피부 노화

사람은 태어날 때 약 2조 개의 세포를 가지고 태어난다. 성인 시기가 되면 세포수는 60~70조 개로 늘어나며, 동양인보다는 서양인의 세포수가 많아 약 100조 개에 이르는 것으로 추산되고 있다. 각 세포 속에는 46개의 염색체가 있으며, 실타래처럼 얽힌 디옥시리보핵산(DNA)이 들어 있다. 그런데 정상세포는 모두 일정한 기한이 지나면 노화되어 죽음에 이르게 되며, 그 역할은 염색체 속의 끝 쪽에 풀리지 않도록 묶여져 있는 말단 소립(텔로미어, Telomere)[3]이 맡고 있다.

성인기를 지나 나이가 들면서 인체의 색소를 생성하는 멜라닌(melanin) 세포가 10년에 평균 10~20%씩 감소한다. 피부(skin)는 50대 중반 이후 멜라닌 세포가 감소하면서 점차 창백해지고 60대에 이르면 대부분 얼룩 반점이 생기며, 수분이 감소하면서 거칠고 건조하게 된다. 또한 탄력성을 유지시켜 주는 콜라겐 등의 피하지방성분이 감소하여 피부에 윤기와 탄력성이 줄어들고 주름살이 생기게 된다. 신진대사의 약화로 인해 세포분열이 느려져서 상처의 치유속도가 늦어지며, 피부의 신경세포와 혈관이 감소하여 체온 조절력도 감소된다.

(2) 골격 노화

성인시기를 지나면서 칼슘성분이 점차적으로 감소되다가 50대 후반에 이르면 감소의 속도가 높아지면서 뼛속에 칼슘성분이 빠르게 고갈된다. 이로 인해 뼈의 밀도가 낮아져서 신체를 지탱하는 힘이 약화되고 골절상을 입기 쉬우며 병적인 경우 심각한 골다공증(osteoporosis) 현상이 발생한다. 또한 골격접합부의 연골이 탄력성을 잃게 됨으로써 관절부분의 움직임이 굳어지고 제약을 받게 되면서 관절질환이 발생한다.

(3) 근육 노화

팔, 다리 및 골격에 붙어 있는 수의근(隨意筋)이 줄어들고 수축력이 약화되면서 뼈를 지탱해 주는 기능이 저하된다. 이는 뼈의 부담을 증가시키고, 관절염을 유발하는 원인이 되기도 한다. 팔근육인 이두근(二頭筋)의 강도는 50세이 이르면 25~30세 때의 절반 정도의 수준으로 떨어지고, 70세의 근육(muscle)의 양은 25~30세 때 근육량의 70% 정도로 떨어진다.

3) 세포 노화의 지표인 '텔로미어'는 세포시계의 역할을 담당하는 DNA의 조각들로서, '대인 감수성'이 높은 사람은 스트레스에 취약하며 '텔로미어'도 짧다는 연구결과가 보고되고 있다.

(4) 신장과 체중변화

신장(height)은 약 30세 이후부터 점진적으로 줄어드는데 30세에서 90세 사이에 남자는 평균 2.25%, 여자는 평균 2.5% 단축된다. 이는 척추의 뼈와 뼈 사이를 지탱해 주는 디스크(disk)가 줄어들면서 간격이 좁혀지는 것이 원인이다.

체중(body weight)은 다양한 개인차를 보이지만 일반적으로 30대 초반부터 50대 후반까지 지방의 증가와 더불어 점진적으로 증가하다가 60대 이후부터는 감소하기 시작한다.

(5) 치아와 체모 노화

일반적으로 45세 이후부터 치주의 약화현상이 빠르게 진행되면서 치아(tooth)가 흔들리고 빠지는 현상이 나타난다. 평균적으로 비교적 건강하게 남아 있는 치아의 수[4]는 60대에 14개, 70대에 11개, 80대에 6개 정도로 줄어든다(장인협 · 최성재, 1993).

체모(body hair)는 중년 이후 연령이 높아 갈수록 모발이 약화되며 겨드랑이와 음부의 체모가 적어지고, 점진적으로 회백색으로 변화한다.

2. 심리적 노화현상

1) 감각기능의 노화현상

(1) 시각기능 노화

감각기능은 신체적 노화현상이기는 하지만 이차적으로는 심리적 영향을 미치는 주요인이 된다. 그중에서도 눈의 노화는 7세부터 시작되고 40대 후반이면 노안(presbyopia)이 감각적으로 발견된다. 눈이란 빛의 질과 강도를 조정하는 수정체와 빛의 양을 조

4) 성인의 치아 수는 28~32개이며, 4개의 차이는 제일 안쪽의 위, 아래와 왼쪽, 오른쪽에 나는 어금니, 즉 세 번째 큰 어금니(제3대구치)인 사랑니에 근거한다.

절하는 동공과 홍채의 작용에 의해 빛, 사물의 형태, 색깔, 크기와 원근, 폭과 각도 등을 망막에 수용하는 기관으로 각막, 동공, 홍채와 동공근육, 수정체, 망막, 황반부, 초자체 및 시신경 등으로 구성되어 있다.

시각(vision)이란 수정체와 홍채의 조절을 통해 수용된 물리화학적 에너지(사물)가 망막의 수용기에서 신경 반응이 시작되어 시신경을 따라 시상의 한 부분인 외측슬 상체(lateral geniculate nucleus: LGN)를 통과한 후, 후두엽의 시각피질(visual cortex)로 전달된다. 이처럼 시각 정보가 망막에서 피질로 전달되는 이 통로를 시각 통로(visual pathways)라 한다([그림 2-1] 참고).

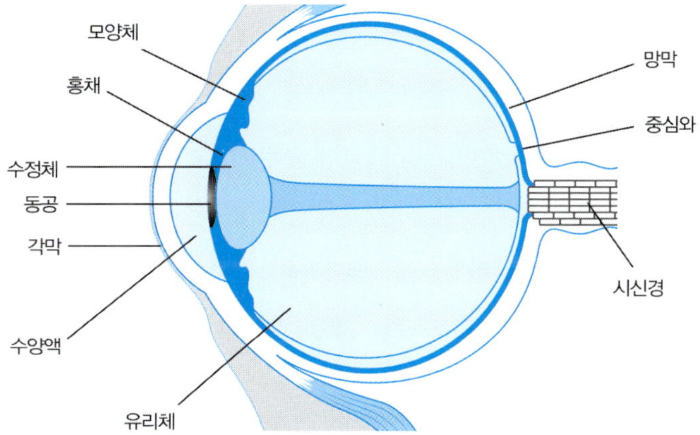

[그림 2-1] 눈의 구조

시각력은 홍채의 중심에 위치한 동공근육과 홍채 바로 뒤에 볼록한 형태로 빛을 모아 주는 역할을 하는 수정체(lens)의 기능적 변화와 직접적 관계를 갖고 있다. 40세 이후부터는 동공근육의 탄력성이 약화되고 수정체 내부의 섬유질이 증가한다. 이로 인해 40세 중반 이후부터 근거리에 있는 물체의 상을 명확히 포착할 수 없게 되고 시각이 흐려지는 현상이 발생한다. 빛을 흡수하는 능력은 30세에 최고조로 달했다가 60세에 이르게 되면 20세의 1/3로 감소한다(Atchley, 1980). 따라서 사물의 색, 길이와 높이를 정확하게 파악할 수 없고, 특히 어둠 속에서의 감지능력이 약화되어 계단의 폭이나 높이 등을 잘못 지각하여 실족의 위험성이 따른다. 동공근육의 탄력성 저하로 원근조절력 및 빛의 흡수력이 떨어져 야간운전에 위험성이 따른다.

특히 노화에 의한 수정체 내의 섬유질 증가로 혼탁해져 뿌옇게 보이는 흐림 현상을 노인성 백내장(cataract)이라고 하는데, 40대 33.3%, 50대 64.4%, 60대 69.6%, 70대 92.9%, 80대 100%가 백내장의 현상을 보이게 된다. 연령의 증가와 함께 무색투명한 수정체의 색채가 노란색으로 변하는 황화현상이 증가하는데, 이로 인해 밝은 색 계통의 구분은 지장을 받지 않으나 어두운 계통의 색, 예를 들어 검은색, 감색, 고동색, 남색, 보라색 등의 구분이 어렵게 된다(장인협 · 최성재, 1993). 또한 40세에서 70세로 연령이 증가하면서 광선에 대한 예민성이 점차적으로 증가하여 번쩍이는 광선에 민감하게 반응하는 눈부심 현상이 발생한다.

한편, 녹내장(glaucoma)은 눈으로 받아들인 빛을 뇌로 전달하는 시신경에 이상이 생기는 질환으로, 주로 수양액(눈물)이 밖으로 배출되지 않아 안압(intraocular pressure)이 오르는 현상을 보인다.[5] 아울러 최근에는 '황반변성' 환자도 늘어나고 있는데, 안구 내 시각자극을 시신경으로 전달하는, 즉 카메라의 필름기능을 하는 망막의 중심 부분인 황반에 변성이 와서 시력이 약화되는 것을 말한다.

(2) 청각기능 노화

청각(hearing sense)체계는 공기의 진동을 일으키는 기계적 에너지인 음파에 반응하는 체계로서 청각기관으로서의 귀는 음파를 모으고 공기진동을 고막으로 전달하는 귓바퀴와 음파를 고막으로 전달하는 통로인 외이도(外耳道), 공기진동을 기계적 진동으로 전환하고 증폭시키는 고막과 이소골(추골, 침골, 등골), 그리고 진동을 신경흥분으로 변환시키는 달팽이관으로 이루어져 있다([그림 2-2] 참고).

5) 녹내장은 안압상승으로 인한 안통 및 두통을 동반하는 경우가 많지만 안압이 정상범위에 있어도 시신경이 손상되거나 시신경 유두에 혈액공급이 충분하지 못한 경우에 발생하는 정상안압 녹내장(normal tension glaucoma)도 있다.

청각기능은 소리의 고저, 파장, 강도 등을 식별하는 능력으로 시각기능과 더불어 삶에 직접적인 영향을 미치는 기능이라고 할 수 있다. 청각기능은 생물학적 성장이 만료된 이후부터 점진적으로 약화되는데, 특히 50세를 전후하여 난청현상이 나타나기 시작하다가 60세경에 이르러 급속히 저하하는 것으로 조사되었다(Olsho et al., 1985).

연령증가와 함께 소리의 고저 및 강도의 식별능력이 저하되는데, 특히 고음을 분별하는 능력보다 저음을 식별하는 능력이 떨어져 낮은 소리를 잘 듣지 못하는 현상이 나타난다. 신체적 노화와 동반하여 발생하는 청각장애를 노인성 난청이라고 하는데 노인성 난청은 50세 이후에 두드러지게 나타나며, 여성보다는 남성에게 많이 나타나는 것으로 조사되었다. 또한 청각기능의 장애는 언어장애를 동반할 가능성이 있는 것으로도 밝혀졌다(Corso, 1977). 미국의 65세 이상의 노인 중 13%가 의사소통에 장애를 가질 정도의 청각장애현상을 나타내며 그중 80%가 45세 이후부터 점진적으로 청각장애를 느끼기 시작한 것으로 밝혀진다(Olsho et al., 1985). 이는 한국의 경우에도 비슷한 연구결과들이 발표되고 있다.

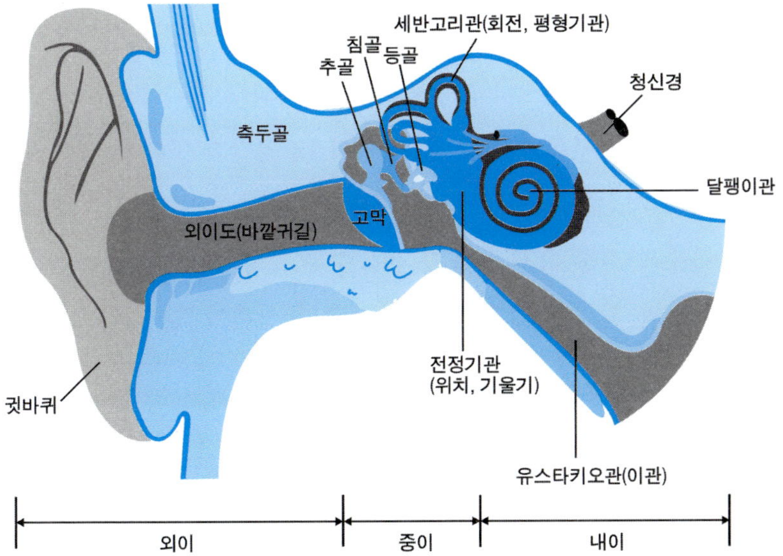

[그림 2-2] 청각구조

(3) 미각기능 노화

청각기능의 노화진행이 비교적 완만한 반면에, 미각(sense of taste)의 감지능력은 40세 이후부터 서서히 감소하다가 60세 후반부터 감소현상이 증가하고, 70세경에 이르면 심화의 정도가 더욱 높아진다.

특히 나이가 들면서 짠맛과 단맛을 감지하는 기능이 떨어져 젊었을 때보다 음식을 짜게 먹는 경향이 나타나고 단것을 좋아하게 되며 조미료를 많이 첨가한 진한 음식을 찾게 된다. 미각능력의 퇴화현상은 여성보다는 남성에게 더 빨리 나타나는 것으로 조사되었다.

(4) 통각기능 노화

통각(sense of pain)은 신체 내・외부의 자각을 지각하는 기능으로서 질환을 파악하는 능력, 질환의 고통을 감지하는 능력 등을 말하는데, 통각기능의 작용을 통해 신체이상을 파악하고 질병에 대처할 수 있다. 그러나 통각력은 다분히 주관적이고 다양한 개인차를 나타냄으로써 통각기능의 노화현상을 파악한다는 것은 그다지 용이한 것이 아니다. 다만 나이가 들면 통증에 대한 민감성이 여타 감각기관의 퇴화현상과 동반하여 줄어든다는 주장이 우세하다.

한편, 통각기능과 상관이 있으나 구별되어야 할 질환으로는 통풍(gout)이 있는데, 이는 주로 손과 발, 그리고 무릎과 팔목 등의 관절 내 공간과 조직에 요산의 일종인 퓨린(purine)이라는 물질이 제거되지 못하고 침착되어 염증을 유발하는 질병이다. 통풍 역시 나이가 많을수록 혈중 요산 농도가 높을수록 발병가능성이 높아지는데, 남성은 콩팥(신장)기능 약화와 상관이 많고 여성은 폐경과 상관이 있다.

(5) 촉각기능 노화

촉각(sense of touch)은 피부의 노화와 상관성을 가지는 기능으로서 외부 신체부위(피부)의 접촉을 통해 상태를 파악하는 능력이다. 노화와 함께 피부의 탄력성을 유지하는 콜라겐(collagen) 섬유의 쇠퇴로 인해 피부의 탄력성이 감퇴한다.

탄력성의 감퇴는 외부의 온도자극에 적절히 반응하고 자율적으로 조절할 수 있는 능력이 떨어지게 됨을 의미한다. 따라서 노년기에 이르게 되면 급격히 변화하는 외부온도에 민감하게 되며 특히 낮은 온도를 견디는 힘이 약화되어 따뜻한 것을 좋아하게 된다.

(6) 후각기능 노화

냄새를 구별하는 후각(sense of smell)의 노화현상은 비교적 단편적인 연구결과에 의존하는 실정이다. 후각은 다른 감각기관에 비해 노화현상이 뚜렷하지 않지만 폐의 노화와는 상관관계를 가지고 있는 것으로 나타나고 있다.

2) 지능의 노화현상

(1) 지능의 노화현상 연구

지능은 일반적으로 뇌의 기능과 상관이 된다. 인간의 뇌는 출산할 때 약 140~150억 개로 형성되어 평생 늘어나지 않지만 뇌세포 중 인간이 사용하는 뇌세포 수는 약 40억 개 정도로 알려져 있다. 뇌세포의 노화는 약 20세경부터 시작되는데, 하루에 약 10만 개 정도가 죽게 되어 약 30년이 지난 50세 정도에는 거의 10억 개가 죽게 되고, 80세 정도가 되면 20억 개 정도가 죽게 되어 치매에 걸릴 확률이 높아지게 된다.

그러나 지능은 뇌세포 숫자와 직접적으로 연관이 있는 것은 아니다. 지능(intelligence)이란 "외부로부터의 새로운 자극을 수용할 수 있는 능력, 새로운 환경에 적절히 적응할 수 있는 능력, 혹은 새로운 것을 학습할 수 있는 능력" 등 학자마다 각기 다르게 정의된다. 그러나 이것을 종합하면 지능이란, 새로운 사건이나 사실 또는 상황을 바르게 인식하고, 효과적으로 학습하거나 적응하며 합리적으로 적용할 수 있는 종합적 능력으로 함축된다. 하지만 지능은 그가 경험한 내용과 처한 상황 등에 의해 다분히 유동적일 뿐만 아니라 대단히 추상적이어서 그것을 측정한다는 것이 그다지 용이하다고 할 수는 없다.

노년기 지능의 노화현상에 대한 연구는 지능의 추상성과 측정수단의 모호성 및 관찰자의 주관 등에 의해 다양한 결과를 제시하고 있는 실정이다. 지능에 관한 대부분의 횡단적 연구(cross-sectional study)는 25세 이후부터 연령의 증가와 더불어 지능도 점진적으로 쇠퇴한다는 결론을 제시하고 있다(Cattell, 1963). 그러나 이러한 연구결과는 동일집단을 대상으로 장기간에 걸쳐 그 집단의 지능변화를 추적하여 조사(종단적 연구, longitudinal study)한 것이 아니라, 여러 연령층을 대상으로 동일한 시점에서 지능을 검사하여 연령대별 지능을 제시하고, 그 결과에 의해 연령이 증가하면 지능도 쇠퇴한다는 결론을 도출했다는 문제점을 안고 있다.

(2) 유동적 지능과 결정적 지능 노화

혼과 카텔(Horn & Cattell, 1967)은 지능의 추상성을 극복하고 구체화하기 위해 지능을 유동적 지능(fluid intelligence)과 결정적 지능(crystallized intelligence)의 두 가지 유형으로 구분하였다. 유동적 지능은 일차적인 것으로 생래적(生來的)이며 모든 유형의 문제해결에 동원되는 능력으로서 14～16세에 이르면 성숙점에 도달하였다가 점진적으로 쇠퇴한다. 이에 반해, 결정적 지능은 언어능력이나 수리능력과 같이 유동적 지능의 연습과 반복의 결과로 획득된 후천적 능력으로 상당 기간 동안 개선가능성이 있는 능력이다.

이러한 두 가지 유형의 지능을 연령별 집단을 표집하여 검사한 결과, 성인 초기의 사람이 노년기의 사람보다 유동적 지능은 더 높은 것으로 나타나지만, 결정적 지능은 노년기의 사람이 성인 초기의 사람보다 더 높게 나타난다는 결과를 제시하였다(**〈표 2-1〉** 참고).

〈표 2-1〉 유동적 지능과 결정적 지능

유동적 지능	지각속도, 단어유추능력, 시각적 체제화, 도형추리력, 귀납추리력 등
결정적 지능	언어이해, 상식, 경험적 평가, 연상어 연결 등

출처 : Horn & Cattell(1967).

노년기의 지능과 관련된 특징적인 현상으로서 종말적 저하(terminal drop)현상이 있는데, 이것은 사망하기 수년 내의 노인에게서 인지기능의 급격한 감퇴현상이 발생한다는 것을 의미하는 용어이다(Kleemeier, 1962). 특히 웩슬러 기억척도(WMS: Wechsler Memory Scale) 검사에서 지능의 빠른 감퇴는 죽음이 가까이 왔음을 나타내 주는 신뢰의 지표로 이해되기도 한다(Siegler et al., 1982).

쉐이에(Schaie, 1994)는 28년간에 걸쳐 이른바 시애틀 종단연구(Seattle longitudinal study)를 수행했는데, 4군의 각기 다른 출생동시집단을 대상으로 7년간의 간격으로 다섯 번의 지능검사를 실시한 결과, 대부분의 연구대상자가 60세까지 지능감퇴현상을 나타내지 않는 것을 발견하였다. 그러나 각기 다른 지역의 4군의 출생동시집단 간의 비교연구에서는 지능감퇴의 차이가 나타남을 알게 되었다. 이는 지능감퇴는 연령의 변화에 의한 것보다 출생하여 생활하는 곳의 환경적 요인에 의한 것(출생 동시 집단 효과)임을 분명하게 제시할 수 있는 증거가 되었다.

(3) 기억력 노화

기억(memory, remembrance)이란 단순히 정보를 받아들이고 저장하여 회상해 내는 것 이상의 의미를 가지는데, 정보의 유입, 유지 및 인출에 관한 총체적인 것이다. 따라서 '얼마만큼 저장하고 기억하여 유출하는가?' 하는 단편적인 문제가 아니라, 어떤 정보를 어떻게 유입하는가(Zacks et al., 1987), 그것을 어떻게 유지하는가(Glimore et al., 1986), 그리고 어떤 방식으로 인출하는가에 따라 기억의 능력은 큰 차이를 나타낸다. 기억력과 노화현상에 관한 많은 연구들이 단순히 "노인은 어느 정도의 양을, 얼마만큼 기억하는가?"에 치중한 결과, 단순히 "연령이 증가하면 기억력은 감퇴한다."는 주장에 치우치고 있다.

따라서 연령증가에 의한 기억력 감퇴현상을 무시할 수는 없지만 기억이라는 메커니즘이 너무나 다양하다고 본다면 좀 더 세부적인 연구가 요구된다. 기억력은 크게 감각기억과 단기 및 장기기억의 3가지로 구분하여 노화현상을 살펴볼 수 있다.

첫째, 감각기억의 경우 촉각기억과 시각기억은 50대 이후 비교적 빠르게 감퇴하지만, 청각기억은 70대 이후까지도 큰 변화 없이 유지된다. 청각기억이라 할지라도 정보유입과정에서 주의가 분산되어 깊게 처리되지 못한 정보는 잘 기억하지 못하며(Allen et al., 1992), 두 가지 정보를 동시에 유입하고 유출하는 검사를 했을 경우 노인은 젊은 사람보다 불리한 것으로 밝혀진다.

둘째, 단기기억은 여러 개의 정보를 유입한 후 5~10초 정도가 경과한 뒤에 인출하게 하는 기능으로 60세 이전까지는 기억력의 노화가 별로 발견되지 않는다. 이러한 검사는 주로 여러 개의 숫자를 외우게 한 다음 5~10초가 경과한 뒤에 인출하게 하는데, 연령별 검사결과 5세의 아동은 10개 중 평균 3~4개의 숫자를 인출할 수 있었고, 50대 이전의 성인은 대개 7개 이상의 숫자를 인출할 수 있다. 그리고 50대 이후의 연령대에서는 매 10년의 연령이 증가할 때마다 1개씩을 더 망각한다는 결과를 얻을 수 있었다. 그러나 이러한 망각의 원인이 집중력의 약화에서 오는 것인지 아니면 정보처리능력의 감소에서 오는 것인지는 분명히 밝혀진 것이 없다.

셋째, 1시간이나 며칠이 지난 후의 정보를 기억하게 하는 최근기억(recent memory)의 경우도 단기기억(short-term memory)과 마찬가지로 기억력 변화는 크게 나타나지 않는다. 그러나 자주 회상했던 오래된 과거의 정보를 기억하게 하는 장기기억(long- term memory)의 경우에는 인출해야 할 과제의 종류와 인출방법에 따라서 기억력 노화의 큰 차이가 나타나는 것으로 조사되고 있다.

이렇듯 기억력의 경우 노인이 관심과 흥미를 가지고 있거나 친숙한 정보일 경우엔 잘 기억하지만 그렇지 않은 정보는 쉽게 망각하는 현상을 나타내고, 무의미학습보다는 유의미학습을 통한 정보, 기계적 암기보다는 논리적 암기에 의한 정보를 더 잘 유입, 유지, 인출할 수 있다고 규정할 수 있다.

이 외에도 사물의 위치를 기억하는 공간기억능력은 60대 이후 감퇴현상을 보이는 것으로 나타난다.

(4) 창의력 노화

역사를 살펴보면 수많은 철학자와 사상가, 종교인과 예술가, 정치인 등이 고령에도 자신들의 영역에서 왕성한 활동력과 업적을 남겼음을 알 수 있다. 특히 장기간의 경험과 연륜을 필요로 하는 영역에서는 노년기에 많은 성과들을 남겼는데, 피카소(Picasso)는 79세에 두 번째 결혼을 하고 12년간 결혼생활을 하였으며, 71세에서 91세에 사망하기까지 20년간 열정적이며 풍부한 예술활동을 영위하였다.

데니스(Dennis, 1966)가 19세기까지 생존하였던 인문학, 과학, 예술분야 사람들의 업적을 연령대별로 구분하여 조사한 바에 의하면, 전반적으로 40대에 가장 많은 업적을 내었고, 그 이후 업적의 양은 약간 떨어질 뿐 큰 차이를 나타내지 않았다. 예술분야에서는 40대 이후에서 70대까지 업적의 양이 지속적으로 감소하였지만 인문학 분야의 경우 동일 기간 동안 업적의 산출량은 별반 차이를 보이지 않았다(장인협 · 최성재, 1993). 따라서 창조적 능력(creative ability)은 연령의 노소에 의한 것보다 개인차, 당사자의 적성과 업무영역에 의해 결정되는 경우가 우세하다고 할 수 있다.

3) 노년기의 정서변화와 성격유형

(1) 노년기의 정서변화

에릭슨(Erikson, 1959)은 노년기의 발달과제로서의 심리사회적 위기를 '통합 대 절망(integrity versus despair)'으로 묘사한다. '통합'이란 현실의 자신과 자신이 맞이했던 지금까지의 모든 사건과 상황들이－그것이 고통스러웠을 수도, 아름다웠을 수도 있었던－자신의 삶이라는 것, 그리고 그것이 바로 현재의 자신이라는 것으로 긍정하며, 죽음이란 사태도 일련의 이러한 사건의 일부로 인식함으로써 자신의 과거와 현재적 상황을 '자기'의 내부로 통합할 수 있는 긍정적 능력과 상태를 말한다. '절망'이란 통합의 반대되는 개념으로 지나온 삶과 현재의 자신을 부정적으로 인식하며, 수정될 수 없는 자신의 과거에 절망하고 다가오는 죽음 앞에서 좌절하는 정서적 상태를 의미한다.

노인은 사회공동체와 사회적 편견에 의해 평가절하당한다거나 무시당하는 경험을 할 수도 있고, 가족의 성원, 젊은 사람들, 심지어는 동료들로부터 무능하며 의존적이고 구식이라는 비난을 받을 수도 있으며, 자신의 부정적 태도로 인해 소외당할 수도 있다. 소득의 감소에 의한 경제적 어려움, 신체의 노화와 노인성 질환, 주변사람들의 냉담한 태도, 자신의 무기력함 및 절망적 미래 등에 의해 욕구불만의 정도와 위축감이 증가할 수 있다.

(2) 노화적응의 성격유형

시카고대학의 심리학과 교수 버니스 뉴가튼(Bernice Neugarten)이 1950년대 미국 Missouri 주의 40~90세 사이의 건강한 성인 약 700명을 대상으로 7년 동안 실시한 사회적응성에 대한 연구(Neugarten et al., 1964)는 노년기에 나타나는 8가지의 성격유형을 다음과 같이 제시하고 있다.

① **재구성자형**(the reorganizer)

재구성자형은 직장으로부터 은퇴한 후 자신의 생활양식을 재구성하고 모든 분야에서 적극적이며 새로운 환경에 긍정적으로 적응하는 유형이다.

② **초점형**(the focused)

초점형은 은퇴 후에도 활동적이고 적극적이지만 특정한 한두 분야에만 몰두하여 생활하는 유형이다.

③ **격리형**(the disengaged)

격리형은 신체적 건강과 사회적응력에는 문제가 없지만 자발적으로 새로운 활동영역을 개척하지 않는다거나 사교적 관계를 단절하고 조용히 지내는 유형이다.

④ **계속형**(the holding-on)

계속형은 심리적 이상 현상은 나타내지 않으나 은퇴 후 활동을 중지하게 되면 빨리 노쇠해 버릴까 두려워하여 여러 활동에 얽매이는 사람으로 활동의 근본동기가 전적으로 노화방지에 있는 유형이다.

⑤ **위축형**(the constricted)

위축형은 은퇴 후에 신체적・심리적 노화의 두려움에 사로잡혀 사회적 관계를 끊고 폐쇄적으로 살아가는 유형이다.

⑥ **양육원조요청형**(the succorance-seeker)

양육원조요청형은 가족이나 친지에게 심리적・경제적으로 의존한 상태에서 적당히 만족감을 느끼며 살아가는 유형이다.

⑦ **무감각형**(the apathetic)

무감각형은 신체적 건강유지를 위한 활동 이외에는 거의 비활동적이고 무기력하며, 무감각하고 수동적으로 살아가는 유형이다.

⑧ **조직와해형**(the disorganized)

조직와해형은 사고, 지능, 판단 등 심리적 기능이 결핍되고 정서적 반응에 일관성이 없으며 생활만족도가 매우 낮은 유형이다.

노년기 발달과업은 비단 한국 노인만의 과제라고 한정될 수는 없는 것으로 보이며, 미국의 뉴가튼 등(Neugarten et al., 1964)이 위에서 제시한 8가지 성격유형과 연계하여 파악될 수 있는 인생과업으로도 볼 수 있다. 즉 노년기에는 청년기와는 달리 사회적응성이 다소 떨어지는 경향에서 특별한 성격유형으로 정형화될 수는 있지만 발달과업의 수행정도에 따라서는 심리적 안정감 속에서 노화과정을 보낼 수 있다는 점은 자명하다.

3. 사회적 노화현상

1) 은퇴로 인한 노화

(1) 은퇴의 적응과정

은퇴와 함께 사회적 기능과 역할의 변화, 수입의 변화, 사회적 유대관계 및 생활습성 등이 변화한다. 미국은퇴자협회에서 밝히고 있는 자료에서 볼 수 있는 생활습성의 변화로서는 첫째, 기상과 취침시간이 변화하고, 둘째, 교통수단이 변화하며, 셋째, 식사장소와 습성이 변화하며, 마지막으로 만나는 사람들의 사회적 계층이 변화한다 (AARP: American Association of Retired Person, 1996).

은퇴(retirement)라는 것은 사회적 역할의 급격한 변화과정이며 새로운 삶을 조정해 가는 과정이다. 비쵸프(Bischof, 1976)는 은퇴의 적응과정을 5단계로 구분하여 분석하였다(〈표 2-2〉 참고).

〈표 2-2〉 은퇴의 적응과정

은퇴 적응단계	특 징
1. 장래의 설계단계	퇴직금과 연금의 관리계획, 적절한 주거지의 선정과 이사준비, 은퇴생활에 필요한 정보의 수집단계
2. 은퇴기	은퇴 직후 발생하는 생활의 리듬을 경험하고 자신에게 적합한 삶의 유형을 추구하는 단계
3. 은퇴직후기	건강이나 경제적 여유에 상응하여 다양한 활동성이 전개되는 단계
4. 은퇴생활안정기	여러 방면에서 활동성이 감소하고, 일정한 은퇴생활의 스타일에 적응하며 남은 생을 현실로 받아들이는 단계
5. 최종단계	신체적 · 정신적 기능이 극도로 쇠퇴하고, 최종적 저하현상이 일어나며 현실적응이 어렵고 의존적으로 되는 시기

출처 : Bischof(1976).

(2) 점진적 은퇴의 노화문제 완화

퇴직이라는 사태가 건강상에 긍정적이건 부정적이건 간에 커다란 변화를 초래하는 것은 불가피한 사실이다. 사회적 변화와 심리적 변화는 상호밀접한 관계에 놓여 있는데 역할, 기능 및 지위의 변화는 사회적 유대에 변화를 가져오고, 소득감소는 소비활동을 위축시키며, 건강과 심리상태 및 경제적 상황은 다방면에서 의존도를 높게 한다. 이로 인해 사회와 가족의 부양에 대한 부담은 증가하고, 결국 사회와 가족 내에서 노인과 젊은 세대 간의 사회적 갈등상태를 야기한다.

퇴직이라는 사회적 변화가 야기하는 심리적 변화로 우울증, 소외와 고독감, 무력감 및 정서의 불안 등이 나타날 수 있다. 많은 은퇴자가 새롭게 변화된 생활상의 변화를 합리적으로 조정하여 사회적 · 심리적 타격을 극소화하지만 생산자로부터 소비자로 전락한 생활상의 사태는 많은 변화를 초래하게 되는 것이다.

베커와 네이글(Bäcker & Naegele)은 현대의 산업사회가 가지고 있는 퇴직제도의 모순성을 지적하고 점진적 은퇴(retraite progressive)에 대한 이론을 정립하였는데, 단순히 점진적 은퇴에 관한 과거의 많은 주장에 머물지 않고 미래사회의 산업구조와 노동 인구의 변화에 주목한 점진적 은퇴를 강조하였다. 이들은 미래사회의 산업은 저고용 고효율이라는 구조적 특성을 가지게 될 것으로 예측한다. 따라서 미래에도 현재의 방식과 똑같은 형태로 인력이 산업에 투입된다면 생산가능인구의 장기적 · 상습적 대량실직상태를 피할 수 없게 될 것이라고 예측한다. 따라서 노동시간의 단축을 통한 생산인력 간 노동의 분배는 불가피한 것으로 보고 있다. 따라서 점진적 은퇴이론이란 50대 이후부터 노동시간을 점진적으로 줄여 가며 변화된 환경에 점진적으로 적응하게 함으로써 인생과 정상에서의 급진적 변화에 의한 노화문제를 완화시키기 위한 이론을 말한다.

2) 역할과 지위 변화로 인한 노화

역할(role)과 지위(status)는 사회적 상호작용을 분석하는 데 사용되는 기본개념이다.

사회 혹은 사람들이 특정 개인의 사회적 지위에 따라 그에게 기대하거나 요구하는 특정 태도 및 행위유형을 역할이라고 한다(오갑환, 1981). 예를 들면 교사는 교사로서의 행위와 태도가, 학생은 학생으로서, 부모와 자식은 각기 부모와 자식으로의 행위와 태도가 기대되고 요구된다. 학생이 학생답지 않은 행위, 즉 학습과는 관계가 없는 사유로 교사를 비난하는 행위를 했을 때 그는 사회가 기대하는 행위를 수행했다고 할 수 없으며, 사회학의 개념상 그러한 행위유형은 그 학생의 역할이라고 하지 않는다. 그러므로 사회학에서의 역할이란 엄격히 사회적 역할(social role)이라고 하는 것이 더 정확하다고 할 수 있다.

또한 때에 따라 사람들은 사회가 기대하는 역할을 수행하지 못할 경우가 있다. 따라서 사회가 규정하고 기대하는 역할과 실제 특정 개인이 수행하는 역할을 구분하여야 하는데, 전자를 규범적 역할(prescribed role) 또는 이상적 역할(ideal role)이라고 하고, 후자를 실제적 역할(actual role) 또는 역할수행(role performance)이라 하며 사회가 기대하는 것과 전혀 동떨어진 실제적 역할은 엄격한 의미에서 사회적 역할이라고 할 수 없다. 따라서 역할이란 '사회체제의 특정 위치에 관련하여 사회가 기대하는 행위유형'을 의미한다.

그리고 이러한 사회체제 내에서의 특정 위치를 사회학의 개념으로 '사회적 지위(social status)'라고 한다. 교수, 학생, 부서장 등은 사회적 지위이며, 이러한 지위를 차지하고 있는 사람에게 기대되는 행동을 사회적 역할이라고 한다. '사회적 역할'은 사회에 엄연히 내재하고 있으며, 우리는 '역할'을 통해 자신의 바람직한 행위를 규정하며 타인의 행위도 객관적으로 평가할 수 있다. 그리고 사회적 역할과 지위의 중요성은 지위의 위세, 지위의 영향력 및 개인이 소유한 부에 의해서 크게 좌우될 수 있는 것으로 본다(Atchley, 1980 재수정).

따라서 사회적 역할이란 '어떤 지위에 있는 사람에게 기대되는 행동이나, 어떤 주어진 지위에 있는 대부분의 사람들이 하는 일, 혹은 어떤 주어진 지위에 있는 특수한 개인이 하는 일' 중 하나에 해당하는 것(Atchley, 1980)이며, 권리와 의무의 집합체로 규정할 수 있는 지위(status)의 동적인 측면이라고 할 수 있다. 대부분의 경우 역할이 주어질 때에는 그에 따른 의무와 책임 및 역할수행을 방해받지 않을 권리를 부여받는다고 할 수 있다.

3) 가족관계 변화로 인한 노화

사회의 최소단위로서의 가족은 "성 관계의 허용을 받은 최소한의 성인 남녀와 그들에게서 출생하였거나 양자로 구성되어 공동의 주거, 경제협력과 생식을 특징으로 하는 사회집단"이다(Murdock, 1949). 머독(Murdock)의 가족에 대한 이러한 정의는 가족이 가지고 있는 성적 기능, 생식기능, 교육기능 및 경제기능을 함축하고 있다. 그러나 가족이란 그 형태, 기능 및 제도에 있어서 사회제도와 구조의 변화에 따라 더불어 변화하는 집단이다.

학자에 따라 핵가족(nuclear family)을 개별가족, 단순가족, 부부가족이라 부르기도 하고, 확대가족(extended family)을 총체가족, 합성가족, 복합가족(확대가족과 일부다처제나 일처다부제 등의 복혼가족), 직계가족 등으로 부르기도 하는데, 그 개념규정이 핵가족이나 확대가족과 반드시 일치하는 것은 아니다. 한국에서는 가족제도(family institution)를 부부가족, 직계가족, 확대가족으로 유형화하는 것이 보편적이다.

과거 전통사회의 가족은 교육적 기능, 경제적 기능 및 1차 사회화의 기능 등을 골고루 함축하고 있었고, 노인은 이러한 기능을 수행하는 데 핵심적 위치를 점유하였으므로 그들의 역할은 지대하였다. 당시 노인은 전통적 문화와 가치, 관습과 제도의 전달자였으며(Berger, 1973), 각종 의식(儀式)의 주관자였다(Luckmann, 1979). 생산과정에서의 그들의 경험은 필수적인 것이었으므로 노인은 집단의 핵심적 존재였다. 따라서 전통사회의 노인에게 고립과 소외라는 개념은 생소할 뿐이었다(Arnold, 1979).

그러나 산업사회 이후 많은 가족들이 확대가족(extended family)으로부터 부부와 미혼자녀만으로 구성된 핵가족(nuclear family)이나 1인 가족으로 변화되면서 가족의 전통적 기능은 점진적으로 상실되고 있다. 산업화와 함께 도구적 가치의 유용성이 증가되면서 전통적 확대가족은 현대적 생산체제－경쟁, 신속, 전문화, 분업화－에 적합한 형태인 핵가족체제로 변화되었고, 가족이 가지고 있던 전통적 기능은 사회기관들이 대행하게 되었다. 이러한 과정을 겪으면서 노인의 필요성과 역할은 격감하였고, 결국은 가족의 부담스런 존재로 전락하게 되면서 고립과 소외로 고통을 받는 존재로 변하였다.

한국 사회는 1960년대 이후 급격한 산업화를 경험하면서 가족제도도 급격히 변화되었다. 대부분의 가족이 확대가족에서 핵가족으로 변화하면서 노인부부가족이나 독거노인가족도 늘어 가고 있다. 이러한 가족제도의 변화는 지속될 것이고, 행정안전부가 발표한 '2020년 6월 말 주민등록 인구·세대 현황 분석 결과'를 보면, 2020년 6월 말 기준 주민등록 인구는 5,183만 9,408명으로, 2019년 말(5,184만 9,861명)보다 1만 453명 줄어든 것을 확인할 수 있지만 주민등록 세대는 2,279만 1,531세대로, 2,248만 1,466세대를 기록했던 2019년 말보다 31만 65세대 늘어나 역대 가장 많은 세대수를 기록하고 있다.

이와 같은 세대수의 지속적인 증가는 1인가구와 2인가구가 늘어났기 때문인데, 가구당 평균 인구는 2.27명이며 1인 세대는 876만 8,414가구로, 전체 중 38.5%를 차지했다. 그 뒤를 이어 2인 세대 23.1%, 3인 세대 17.6%, 4인 세대 15.8%의 순으로 기록됐다. 이는 노인이 자식과 분리되어 단독세대로 살아가는 방식들도 보편화된다는 의미가 있다.

따라서 노인에게 상실된 역할들을 대체할 수 있는 역할의 창출과 부모와 자녀가 물리적·정신적 통합을 이룰 수 있는 합리적 방안과 정책이 요구되는 상황이다. 아울러 배우자가 있는 준고령자가 이혼이나 사별 등으로 인하여 배우자가 없는 준고령자에 비하여 신체적·심리적·사회적으로 안정적인 노후준비가 유리하다는 점에서 보면 홀노인가족에 대한 정부차원의 대책이 더욱 요구된다.

Senior Citizen Welfare | chapter 03

노화이론

1. 생물학적 노화이론

1) 유전적 노화이론

인간은 누구나 성인기를 지나면서 신체적인 노화를 경험하게 된다. 흰 머리카락이 늘어나고, 시력과 청력이 감퇴하고, 근육의 질량은 줄어들며, 치아, 관절 및 골격구조가 약화된다. 그리고 대부분의 여성은 50대 초반에 폐경기(閉經期, menopause)를 맞게 되면서 신체적으로나 정서적인 혼란을 경험하기도 하는 등의 갱년기 증상을 보이게 된다.

아울러 노화의 진행과 더불어 대뇌세포가 감소하고 지각력과 기억력도 약화된다. 그러나 노화의 원인에 대한 명확한 이론은 밝혀지지 않고 있으며, 현재까지 제시된 생물학적 노화이론들은 유전적 노화이론(genetic theory of aging), 비유전적 세포노화이론(nongenetic cellular theory of aging), 면역노화이론(immunological theory of aging) 등이 있다. 여기에서는 먼저 유전적 노화이론에 대하여 살펴보면 다음과 같이 유전자결정이론, 유전자오류이론, 유전자돌연변이이론 등으로 세분하여 설명할 수 있다.

(1) 유전자결정이론

유전적 노화이론(genetic theory of aging) 중에서 노화를 성장, 수명 등과 같이 유전인자(DNA)[1)]에 의해 정해진 계획에 따라 진행되는 현상의 일부로 보는 견해인데, 정해진 시기에 이르게 되면 노화를 일으키는 특정 유전자가 적극적으로 작용하여 세포를 노화시키면서 노화가 진행된다는 것이 유전자결정이론이다.

유전자 공학의 발달과 더불어 노화를 일으키는 유전자를 찾아내려는 노력이 꾸준히 전개되고 있고, 유전자결정이론에 대한 다양한 주장과 증거들이 제시되고 있지만 아직까지 정설화된 것은 없다.

(2) DNA 작용착오이론(유전자오류이론)

리보핵산(Ribonucleic Acid, RNA)은 디옥시리보핵산(Deoxyribonucleic Acid, DNA)과 함께 세포핵 속에 위치하고 있으며, DNA로부터 전달된 정보를 받아 세포나 기관의 생성과 생명유지에 필요한 단백질 합성을 인도하는 핵산이다.

DNA 작용착오이론이란 이러한 DNA와 RNA 사이의 정보전달과정에서 착오가 발생하여 리보핵산(RNA)이 잘못된 단백질을 합성하고, 이것이 축적되어 세포, 조직, 기관에 손상을 입힘으로써 노화를 유발시킨다는 것이 유전자오류이론이다.

1) DNA(Deoxyribo Nucleic Acid)는 디옥시리보 뉴클레오티드의 중합체(重合體)로, 거의 모든 생물체의 유전 정보를 저장한 유전자로서 작용한다. 유전 과정에서 형질 전환을 일으키는 원인 물질이다.

(3) 유전자돌연변이이론(체세포변이이론)

세포 내에 축적된 노폐물 등에 의해 유전정보가 있는 DNA의 특정부분인 유전자(gene)가 손상을 입게 되면 디옥시리보핵산(DNA) 복구시스템이 손상된 유전자를 정상 유전자로 복구시킨다. 그러나 DNA 복구시스템의 작동이 비정상적일 경우 일부 유전자 정보가 상실되어 돌연변이 세포가 생성되는데, 이러한 돌연변이 세포들이 누적되면서 노화가 발생한다는 것이 유전자돌연변이이론이다.

2) 비유전적 세포노화이론

비유전적 세포노화이론(nongenetic cellular theory of aging)에는 마모이론, 노폐물누적이론, 교차연결이론, 산화기이론 등이 있으며, 세부적으로 살펴보면 다음과 같다.

(1) 마모이론

마모이론(wear and tear theory)은 기계를 장기간 사용하게 되면 마모현상에 의해 노후되는 것처럼, 주요 세포와 조직도 노화와 더불어 오래되면 닳아 없어짐으로써 신체기관에 기능의 마모가 발생한다는 이론이다.

(2) 노폐물누적이론

노폐물누적이론(waste accumulation theory)은 살아가는 동안 인체 내부에 해로운 물질과 노폐물이 점진적으로 축적되고, 그 축적된 노폐물이 정상적인 세포기능을 방해하면서 노화현상이 생긴다는 이론이다.

(3) 교차연결이론

교차연결이론(cross-linked theory)은 세포 내부의 분자들이 상호교착(cross linking) 되어 활동성을 잃고 둔감하게 되거나, 분자의 교착으로 기능상의 문제를 가진 단백질이 세포와 조직에 상처를 주면서 신체기능의 저하를 야기하고 이로 인해 노화현상이 발생한다는 이론이다.

(4) 산화기이론

산화기(자유기, free radical)라는 고도로 불안정한 세포 구성 물질이 증가하여 노화가 진행된다고 보는 것이 산화기이론(free radical theory)이다. 모든 동물은 외부로부터 자신의 체내에 산소와 유기물 등을 흡수하고, 그것을 분해・합성하여 성장과 존속에 필요한 물질과 에너지를 생산하며, 이러한 물질과 에너지를 사용함으로써 성장, 존속, 활동할 수 있게 된다. 산화기는 정상 대사과정에서 생산되며, 이러한 과정을 신진대사(metabolism)라고 한다. 신진대사 과정을 보면, 모든 동물은 자신의 체내에 외부로부터 유기물(C, H, O)과 산소(O)를 흡수하고, 흡수된 유기물과 산소가 상호반응하게 되며, 반응과정에서 동물에게 필요한 물질(영양분, 효소, 혈액, 호르몬 등)과 칼로리(에너지)가 생산된다.

이러한 과정을 산소대사라고도 하는데, 체내에서 산소대사가 100% 완벽하게 이루어진다는 것은, 호흡을 통해 신체 외에서 체내로 흡수된 산소의 전량과 체내의 다른 분자와 반응하는 과정에서 사용된 산소의 양과 사용되지 않고 배출된 나머지 양을 합친 양이 동일한 상태를 유지한다는 것을 말한다.

그런데 체내에서는 항시 100%의 완벽한 산소대사가 이루어지지 못하고 일부의 산소가 체내에 남게 되는데, 이러한 산소가 다른 분자와 반응하여 강한 활성산소의 하나인 하이드록시 라디칼(Hydroxyl Radical) 등으로 변화된다는 것이 산화기이론이다. 하이드록시 라디칼 등의 자유기(free radical, 활성산소)[2]는 전자의 수가 홀수이므로 대단히 불안전한 상태이며, 다른 분자(Molecule)로부터 전자(Electron)를 획득하여 안정된 상태를 추구하므로 타 물질과의 결합력이 매우 높아서 타 물질과 아주 쉽게 결합하여 활성산소(oxygen free radical)가 세포막을 형성하고 있는 다가불포화지방산(多價不飽和脂肪酸,

2) 자유기 혹은 산화기는 인체의 대사작용의 부산물로 체내에 생성되며, 산화력이 강한 변형물질이다. 즉 노폐물로서 이것을 처리하지 못하면 건강한 신체를 유지하지 못하고 사망에도 이르게 된다.

PUFA)과 결합하게 되면 세포막의 변형을 야기하고 노화를 진행시킨다고 보는 것이다.

3) 면역노화이론

면역노화이론(immunological theory of aging)에는 면역반응이론과 자동면역반응이론이 있으며, 세부적으로 살펴보면 다음과 같다.

(1) 면역반응이론

면역(반응)이론(theory on immunity)은 백혈구(leukocyte, white blood cell)가 인체 내의 해로운 물질을 식별하는 능력을 상실해 감으로써 제거하여야 할 유해물질을 제거하지 못하게 되고, 나이가 들면서 누적된 유해물질이 인체에 부작용을 일으킴으로써 노화가 촉진된다는 이론이다.

(2) 자동면역반응이론(자가면역이론)

자동면역반응이론(autoimmunity theory)은 면역체계가 항체를 만드는 과정에서 정상세포마저 파괴하는 세포를 자동적으로 생산하게 되고, 나이가 들면서 이러한 자동면역항체(autoimmune antibody)의 증가에 의해 정상세포의 파괴가 증가되면서 노화를 야기한다는 이론이다.

2. 심리학적 노화이론

1) 지속성(계속성)이론

계속성이론 혹은 지속성이론(continuity theory)은 미국 시카고대학의 심리학 교수인 버니스 뉴가튼(Bernice Neugarten)과 애츨리 등이 제창하였으며, 노년기의 성격은 젊을 때의 성격성향을 지속하는 것이지 바뀌는 것은 아니라는 견해에 있다. 지속성이론은 사회학적 관점의 노화이론인 사회유리이론과 상이한 관점에서 노화과정을 이해한다. 성격을 역할활동과 생의 만족도 간의 관계를 결정짓는 중요한 요인으로 보고 있는 것이 특징인데, 지속성이론의 세 가지 기본 견해는 다음과 같다.[3)]

① 남녀 모두 정상 노화과정에서 성격은 일관성 있게 유지된다.
② 성격은 역할활동과 투자에 똑같이 영향을 미친다.
③ 성격은 역할활동과 관계없이 생의 만족도에 영향을 미친다.

노인은 과거 그들의 삶에 적응하기 위해 실천해 왔던 개인적 및 대인관계에서의 적응행위들을 그대로 표현하는 것이므로 노년기라고 해서 성격이 변하는 것은 아니다. 그러나 노년기에는 옛날 방식과 새로운 방식의 요구 간에 갈등이 있을 수 있으며, 이 갈등에서 옛 방식을 억제하면 마치 성격이 변화된 것처럼 보이지만 근본적 성격이 변화하지는 않는다. 그러나 나이가 들면, 남성 노인은 인내하고 보살피고 양육하는 역할로 전환하고 여성 노인은 지도적이고 공격적인 역할로 전환하는 경향이 있다.

또한 노년기의 신체적・정서적 역량의 감소는 선택적으로 사회활동에 참여하게 하며, 자기 자신에게 보다 많은 관심을 두고 특정 취미에 몰두하게 되는 경향을 보인다. 때로는 이러한 행동이 마치 노인이 자기중심적이고 고집이 세고 사회에 무관심한 성격으로 변한 것처럼 보이기도 한다.

지속성 이론은 노인의 기본적 성격성향을 이해하는 수단을 제공하기 때문에 노인 관련 전문직은 노인의 성장발달 상태와 성격행동을 사정하고 노인의 연령에 따른 적응수준에 적합한 현실적인 중재계획이 필요하다.

2) 성장발달이론

성장발달이론(developmental theory)은 노년기에 이르기 전 단계에서의 과업완수수준은

3) http://www.hallym.ac.kr/~molee/lecture/aging-the.htm 참고 재수정.

노화과정의 예측 인자가 된다는 견해이다. 즉 훌륭한 적응전략을 개발하여 이제까지의 생애에서 성장발달과업을 성공적으로 완수한 노인은 노년기에도 성공적으로 대처한다는 주장이다. 에릭슨(1963)은 8단계의 성장발달과업 중에서 생의 마지막 단계인 노년기의 과업을 자아통합 대 좌절(ego integrity versus despair)의 균형으로 제시하였다. 즉 개인의 전 생애를 성공적으로 해결하였다면 노년기 과업도 성공적으로 해결할 수 있다고 보았다.

한편, 허빅허스트(Havighurst, 1972)는 태어나서 죽을 때까지의 전 생애를 6단계로 나누고 인생의 각 단계에서는 성장발달을 위한 고유의 과업(developmental tasks)이 주어진다고 보았다. 또한 인생의 각 단계마다 주어진 과업을 긍정적으로 수행하는가, 혹은 부정적으로 수행하는가에 의해 행복과 불행이 정해진다고도 하였다. 그는 노년기 발달과업에 대해 다음과 같이 6가지로 제시하였다.

① 신체적 기력 감소와 건강저하에 적응
② 은퇴와 수입 감소에 의한 생활적응
③ 배우자 사별에 대한 적응
④ 동료 노인과의 유대관계 강화
⑤ 사회적 역할에 융통성 있게 대응
⑥ 만족스러운 신체활동에 대한 환경의 조성

성장발달과업이론은 노인이 성취해야 할 행동규준을 확인하고 이를 성취할 수 있도록 사회적이고 문화적인 환경 및 시대적 변화를 고려하여 구체적 방안을 융통성 있게 마련하도록 하는 데 활용될 수 있는 이론이다.

3) 사회와해이론

사회와해이론(social breakdown theory)은 키퍼스와 뱅슨(Kuypers & Bengtson, 1973)에 의해

제창된 사회심리학적 이론이다. 이 이론에 의하면, 사회적 혹은 심리적 문제가 있는 일부 노인에 대한 부정적 인식이 노인 전체에 대한 부정적 인식으로 환류(feedback)되어 노인에 관한 부정적 인식이 강화된다. 그리고 부정적인 사회적 인식의 틀 속에서 생활해야 하는 노인의 사회적 활동과 관계는 더욱더 위축되고 어려워지게 되는 순환적 틀을 형성하며, 그러한 순환의 틀 속에 갇혀서 생활해야만 하는 노인은 결국 사회적으로 와해된다고 본다.

노인은 적절한 준비가 되어 있지 않은 상태에서의 갑작스런 역할의 변화나 상실, 불명확한 규범적 지침, 따를 수 있는 준거집단의 부족 등으로 인해 사회적 혹은 심리적으로 취약하게 된다. 이러한 취약성을 극복하고자 노인은 자신에게 적합한 역할과 기능, 사회적 관계나 활동 등을 획득하기 위해 외부인, 예컨대 특정 개인이나 사회단체, 복지기관 등에 조언과 도움을 요청하게 된다고 보는 것이다.

노인의 이러한 노력(외부의 조언과 도움의 요청)은 외부인으로 하여금 노인이란 의존적 존재, 취약한 존재 혹은 문제를 가지고 있는 존재로 보여지게 하며, 나아가 외부에 의존하게 된다. 결국 노인에 대한 사회적 편견(예컨대 노인의 무용성과 무능성, 노인의 지식과 기술의 무가치성 등)은 노인에 대한 부정적 인식을 더욱더 강화한다. 이러한 관계를 통해 노인 스스로도 점차 자신을 무능한 존재로 인식하게 된다.

무능자로서의 자신을 인식하고 있는 노인은 외부에 도움과 조언을 요청하게 되는 의존적 존재로 변화함으로써 더욱더 순환적 틀 속에 예속된다. 키퍼스와 뱅슨(1973)은 순환적 틀 속에서 나타나는 노인의 성격이나 태도(의존적이며 무능자로서의 자기인식 등)를 사회적 와해 증후군(social breakdown syndrome)이라고 하였다. 그리고 순환적 틀 속의 노인을 개선하는 방법으로서 노인으로 하여금 스스로 사회적으로 유용하고 유능한 존재임을 인식하게 하는 환경을 조성한다거나, 부정적인 자기낙인을 극복할 수 있는 기술을 개발해 주면서 건강증진 및 경제적 원조 프로그램과 사회적 서비스의 확대 등을 통한 사회환경의 개선을 제시하였다([그림 3-1] 참고).

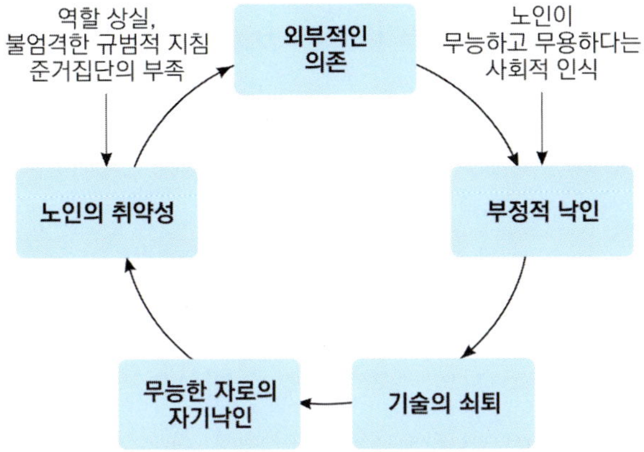

[그림 3-1] 사회와해이론의 순환적 틀

출처 : Kuypers & Bengtson(1973).

사회와해이론은 노인의 사회적 · 심리적 문제를 개인 차원에서 개입하여 개선할 수 있는 개입의 실용적 근거이론으로서의 가치가 높으며(Hendricks & Hendricks, 1992), 사회관계 속에서의 노인의 문제점을 설명하는 데 유용한 근거를 제시하는 이론이라고 할 수 있다.

이 외에도 심리학적 노화이론에는 밀러(Miller, 1965)의 정체감 위기이론과 애츨리(1971)의 정체감 유지이론 등이 있다. 밀러는 노년기에 이루어지는 은퇴로 인하여 자아기반이 와해되면서 노인은 정체감 위기에 직면하게 된다는 주장을 하였으며, 애츨리는 이에 상반되는 입장에서 정체감은 직업역할이 아니더라도 퇴직 후에 참여할 수 있는 여가활동을 통해서도 유지될 수 있다고 보았다.

3. 사회학적 노화이론

1) 사회유리이론

사회유리이론(disengagement theory)은 분리이론, 소원이론 또는 소외이론(은퇴이론)이라고도 하며, 커밍과 헨리(Cumming & Henry, 1961)가 신체적 · 경제적 자립상태에 있는 50~90세까지의 미국 Kansas 시의 주민 275명을 대상으로 실시한 횡단적 연구결과를 토대로 제시한 이론이다. 이 이론에서는 노인과 사회는 상호의 필요와 요구에 의해 분리되는 것이 당연한 현상이며, 노인의 노화에 의한 건강상의 약화, 죽음에 이르게 될 가능성의 증가, 사회에 대한 공헌가능성의 약화 등을 분리의 요인으로 보고 있다.

사회유리이론은 노인 스스로가 자신을 사회로부터 분리시키고자 하는 경우와 사회가 노인으로부터 분리되기를 원하는 경우로 구분하는데, 전자를 개인에 의한 분리(individual disengagement)라고 하고 후자를 사회에 의한 분리(societal disengagement)라고 한다. 그리고 분리는 '주체로서의 개인과 사회가 객체로서의 사회와 개인으로부터 자신의 안정과 존속을 위하여' 선택되는 것으로 보고 있다.

① 개인에 의한 분리(유리)

우선 '개인에 의한 분리(유리)'란 노인 스스로가 자신을 사회로부터 분리시키는 것, 즉 사회로부터 자발적으로 물러서는 것을 말하는데, 사회를 떠나는 목적은 사회활동으로 인해 소모될 삶의 에너지를 보존하고, 자신의 내면을 돌아보기 위한 시간을 확보하기 위한 것으로 보고 있다. '개인에 의한 분리'를 정당화하는 근거로서, '사회로부터 분리되어 생활하는 노인이 그렇지 않은 노인보다 심리적 만족감이 더 높다.'는 연구결과를 제시하고 있다.

그러나 '개인에 의한 분리'는 '퇴직 후의 많은 노인이 새로운 일자리를 원한다거나, 젊은 시절 직업으로 인해 와해되었던 과거의 사회적 관계를 복원하고자 한다'는 연구결과들에 의해 많은 저항을 받고 있다. 나아가 개인에 의한 분리가 노인에게 심리적 만족을 가져다준다는 연구결과도 지지될 수 없다고 보고 있다(Butler & Lewis, 1977).

노인 스스로가 사회로부터 물러나고자 할 것인가, 또는 사회로 다시 복귀하고자 할 것인가는 노인 개개인의 관점, 가족적 · 사회적 · 경제적 상황, 신체적 · 정신적 건강 상태, 삶의 경험 등에 따라 각기 다를 수 있다. 따라서 개인에 의한 분리와 그 반대의 주장 어느 것도 노인 다수의 입장을 대변할 수 있는 근거를 갖지 못할 것이며, 대다수의 노인이 상황에 따라 분리를 원할 때도 있고 때때로 복귀를 원할 때도 있을 것이라는 입장이 타당하다. 그러나 노인의 사회적 · 심리적 적응도와 만족도를 연구하는 데 분리이론은 중요한 이론적 기초를 제시한다고 볼 수 있다.

② 사회에 의한 분리(유리)

'사회에 의한 분리(유리)'는 사회가 쇠퇴한 지식과 기술을 소유한 노년세대를 재교육하여 사회로 다시 복귀시키기보다는 신지식과 신기술을 보유한 젊은 세대를 사회로 영입하는 것이 사회기능의 안정과 발전을 위해 더 유익하다고 판단할 때 일어난다. 이러한 입장은 '사회에 의한 분리'를 사회기능주의적 관점에서 관찰하는 것으로 볼 수 있다. 사회기능주의에 의하면, 사회의 안정적 유지는 사회를 형성하고 있는 각각의 기능이 정상적이고 지속적으로 작동할 때 가능하다고 보고 있다. 따라서 사회는 사회적 기능을 중단 없이 정상적으로 수행할 수 있는 개인이 필요하며, 이러한 자격요건을 갖추지 못한 부적격자는 사회참여에서 배제되는 것을 당연한 것으로 간주한다.

따라서 사회가 노인의 사회참여를 배제하고자 하는 것은 당연한 선택이라고 보고 있다. 왜냐하면 죽음의 가능성이 높은 노인으로 하여금 사회의 특정 기능을 수행하도록 한다면, 사회는 그들의 죽음의 가능성으로 인해 항상 그 기능이 마비될 수 있다는 위험성에 노출될 것이기 때문이다. '사회에 의한 분리'는 개인이 일정 연령에 도달하게 되면 생산구조로부터 분리되는 퇴직제도를 정당화시키는 이론이라고 볼 수 있다.

2) 활동이론

활동이론(activity theory)은 허빅허스트(1968)와 동료들에 의해서 처음으로 주장된 이론이며, 이후 레몬(Lemon, 1972)과 그의 동료들에 의해서 상징적 상호작용론적 관점에 입각한 이론으로 공식화되었다. 사회유리이론(분리이론)이 노인과 사회의 분리를 스스로의 존속과 안정을 위해 상호 원하는 것으로 인식하고 있는 반면, 활동이론은 노인의 사회활동의 참여정도가 높으면 높을수록 심리적 만족감 또는 생활만족도는 높다는 주장을 함으로써 노인이 사회로부터 분리되기를 원한다는 개인에 의한 분리이론과는 상반된 견해를 제시한다.

이것은 노인이 스스로의 심리적 만족감과 생활만족도를 높이기 위해서는 가능한 한 사회에 통합되어 사회적 활동을 지속해야 한다는 주장으로서 "생물학적 노화와 건강상의 불가피한 변화를 제외한다면 노인은 근본적으로 중년기와 다름없는 심리적·사회적 욕구를 지니고 있다."는 가정에서 나온 것이다.

활동이론에 의하면 노년기에도 타인과의 교제와 집단 활동에 대한 욕구는 지속되며, 이러한 행위는 자연스러운 것으로 이해된다. 활동이론에 따르면 노인의 욕구는 퇴직, 경제적 어려움, 역할과 지위의 상실, 건강상태의 저하 등으로 인하여 억제되고, 욕구의 불충족은 자아정체감의 약화와 자아평가에 대한 위기의 초래 및 부정적 자아상을 형성할 가능성을 증가시킴으로써 노인의 심리적 만족감 또는 사회적 만족감은 낮아지게 된다고 보고 있다.

허빅허스트와 동료들이 주장한 활동이론은 어떠한 심리적 기제를 통하여 노인의 사회활동이 생활의 만족도를 가져오는지에 대한 설명이 명확하지 못하였으므로 이론화하는 데는 다소 무리가 있었다. 그러나 그 후에 레몬과 그의 동료들이 사회활동의 상징적이며 상호주의적인 특성을 관찰하고 사회활동과 생활만족도 간의 상관관계를 명확히 밝힘으로써 활동이론은 공식화되었다. 이 이론에 따르면 활동은 개인의 자아개념(self-concept)을 재확인하는 데 필요한 역할지지를 제공해 주는 것이며, 활동이 친밀하고 빈번할수록 역할지지는 더욱더 구체적이고 확실해지게 된다. 그리고 지속적인 역할지지를 통해 긍정적인 자아상을 유지할 수 있으며, 긍정적 자아상은 생활만족도를 높이는 것과 연관되어 있는 것으로 보았다(Lemon et al., 1972). 즉 사회활동은 역할지지를 제공하며 역할지지를 통해 긍정적 자아상이 유지되고, 긍정적 자아의 유지를 통해 높은 생활만족도를 가질 수 있다는 인과적인 심리적 메커니즘을 가정하고 있다.

상징적 상호주의적 관점에서 사회활동이란 구체적인 지위에 따른 역할뿐만 아니라, 행위자가 스스로의 행위에 의미를 부여하고 타인의 반응을 통해 자신의 입장을 확인할 수 있는 모든 사회적 목적을 가지고 이루어지는 대인관계에서의 모든 활동을 포함한다. 따라서 활동에 많이 참여하여 친밀한 활동을 많이 할수록 노인의 생활만족도는 오랫동안 유지되므로 고령 시기에도 가능한 많은 사회적 관계를 구축하고 활동에 참여하는 것이 필요하며, 특히 퇴직으로 인하여 상실된 역할활동을 대치할 만한 또 다른 활동에의 참여가 필요하게 된다.

이와 같이 활동이론은 개인에 의한 분리이론(사회유리이론)과 대립적인 이론으로서 노년사회학에서 가장 많은 논란의 초점이 되고 있다. 이 이론은 노동의 윤리성을 강조하는 미국 사회에서 형성된 이론으로서 다른 사회문화권에서의 적용에 문제가 있다는 비판을 받고 있다. 그러나 현재까지의 많은 연구결과들은 활동이론의 입장을 지지하는 편이 우세하다(Larson, 1978). 이러한 활동이론은 노인을 위한 여가활동의 확대, 사회참여를 위한 기회의 확대, 일자리 창출 등의 노인복지서비스 프로그램을 정당화할 수 있는 이론적 토대를 제공한다.

3) 사회교환이론

사회현상을 설명하는 이론으로서의 사회교환이론(social exchange theory)은 호만즈(Homans, 1961)가 『사회적 행동: 그 기초형태(*Social Behavior: Its Elementary Forms*)』를 출간하면서 공식적으로 제기한 이론으로 고전경제학, 기능주의적 인류학 및 행동주의적 심리학에 사상적 토대를 두고 있다. 교환이론에 의하면 사회적 행동이라는 것은 결국 '두 사람 이상 사이에서의 활동의 교환'이며, 대인관계란 '사람들 사이에 보상을 반복적으로 교환하는 것'(Homans, 1974)으로 이해된다.

사회적 행동과 대인관계를 형성하고 유지하는 주된 조건은 '주는 것(투자)보다 받는 것(보상)의 가치가 높아지는 것'인데, 이러한 조건이 구비될 경우 사회적 교환행위(즉 사회적 행동과 대인관계)가 지속된다는 것이다. 사회적 행동과 대인관계, 즉 교환을 주고받는 행위자들은 가능한 한 대등한 입장에서 교환관계를 형성하고 유지하려고 하지만 동등하지 않은 입장에서 이루어지고 지속되는 경우가 많다. 교환이 불가피하게 이루어져야 하는 관계의 경우 교환자원(지식, 기술, 금전, 사회적 승인, 복종, 존경 등)의 가치가 높거나 풍부한 교환자원을 소유한 자가 낮은 가치의 교환자원과 부족한 교환자원을 소유한 자를 지배하게 된다(Archibald, 1976).

이러한 불균형적 교환관계가 반복적으로 이루어짐으로써 교환형태가 고착화되고 제도화되는 경향성을 갖게 된다(Martin, 1971). 이러한 제도화는 권력구조의 서열화로 이어지게 되고, 권력적 열세에 처하게 되는 쪽은 고착된 교환관계에 의존하게 되며, 교환관계에서 발생하는 손해나 비용을 줄이기 위해 교환관계를 가능하면 균형화를 시키려고 노력하게 된다. 현대사회의 노인문제를 교환이론과 관련하여 살펴보면, 산업화 과정 또는 현대화를 통해 노인이 소유한 교환자원(지식과 기술, 생산능력, 재산소유 및 통제권 등)의 가치와 양은 젊은 세대가 소유한 교환자원의 가치와 양에 비해 상대적으로 열세이며, 열등한 교환자원의 소유자로서의 노인은 사회적 교환관계 내부에서 열등한 지위로 전락하고 권력적 열세에 몰리게 됨으로써 노인문제가 야기된다고 볼 수 있다.

노년계층에 대한 사회학적 의미를 연구하기 위해 교환이론을 적용한 초기의 학자들로는 블라우(Blau), 도우드(Dowd), 뱅슨(Bengtson) 등을 꼽을 수 있는데, 이들에 의하면 노인의 경제적 자원의 감소, 건강의 저하, 노쇠한 기술 등이 노인의 교환세력을 축소시키는 주요 요인으로 보았다(Blau, 1973; Dowd, 1975; Bengtson & Dowd, 1980).

그리고 후기 사회교환이론가들은 세 가지 차원인 건강이나 개인의 생리적 차원, 사회적 지지체계나 사회적 · 가족적 차원, 물질이나 금전적 차원에 의해 노인의 교환관계 내부에서의 지위는 영향을 받게 된다고 규정하였다(Hendricks & Hendricks, 1986). 나아가 노인이 그들의 과거 젊었던 시절의 공헌에 대한 적절한 보상(사회적 지지)을 받고 있는지에 대한 질문을 던지면서, 노인의 교환세력을 분배의 정의와 관련하여 논의하고 있다(Dowd, 1978; Cheal, 1984; Hendricks, 1987; Hendricks & Hendricks, 1992).

이러한 논의는 분배의 정의 및 교환관계 균형화 전략에 입각하여 노인의 공헌도에 상응하는 합당한 보상(사회 및 가족적 지지)을 지불해야 한다는 이론적 근거를 제시했다고 볼 수 있다. 교환이론이 노인과 관련된 사회적 현상들을 전적으로 설명할 수 있다고는 볼 수 없지만 퇴직제도, 경제적 문제, 역할 및 지위상실, 사회적 고립과 소외, 가족과 친구관계의 문제 등을 해석하는 데는 유용한 시사점을 제공한다고 할 수 있다. 특히 노인문제해결을 위한 정책적 접근, 예컨대 기초연금, 공공요금의 할인이나 면제 등의 당위성의 중요한 이론적 기반을 제공한다고 할 수 있을 것이다. 그러나 교환이론의 가설이 인간행위의 절대적 동기가 개인적인 이익추구에 있다는 것으로 설정된 것은 다소 무리가 있다.

4) 노화의 현대화이론

카우질과 홈즈(Cowgill & Holms, 1974)에 의해 제창된 노화의 현대화이론은 한 사회의 현대화 정도가 높으면 높을수록 노인의 지위는 더욱 낮아지게 된다는 것이 이론의 요지이며, 현대사회 내부에서의 노인의 의미와 노인문제를 비교적 함축적으로 해석한 이론으로 평가되고 있다.

노화의 현대화이론(modernization theory of aging)은 현대화의 과정에서 발생하는 노인문제와 관련된 핵심적인 요인을 “건강기술의 발달, 생산기술의 발전, 도시화 및 교육의 대중화”로 보고 있다. 이처럼 노화의 현대화이론은 현대화의 과정으로 파생된 이러한 요인들은 궁극에 노인의 지위하락이라는 결과를 낳게 되었으며 노인의 지위하락은 노인문제를 야기한 근본적 원인으로 보고 있다([그림 3-2] 참고).

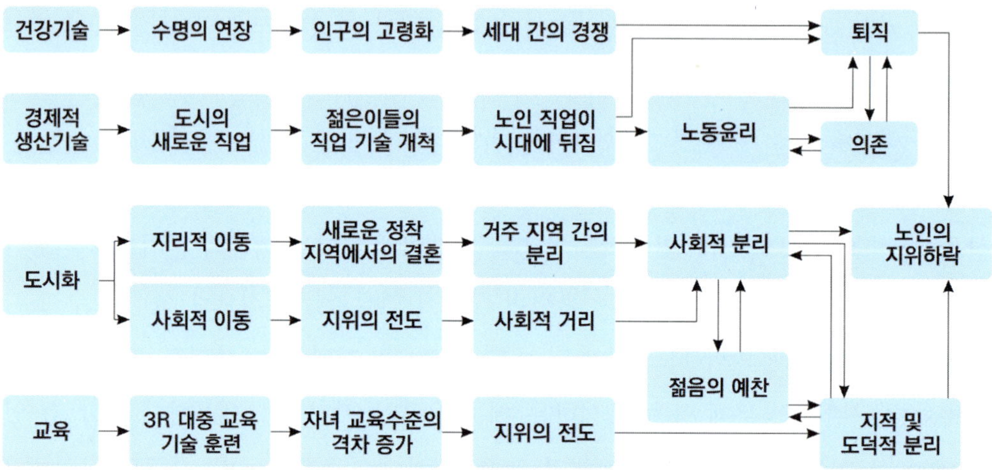

[그림 3-2] 노화의 현대화이론 틀

출처 : Cowgill & Holmes(1974).

[그림 3-2]에 의하면 건강기술 및 공공보건의 발달로 인해 인간의 수명이 연장될 수 있었고, 이것은 인구의 고령화로 이어지게 되며 인구의 고령화는 직장에서의 세대 간 갈등을 초래한다. 이러한 상황은 '생산기술의 변화에 의해 새로운 직업이 대두되고 젊은이들은 새로운 직업에 적합한 기술을 소지하도록 훈련되었으므로 노후한 노인인력보다 우세를 보이게 되는' 현상과 맞물려, 나이가 많은 사람들은 생산현장에서 밀려나 퇴직이라는 사태를 맞이하게 된다. 퇴직이 소득 및 사회적 위세를 감소시키게 되는 원인이 되어 결국 노인의 지위를 하락시킨다.

경제적 생산기술의 발전은 대량생산을 가능케 하였고, 대량생산을 위한 노동력을 획득하기 위해 인구가 밀집한 지역에 공장이 들어서기 시작하면서 이 지역으로 일자리를 구하기 위해 사람들이 모여들게 된다(인구의 지리적 이동). 인구가 특정 지역으로 모여들면서 도시화가 진행되고 새로운 지역에서 직장을 얻게 된 젊은이들은 거기서 배우자를 만나 새로운 가정을 형성하고 정착하게 된다. 이로써 노인과 자녀는 지역적 분리 상태에 놓이게 되고, 지역적 분리에 의해 상호 간의 교류가 감소되면서 그들 사이에는 사회적 분리 현상이 나타나게 된다.

자녀는 새로운 지역과 상황에 정착하기 위해 그들의 소득을 투자해야 되기 때문에 경제적 여력을 갖는다는 것이 용이한 일이 아니므로 자신들이 부모로부터 지원받은 만큼의 후원을 할 수 없게 되며, 자식을 위해 투자한 만큼의 후원을 받을 수 없는 노인은 경제적 빈곤을 맞게 되며 이러한 상태의 노인의 지위는 약화된다.

사회적 이동(social mobility) 또는 사회이동은 사회학의 기본개념의 하나로 소로킨(Sorokin, P. A.)에 의해 정립되었는데, 그는 사회이동을 수평적 이동과 수직적 이동으로 분류하였다. 사회의 수평적 이동이란 사회적 위치가 동일 수준에 있는 위치로 이동하는 것을 말하는데, 예를 들면 대등한 양가에서 결혼이 맺어질 경우 혼인은 신랑과 신부의 수평적 이동이다. 역시 교사의 자녀가 성장하여 교사가 되었을 때 세대 간에 수평적 이동을 하였다고 할 수 있다. 이에 반해, 수직적 이동이란 다른 사회적 위치(=사회계층) 간의 이동으로 상승과 하강의 두 방향으로 나눌 수 있다. 예를 들어 노동자가 기업의 사장이 되었다면 그것은 사회적 이동의 상승이고 사장이 노동자로 되었다면 사회적 이동의 하강이며, 농부의 아들이 기업의 사장이 되었다면 그것은 세대 간 사회적 상승이동을 했다고 볼 수 있다.

전통사회에서 현대사회로 변화되고 교육의 대중화가 이루어지면서 교육수준이 향상되었고 이 과정에 선세대보다 신세대의 교육수준이 높아지게 된다. 교육수준이 높아진다는 것은 사회적 상승의 가능성이 높아진다는 것으로 세대 간 지위의 전도와 지적·도덕적 분리의 가능성을 높게 한다. 따라서 도시화와 세대 간의 교육수준의 격차는 노인의 지위를 하락시키는 중요요인이라고 할 수 있다.

이상과 같이 카우질과 홈즈에 의해 제시된 현대화이론은 노인문제의 원인을 포괄적이며 합리적으로 설명하는 이론이라고 할 수 있다. 이들이 지적한 노인의 사회적 지위 감소와 관련한 노인문제의 결과들을 '역할의 감소, 수입의 절감으로 인한 경제적 빈곤, 건강의 약화, 무료한 시간의 증가, 부양 및 보호에 따른 문제, 소외와 고독 및 세대 간의 갈등 등'으로 정리할 수 있다.

5) 하위문화이론

하위문화이론(subculture theory)은 로즈(Rose, 1965)에 의해 제창된 이론으로, 노인이 가지고 있는 공통의 특성과 사회문화적 요인 등에 의해 노인만의 집단이 형성되며, 그 집단 내부에서의 노인의 빈번한 상호작용을 통해 노인 특유의 하위문화가 형성된다는 이론이다.

노인 특유의 하위문화 형성이란 현상은 긍정적인 면과 부정적인 면을 동반한다고 볼 수 있다. 노인이 동일한 하위문화 속에서 상호이해하고 기회를 주고받으며 서로를 지지할 수 있다는 것은 긍정적이라고 할 수 있으나, 노인에 의한 하위문화가 사회로부터 분리되고 소외됨으로부터 형성된다는 것은 사회통합의 차원에서 부정적 현상이라고 할 수 있다.

이 이론은 특정한 노인집단, 노인촌(노인주택단지), 노인복지시설 등에서의 노인의 상호작용을 이해하는 데는 많은 도움을 준다고 할 수 있지만, 노인의 하위문화가 사회의 전체적 현상으로 나타난다고는 할 수 없으므로 일반화하기에는 다소 문제가 있다고 할 수 있다.

6) 연령계층화이론

연령계층화이론(age stratification theory)은 릴리와 포너(Riley & Foner, 1968)에 의해 제창된 이론으로 연령계층(age strata)과 사회구조(social structure), 연령계층 간의 관계와 특성을 다루는 이론이다. 이 이론에 의하면 사회란 기본적으로 연령등급에 따른 연령층으로 구분되고 서열화가 되어 있으며, 같은 연령층의 사람들은 같은 시대를 통해 유사한 경험들을 가지고 있으므로 비슷한 관념, 가치, 태도, 전망 등을 소유함으로써 다른 연령계층과 구별된다고 보고 있다.

또한 각각의 연령층의 사람들은 각기 다른 사회적 역할수행능력, 의지, 역할기대 등을 가지고 있으며, 사회가 부여하는 권리와 특권도 각기 다르다고 본다. 따라서 노년층은 다른 연령층과 여러 가지 면에서 구분될 수밖에 없으므로 노인은 다양한 연령층 내부에서 그들에게 적합하고 활용 가능한 지위와 역할, 기회 등을 선택하여 이용하여야 한다는 것이다.

한국의 노인일자리 및 사회활동 지원사업을 보면 노인의 신체적 특성을 반영한 일자리들이 개발·제공되고 있고 대부분의 일자리들이 직업서열에서 하위수준에 머물러 있는 것들임을 알 수 있다. 이는 한국의 노년계층이 점유하고 있는 사회적 위치가 하위에 머물고 있음을 반영하고 있다.

연령계층화이론은 세대차이나 동년배 집단의 차이를 이해하는 데 유용한 이론이지만 연령계층에 대한 실제적·조작적 정의가 어려우므로 실증적 검증에는 많은 문제가 있다고 볼 수 있다.

04 노인문제

1. 건강과 노인성 질환 문제

1) 노인건강의 개념과 건강척도

건강(health)의 의미는 다양하고 여러 측면을 포함하고 있다. 세계보건기구(WHO) 헌장에서는 "건강이란 질병이 없거나 허약하지 않은 것만 말하는 것이 아니라 신체적 · 정신적 · 사회적으로 완전히 안녕한 상태에 놓여 있는 것"이라고 정의하고 있다. 이러한 정의는 인간의 신체와 정신의 전체적인 면에서의 건강을 강조하고 있는 것이다. 그리고 정신건강(mental health)이라는 용어는 정신장애로부터의 회복, 정신장애의 예방, 압박을 주는 주위 세계로부터의 긴장 감소, 개인이 자신의 정신적 잠재력과 걸맞은 수준에서 역할을 수행할 수 있는 안녕상태에 도달하는 의미가 있다. 세계정신건강연맹(World Federation for Mental Health, WFMH)[1]에서는 최적의 정신건강이라는 개념으로서 절대적 이상상태가 아니라 상황이 변함에 따라 가능한 한 가장 좋은 상태를 유지하는 것으로 제시하고 있다.

노화는 신체적인 면의 변화뿐만 아니라 심리적 · 사회적 변화를 가져오므로 노인의 건강을 보다 폭넓게 다차원적인 면으로 이해하는 것이 필요하다. 이러한 면에서 노인의 건강보호서비스는 단순히 질병의 원인을 신체적이고 개인 내적인 데서 찾아 그 원인의 제거에 중점을 두는 의료적 모델(medical model)에 의한 것보다도 질병의 원인을 신체적 · 사회환경적인 것에서 찾아 개인을 총체적이고 종합적인 면에서 치료하려는 종합적인 건강보호체계(comprehensive health care system)로 발전되어야 한다.

한편, 미국의 보건의료기관(U.S. Health Department)에서 제시하고 있는 건강상태를 측정하는 다음의 다섯 가지 기본개념들은 건강에 관한 단계적 척도, 일상생활동작능력, 급 · 만성질환의 유병률, 주요활동장애율, 스스로 느끼는 건강수준이다. 이러한 다섯 가지의 간강관련 개념들은 복지정책수립의 기본적 지표를 마련하는 척도로서의 가치가 있다.

(1) 건강에 관한 단계적 척도(stages of the health continuum)

건강에 관한 단계적 척도는 건강상태의 수준을 최상의 상태로부터 죽음에 이르는 과정까지 총 9단계로 설정하고 개인이나 집단의 건강상태가 어느 정도인지를 측정하는 보편적 방법이다 (〈표 4-1〉 참고).

1) 매년 10월 10일은 1992년 세계보건기구(WHO)와 세계정신건강연맹(WFMH)에서 정한 '세계 정신건강의 날'이며, 한국에서는 「정신건강복지법('17.5.30. 시행)」에 따라 2017년부터 법정기념일로 제정되었다.

〈표 4-1〉 건강에 관한 단계적 척도

단계	상 태	비 고
1단계	사회적 · 신체적 · 정신적으로 건강한 상태 (social, physical, mental well-being)	신체적 · 정신적 이상이 없더라도 사회적 관계(소외되고 위축된 사회생활 등)에 문제가 있다면 1단계에 포함되지 못한다.
2단계	질병이나 장애가 없는 상태 (absence of disease or impairment)	사회적 위축이 있더라도 특별한 정신적 · 신체적 질환이나 장애가 없는 상태
3단계	이상이 발생한 상태 (presence of a condition)	구체적 증상은 없으나 이상을 호소하는 상태
4단계	치료가 필요한 상태 (treatment is sought)	질환이 나타나서 치료가 필요하지만 생활에 불편이 없는 상태
5단계	활동이 제약받는 상태 (restriction of activity)	일반적 동작, 즉 식사, 목욕, 운동 등에 제약을 받는 상태
6단계	주요활동이 제약받는 상태 (restriction of major activity)	생계활동, 집 보기, 학교생활에 지장이 있는 상태
7단계	주요활동의 불능상태 (inability of major activity)	가족의 치료와 보호를 받는 상태
8단계	보건의료기관에 수용되어야 하는 상태 (institutionalization)	요양원이나 병원에 입원하여야 하는 상태
9단계	사망(death)	

(2) 일상생활동작능력(Activity of Daily Living)

일상생활동작능력(ADL)은 노인이나 장애인의 건강상태를 평가할 때 이용되는 자료로서 1990년부터 한국에서도 사용되고 있는 척도이다. 이것은 장애인요양시설이나 노인주거 및 의료복지시설(양로시설, 요양시설, 치매센터 등) 등의 입소자격을 판단하고, 입소 후 건강상태의 변화를 측정하는 지표로 사용되며, 일반노인의 경우 급 · 만성질환으로 인해 일상생활에 불편이 오는 정도를 판단하는 데 이용된다. 일반적으로 일상생활동작능력은 〈표 4-2〉에서 보는 바와 같이 12가지 종류로 평가할 수 있으며, 이것을 기준으로 시설의 특성과 입소자의 특성에 맞게 수정 · 보완하여 사용할 수 있다.

〈표 4-2〉 일상생활동작능력

종류	상 태	비 고
1	혼자서 도움 없이 식사하기	
2	의자에서 일어서고 앉기	
3	개인위생 관리하기	세수나 양치질
4	화장실 이용하기	변기와 화장지 사용
5	스스로 목욕하기	샤워나 몸 씻기
6	수평보행	
7	계단을 오르고 내리기	
8	옷 입고 벗기	
9	대변 가림	혼자 실수하지 않고 대변을 봄
10	소변 가림	혼자 실수하지 않고 소변을 봄
11	잠자리에 들고 잠에서 깨어 침구류 정돈하기	이불을 깔고 잠자리에 들며, 잠자리에서 일어나 이부자리를 원위치로 놓는 일
12	혼자서 장보기	

(3) 급·만성질환의 유병률

급·만성질환의 유병률(특정인구당 환자 수)은 특정 지역이나 특정 연령계층을 분류하여 그에 따른 유병률을 측정하기도 하며, 노인복지의 경우 보건의료분야의 정책을 수행하는 데 중요한 자료로 사용된다. 의사의 진단에 의해 3개월 이하로 지속된 질환을 급성이라고 하는데 감기, 폐렴 등의 일시적인 전염병이나 타박상처럼 갑작스런 사고에 의한 것을 말한다.

만성질환이란 3개월 이상 지속되는 질환을 말하며 전염병이나 사고에 의한 것 이외에도 신체기능의 저하에서 오는 노인성 질환 등이 많은 비중을 차지하며 폐결핵, 간염 등 전염성의 질환과 고혈압, 당뇨, 치매 등 상태 회복이 힘들고 오랫동안 지속됨으로써 건강을 악화시키는 퇴행성 질환 등이 여기에 속한다. 급·만성질환의 유병률은 특히 건강검진, 건강보험, 의료서비스 등을 제공할 때 노인이 어떤 병에 어느 정도의 비율로 노출되었는가를 추정하는 지침이 된다.

(4) 주요활동장애율

주요활동장애(Limitation of Major Activity)란 생계활동, 집 지키기, 학교생활 등의 주요 일상생활에 필요한 활동의 장애를 말한다. 이는 특정 지역주민이나 특정 연령계층 중에서 주요활동장애를 겪고 있는 사람의 비율이나 정도를 살펴보기 위한 것이다. 이는 총 100명의 조사대상자 중에서 50명의 만성질환자가 있고 그중 20명이 직장생활을 할 수 없거나 혼자서 집을 지킬 수 없을 때, 주요활동장애율은 20÷100=0.2이다.

활동 장애자 ÷ 총조사대상자 = 주요활동장애율

(5) 스스로 느끼는 건강수준

조사대상노인의 건강에 대한 주관적 입장, 의욕, 사기, 정서와 삶의 질을 판단하기 위해 실시하는 조사로서, 자료의 결과는 노인복지시설에 입소한 노인의 생활지도에 사용되기도 하고 노인의 삶의 질을 평가하는 학술적 자료로 사용하기도 한다. 사교적이며 활발한 노인은 실제상 다소의 만성질환을 가지고 있더라도 자신의 건강상태를 비교적 긍정적으로 평가하는 경향성이 있고, 활동의 위축이나 사교성이 결여된 노인은 실제상 건강하면서도 자신의 건강에 부정적 평가를 내리는 경향성이 있다. 스스로 느끼는 건강수준에 따라 조사해 보면, 전자의 노인은 건강개선의 가능성이 많은 데 반해, 후자의 노인은 정신적 · 신체적 건강을 해칠 가능성이 있음을 통계적으로 알 수 있다.

검사의 방법은 주로 설문지법을 통해 스스로의 건강상태를 "a. 아주 좋다, b. 대체로 건강하다, c. 잘 모르겠다, d. 건강하지 못하다, e. 아주 건강하지 못하다" 중에서 선택하게 하거나 검사자가 피검자를 직접 면접하는 면접법을 통한 조사방법이 사용된다.

2) 노인성 질환

(1) 노년기의 신체적 질환

① 고혈압

노인성 질환(老人性 疾患, senile disease) 중에서 가장 대표적인 고혈압(essential hypertension)은 동맥의 압력이 정상인보다 높이 올라가서 140/90 이상으로 되는 순환기 질환으로서 대한고혈압학회가 발간한 한국의 고혈압 유병 규모와 관리 현황을 정리한 '고혈압 팩트시트 2020(Korea Hypertension Fact Sheet 2020)'을 보면, 2018년 기준으로 970만 명인데, 이 중에서 고혈압 치료제를 처방 받은 사람은 900만 명으로, 고혈압 치료제를 꾸준히 복용하는 환자도 650만 명에 이르며, 고혈압 치료제를 처방받는 환자의 60%는 당뇨병 혹은 고지혈증치료제도 같이 처방받고 있는 것으로 나타난다. 그러나 인구 고령화 영향으로 실제 고혈압 유병자 수는 지속적으로 증가해 1,200만 명을 넘는 것으로 추정하고 있다.

고혈압은 뇌졸중, 관상동맥질환, 울혈성 심부전증 등과 깊은 관계가 있고, 뇌혈관 질환은 한국인의 사망원인 중 암, 심장 질환 다음으로 3위를 차지한다.

② 동맥경화증

동맥내경화증(hardening of thearteries) 혹은 죽상동맥경화증(粥狀動脈硬化症)으로도 불리는 동맥경화증은 동맥의 벽에 지방질 성분(콜레스테롤)이 침착하여 벽이 두꺼워지고 딱딱해지는 상태를 말하는데 대부분의 선진국 노인의 주요한 사망원인 중 하나이다. 특히 뇌동맥경화증이 심해지면 뇌순환 혈류량이 감소하며 뇌세포 대사기능이 감퇴되어 혈관성 치매를 유발할 수도 있다.

③ 뇌졸중

뇌졸중(stroke)은 고혈압, 동맥경화증의 합병증으로 뇌혈관이 막히거나 파열되어 뇌조직에 손상을 받아 그 기능을 상실하게 되는 경우를 말한다. 뇌혈관이 파손되어 혈액이 뇌에 5분 이상 전달되지 않을 경우 혈액의 전달이 끊긴 부위부터 손상을 받기 시작한다. 여기에 속하는 질환으로 뇌출혈, 뇌혈전증, 뇌색전증 등이 있다. 65세 이상 한국 남성의 12.1%, 여성의 3.2%가 경·중의 뇌졸중을 가진 것으로 밝혀졌으며, 한국 노인의 주요 사망원인의 하나이다.

④ 암

세포의 수를 일정 수준으로 유지하게 하는 세포의 자율통제기능이 깨어지면 세포의 수가 기하급수적으로 분열·증식하게 되는데, 이렇게 끊임없이 늘어나는 세포를 종양세포(tumor cell) 혹은 암세포(cancer cell)라 한다. 암(cancer)은 인종, 성별, 연령에 관계없이 발생되는데, 암의 60% 이상이 40대 이후에 발생하고, 한국인의 사망원인[2)]의 1위를 차지한다.

⑤ 당뇨병

당뇨병(diabetes)은 혈당을 조절하는 인슐린의 부족으로 인해 체내로 흡수된 포도당이 적절히 사용되지 못하고 혈관에 잔류하다가 소변으로 빠지는 만성질환인데, 혈액 중 포도당(혈당)의 농도가 정상인보다 높을 경우 질병으로 본다. 에너지의 원천인 포도당의 부족으로 공복감은 심해지고 점점 더 많이 먹으려 한다. 따라서 체중은 늘어나는데 체력은 쇠약해지고 에너지 생성이 저하되므로 지속적인 피로감을 느낀다.

당뇨병은 일종의 체질상 질환이라고 볼 수 있는 1차성 당뇨병과 다른 질환이나 스트레스, 약의 부작용으로 발생하는 2차성 당뇨병으로 구분하며, 1차성 당뇨병은 다시 제1형과 제2형으로 나누는데 제1형은 보통 소아기에서 청년기의 마른 체질의 사람에게 발생하고, 제2형은 보통 중년기 이후 비만형의 체질에게 발생한다. 당뇨병은 5번

2) 한국인의 10대 사망원인은 암(악성신생물), 심장 질환, 뇌혈관 질환, 폐렴, 고의적 자해(자살), 당뇨병, 만성하기도 질환, 간 질환, 고혈압성 질환, 운수 사고 순이다.

째 사망원인질환이며 65세 이상 한국 남성의 6.9%, 여성의 11.3%가 경 · 중의 당뇨병에 의한 장애를 가진 것으로 나타난다.

⑥ 관절질환과 신경통

노년기에 이르면 관절(a joint)을 싸고 있는 조직이 퇴화되고 물렁뼈는 계속되는 마찰로 얇아지면서 단단한 뼈가 자극을 받게 된다. 자극을 받은 뼈의 끝은 증식이 되어 뼈의 가장자리가 두툼해지면서 통증이 생기는 골성 관절염이 많이 나타나는데 신체의 퇴화와 직접적인 관계가 있으며, 65세 이상 한국 남성의 15.5%, 여성의 27.4%가 경 · 중의 관절질환을 가지고 있다.

신경이 압박을 받거나 손상되어 통증을 유발하는 것을 신경통(neuralgia)이라 하는데 노년기의 신경통은 목과 어깨로 내려오는 경부통(목통증), 허리와 다리로 내려오는 요통과 좌골 신경통 등이 있다.

⑦ 골다공증

골다공증(osteoporosis)은 뼛속의 칼슘이 빠져나가 뼈가 스펀지처럼 구멍이 나고 가늘어져서 쉽게 골절이 일어나는 병이다. 골다공증은 50~65세 사이에 발생하는 폐경기성 골다공증과 노인성 골다공증이 있는데 노인성 골다공증은 평균 80세 정도의 나이가 많은 노인에게 발생하는데 주로 대퇴골 골절이고 그중 30% 정도는 척추골의 골절을 동반한다.

⑧ 노인성 백내장과 난청

노인성 백내장(senile cataract)은 눈 속의 수정체가 흐려져서 시야가 어두워지는 병인데 심하면 시각장애를 가져오기도 한다. 주로 40세 이후부터 발병하며, 연간 수술 통계 건수에서도 2017년 기준으로 36만 명에 달하여 최고 수치를 보인다. 이는 수술환자 4명 중 1명에 해당하며, 그 다음으로는 치핵수술(19만 명), 제왕절개수술(17만 명),

척추수술(16만 명)의 순서이다.

노인성 난청(senile hearing loss)은 퇴행성 질환으로 40~50대에 시작하여 65~70세의 연령에는 25%, 75세 이상 노인의 40%가 노인성 난청을 가지게 된다.

⑨ **파킨슨병**(증후군)

파킨슨병(Parkinson's disease)은 알츠하이머 치매, 뇌졸중과 함께 3대 고령층 질환에 속한다. 이는 신경계통 중에서 근육의 긴장이나 운동 등을 무의식적으로 조정하는 역할을 하는 부위인 대뇌의 선조체(線條體)나 중뇌흑질의 신경세포 노화에 의해 중추신경계에서 발견되는 호르몬이나 뇌신경 세포들 간에 어떠한 신호를 전달하기 위해 분비되는 신경전달물질인 도파민(dopamine)이 감소되면서 나타나는 질병이다.

증상은 손 떨림, 근육강직, 자세이상, 동작의 느림 등이 나타나고, 얼굴이 가면처럼 무표정하게 되고 기름이 낀 모습이다. 따라서 몸을 앞으로 쪼그려 굽힌 자세가 되며 동작이 무척 둔하게 되고 근육이 단단하게 뭉쳐져 움직이기 힘들게 된다. 걷게 되면 물체에 걸리기 쉽고, 말이 잘 나오지 않기도 한다. 머리나 손발을 가늘게 떨고, 환약을 뭉치거나 지폐를 헤아리는 것과 같은 손의 움직임을 끊임없이 계속하기도 한다. 환각(幻覺) 등의 정신증상이 수반되기도 하고 악화되면 자리에 누워 일어나지 못하게 된다. 50세 이후에 주로 발생하는데, 뇌흑질의 도파민계통 신경이 파괴되는 원인은 아직 밝혀지고 있지 않다.

(2) 노년기의 정신적 질환

① **노인성 우울증**

노인성 우울증(senile depressive disorder)은 노년기에 흔한 정신장애로 정신병적 증상과 동반하며 이로 인해 자살을 유발하는 경우가 흔히 있다. 한국은 65세 이상 노인의 자살률이 OECD 국가 중 가장 높고, 혼자 사는 노인의 자살률은 부인 및 자녀와 함께 사는 노인의 3배에 달한 것으로 밝혀졌다. 자살자를 추적 조사한 결과 대다수가 고립과 소외 등 경·중의 우울증에 시달린 경험을 가진 자로 밝혀졌다. 예방과 조절이 가능한 질환으로 65세 이상의 노인에게서 가장 많이 발견할 수 있는 정신질환이다. 한국 65세 이상 노인의 15%가 우울증을 겪고 있으며, 그중 남성의 5~12%, 여성의 10~25%가 경·중의 우울증에 시달리고 있다.

② 신경증

신경증(neurosis)은 생각이나 판단의 손상은 있을 수 있지만 현실에 대한 심한 왜곡이나 성격장애는 없다. 신경증은 내부적인 스트레스를 해결하고자 하는 잠재적 노력이며 조급함과 불안한 증세를 보인다. 노년기에 신경증을 일으키는 사람의 대부분은 젊은 시절에 비슷한 경험을 한 사람이며, 노년기에 자주 발생하는 정신질환이다.

③ 치 매

치매(dementia)는 연령이 증가하면서 뇌세포가 후천적 외상이나 질병 등 외부적 요인과 기질적 요인에 의해 파괴되어 학습장애, 언어장애 및 지능저하를 유발시키는 병으로 고등정신기능이 비정상적으로 감퇴되는 복합적 임상증후군을 통칭한다. 치매 중 가장 흔한 치매의 원인인 알츠하이머병(Alzheimer's disease)은 인종, 지역, 사회적 여건, 지위에 상관없이 찾아오는 질병이며, 두 번째로 흔한 치매의 원인인 다발성 뇌경색은 뇌의 모세혈관이 막히게 됨으로써 뇌의 일부에 혈액이 공급되지 않아 발생한다. 치매의 초기증상은 기억감퇴와 상실로서 몇 분 전에 발생한 사실도 망각하게 된다.

㉠ 주요 치매의 종류

- **알츠하이머형 치매**: 전체 치매환자의 절반 이상을 차지하며 아주 서서히 진행이 되기 때문에 질환의 발생 시기를 인식하기가 힘들고, 환자라는 것을 인식했을 때는 질환이 상당히 진행된 경우가 많다. 뇌의 전 영역에 걸쳐 점진적으로 진행하는 뇌조직의 파괴로 근본적인 이유는 아직 알려져 있지 않았으나 현재 약 700여

가지의 원인이 밝혀져 있다. 이 중 상당 부분은 교정이 가능하기 때문에 적극적인 치료노력이 필요하다.

- 혈관성 치매 : 뇌혈관의 이상으로 뇌조직이 손상되어 발생하는 치매이다. 뇌조직 손상의 일차적 원인으로 고혈압, 당뇨, 심장질환, 혈관질환 등을 들 수 있는데 일차 질환의 치료와 관리로 충분히 예방할 수 있다. 급성질환이 많고 정도가 심각하지 않을 경우 완치도 가능하다.
- 기타 치매성 질병
  - 루이소체 치매(Diffuse Lewy body dementia) : 루이소체란 손상된 신경세포 안의 단백질 덩어리로서 이것이 대뇌 전체에 광범위하게 퍼질 때 알츠하이머병의 증상과 유사한 치매증상을 보인다.
  - 헌팅턴병(Huntington's disease) : 뇌의 특정 부위의 신경세포들이 선택적으로 파괴되어 가는 진행성·퇴행성 뇌질환이다.

㉡ 치매발병의 현황

한국인의 65세 이상 노인 중 약 10% 정도가 치매환자로 추정되며(〈표 4-3〉 참고), 알츠하이머형 치매의 경우 65세 전후에서 74세 노인 중 약 3%, 75세경에서 84세 노인 중 약 19%, 85세가 되면 발병률은 50%에 이른다.

〈표 4-3〉 한국 노인인구당 치매유병률

구 분	2010	2015	2020	2040
유병률(%)	8.74	9.79	10.39	11.90
65세 이상 노인 중 치매노인의 수(명)	474,066	648,223	840,010	1,994,056

출처 : 한국보건사회연구원, 2015 자료 참조 재작성.

㉢ 치매의 진단

- 정신상태검사 : 인지기능의 장애를 직접 측정하는 것으로서 날짜와 시간에 대한 지각력, 통찰력, 일반적 지식, 기억력, 언어기능, 공간지각능력, 판단력, 수리계산능력, 추상적 사고능력 등의 검사
- 검사실 검사
  - 기본검사 : 혈액검사, 생화학검사, 소변검사 및 흉부방사선검사, 심전도검사 등
  - 뇌영상화검사 : 전산화단층촬영(CT), 자기공명촬영(MRI) 및 뇌의 혈류변화나 대사변화 등의 기능적 이상을 탐지할 수 있는 단일광자방출전산화단층촬영(SPECT)과 양전자방출단층촬영(PET) 등
  - 기타검사 : 뇌파검사, 뇌척수액검사 및 뇌조직검사 등

2. 소득감소와 역할상실, 세대 갈등 문제

1) 소득감소

직장으로부터의 은퇴와 더불어 근로소득이 단절되고 연금, 퇴직금, 저축, 재산수입 등에 의존하게 된다. 계획적으로 노후를 준비한 사람들을 제외한 다수의 사람들에게 은퇴와 그에 따른 소득감소와 빈곤문제는 심각한 노인문제 중의 하나이다. 특히 한국 노인의 일반적인 경우, 자신이 경제활동에 참가하던 시기에 자녀의 양육비, 결혼준비 및 자녀들의 경제적 독립을 위한 지원 등의 과도한 부담으로 인해 노후준비를 충분히 하지 못하는 실정이다. 지난 1988년 국민연금제도의 전면적 도입으로 인해 20년이 지난 2008년부터 노령연금이 지급되고 있지만 연금을 통한 노인의 소득보장과 생활보장은 기대할 수 없는 수준에 머물고 있다.

한국의 노인 빈곤율은 노인 전체의 절반 수준인 45~50%에 달한다. 이는 경제협력개발기구(OECD) 평균인 13.5%보다 세 배 이상 높은 수치다. 한국의 전체 빈곤율이

14.6%로, OECD 평균(10.6%)과 큰 차이가 없다는 점을 고려할 때 노인 빈곤 문제가 유독 심각하다는 방증이다. 특히 한국에선 노년가구의 월소득 중 이전소득이 차지하는 비중이 전체의 36%에 불과하며 모자라는 돈을 대부분 노동을 통해 메울 수밖에 없는 구조다. 반면 선진국 노인들은 상대적으로 노후를 즐길 여건을 갖췄다는 점이 통계로 입증되는데, 유럽이나 일본의 경우 노년가구의 이전소득이 전체 월 소득의 70%를 상회한다(한국경제신문, 2012. 6. 27. 기사 참조).

노년기의 소득감소로 인한 빈곤문제는 노인의 삶의 전반에 걸친 질적 저하의 근본 원인으로 국가적 대책이 시급히 요구된다. 따라서 한국은 노인의 빈곤문제 해결을 위해 연금제도의 정착, 국민기초생활보장제도를 통한 접근방법 외에 기초연금제도 및 노인취업 활성화를 위한 정책 등을 실시하고 있지만 노인의 삶의 질을 향상시킬 수 있을 만큼의 효과를 얻지 못하고 있는 실정이다.

2) 역할상실

직장으로부터의 은퇴와 노인계층으로의 편입은 이전에 가지고 있던 사회적 지위 및 경제적 능력의 약화와 사회적 역할을 감소시킨다. 사회적 역할이 감소된다는 것은 역할기대의 감소를 말하며 이는 자아정체성의 혼돈, 자아상실감, 무력감을 야기하고 나아가 노년기의 소외와 고독으로 이어진다. 특히, 핵가족화와 전통사회가 가지고 있던 경로효친사상의 약화는 노인으로 하여금 가족 내에서마저 역할상실과 역할기대의 감소를 경험하게 한다.

평균수명의 연장과 오랜 노년기를 통한 장기간에 걸친 무역할은 노인을 무기력한 존재로 변화시키기 쉽다. 그러나 긍정적 노년기를 맞이하기 위해 노인 스스로 노년기에 적합한 새로운 삶의 목표를 설정하고 계획함으로써 새로운 역할을 창출할 수 있어야 하며, 국가와 사회는 노인의 사회참여의 기회를 지속적으로 확대하여야 한다.

노인 스스로 자조적 모임을 구축한다거나, 자원봉사활동을 통해 사회참여를 확대할 수도 있을 것이다. 나아가 심미적 활동을 추구한다거나 학습활동에 참여하는 것도 노년기 삶의 질을 향상시키는 방법일 수 있을 것이다. 국가와 사회는 노인을 위한 일자리 창출 사업, 고령자고용촉진법을 통한 고령자의 고용 확대 등의 활성화를 통해 노인이 사회에 적극적으로 참여할 수 있는 기회를 확대하여야 한다.

3) 세대 갈등

국가별·세대별 의견 차이는 있지만 유럽공동체 회원국 근로자들의 약 60%가 연금보장의 미래가 불확실하며, 자신들이 연금 수급자가 되었을 때 정당한 연금을 보장받을 수 있을지에 대한 높은 불안감은 세대 갈등으로 나타나고 있다. 이러한 불안감의 정도는 국가별로는 프랑스, 그리스, 포르투갈 등의 순으로 높게 나타났고, 대부분의 회원국 국민 중 35~44세의 연령집단에서 그러한 불안감은 최고로 높게 나타났다. 만약 이러한 걱정과 우려가 증가된다면 기존 세대 간의 협약은 존폐의 위기를 맞이하게 될 것이다(Walker et al., 1996).

1990년대 서유럽 국가에게 사회의 고령화와 이에 따른 사회보장제도의 불안정성에 대한 예측은 생산세대에게 불안감을 조성하면서 심각한 사회문제로 대두되었다. 특히 증가하는 노인부양비에 대한 부담문제는 세대 간에 분쟁을 불러올 수 있는 소지가 있었다. 또한 초고령 사회로의 진입으로 인해 노인의 의료비와 장기요양에 대한 필요와 요구가 더욱더 증가할 경우 국가재정에 커다란 부담을 야기하게 될 것이다. 사회보장제도의 구축을 위해 가정이 책임지던 노인 간병 및 요양의 부담을 사회가 책임져야 한다는 정책을 고수하여 왔는데, 고령화와 이에 따른 국가부담의 과도한 증가로 인해 그에 대한 부담을 가정으로 전가하고자 한다면 세대 간, 성별 간, 가족 내의 갈등은 표면화될 것이다(MLP AG Digitale Pressemappe, 2006).

한국에서도 국민연금 등을 놓고 신·구세대 간 갈등 조짐을 보이고 있는 가운데 계산상으로 현재 세대의 모든 연령이 낸 연금보험료에 비해 2~10배 많은 급여를 받는 것으로 나타났다. 하지만 국민연금 등 현재 세대의 사회보장비용을 부담해야 하는 미래세대는 평생 소득의 약 5분의 1을 세금이나 보험료로 내야 하는 등 막대한 부담을 떠안게 되는 것으로 분석된다. 국민연금 가입자가 납부하는 연금보험료 대비 받는 연금급여 비율을 뜻하는 '수익비'는 나이에 비례해 높아진다. 그러나 이처럼 현재 세대의 모든 연령층이 이익을 본다는 것은 그만큼 국민연금제도가 지속가능성이 없고 미래세대가 모든 부담을 떠안는 구조라는 사실을 방증한다는 분석도 된다(디지털타임스, 2013. 2. 12. 기사 참조).

3. 노인 학대와 노인의 성 문제

1) 노인 학대

노인 학대(elder abuse)란 노인 스스로, 혹은 노인의 부양이나 수발을 담당하고 있는 자가 의도적, 또는 비의도적으로 노인에게 신체적·정서적·성적·재정적 손상을 가하거나 부양의무를 소홀히 하는 것이라고 정의할 수 있다. 또한 미국의 노인법은 노인 학대를 '학대(abuse)', '방임(neglect)', '착취(exploitation)'의 세 가지 개념으로 나누어 정의하며, 방임은 타인에 의한 방임, 자기 스스로의 방임, 의도적 방임(active neglect) 및 비의도적 방임(passive neglect)으로 나눈다.

노인 학대의 개념을 광의 또는 협의로 규정하는지에 따라 노인 학대에 포함되는 하위 유형은 달라질 수 있는데, 일반적으로 대부분의 학자들은 노인 학대의 유형을 다음과 같이 7가지로 분류하고 있다.

(1) 신체적 학대(physical abuse)

신체적 학대는 가해자가 자신의 신체나 물건을 이용하여 노인의 신체에 고통과 부상을 입히는 행위로 그 결과 타박상, 화상, 찰과상, 골절상 등을 입히는 것을 말한다(밀기, 꼬집기, 물건 던지기, 입으로 물기, 손으로 때리기, 발로 차기, 물건으로 구타하기 등).

(2) 정신적 학대(정서적 또는 심리적 학대, emotional or psychological abuse)

정신적 학대는 폭언, 위협, 모욕을 주는 행위를 함으로써 노인에게 정서적 고통과 불안감을 조성하는 행위를 말한다.

(3) 성적 학대(sexual abuse)

성적 학대는 노인의 동의 없이 발생되는 성행위와 관련된 모든 행위를 포함한다. 예를 들어 노인의 동의 없이 성기를 접촉하거나, 장난치거나, 옷을 강제로 벗기는 것, 성기가 노출된 상태에서 사진을 찍는 것, 강간하는 행위를 말한다.

(4) 감금(confinement)

감금은 의료상의 이유 없이 노인을 혼자 두거나 가두는 학대행위를 말한다.

(5) 재산착취(financial or material exploitation)

재산착취는 노인의 재산을 노인의 의도대로 사용하지 않거나 빼앗는 행위를 말한다. 이는 경제적 학대로 볼 수 있다.

(6) 방임(neglect)

방임은 무의식적으로 또는 강제적으로 노인에게 해를 입히는 모든 행위를 포함한다. 무관심하여 식사제공을 하지 않는 행위, 부양을 제대로 하지 않는 행위, 필요한 물품을 제공하지 않는 행위, 노인이 거주하는 방이 지나치게 더럽고 비위생적인 것 등이 이에 포함된다. 그리고 방임에는 노인 스스로가 의식주 제공 및 의료 처치 등의 최소한의 자기보호 관련행위를 의도적으로 포기 또는 비의도적으로 관리하지 않아 심신이 위험한 상황이나 사망에 이르게 하는 자기방임 행위도 포함이 된다.

(7) 유기(abandonment)

유기는 노인의 보호자 또는 부양의무자가 노인을 버리는 행위를 말한다.

이 외에도 노인 학대는 학대발생장소, 학대주체, 학대형태에 따라서도 분류될 수 있다. 한편 노인 학대발생의 원인은 노인의 개인적 특성, 예컨대 성격 및 정신장애, 알코올중독, 무력감 등에 기인한 것과 노인의 신체적 장애나 질병에 의한 의존성으로부터 발생하는 것, 가해자의 개인적 특성, 부양자의 부양 스트레스, 가정환경적인 요인, 학대의 세대 간 전이, 사회문화적 요인 등(Lynn McDonald, 1996)으로 나눌 수 있다.

이러한 노인학대문제에 대응하기 위하여 한국에서는 2004년 1월 29일 「노인복지법」 개정에 따라 노인 학대방지에 대한 조항을 신설하였고, 동년 7월 31일 「노인복지법 시행령」 및 「노인복지법 시행규칙」에 의해 노인보호전문기관이 중앙과 시·도 단위에 설치·운영되고 있다. 노인 학대가 전국적으로 매년 증가하면서 개선책 마련이 절실해지고 있다.

실제로 보건복지부가 전국 38개소의 노인보호전문기관의 자료를 기초로 공개한 '2020년 노인학대 현황 보고서'에 따르면 노인 학대 신고 건수는 일반사례와 재학대 건수를 포함하여 2015년 1만 1,905건에서 2016년 1만 2,009건, 2017년 1만 3,309건, 2018년 1만 5,482건, 2019년에는 1만 6,071건, 2020년 1만 6,973건으로 해마다 증가하고 있다. 학대장소별로는 2020년 기준으로 88.0가 가정 내에서 일어나고 있는 것으로 나타났고, 학대 행위자별로는 노인 배우자나 나이가 많은 자녀(아들)가 부모 노인을 학대하는 '노(老)-노(老)학대'가 많이 늘어난 것으로 나타났다. 학대피해노인의 연령분포를 살펴보면 70대를 기점으로 학대가 발생할 가능성이 높아지는 것으로 나타났다. 아울러 2020년 기준으로 학대행위자의 연령대는 70세 이상이 30.4%, 50대가 24.4%, 40대가 20.2%의 순이다.

학대피해노인의 다수는 학대를 참거나 수동적으로 대처하며, 일부는 학대를 피해 홀로 배회하거나 따로 사는 자녀 집, 알고 지내는 사람의 집, 또는 노인회관 등으로

도피하는 것으로 조사되었으며, 극히 소수만이 경찰에 신고하는 것으로 밝혀졌다. 노인에 대한 학대는 발생원인과 상태가 더 이상 개인의 문제나 가족의 문제로 방치될 수 없는 수준으로 발전하였으며, 노인의 삶을 근본적으로 파괴하는 핵심적 원인 중의 하나로 부각되고 있다. 노인복지의 향상을 위해 노인 학대에 대한 국가사회의 실질적인 대책이 시급한 실정이다.

2) 노인의 성문제

최근 노인의 성문제는 심각한 사회문제로 대두되고 있다. 아동을 대상으로 한 노인의 성폭행, 노인대상의 매매춘 확산과 이에 따른 성병감염률의 증가 등은 빈번한 문제로 대두되고 있다. 12세의 입양 딸을 2년여에 걸쳐 무려 140여 차례 성폭행한 70대 노인의 구속사건, 손녀 친구인 어린 소녀를 유인해 성추행한 사건 등 노인형 성범죄는 빈번하게 나타나고 있다.

공원과 유원지 등 노인이 모여 있는 장소를 무대로 성행하는 매매춘, 미성년자들을 대상으로 하는 노인의 원조교제와 노인사회에 확산되고 있는 성병감염 등은 생각보다 훨씬 심각한 수준에 도달하고 있다. 또한 최근 사회적 이슈가 되고 있는 '황혼이혼' 역시 적지 않은 경우, 그 이면에는 노인의 성적 욕구 해소과정에서의 문제행위가 그 원인이 되고 있다(한국가정법률상담소).

따라서 '노인과 성'에 대한 실질적 연구를 통해 노인의 성문제를 바르게 인식하고 합리적 해결방안을 모색하는 것이 필요한 시점이다. 이제 노인이 되면 성욕은 사라진다는 인식, 노인과 성은 별개의 문제라는 인식 등은 개선되어야 할 것이며, 노인의 성과 관련된 문제들의 긍정적이고 합리적 해결방안을 마련하여야 할 때이다.

(1) 노년기의 성욕과 성적 활동

노인의 성에 관한 많은 연구결과에 의하면, 연령이 증가하여 노년기에 이르면 성적 능력, 혹은 성 생리적 반응 정도는 감퇴되지 않고, 성반응시간의 유형이 변화하며, 욕구해소의 빈도가 줄어들 뿐으로 밝혀진다. 욕구해소빈도는 남녀 간의 차이를 나타내며, 빈도감소의 요인으로 질병의 증가와 환경변화를 주요 요인으로 꼽고 있다. 또한 성적 수행능력은 개인의 심리적 · 신체적 차이에 따라 달라지며, 부부의 금실과 성적 활동은 깊은 관계가 있는 것으로도 밝혀진다.

신체적 노화에 따라 성적 활동은 감소하지만, 성적 능력과 관심은 70대까지 꾸준히 지속됨을 여러 조사결과들이 입증하고 있다. 한국의 그간의 통계자료에 의하면 65세 이상 남성 노인의 89.4%, 여성 노인의 30.9%가 정상적인 성기능과 성적 욕구를 유지하고 있으며(신동아, 1999. 3), 60대 후반의 78%와 70대 전반의 65% 그리고 70대 후반의 55%가 지속적인 성생활을 하고 있는 것으로 나타났다(신동아, 2000).

하지만 이러한 성적 활동과 관련한 성병환자가 늘어나고 있는 점도 문제점이 되고 있다. 국민건강보험공단의 국정감사자료를 보면, 연령별로는 다른 연령대에 비해 60대와 70대 이상의 증가폭이 큰 것으로 나타난다. 뿐만 아니라 후천성 면역결핍증(AIDS) 질환의 원인이 되며, 성접촉으로 전염이 되는 인간면역결핍바이러스(HIV) 감염자 수도 2020년 신고기준으로 1만 명을 넘어서고 있다. 이 중에서 60대와 70대 이상도 감염자 수가 증가하고 있는 것으로 나타난다. 이는 노인의 성문제의 심각성을 보여 주는 것으로 볼 수 있다.

특히 남성노인의 경우는 70%가 정상성인과 비슷한 테스토스테론(testosterone)을 보유하게 되고, 활력 있는 삶을 구가하기 위한 성적 욕구가 젊은 시절에 비하여 크게 감소되지 않는다는 점에서는 노년기의 성문제를 단순히 개인적 일탈행위 차원에서만 다룰 수만은 없는 사회문제로 적절히 대처할 필요가 있다.

영국 출산 및 육아 전문가이자 작가인 미리엄 스토퍼드(Stoppard, M.)가 『함께 배우는 성(*The Magic of Sex*)』에서 "노인도 젊은 시절과 마찬가지로 상대의 매력에 이끌려 사랑을 하게 되고, 성욕을 느끼며 성적 만족을 얻는다."고 언급하고 있는 것이나, "성관계에서의 기본능력은 나이가 들수록 강해지며 결코 약해지지 않는다."는 주장

(Stoppard, 1999)에서도 볼 수 있듯이 노인 시기의 성적 활동에 대한 사회적 관심을 기울일 필요가 있다고 본다.

(2) 노년기 성생활의 중요성

노년기의 성생활은 삶의 질을 향상시키고 활기찬 노년기를 보낼 수 있게 하는 중요한 요소이다. 따라서 노인의 성에 대한 사회적 편견을 없애고, 이에 대한 올바른 이해와 관심을 이끌어 냄으로써 제2의 행복한 인생을 영위할 수 있는 노인복지적 노력이 필요한 시점이다. 노인의 성과 사랑을 주제로 한 한국 영화 <죽어도 좋아(*Too Young to Die*)>는 노인의 성생활을 외설적으로 표현하였다는 이유로 제한상영판정을 받았다가 우여곡절을 겪은 후 2002년에 개봉되었다. 이러한 상황은 우리 사회의 노인의 성에 대한 부정적 인식을 반증한 결과라고 할 수 있다.

'노화는 성적 불능을 초래하고', "신체적 매력을 상실한 늙은 사람들이 무언가 신선하여야 할 성적 행위를 한다거나 관심을 가진다면 어색하고 어울리지 않는 행위이므로 노화에 맞게 적절히 포기하여야 한다."는 생각과 우리 사회의 전통 속에 뿌리박혀 있는 성의식에 대한 폐쇄적 태도 및 성행위에 대한 부정적 인식(점잖지 못한 동물적이며 더러운 행위라는 편견) 등이 혼합되어 노인의 성에 대한 사회적 편견으로 작용하고 있다.

이러한 사회적 편견 속에 놓여 있는 노인이 성행위와 그에 대해 욕구표현을 한다거나 관심을 가지는 것은 단순히 '나이에 맞지 않는 태도와 행동'으로 간주해 버리게 된다. 사람들은 노화와 함께 사회와 가족에서 구성원으로서의 역할과 기능을 상실하게 되고 변두리로 내몰리면서 고독감과 소외감에 시달리게 된다. 또한 배우자와 사별한 독거노인이 증가하면서 소외와 고독에 고통을 받는 노인이 늘어나게 된다. 노인자살률의 증가는 소외와 고독에 고통을 받는 노인이 증가하고 있음을 반영하는 것이라고 할 수 있으며, 소외와 고독에 고통을 받으면 받을수록 더욱더 강한 성적 충동에 빠지게 된다는 정신의학적 관점에서 살펴보면, 성적 욕구와 충동에 고통받는 노인이 증가될 것이라는 예측을 할 수 있을 것이다.

고령사회에 접어든 우리 사회는 노인의 성에 대한 개인적·가족적·사회적 편견을 없애고, 노인의 이성교제와 성생활의 중요성을 인식시키기 위한 모색이 필요하다. 노년기의 성적 욕구는 인간의 기본욕구로서 극히 자연스러운 것이므로 노인의 성에 대한 잘못된 인식과 사회적 편견을 개선하고 성문제의 해결을 위한 합리적 방안들을 모색하여야 한다. 노인의 성문제를 해결하기 위한 방안들을 제시해 보면 다음과 같다.

첫째, 노인과 성에 관한 개인, 가족 및 사회가 가지고 있는 편견을 개선하여야 한다. 이를 위해 노인이 가지고 있는 다양한 성문제를 공론화하고 사회 전체가 해결의지를 가져야 한다.

둘째, 노인 스스로가 자신들의 성문제를 해결할 수 있는 역량을 강화하여야 한다. 이를 위해 노년기의 성에 관한 올바른 이해와 지식을 습득할 수 있도록 노인을 위한 성교육 프로그램의 개발이 필요하며 성병의 예방과 치료의 지원책이 필요하다.

셋째, 홀로된 노인을 위한 재혼의 필요성을 사회적으로 환기시킬 필요가 있다. 따라서 정부는 노년기 재혼을 위한 가족적·사회적 장애요인을 해결할 수 있는 방안과 지원방안을 모색하여야 한다.

넷째, 홀로된 노인을 위해 이성교제의 기회를 확대할 필요가 있다. 이를 위해 정부와 사회단체에서는 다양한 친교 및 오락 프로그램을 제공하고 개방된 만남의 기회를 마련하여야 한다.

지금까지 제시한 이러한 노인의 주요 사회문제는 프랑스의 실존주의 작가이자 현대 여성주의 운동을 이끈 저서 『제2의성(*Le Deuxième Sexe*)』(1949)을 발간하여 유명해진 시몬 드 보부아르(Simone de Beauvoir. 1908~1986)가 62세(1970년)에 발간한 『노년(*La Vieillesse*)』에서도 통찰이 되고 있다.

이 책의 구성은 총 2부, 8장으로 되어 있는데, 제1부 '외부에서 본 노인'은 외부에서 본 노인을, 제2부 '세계 속의 존재'는 내면에서 본 노인을 다루고 있다. 제1부의 제1장 '노화와 생물학'은 생물학적인 측면에서, 사람이 노인이 되었을 때 신체적으로 부딪치게 되는 여러 생리적·의학적 현상을 살펴본다. 제2장 '인종학적 자료들'에서는 인류 역사 이래로 인간 사회에서 노인이 차지해 온 위치를 여러 기록을 통해 다룬다. 제3장 '역사 사회에서의 노년'에서는 고대에서부터 현대에 이르기까지 여러 철학자들과 문인들이 노인을 어떻게 생각하고 정의했는지, 또 문학 속에서 노인의 모습은 어떻게 드러나는지 살피고 있다. 제4장 '현대 사회에서의 노년'은 현대 사회에서의 노인의 현실을 다룬다. 즉 노인에게 닥치는 실업 문제, 경제 문제, 노인 복지 문제 등이 구체적인 수치, 실례와 함께 소개된다.

제2부의 제5장 '노년의 발견과 수락: 육체의 산 경험'에서는 괴테, 톨스토이, 마담 드 세비녜 등 유명한 문인들의 글을 통해 그들이 겪었던 노년에 대한 육체적 체험을 생생히 확인할 수 있다. 제6장 '시간, 활동, 역사'에서는 문인뿐 아니라 음악가, 화가, 조각가, 정치가들의 내적 체험을 바탕으로 노인이 느끼는 시간과의 관계, 활동, 역사와의 관계를 조명한다. 제7장 '노년의 일상생활'에서는 때로는 불합리하게 보이는 노인들의 행동을 이해할 수 있게 해 주는 노인들의 심리적 특성과 그 원인을 분석하고, 제8장 '노년의 실례들'에서는 미켈란젤로나 베르디 등 죽을 때까지 자기 일을 성공적으로 할 수 있었던 이들이 노년의 자기 인생을 어떻게 느꼈는가를 다루고 있다(https://prahabooks.tistory.com 재수정)

이처럼 보부아르의 저서 『노년(*La Vieil-lesse*)』에서 다루어진 내용들은 노인을 둘러싼 모든 문제가 방대한 기획 아래 비록 서구의 양상이긴 하지만 노인의 위치와 가치, 건강, 사회 제도, 노인의 성생활, 정신병리학적 문제 등이 고대 문헌과 실증 자료를 토대로 매우 긴밀하게 논의되어 있어, 노인복지정책을 세우는 데 초석이 될 것으로 보인다.

보부아르는 노년의 문제를 타인의 문제가 아니라 자신의 문제로 인식하면서, '노인의 지위'가 노인 자신이 정복하고 취득해 가는 것이 아니라 주어지는 것이라는 사실에 주목하고 있다. 이는 인간 역사를 통틀어 한 사회 집단이 그 집단의 필요에 따라 혹은 이해관계에 따라 노인들의 운명을 결정해 왔음을 암시한다. 보부아르는 이 책에서 노인은 하나의 인간 존재로서 그 가치를 인정받아야 하고, 그것을 토대로 개인적・사회적인 해결책이 모색되어야 할 때라고 주장한다.

02

노인복지정책

Senior Citizen Welfare | chapter 05

노인복지정책의 개관

1. 노인복지의 개념과 이념

1) 노인복지의 개념

노인복지(老人福祉)란 아동, 장애인, 여성 등과 마찬가지로 인생에 있어서 노인 시기라는 특정한 생애주기에 있는 인간이 처할 수 있는 생활상의 문제에서 발생되는 노인문제에 대응한 조직적인 활동이라고 할 수 있다. 그러므로 주로 공적이고 사회적인 차원에서 노인의 일상생활상에서 겪을 수 있는 문제나 욕구를 해결해 나가는 과정을 포괄적으로 의미한다고 할 수 있다. 그러므로 민간이나 개인에 의해서 일회적이고 비조직적인 활동으로 이루어지는 영역은 노인복지로 지칭하기는 어렵다.

그러나 민간 영역에서도 비영리적이고 공익적인 차원에서 노인들을 대상으로 필요한 자원과 서비스를 제공하는 활동들이 조직적으로 이루어질 수 있다고 보면 노인복지를 어느 특정 주체의 활동이라는 식으로 제한하는 것도 타당하지 않다. 따라서 노인복지의 개념은 한마디로 간파하기 어려운 개념이다. 그럼에도 불구하고 이는 노인복지정책과 노인복지실천(노인복지서비스) 전반에 토대가 되는 핵심적인 틀을 제공하는 개념이기도 하다.

우선 기존 학자들의 견해를 보면, 다음과 같다. 일본의 오카무라시게오・미우라 후미오(岡村重夫・三浦文夫, 1974: 84-85)는 노인복지를 고령에 의하여 일어나는 사회생활상의 곤란에 대하여 사회복지적으로 원조하는 것으로 보고 노인의 기본적 욕구에 대응한 일반적 노인정책을 제시하였다.

장인협과 최성재(1987: 266)는 노인복지를 노인이 인간다운 생활을 영위하면서 자기가 속한 가족과 사회에 적응하고 통합될 수 있도록 필요한 자원과 서비스를 제공하는 데 관련된 공적・사적 차원에서의 조직적 제반 활동이라고 정의하였다.

그리고 이혜원(2000: 130)은 노인문제를 예방하고 해결하기 위한 공・사의 조직적 활동이라고 노인복지를 정의하였고, 한국노인문제연구소의 학술 계간지(1997 춘계호, 통권 제5호)에 의하면 빈곤, 불건강, 고독, 무위(doing nothing) 등의 노년기의 문제를 해결해 주는 것으로 노인복지를 보고 있다. 이렇게 볼 때 기존 학자들의 견해는 노인복지정책 영역과 노인복지실천 영역을 구분 없이 노인복지의 활동으로 보고 있다.

이러한 노인복지의 개념에 대한 견해를 바탕으로 다음에서 노인복지 활동의 범주를 정리해 보면 다음과 같다.

① 노인복지의 제반 활동주체는 공적 영역과 사적 영역이 있다.

② 노인의 욕구나 문제를 예방하기 위한 복지조치기능과 사후 해결을 위한 기능으로 구분할 수 있다.

③ 노인복지 역시 사회복지 영역에 속하므로 대응방법에서도 정책적이고 거시적인 방법(노인복지정책)이 있고, 전문기술적이고 미시적인 개입방법(노인복지서비스)이 있다.

이제 기존의 정의와 범주적 영역을 고려하여 노인복지에 대해 광의적으로 개념화해 보면 노인복지는 노인이라는 특수한 계층을 대상으로 노인의 일상생활의 질을 높이기 위한 사회적 대응책이라고 규정할 수 있다. 구체적으로 노인복지의 개념화를 시도해 보면, 노인복지란 노인이 가지고 있는 빈곤, 질병, 고독, 무료함(무위) 등의 노인이 가지고 있는 4중고(四重苦) 문제를 해결하고, 경제적 · 심리적 · 사회적 욕구에 대응하여 경제적인 안정, 심리적이고 신체적인 건강유지, 사회적인 참가와 역할수행을 돕는 원조활동이라고 정의할 수 있다.

그리고 노인복지를 위한 원조활동의 방법은 거시적으로는 노인복지정책과 계획(프로그램) 영역이 있고, 미시적 방법으로는 국가와 민간을 주체로 하는 조직적 체계와 노인복지시설에서 이루어지는 노인복지실천 영역이 있다.

2) 한국에서의 노인복지 이념

(1) 「헌법」과 「노인복지법」

노인복지정책은 사회구성원이 노인문제를 사회적 문제로 인식하고 이슈화하여 국회 등에서 정책결정 과정을 거쳐 법제화된다. 그리고 법제는 정부 등에서 행정이라는 활동과정을 통하여 실천된다. 그런데 이러한 노인복지정책의 단계로 진입하기 위해서는 무엇보다도 정책결정을 둘러싸고 있는 사회복지환경의 신념체계를 이해할 필요가 있다. 즉 노인복지의 필요성에 대한 이념을 파악해야 하는 것이다. 왜냐하면 결국 정책이라고 하는 개체는 그것을 실천하는 당사자인 정책주체와 객체가 가지고 있는 이념 혹은 관점에 따라 정책형성단계에서부터 실천단계에 이르기까지 영향을 받게 되기 때문이다.

이러한 노인복지이념을 담고 있는 법적 근거로는 「헌법」 제34조에서의 "모든 국민은 인간다운 생활을 할 권리를 지니며, 국가는 국민의 복지향상을 위한 정책을 실시할 의무를 지닌다."는 규정과 「노인복지법」에서의 규정을 들 수 있다.

「노인복지법」 제2조(기본이념)에서는 ① 노인은 후손의 양육과 국가 및 사회의 발전에 기여하여 온 자로서 존경받으며, 건전하고 안정된 생활을 보장받는다. ② 노인은 그 능력에 따라 적당한 일에 종사하고 사회적 활동에 참여할 기회를 보장받는다. ③ 노인은 고령에 따르는 심신의 변화를 자각하여 항상 심신의 건강을 유지하고 그 지식과 경험을 활용하여 사회의 발전에 기여하도록 노력하여야 한다고 규정하고 있고, 제3조(가족제도의 유지·발전)에서는 국가와 국민은 경로효친의 미풍양속에 따른 건전한 가족제도가 유지·발전되도록 노력하여야 한다고 명시하고 있다.

(2) 경로헌장과 노인강령

전두환 대통령 시기인 1982년 5월 8일 경로주간 기념식에서 선포된 경로헌장(당초, 노인헌장)[1]에서의 노인복지 이념을 들 수 있다. 경로헌장은 한국에서 '국민교육헌장' '어린이헌장'에 이어 세 번째로 제정된 헌장이며 세계 최초로 제정된 것이다. 이 헌장에서는 노인의 역할을 강조하고 노인의 위치를 명시했는데, 이숭녕 박사 등 사회각계 지도급 인사 1백 명의 헌장 기초위원에 의해 성안됐다.

경로헌장은 다음과 같은 전문(前文)과 함께 5개 실천사항을 다음과 같이 제시하고 있다.

> 노인은 나라의 어른이다. 노인은 우리를 낳아 기르고 문화를 창조 계승하며 국가와 사회를 수호하고 발전시키는 데 공헌하여온 어른으로서 국민의 존경을 받으며 노후를 안락하게 지내야 할 분들이다. 그러나 인구의 고령화와 사회구조 및 가치관의 변화는 점차 노후생활을 어렵게 하고 있다.

1) 당초의 헌장은 또 전문(前文) 끝에 5개 실천사항도 규정하였는데, 당초 사회각계 지도급 인사 1백 명으로 구성된 헌장기초위원회 심의과정에서 '노인헌장'으로 결정됐었으나 정부 차관회의과정에서 이 헌장 문안의 일부가 수정 또는 삭제되면서 명칭도 경로헌장으로 바뀌어 국무회의를 통과, 선포된 것이며, 노인헌장이 제정된 것은 세계에서 한국이 처음이다.

우리는 고유의 가족제도 아래 경로효친(敬老孝親)과 인보상조(隣保相助)의 미풍양속을 가진 국민으로서 이를 발전시켜 노인을 경애하고 봉양하여 노후를 즐길 수 있도록 노인복지증진에 정성을 다 하여야 한다.

노인은 심신의 변화를 깨닫고 자신의 위치와 할 일을 찾아서 후손의 번영과 국가의 발전을 위하여 여생을 보내는 슬기를 보여야 한다.

우리는 아래와 같은 사항을 구현하기 위하여 다 함께 노력한다.

첫째, 노인은 가정에서 전통의 미덕을 살려 자손의 극진한 봉양을 받아야 하며 지역사회와 국가는 이를 도와야 한다.

둘째, 노인은 의식주에 있어서 충족되고 안락한 생활을 즐길 수 있어야 한다.

셋째, 노인은 심신의 안정과 건강을 누릴 수 있어야 한다.

넷째, 노인은 자신의 능력에 따라 사회활동에 참여할 수 있어야 한다.

다섯째, 노인은 취미·오락을 비롯한 문화생활과 노후생활에 필요한 지식을 얻는 기회를 가져야 한다.

아울러 대한노인회[2)]의 '노인강령'은 1973년에 한국노인문제연구소를 창립한 박재간 소장이 성안한 것을 1982년 3월 25일에 개최된 전국노인대표자대회에서 채택한 것으로서, 노인의 자세와 사명에 대한 이념을 보여 주는 다음과 같은 내용이 언급되어 있다.

우리는 사회의 어른으로서 항상 젊은이들에게 솔선수범하는 자세를 지니는 동시에 지난날 우리가 체험한 고귀한 경험, 업적 그리고 민족의 얼을 후손에게 계승할 전승자로서의 사명을 자각하며, 아래 사항의 실천을 위하여 다함께 노력한다.

1. 우리는 가정이나 사회에서 존경받는 노인이 되도록 노력한다.
2. 우리는 경로효친 윤리관과 전통적 가족제도가 유지·발전되도록 힘쓴다.
3. 우리는 청소년을 선도하고 젊은 세대에 봉사하며 사회정의 구현에 앞장선다.

2) 대한노인회는 1969년 1월 15일 전국 노인정 회장이 중심이 되어 창립총회를 개최하였고, 1969년 4월 15일 단체의 명칭을 사단법인 대한노인회로 개칭하였으며, 시·도 단위에는 연합회, 시·군·구 단위에는 지회가 설치·운영되고 있다.

3) 국제연합(UN)에서의 노인복지 이념

국내의 노인복지 이념 외에도 국제연합(UN) 총회에서 채택된 국제 노인의 해, 노인의 날과 관련된 각종 사업에서의 원칙들은 회원국의 일원인 한국에서도 적용되며 적극적으로 정책에 반영하여야 하는 사항이다. UN은 한국에서 노인헌장(경로헌장)이 제정되었던 해인 1982년 7월에 오스트리아 빈에서 노인문제해결방안을 강구하기 위한 '제1차 세계 고령화 회의(The World Assembly on Aging)'를 개최하고 UN 총회에서 노화에 관한 국제활동계획을 인준하였다.

다음에서는 UN의 '노인복지 향상을 위한 국제행동계획실천'의 원칙(한국노인문제연구소, 1997: 163-216 참조)과 '노인을 위한 UN 원칙'들을 살펴보고자 한다.

(1) 세계 고령화 회의의 국제행동계획실천을 위한 UN 원칙

(World Assembly on Ageing Principles for International Plan of Action)

① 제1차 세계 고령화 회의(The 1st World Assembly on Ageing)**의 UN 원칙**

1982년 고령화 국제행동계획(International Plan of Action on Ageing: IPPA)은 제1차 세계 고령화 회의가 오스트리아 빈(Vienna)에서 열렸으며, 흔히 "비엔나계획" 또는 "국제계획"이라고 불리고 있다. 이 계획은 인구의 고령화를 효과적으로 대처할 수 있도록 정부와 시민사회의 능력을 강화하고 노인들의 잠재적 개발능력과 의존 필요성을 알리는 것을 목적으로 하고 있다. 구체적으로는 건강과 영양, 노인소비자의 보호, 주거와 환경, 가족, 사회복지, 소득보장과 고용, 교육 등 7개 하위분야로 구성되어 있으며 각 분야에서 실시되어야 할 정책방향 62가지가 권고되어 있다.

계획의 전체적인 내용의 핵심은 고령화와 관련된 정책의 형성과 집행은 각 국가의 주권적인 권리와 책임이며, 그 국가의 특수한 수요와 목적에 근거를 두고 수행되어야 한다는 것이며, 노인들의 활동, 안전과 복지의 증진은 선진국과 개발도상국 모두가 새로운 국제경제질서의 구조 안에서 통합되고 조화된 발전을 위한 노력의 중요한 부분이 되어야 한다는 것이다. 그리고 국제적이고 지역적인 협력이 중요한 역할을 하게 된다는 점도 강조하고 있다.

그러면 '제1차 세계 고령화 회의(The World Assembly on Aging)'에서 채택된 국제행동계획의 14가지 항목의 내용을 보면 다음과 같다.

가. 발전의 목표는 발전과정과 발전에 따르는 이익의 형평성 있는 분배에 있어서 전체 국민이 참여하여 국민의 복지가 증진되어야 한다. 발전과정은 인간의 존엄성을 높이고 사회자원, 권리와 의무를 나눔에 있어서 연령계층 간 형평성을 확보하여야 한다.

나. 노인의 여러 가지 문제점은 평화, 안전, 무기경쟁의 중지, 그리고 군사목적의 자원을 경제사회적 발전을 위하여 재분배하는 가운데 해법을 찾을 수 있다.

다. 노인의 발전적이고 인도주의 차원에서의 문제점은 독재와 억압, 식민주의, 인종주의, 종족말살, 그리고 다른 형태의 외국 지배가 널리 퍼져 있지 아니하고 인권이 존중받는 곳에서 해결책을 발견할 수 있다.

라. 모든 연령계층의 사람들은 조화로운 발전을 추구함에 있어서 전통적 요소와 혁신적 요소 사이의 균형을 유지하여야 한다.

마. 노인의 정신적·문화적·사회적·경제적 기여는 사회에 귀중한 것이며, 더욱더 인식되고 증진되어야 한다. 노인에 대한 지출은 지속적인 투자로 간주되어야 한다.

바. 다양한 구조와 형태를 가지고 있는 가족은 세대를 이어가는 사회의 기본적인 단위이며, 각 국가의 전통과 관습에 따라 유지되고, 강화되고, 보호되어야 한다.

사. 정부는 민간단체, 개인 자원봉사자, 노인협회 등의 자발적 활동을 유지하고 장려하여야 한다.

아. 연령에 따른 차별과 민중차별을 없애고, 세대 간 연대감과 상호지원이 장려되는 세대 간 통합이 이루어진 사회를 만드는 것이 사회적·경제적 발전의 중요 목표이다.

자. 고령화는 전 생애에 걸친 과정이며, 노후에 대한 준비는 사회정책의 통합적 분야가 되어야 하며, 육체적 · 심리적 · 문화적 · 종교적 · 정신적 · 경제적 요소들과 건강 및 기타 요소를 포괄하여야 한다.

차. 행동계획은 물질적 측면뿐만 아니라 정신적 측면에서도 성공적 노후를 달성하기 위하여 세계적인 사회 · 경제 · 문화 그리고 정신적 추세가 보다 광범위하게 고려되어야 한다.

카. 고령화는 경험과 지혜의 상징인 동시에 인간에게 그들의 신념과 개인적 성취에 더 접근할 수 있게 해 준다.

타. 노인은 정책의 형성과 실행과정에서 적극적 참여자이어야 한다.

파. 정부와 민간단체의 모든 관계자는 노인 중 가장 취약한 계층, 특히 여성과 농촌 출신이 많은 가난한 노인에게 책임감을 가져야 한다.

하. 고령화에 대한 여러 측면에서의 지속적인 연구가 요구된다.

② 제2차 세계 고령화 회의(The 2nd World Assembly on Ageing)**의 UN 원칙**

유엔은 2002년 4월 8일부터 12일까지 스페인 마드리드(Madrid)에서 '제2차 세계 고령화 회의'를 개최하고, '마드리드 고령화 국제행동계획(Madrid International Plan of Action on Ageing: MIPAA)'을 마련해 회원국이 세계적인 고령화 현상에 대응해서 관련 정책을 적극적으로 수립 시행토록 권고했다. 1982년 오스트리아 빈 대회 이후 20년 만에 열린 이 회의에는 국제회의에는 전 세계에서 158개국 정부대표뿐만 아니라 EU · 아랍연맹 · OECD · ILO · WHO · NGO 대표 등이 참석하여 '모든 세대가 공존할 수 있는 세상' 건설을 모토로 노령화 대책 마련에 협의하였다.

이 계획은 20년 전 '비엔나 노령화국제행동계획'을 채택한 이후의 변화를 반영하여 세계화, 세대 간의 연대, 노인 학대, 여성노인, 농촌노인, 긴급 상황하의 노인, 노인에 대한 이미지 개선 등의 내용을 포함하고 있다. 이를 위한 첫 단계로 각 정부가 인구의 고령화 현상과 노인문제를 국가발전의 틀과 빈곤해소 전략에 주류화할 것을 권고하고 있는데 향후의 정부가 고령화 현상을 노인복지분야는 물론 경제, 고용 및 교육정책 등 다양한 분야에 반영하여야 할 중요한 의제들을 제시하고 있다. 아울러 차후 행동계획 이행에 대한 국제적인 평가를 하게 되며 이에 대응한 종합적인 정책을 수립, 조성하고 점검하는 체계를 갖추어야 할 것을 촉구하고 있다.

전체적인 계획은 서문, 행동을 위한 권고, 이행과 후속조치 등으로 구성되었으며, 세부적으로는 132개 문항으로 구성되었다. 이 계획의 핵심에 해당하는 행동을 위한 권고 부분에서 ㉠ 노인과 발전, ㉡ 노년까지의 건강과 안녕 증진, ㉢ 능력을 부여하고 지원하는 환경조성 등 3가지 '행동계획 및 건의사항'을 채택하고 그 아래 18개 과제를 제시하면서 다음과 같이 개별 행동지침을 권고하고 있다.[3)]

㉠ '노인과 개발(발전)'을 위한 행동계획(8가지 과제와 개별 목표)

가. 사회와 개발(발전)에서의 노인의 적극적 참여 분야에서는 노인의 사회적, 문화적, 경제적, 정치적 공헌의 인정과 모든 수준의 의사결정 과정에서의 노인 참여 목표의 2가지를 제시하고 있다.

나. 고령노동력 활용 분야에서는 일하고자 하는 모든 노인에 대한 고용 기회를 제공하는 목표를 제시하고 있다.

다. 농촌 개발, 이주, 도시화 분야에서는 농어촌지역의 생활조건 및 인프라 개선 목표, 농어촌 지역에서의 노인의 주변화 현상 제거 목표, 노인 이주자의 새 지역사회에의 통합 목표의 3가지를 제시하고 있다.

라. 지식, 교육 및 훈련에의 접근 분야에서는 계속 교육, 훈련 및 재훈련, 직업 안내 및 알선에서의 기회 균등 목표와 연령에 따른 경험증가의 이점을 고려한 모든 연령층의 잠재력과 경험의 충분한 활용 목표의 2가지를 제시하고 있다.

마. 세대 간 유대 분야에서는 세대 간의 형평성과 상호성을 통한 유대 강화 목표

3) 상세한 내용은 <http://www.un.org>의 economic and social development 부문에서 second world assembly on ageing을 클릭하면 볼 수 있다.

를 제시하고 있다.

바. 빈곤 타파 분야에서는 노인 빈곤의 감소 목표를 제시하고 있다.

사. 소득보장, 사회적 보호 그리고 사회보장 및 빈곤 예방 분야에서는 모든 노동자에게 노령연금, 장애연금, 건강보호급여 등을 포함한 기본적 사회보장이 가능하도록 하는 프로그램의 향상에 관한 목표와 사회경제적으로 불우한 입장의 노인을 특별 고려하면서 모든 노인에 최소한의 소득보장을 하는 2가지의 목표를 제시하고 있다.

아. 긴급 상황 분야에서는 자연재해 및 인위적 재해 시 노인에 대한 음식, 주거, 의료보호 및 기타 서비스 제공의 기회 균등 목표와 비상사태 이후의 지역사회 및 사회조직 재건에 있어서 노인의 참여와 기여를 향상하는 목표의 2가지를 제시하고 있다.

ⓛ '노령기의 건강과 복리 증진'을 위한 행동계획(6가지 과제와 개별 목표)

가. 평생을 통한 건강증진과 복리 분야에서는 축적된 질병의 위험요소와 이로 인한 노령기 의존성 감소 목표와 노인의 불량한 건강상태 예방을 위한 정책 개발 목표, 그리고 모든 노인의 음식과 적절한 영양에 대한 접근에 관한 목표 등의 3가지를 제시하고 있다.

나. 건강보호에 대한 보편적이고 균일한 접근 분야에서는 노인에 대한 보편적이고 균등한 건강보호 접근을 위한 사회적 및 경제적 불평등 제거 목표, 노인의 욕구에 대응한 제1차 건강보호 개발 및 강화 목표, 노인의 욕구에 대응하는 계속적 건강보호 체계 개발 목표, 일차적 보호 및 장기요양보호서비스 개발과 강화에 있어서의 노인 참여 목표 등의 4가지를 제시하고 있다.

다. 노인과 에이즈(Acquired Immunodeficiency Syndrome: 후천성 면역 결핍증) 분야에서는 HIV[4)]/AIDS의 노인 건강에 대한 영향 평가 목표, HIV/AIDS에 감염된 노인과

4) HIV는 Human Immunodeficiency Virus의 약자로 '인간면역결핍바이러스'를 말한다. 에이즈(AIDS)를 일으키는 원인 병원체이며 인체 내에 들어오면 면역을 담당하는 세포를 찾아내어 면역세포 내에서 증식을 하면서 면역세포를 파괴시키게 된다. HIV는 감염인의 모든 체액에 존재하나 특히 혈액, 정액, 질 분비물, 모유에 많은 양이 있어 주로 성관계나 감염된 혈액의 수혈, 감염된 산모의 임신, 출산을 통해 바이러스가 전파된다.

노인 수발자에 대한 적절한 정보, 수발 훈련, 의료보호 및 사회지지 제공 목표, HIV/AIDS에 감염된 아동의 수발자로서의 노인의 역할 개발과 공헌에 대한 인정 목표의 3가지를 제시하고 있다.

라. 노인보호자 및 보건건강 관련 전문가 교육과 훈련 분야에서는 노인수발에 필요한 전문직과 신체적 건강과 보건에 관련된 전문가들을 교육시키고 훈련하는 목표를 제시하고 있다.

마. 노인의 정신건강 욕구 분야에서는 종합적 정신건강 서비스 개발 목표를 제시하고 있다.

바. 노인과 장애 분야에서는 생애과정을 통한 최대한의 기능유지와 장애 노인의 충분한 사회참여를 증진시키는 목표를 제시하고 있다.

ⓒ '능력을 부여하고 지원하는 환경 조성'을 위한 행동계획(4가지 과제와 개별 목표)

가. 주거(주택)와 주거환경 분야에서는 개인의 선호와 가능한 주거의 선택으로 지역사회 내에서의 노화(Aging in Place) 추진 목표와 노인의 욕구, 특히 장애노인의 욕구를 고려한 노인의 독립적 생활 증진을 위한 주거와 환경 설계의 개선 목표, 그리고 노인을 위한 접근 및 지불 가능한 교통수단 개선 목표의 3가지가 제시되어 있다.

나. 보호와 노인보호자(수발자) 지지 분야에서는 다양한 서비스를 통한 보호와 서비스의 계속적 체계 수립의 목표와 노인(특히 여성노인)의 수발자로서의 역할지지 목표의 2가지가 제시되어 있다.

다. 방치, 학대 및 폭력 분야에서는 모든 형태의 노인 방치, 학대 및 폭력 제거 목표와 노인 학대 문제 해결을 위한 지지 서비스 개발 목표의 2가지가 제시되어 있다.

라. 노인(노화)의 이미지 분야에서는 노인의 권위, 지혜, 생산성 및 기타 중요한 공헌에 대한 일반인들의 인식 증진 목표가 제시되어 있다.

그리고 이러한 행동계획의 이행과 후속 조치를 위한 '행동계획 이행과 후속 조치' 부문에서는 다음과 같이 3가지 분야에서 지침들이 제시되어 있다.

가. '개별 국가 수준'에서의 행동계획의 이행과 후속 조치를 위한 지침으로는 정부의 주도적 책임, 정부와 민간(NGO, 비영리 및 영리 부분)의 협조 필요, 정부가 노인복지위원회와 같은 기구 설립의 효과성을 유지하는 것 등이 있다.

나. '국제 수준'에서의 행동계획의 이행과 후속 조치를 위한 지침으로는 국제적 협력, 상호 경험과 지식의 교환, 책임질 국제기구 활동의 계속, 국제 연구, 국제 지표 개발에 관한 내용이 포함되어 있다.

다. '감시, 검토 및 갱신'에서의 행동계획의 이행과 후속 조치를 위한 지침으로는 정부의 검토기구 필요성과 국제기구의 감시 활동에 관한 내용 등이 포함되어 있다.

(2) 노인을 위한 5대 UN 원칙(United Nations Principles for Older Persons)

1990년의 UN총회에서는 매년 10월 1일을 국제 노인의 날(The International Day for the Elderly)로 제정하였으며, 1991. 12. 16. 유엔총회에서는 「노인을 위한 UN 원칙」을 채택하였다.[5] '독립, 참여, 돌봄(보호), 자아실현, 존엄'이라는 총 5개 군 18개 항으로 이뤄진 이 원칙을 재정리하면 다음과 같다.

① **자립의 원칙**(the independence principles)

노인은 기초적인 서비스와 보호를 받아야 하고, 일하며 소득을 얻을 수 있는 기회가 마련되어야 하고, 능력에 따라 직장에서 물러날 수 있으며, 적절한 교육과 훈련 프로그램에 접근할 수 있는 기회가 마련되어야 하고, 안전한 생활환경하에서 가능한

5) 1992년 10월 16일에 UN 총회는 1999년을 '국제 노인의 해(The International Year of Older Person)'로 의결하였고 1993년 12월 3일 총회의결에서는 'elderly'라는 말이 사용되기도 하였으나, UN 사회개발위원회의 제32차 회기(1993년)에서 'older person'이라는 용어로 변경했다. 한국에서는 대한노인회를 비롯한 노인단체에서 '노인의 날' 제정의 필요성을 건의하였고, 1997년 5월 9일에 '각종 기념일 등에 관한 규정'에서 '노인의 날'을 매년 10월 2일로 규정하였다.

한 오랫동안 가정에서 거주할 수 있도록 지원을 받아야 함을 의미한다. 한편, 자립의 원칙은 '독립의 원칙'이라 해석할 수도 있으며 세부원칙 6가지는 다음과 같다.

㉠ 소득, 가족과 지역사회의 지원 및 자조를 통하여 적절한 식량, 물, 주거, 의복 및 건강보호에 접근할 수 있어야 한다.

㉡ 일을 할 수 있는 기회를 제공받거나, 다른 소득을 얻을 수 있는 기회에 접근할 수 있어야 한다.

㉢ 직장에서 언제 어떻게 그만둘 것인지에 대한 결정에 참여할 수 있어야 한다.

㉣ 적절한 교육과 훈련 프로그램에 접근할 수 있어야 한다.

㉤ 개인의 선호와 변화하는 능력에 맞추어 안전하고 적응할 수 있는 환경에서 살 수 있어야 한다.

㉥ 가능한 한 오랫동안 가정에서 살 수 있어야 한다.

② **참여의 원칙**(the participation principles)

모든 노인이 스스로 의사결정을 하고, 지식을 전파하며, 지역사회봉사를 위한 기회를 찾고, 노인운동이나 협회의 구성에 참여할 수 있어야 한다는 뜻이다. 참여의 원칙의 세부원칙은 3가지로 구성되어 있다.

㉠ 사회에 통합되어야 하며, 그들의 복지에 직접 영향을 미치는 정책의 형성과 이행에 적극적으로 참여하고, 그들의 지식과 기술을 젊은 세대와 함께 공유하여야 한다.

㉡ 지역사회 봉사를 위한 기회를 찾고 개발하여야 하며, 그들의 흥미와 능력에 알맞은 자원봉사자로서 봉사할 수 있어야 한다.

㉢ 노인들을 위한 사회운동과 단체를 형성할 수 있어야 한다.

③ **보호**(돌봄)**의 원칙**(the care principles)

노인은 각 사회의 문화적 가치체계에 따라 가족과 지역사회의 보살핌과 보호를 받아야 하며, 보건과 사회 및 법적인 보호를 받으며, 노인시설의 보호를 받아야 함을 의미한다. 한편, 보호의 원칙은 '돌봄의 원칙'으로 해석할 수도 있으며, 세부원칙 5가지는 다음과 같다.

㉠ 각 사회의 문화적 가치체계에 따라 가족과 지역사회의 보살핌과 보호를 받아야 한다.

㉡ 신체적, 정신적, 정서적 안녕의 최적 수준을 유지하거나 되찾도록 도와주고 질병을 예방하거나 그 시작을 지연시키는 건강보호에 접근할 수 있어야 한다.

㉢ 그들의 자율과 보호를 고양시키는 사회적 법률적인 서비스에 접근할 수 있어야 한다.

㉣ 인간적이고 안전한 환경에서 보호, 재활, 사회적 정신적 격려를 제공하는 적정수준의 시설보호를 이용할 수 있어야 한다.

㉤ 그들이 보호시설이나 치료시설에서 거주할 때도 그들의 존엄, 신념, 욕구와 사생활을 존중받으며, 자신들의 건강보호와 삶의 질을 결정하는 권리도 존중받는 것을 포함하는 인간의 권리와 기본적인 자유를 향유할 수 있어야 한다.

④ **자아실현의 원칙**(the self-fulfillment principles)

모든 노인은 자신들의 잠재력을 완전히 개발하기 위한 기회를 추구하여야 한다. 그리고 사회의 교육적·문화적·정신적·오락적 자원을 이용할 수 있어야 함을 의미한다. 자아실현의 원칙의 세부원칙 2가지는 다음과 같다.

㉠ 자신들의 잠재력을 완전히 발전시키기 위한 기회를 추구하여야 한다.

㉡ 사회의 교육적, 문화적, 정신적 그리고 여가에 관한 자원에 접근할 수 있어야 한다.

⑤ **존엄성의 원칙**(the dignity principles)

모든 노인은 착취, 육체적 · 정신적 학대를 받지 아니하고 지난날의 경제적인 기여나 나이, 성별, 장애나 지위에 관계없이 공정하게 대우받고 존중받아야 함을 말한다. 존엄성의 원칙의 세부원칙 2가지는 다음과 같다.

㉠ 존엄과 안전 속에서 살 수 있어야 하며, 착취와 육체적 정신적 학대로부터 자유로워야 한다.

㉡ 나이, 성별, 인종이나 민족적인 배경, 장애나 여타 지위에 상관없이 공정하게 대우받아야 하며 그들의 경제적 기여와 관계없이 평가되어야 한다.

2. 노인복지정책의 개념과 이념

1) 노인복지정책의 개념

노인복지정책은 노인복지를 위한 정책적 접근방법을 말하는데, 각종 노인문제 발생의 원인이 노인 개인에게 있다고 보지 않고 사회구조적 모순에 있다는 인식하에 국가나 사회가 주체가 되어 대응책을 강구하는 것을 의미한다. 즉 노인이 가지고 있는 개별적인 욕구에 대응하여 사후대책적인 복지기능을 수행하거나 사전예방적인 복지기능을 국가책임하에 수행하는 것을 말한다. 그러므로 노인복지 역시 다른 사회복지 영역과 마찬가지로 사회적 여건과 국가정책의 흐름과 상관되어 있다. 전체적인 국가정책의 범주에서 자유로울 수 없는 것이며, 경제사회적 구성원의 지지 속에서 발전을 도모할 수 있는 것이다.

특히 지난 20세기는 세계의 인류가 평균수명의 연장과 '고령화'라는 위대한 성취를 하였지만 동시에 인류 스스로가 풀어야 할 과제로 대두되고 있는 이 시점에서 각국의 중앙정부와 지방정부는 정치 · 경제 · 시민사회의 복지이념이나 인식에 기초하여 정

책적으로 접근해야 한다.[6)]

노인복지정책이라고 할 때 적절한 개념화를 위해서는 크게 두 가지의 분석방법이 유용할 수 있는데, 첫 번째는 '노인'과 '복지정책'의 합성된 의미가 있다는 것이고 다른 하나의 방법은 '노인복지'와 '정책'이라는 두 단어가 합쳐진 의미가 있다는 점이다. 여기에서는 정책을 다루고 있으므로 이미 앞에서 정의해 온 후자의 경우에서 접근해 보면 다음과 같다.

먼저 노인복지는 앞에서 정의한 바와 같이 노인의 생활의 질을 향상시키기 위한 국가의 활동이다. 그리고 '정책'을 랜덤하우스(Random House) 사전에서는 "일을 융통성 있게 효율적으로 운영하기 위한 방침, 방책"으로 보고 있다. 그러나 이것도 학자 간에는 다양한 견해로 나타나고 있다.

첫째, 라스웰(Lasswell)과 카플란(Kaplan)은 정책을 "사회변동의 계기로서 미래탐색을 위해서 필요한 가치와 행동의 복합"으로 규정하고 있다(Harald, 1970). 그리고 얀츠(Erich Jantsch)는 정책을 "규범적인 사고와 행위의 1차적 표상이며 지침"(Jantsch, 1970)으로 보고 있는데, 이것은 정책을 장래의 행동계획으로 보는 견해이다.

둘째, 정책의 공공성에 치중하여 공공정책, 즉 정부의 정책으로 보는 유형이 있다. 정책연구학회가 정책을 "다양한 사회문제에 대응하기 위하여 고안된 실제로 나타나거나 잠재되어 있는 정부의 계획과 행동"이라고 정의한 것이 그것이다(Policy Studies Organization, 1972). 그러나 이와 같은 어의적 개념도 노인복지정책의 정의를 규정하는 것으로는 충분하지 않다. 정책은 그 해당 정책에 영향을 주는 정책환경이 있고 그 환경에서 산출해 내는 이념에 따라 달라지는 가변적인 의미가 있기 때문이다(고수현 외, 2002: 29-30 재인용).

그렇다면 이러한 노인복지를 향상시키기 위한 정책적 접근이 국가중심으로 이루어

6) 사회복지에 있어서 정책적 접근의 상대적인 접근으로서는 주로 전문적이고 방법론적인 접근방법이 거론되고 있으나, 일반적으로 정부 중심의 노인복지대책은 민간부문의 전문서비스 영역도 포괄하고 있어서 두 가지의 접근방식으로 항시 분류하는 것은 오류를 가져올 수 있다.

져야 하는지를 시장실패와 정부의 대응이라는 관점에서 설명하면 다음과 같다. 즉 시장은 자원배분을 위한 기구로서 여러 가지 재화나 서비스가 각 경제주체의 자발적 교환행위(voluntary exchange behavior)에 의해서 이루어지는 것을 말하는데 소득분배나 사회복지서비스 등은 시장의 역할에서는 제대로 작동하지 않는 공공재(public goods)적 성격을 가지고 있으므로, 이른바 시장의 실패(market failure) 국면이 일어나는 것이다.[7)]

첫째, 복지정책은 기업정책이나 생산정책과는 달리 보이지 않는 손(invisible hand)에 의해 경쟁이 이루어지는 시장 메커니즘과는 차이가 있다. 복지는 생산보다는 재분배적 기제에 해당하며, 자본주의 국가에서는 불완전고용이라는 시장실패요인을 갖고 있고 고령자는 불완전고용의 주요대상이기도 하므로 정부가 정책적으로 접근할 필요가 있다.

둘째, 복지는 비배제성(non-excludability)과 비경쟁성(non-rivalness)의 성질을 갖고 있는 공공재라는 점에서 일정한 비용을 지불하지 않고 무임승차(free-riding)하려는 상황이 발생하게 되며, 이러한 경우 재화나 용역은 시장 내부에서는 공급이 되질 않고 정부에 의해서만 공급이 가능하다. 특히 사회보험이 아닌 공공부조나 일부 사회복지서비스 부문은 시장 내부적 결함에 의한 공급의 문제가 있다.

셋째, 시장이 완전하게 작동하여 수요와 공급에 문제가 없더라도 경쟁체제에서는 노인 등의 고령인력은 생계의 위협을 느낄 정도의 저소득층으로 남기 쉽다. 이때 정부는 고령자고용촉진이나 최저임금제 등을 통하여 외부적 결함에 대응할 수 있다.

2) 노인복지정책의 이념

고령화 사회에서 근로자의 고용 장해 요인 등을 제거하기 위해 경제협력개발기구(Organization for Economic Cooperation and Development, OECD)는 1998년에 OECD 각료회의를 통해 기존의 연금 및 사회보장제도의 개혁, 고령근로자에 고용능력향상 등을 포함하는 7개의 원칙을 제시하고 이를 사회정책에 반영하여 이행토록 회원국에 권고한

7) 시장실패의 상대적인 개념은 정부실패(government failure) 혹은 비시장실패(nonmarket failure)이다.

바 있다. 이 원칙을 시행하는 데 있어서는 개별 회원국 간 차이는 있으나 OECD 가입 국가 내에서 이미 많은 나라들이 이와 같은 이행을 하고 있거나 달성해 나가고 있다.

OECD에서 제시한 고령화 사회에 대비한 노인복지정책의 7개 원칙을 보면 다음과 같다.

① 공적연금, 조세, 사회이전지출 등 각종 정책이 조기퇴직자에 대해 인센티브(incentive)가 되는 부분이 있으면 이를 제거토록 권고한다.

② 고령근로자의 취업기회보장 및 적합한 기술들을 습득하도록 지원하는 다양한 방안을 마련한다.

③ 연금기여금인상, 지급액하향 등을 통해 재정 건실화를 기하고 정부재정의 부담을 완화할 것을 권고한다.

④ 퇴직소득원의 다양화를 권고한다. 이는 위험(risk)을 줄이고, 세대 간 부담공평을 촉진하며, 퇴직결정에 대한 개인의 유연성(flexibility)을 증진하는 효과를 가져올 수 있다.

⑤ 고령인구에 관련한 의료서비스의 비용 효과성을 제고할 것을 권고한다.

⑥ 연금재원에 대한 효율적인 관리 및 규제 방안을 모색할 것을 권고한다.

⑦ 개혁에 대한 국민들의 이해 및 지지를 확보하고, 이와 같은 종합적인 개혁들을 수행하기 위해 국가적 차원의 전략적인 틀(frame work)을 구성할 것을 권고한다. 이러한 OECD의 개혁 권고에서와 마찬가지로 노인복지정책은 여타의 사회복지정책과 같이 해당 국가의 정치・행정, 경제, 시민사회환경의 정책철학에 지대한 영향을 받는다.

일반적으로 현대국가의 노인복지정책은 ① 국민적 최저수준의 생활유지 원칙, ② 사회적 통합의 원칙, ③ 개인의 성장욕구충족 원칙이라는 세 가지 목표의 원칙(장인협・최성재, 1987)으로 정리할 수 있는데 이를 설명하면 다음과 같다.

첫째, 국민적 최저수준의 원칙이란 노인도 국민으로서 인간다운 생활을 유지할 수 있는 최저수준의 경제적 보장을 받아야 하며, 여기서 최저수준의 생활유지는 빈곤선(poverty line) 이상을 의미한다.

둘째, 사회적 통합의 원칙은 노인의 특성상 은퇴로 인한 자기상실과 고독감, 소외감으로 인하여 사회체계인 가족, 이웃, 지역사회주민들로부터 유대성이 떨어질 수 있으므로 이를 강화할 필요가 있다는 원칙이다.

셋째, 개인의 성장욕구충족 원칙이란 노인도 엄연히 인생주기상 인간발달의 한 단계에 해당하고 자기완성이라는 최종성장단계에 있는 만큼, 이 시기에 맞는 성장욕구를 충족시키는 방향에서 노인복지정책이 이루어져야 한다는 원칙이다.

한편, 노인복지정책이 추진되어야 할 타당성은 ① 경제적 타당성, ② 심리사회적 타당성, ③ 윤리적 타당성 등의 세 가지로 정리할 수 있다.

첫째, 경제적 타당성은 현대 산업사회에서 고령자는 기술의 혁신에 적응하지 못하여 직장에서 해고되거나 아예 취업의 기회를 갖지 못함으로써 경제적인 자립이 어렵게 되어 기본적인 생활유지능력이 약화된다는 관점에서 찾을 수 있다. 이는 노인의 취업욕구나 직업안정욕구에 대응한 노인복지정책의 타당성을 말해 준다.

둘째, 심리사회적 타당성은 두 가지로 설명할 수 있는데, 심리적으로 노인은 젊은 세대들로부터 보답을 받고자 하는 욕구가 있으며, 이는 자기들이 청・장년기에 노인(부모)세대를 부양한 것에 바탕하고 있다. 또 하나의 심리는 보상심리에 해당하는 것으로서, 사회로부터 받는 불이익처분으로 인하여 손해를 받게 됨으로 인한 복지적 조치가 그것이다.

셋째, 윤리적 타당성은 노인의 사회적 기여도에 기초하는 것으로서, 일생 동안 가족(자식)과 사회를 위해 기여한 공과에 대하여 정부가 복지적 대책을 강구하는 것은 윤리적으로 타당하다는 입장이다.

이제 앞에서 거론한 노인복지(정책) 목표와 타당성의 이해를 바탕으로 미국 메릴랜드 위튼 소재 랜돌프 힐스 요양원(Randolph Hills Nursing Center, 1994)에서 발행한 보고서에서 제시하고 있는 노인복지정책의 프로그램이나 활동이 견지해야 할 수행 원리(원칙)의 내용을 보면 다음과 같이 5가지로 정리할 수 있다.

(1) 존엄성 및 개성존중 원리(원칙)

인간은 누구나 타인과 구별되는 개성이 있으며, 인간 자체로서 존중받아야 한다. 그러므로 노인복지정책의 활동지침으로서는 가장 먼저 노인의 존엄성과 개성이 존중되어야 할 조항이다. 이것은 미국과 일본의 노인복지정책에서도 중요시하고 있지만 한국의 전통사상에서도 찾아볼 수 있다. 고조선시대의 홍익인간 이념이나 불교나 유교의 인간존중 사상과 동학의 인내천 사상이 그것이며, 오늘날의 대한민국 「헌법」 제9조에 "모든 국민은 인간으로서 존엄과 가치를 가지며, 행복을 추구할 권리를 가진다."고 되어 있다는 점에서 존엄성 및 개성존중 원칙은 노인에 대해서도 차별 없이 적용되어야 할 원리이다.

(2) 자기선택 원리(원칙)

자기선택 원리는 노인은 인간으로서의 개성과 존엄성을 가진 인격체라는 점에서 노인 자신에게 미치는 노인복지 프로그램은 스스로 선택할 수 있도록 해야 한다는 원리이다. 이것은 사회복지사가 클라이언트를 면접하고 조언을 할 때 결정권은 클라이언트 자신에게 두고 수행해야 하는 원리와도 통한다. 자칫하면 노인은 현대생활에서 정보가 부족하고 능력적으로도 이미 쇠락하였으므로 자식이나 사회복지사 혹은 이해관계인이 대신 결정해 줌으로써 자기선택권을 침해하는 사례가 없어야 할 것이다.

(3) 권리와 책임부여 원리(원칙)

노인복지정책이 무조건 노인을 보호하고 보장해 주는 취지만 있는 것이 아니라 노인 스스로 자신의 생활을 책임질 수 있는 상황을 부여하는 복지정책이 수행되어야 한다. 노인도 연령에 따라 사회적 활동이나 경제적 활동을 할 수 있는 만큼 정부도 단순히 보호의 대상으로 간주하는 것보다는 권리와 책임부여 원리에 따라 그들의 지식과 경험을 활용하여 사회의 발전에 공헌할 수 있도록 자구책을 조장하여야 한다.

(4) 총체적 서비스 원리(원칙)

노인은 총체적 노화과정을 겪고 있는 단계이므로 어느 특정한 측면만을 강조한 정책수행보다는 신체적 · 정서적 · 지적 · 사회적 · 심리적 등 총체적 서비스(compre- hensive service)를 전개할 필요가 있다. 즉 빈곤한 노인은 신체적으로 질병에 걸리기 쉽고, 심리적으로도 우울할 것이며, 사회적으로도 소외될 가능성이 있으므로 총체적으로 접근하는 것이 바람직하다.

(5) 시대적 욕구 반영 원리(원칙)

노인복지정책 수행에 있어서 시대적 변화를 고려할 필요가 있는데, 그 이유는 전통사회의 노인과 현대사회의 노인의 욕구가 다르고 노인의 연령 차이에서도 욕구는 달라질 수 있기 때문이다. 따라서 효과적인 노인복지수행을 위해서는 노인들이 살아가고 있는 시대적인 변화를 반영할 수 있도록 노인욕구조사에 의한 정책수립과 수행이 요구된다.

3. 노인복지정책의 체계와 영역

1) 노인복지정책의 체계와 평가

(1) 노인복지정책의 체계

현대의 복지자본주의 국가는 20세기 전반의 2차례에 걸친 세계대전을 치유하고 국민들에게 비전을 제시하기 위하여 사회복지정책을 구체화하였는데 그 가운데 공공부조, 사회보험, 사회복지서비스는 주요 프로그램이다. 즉 사회보장정책을 통하여 복지국가를 체계화하였다.

1935년의 미국의 「사회보장법」이나 1942년의 영국의 베버리지보고서[8]는 선진자본

8) 1941년 5월 영국은 처칠 수상에 의해 역사적인 사회복지제도의 개혁에 착수하였다. '사회보험과 관련서비스

주의 국가를 중심으로 한 사회복지정책 전개를 촉진하는 매개체가 되었다. 특히 영국의 경우는 제2차 세계대전 중에 처칠(Winston Leonard Spencer Churchill) 수상과 무임소장관이었던 그린우드(Arther Greenwood)가 경제학자이며 노동당 당원[9)]이었던 베버리지(W. Beveridge)에게 기존의 사회보장제도와 관련제도를 재검토하고 이를 대체할 만한 새로운 사회보장체계와 국민최저기본선(National Minimum)의 초안을 마련할 위원회 설립을 요구하였다.

이에 따라 1941년 6월에 창설된 '사회보험 및 관련 서비스 각 행정부의 연락위원회'는 1942년 11월에 『사회보험 및 관련서비스(*Social Insurance and Allied Services*, Reported by William Beveridge)』[10)]라는 이른바 베버리지보고서를 제출하였다. 이 보고서에서 베버리지위원회는 당시 영국의 사회문제를 궁핍(want), 질병(disease), 무지(ignorance), 불결(squalor) 및 나태(idleness)의 5대악(5 giant evil)으로 규정하였다. 그리고 이를 제거하기 위한 정책으로서 사회보험의 성공을 들고, 그 성공의 전제로서 완전고용, 포괄적인 보건서비스 및 가족수당 등이 같이 실시되어야 한다고 주장하였다.

이러한 베버리지보고서가 복지국가의 틀을 제공한 사회보장계획서로 인정받게 된 것은 종전 이후에 집권한 노동당의 애틀리(Attlee, Clement Richard) 내각이 이에 기초하여 「가족수당법」(1945), 「국민보험법」(1946), 「국민산업재해보험법」(1946), 「국민보건서비스법」(1946), 「국민부조법」(1947) 및 「아동법」(1948) 등을 제정·실시함으로써 사상 최초의 종합적인 사회보장계획을 실시했기 때문이다.

노인복지정책체계를 분류할 때는 바로 이러한 사회보장정책의 범주 내에서 설명해

에 관한 각위원회(사회보험 및 연합국 전시 근로 위원회)'가 의회의 만장일치로 구성되고 윌리엄 베버리지가 위원장으로 임명되었다. 이 위원회는 기존의 사회보험과 복지프로그램을 전면적으로 재검토하였으며 이를 바탕으로 획기적인 개혁내용을 제시한 보고서를 베버리지보고서라 칭한다.

9) 초기에 베버리지는 복지관(settlement house) 지도자 및 사회사업가였고 토인비 홀 소장, 직업소개소 소장으로 근무했으며, 런던정치경제대학 학장, 런던대학 부총장을 역임한 후 제2차 세계대전 중에는 노동당원이었지만 처칠 수상 밑에서 노동차관이 되었다.

10) 베버리지보고서는 사회문제를 5대악(giant evil)인 궁핍(want), 질병(disease), 무지(ignorance), 불결(squalor) 및 나태(idleness)로 규정하고 이를 제거하기 위해서는 사회보험의 성공을 위한 전제로서 완전고용, 포괄적인 보건서비스 및 가족수당의 궁핍을 공격하기 위한 사회개량정책의 필요성을 강조하였다.

야 한다. 물론 정책을 추진하는 주체와 접근방법에 따라서도 다양하게 분류할 수 있다.[11)]

첫째, 공공부조 측면에서 경제적 빈곤계층에 있는 노인에게 최저생계비를 지원하고 의료급여를 실시함으로써 노인의 1차적 욕구에 대응하는 정책이 있다.

둘째, 사회복지서비스 측면에서 국민기초생활보장 수급자와 중산층 노인, 그리고 사회적 서비스가 필요한 노인의 대인서비스 욕구에 대응하는 전문 서비스 영역의 복지정책이 있다.

셋째, 산업체에 고용된 고령자나 자영업에 종사하는 노인 등의 경제적 안정을 목적으로 한 사회보험(연금제도)정책이 있다. 그리고 건강유지를 위한 국민건강보험과 사적 건강보험도 노인복지정책의 구성체계로 볼 수 있다.

(2) 노인복지정책의 평가

일반적으로 정책의 분석이나 평가는 어의적 구분이 모호하게 같이 사용되는 경우가 많다. 그런데 정책의 분석기법은 정책내용 자체만을 대상으로 분석하는 기법과 정책을 둘러싼 정책환경을 분석하는 외재적 방법, 그리고 정책환경과 정책내용을 동시에 분석하는 통합적 방법의 3가지 기법이 있다. 흔히 정책분석기법으로 사용되고 있는 길버트(N. Gilbert)와 터렐(P. Terrell)의 네 가지 분석 기준은 정책내용분석의 준거 틀이라고 할 수 있다. 즉 ① 사회적 할당(급여대상), ② 급여형태, ③ 급여전달전략, ④ 재원충당방법이 그것이다.

한편, 정책을 평가하는 기준으로서는 효율성(efficiency)과 형평성(equity, equality)을 들 수 있는데, 바람직한 정책이라는 평가를 받기 위해서는 노인복지정책도 이러한 두 가지의 평가 기준을 고려해야만 한다.

우리 사회에서 자원은 한정되어 있기 때문에 그것의 효율적 사용은 언제나 우리의

11) 정책주체에 따라서는 중앙정부, 지방정부, 민간, 혼합, 혹은 국제적인 주체에 의한 체계 등으로 분류할 수 있고, 접근방법도 제도적 접근과 잔여적 접근방법이 있을 수 있다.

주요 관심사이다. 뿐만 아니라 모든 사람들은 인간으로서의 존엄성을 향유할 권리가 있다. 따라서 형평성 또한 주요한 관심사이다. 이와 같이 자원의 효율적 배분과 그것의 공평한 분배는 모든 사람들이 소망하는 바이지만, 그것을 추구하기 위해서는 어떻게 하는 것이 효율적이고 공평한 것인지를 알아야 한다(전상경, 2001: 152-167).

① 효율성

우리 사회의 자원은 한정되어 있고 정책은 한정된 자원을 사용하면서 수행된다. 희소성(scarcity)이 있는 자원을 배분하면서 그 사회의 모든 구성원의 후생을 감소시키지 않으면서 어느 특정한 사람의 후생을 증진시킬 수 있다면 그러한 자원배분은 낭비되고 있다고 할 수 있다. 즉 효율적 자원배분이란 다른 사람의 입장을 더 악화시키지 않고서는 어느 특정한 사람의 후생을 좋게 할 수 없는 상태를 의미한다. 이러한 효율성(efficiency)의 개념을 최초로 정립한 사람은 이탈리아의 경제학자인 파레토(Vilfredo Pareto, 1848～1923)로서 흔히 '파레토 효율성(Pareto efficiency)'이라고 불린다.

② 형평성

형평성(equity, equality)은 경제체제 내에서 이루어지는 재화와 용역의 공정한 분배(fair distribution)를 뜻하지만, 형평성의 개념은 가치판단을 필요로 하기 때문에 사람에 따라서, 그리고 시대적 조류에 따라서, 국가에 따라서도 각기 다를 수 있다. 형평성이 있다는 것은 양쪽이 상대적으로 균등하다는 것이며, 그것은 기회의 균등과 결과의 균등으로 양분할 수 있다. 기회의 균등(equality of opportunity)은 결과보다도 과정(process)에서의 공정성(fairness)을 강조한 것이며, 결과의 균등(equality of outcome)은 상대적인 몫의 결과물이 같아야 한다는 것이나, 결과의 균등성을 추구하게 되면 열심히 일하고자 하는 근로의욕에 저해를 가져오게 되어 경제적 효율성이나 사회적 효율성에도 부합되지 않을 수도 있다.

일반적으로 자본주의 국가에서는 결과의 형평성보다는 기회의 균등성에 정책적 관심을 가지며, 결과적으로는 사회적 효율성이 달성될 것으로 기대한다. 예를 들어 2000년 1월에 제정된 「장애인고용촉진 및 직업재활법」이나 2009년 3월 21일부터 시행되고 있는 「고용상 연령차별금지 및 고령자고용촉진에 관한 법률」(2008. 3. 21. 제정), 「남녀고용평등법」(1987. 12. 4. 제정) 등에서 국가를 비롯한 일정 공공단체와 일정 규모 이상의 민간사업장에 대하여 고용비율을 권장하거나 강제하는 것이 그 사례가 된다.

2) 노인복지정책의 영역

(1) 기존 학자들의 견해

노인복지정책은 원칙적으로 노인이 가지고 있는 경제적·사회적·심리적 욕구에 대응한 정부의 시책이면서, 다른 한편으로는 국가는 그러한 시책을 하나의 법으로 구체화하거나 일정한 원칙에 따라서 수행하는 영역이 있다. 각국에서는 사회보장제도인 사회보험, 공공부조, 사회복지서비스와 복지 관련 제도 등에서 노인복지정책을 구체화하고 있는데 기존의 학자들의 경우에도 이와 유사한 견해를 보이고 있다.

① 센필드의 견해

센필드(Shenfield, B. E., 1957)는 노령화를 위한 사회시책은 ① 고용(Employment), ② 연금(Pension), ③ 주택(Housing), ④ 의료(Medical care), ⑤ 수용보호 및 거택 노인을 위한 서비스(Residential care domiciliary welfare services)의 5개 항의 정책과 실천분야로 구성되어야 한다고 주장하고 있다.

② 카플란의 견해

카플란(Kaplan, 1962)은 노인복지에 있어서 빼놓을 수 없는 생활상의 욕구로서 사회가 다루고 처치(처우)해야 할 일로 ① 건강을 증진하고 생명을 연장하기 위한 의학, 정신의학적 서비스, ② 적절한 주거 마련, ③ 정신적인 안정성과 사회적 유용성을 위한 기회, ④ 퇴직 후의 경제적 안정, ⑤ 만성병 노인을 위한 보호조치, ⑥ 노동능력에 적합한 일을 갖는 기회, ⑦ 창조적 활동의 기회 및 적극적으로 여가를 이용할 수 있도록 하는 지도의 7개 항의 노인복지정책과 노인복지실천 분야를 들고 있다.

③ 오카무라시게오의 견해

오카무라시게오(岡村重夫, 1974)는 〈표 5-1〉에서와 같이 7개 항으로 된 사회생활상의 기본적 요구를 각각 제시하고 그에 따른 정책과 실천 분야의 시책 실현을 촉구하고 있다.

〈표 5-1〉 기본적 욕구별 일반적 노인정책의 체계

노인의 기본적 욕구	일반적 노인정책
① 경제적 안정	연금 등 소득보장대책
② 직업적 안정	중·고령자 직업안정 시책
③ 의료, 위생, 영양의 보장	의료보장, 공중위생
④ 가족적 안정 및 주택보장	가족근대화 시책, 비영리적 주택정책
⑤ 사회적 협동의 기회	직역·지역단체의 참가
⑥ 교육의 기회	사회교육 시책
⑦ 문화·오락의 기회	비영리적 레크리에이션 시책

출처: 고수현(1990), p. 85에서 재인용.

(2) 본 서에서의 견해

사회보장정책은 실제에 있어서는 생애주기적으로 건강한 젊은 사람들보다는 노인세대를 위한 노후보장정책으로서의 역할을 하고 있다. 그중에서도 소득보장정책, 의료보장정책, 사회복지서비스정책은 노후보장을 위한 사회복지정책의 핵심 영역이 된다. 그런데 정책이라고 하는 것은 인간의 욕구를 사회적으로 해결해 주는 대응책으로서의 특성과 장래의 일정한 행동계획이라는 양면성을 가지고 있다. 특히 인간생활의 여러 가지 곤란과 위험을 대비하고 그것을 해소함으로써 보다 인간다운 삶을 추구하고자 하는 사회복지정책에서는 다양한 정책적 방법이 구체화될 수 있는 것이다.

일반적으로 사회복지정책은 그 접근방법 면에서 본다면 사회보장정책으로 명명하여도 무리가 없을 만큼 사회보장의 영역과 일치하고 있다. 물론 사회복지는 사회변동에 따른 사회적 가치변화에 민감한 부문인 만큼 시대에 따라 학자에 따라 다양한 견해가 있을 수도 있다.

영국의 베버리지는 1942년 『사회보험과 관련서비스(Social Insurance and Allied Service)』라는 명칭의 이른바 베버리지보고서를 발표하면서 사회개혁을 위해서는 사회보험(social insurance)을 주요방법으로 제시하면서 국가부조(national assistance)와 임의보험(voluntary insurance)을 사회보험의 보조방법으로 보고 국가는 임의보험도 장려해야 한다고 주장하였다(Beveridge, 1958: 120-121).

그리고 최근의 학자로는 피터스(Pieters, 1993: 5-7)가 1993년에 사회보장의 방법을 사회보험, 사회부조(social assistance),[12] 사회수당(demo grant), 사회보상(social compensation)으로 구분하였다. 피터스의 방법 중 사회보험과 사회부조는 현대국가에서 많이 사용되는 부문이나 사회수당은 아동수당이나 노령수당 등이 일부 국가에서만 인정되고 있고, 사회보상도 국가의 권력남용(예: 한국의 5.18광주민주화 운동 등)이나 전쟁피해, 사회적 희생자에 대한 본인 또는 유족에게 보상금을 지급하는 제도이지만 사회보장제도에 포함하기에는 보편성이 적다.

한국의 「사회보장기본법」의 제3조(정의)에서도 "사회보장이란 출산, 양육, 실업, 노령, 장애, 질병, 빈곤 및 사망 등의 사회적 위험으로부터 모든 국민을 보호하고 국민 삶의 질을 향상시키는 데 필요한 소득·서비스를 보장하는 사회보험, 공공부조, 사회서비스를 말한다."고 규정하고 있는데, 개별적인 부문 정의를 보면 다음과 같다.

첫째, '사회보험'이란 국민에게 발생하는 사회적 위험을 보험의 방식으로 대처함으로써 국민의 건강과 소득을 보장하는 제도를 말한다.

둘째, '공공부조'란 국가와 지방자치단체의 책임하에 생활 유지 능력이 없거나 생

12) 사회부조와 국가부조는 재정을 정부기금이나 일반 조세에서 부담한다는 의미에서 공공부조와 같은 용어에 해당한다.

활이 어려운 국민의 최저생활을 보장하고 자립을 지원하는 제도를 말한다.

셋째, '사회서비스'란 국가·지방자치단체 및 민간부문의 도움이 필요한 모든 국민에게 복지, 보건의료, 교육, 고용, 주거, 문화, 환경 등의 분야에서 인간다운 생활을 보장하고 상담, 재활, 돌봄, 정보의 제공, 관련 시설의 이용, 역량 개발, 사회참여 지원 등을 통하여 국민의 삶의 질이 향상되도록 지원하는 제도를 말한다.

이상에서 논의한 바와 같이 영국의 베버리지보고서나 한국의 「사회보장기본법」에서는 주로 사회보험을 중심으로 공공부조나 사회서비스 영역의 사회보장정책, 즉 노후보장정책에 한정되고 있다. 따라서 앞에서 다룬 기존 학자들이 제시한 대책의 영역을 고려하여 보다 확장된 노인복지정책 영역의 설정이 요구된다. 특히 평균 수명의 연장과 함께 늘어난 노후시기에 대응한 노동력 활용정책은 사회복지(사회보장) 정책의 한계를 보완할 수 있는 영역이라고 할 수 있다.

이러한 관점에서 노인복지정책의 영역을 사회복지 부문과 노동력 활용 부문으로 구체적 영역을 체계화하면 다음과 같다([그림 5-1] 참조).

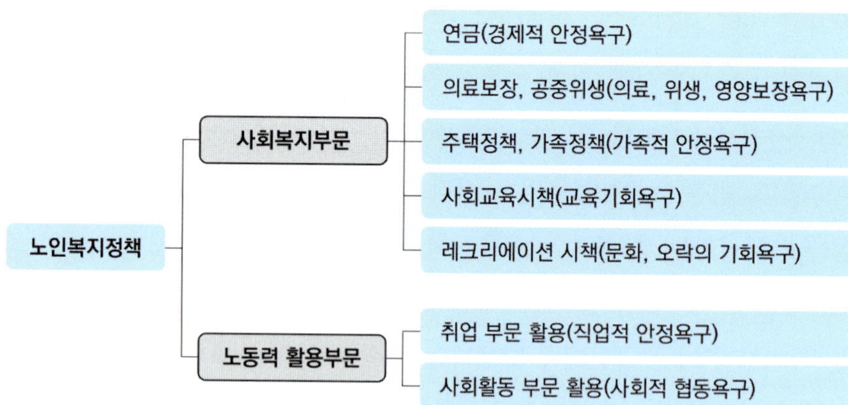

[그림 5-1] 노인복지정책의 영역

우선 사회복지 부문의 노인복지정책으로는 사회보험정책의 연금보험 영역과 건강보험 영역, 공공부조정책의 기초생활보장과 의료급여 영역, 사회서비스 실천의 시설복지 영역과 재가복지 영역이 있다.

그리고 사회복지 부문의 한계점을 보완하기 위한 노동력 활용 부문으로는 크게 세 가지 영역으로 범주화할 수 있다.

첫째, 노인의 직업적 안정욕구에 대응한 중·고령자 취업정책과 고용안정정책의 영역이 있다.

둘째, 노인의 사회적 협동욕구에 대응한 사회참여정책과 자원봉사활용정책의 영역이 있다.

셋째, 노인의 교육기회욕구에 대응한 평생교육정책은 사회복지 부문에도 해당이 되지만 고령자들의 노동력 활용을 위해서는 그들의 인적자원개발을 위한 직업교육과 시민교육이 요구된다는 측면에서 보면, 고령노동력 활용의 전제조건이라고 할 수 있다.

이 외에도 대다수의 노인복지론 교재에서나 기존 사회복지학자들의 연구에서도 미미하게 다루어지고 있는 호스피스 사회복지활동이나 생애종결단계에서 누구나 피해갈 수 없는 죽음문제와 관련된 장례의식이나 매·화장 복지서비스도 국가나 사회적 차원에서 새롭게 노인복지정책으로 확대해 나가야 할 부문이다.

Senior Citizen Welfare | chapter 06

노인 공공부조정책

1. 국민기초생활보장과 기초연금

1) 국민기초생활보장

(1) 공공부조와 기초생활보장의 개요

① 공공부조

공공부조(公共扶助)란 공적인 부조를 의미하며, 사적인 부조에 대응하는 용어이다. 즉 사회보험처럼 운영기금을 가입자 개인들에게 갹출하는 것이 아닌 국가나 지방자치단체의 이전지출금(transfer expenditure)에 의해서 노인계층과 같은 빈곤계층의 기초적인 생활을 보장하는 것으로서, 사회보험, 사회복지서비스와 더불어 사회보장제도의 중심을 이루고 있다. 그러나 공공부조에 대한 용어는 사회보장의 의미가 내용 및 범위에 있어서 통일된 용어를 갖지 못한 것과 같이 각 국가에 따라 다르게 지칭되고 있다. 한국과 미국은 공공부조(public assistance), 영국은 국민부조(national assistance) 혹은 무기여 급부(non-contributory benefits), 독일과 프랑스는 사회부조(social assistance)의 개념으로 사용하고 있다.

한국은 「사회보장기본법」 제3조 제3호에서 "공공부조라 함은 국가와 지방자치단체의 책임하에 생활유지 능력이 없거나 생활이 어려운 국민의 최저생활을 보장하고 자립을 지원하는 제도를 의미한다."라고 정의하고 있다. 종래에는 '공적부조(公的扶助)'라는 용어를 사용해 왔으나 1995년 12월의 「사회보장기본법」에서 '공공부조(公共扶助)'라는 용어로 변경하였다.

이러한 공공부조제도에 대해서는 일반적으로 사회학적 견지와 경제학적 견지의 다음과 같은 비판들이 있다. 우선 사회학적으로는 ① 공공부조 혜택을 받는 이른바 복지계급(welfare class)의 개인적 선택이나 생활양식을 잘 이해할 수 있는지, 그리고 그 혜택을 통한 개인적·경제적 변화가 그들의 생활 형태를 단기간에 바꿀 수 있을 것인지에 대한 의문점을 제시하고, ② 자기보고조사(self-reporting survey)에 의하지 않고 조사원에 의한 자산조사(means test)에 의함으로써 수혜자의 낙인(stigma)을 조장시키며, ③ 완전한 생활수준보장은 국민의 복지의존심리(welfare psychology)가 세습되거나 조장하게 될 우려가 있다는 것 등을 지적하고 있다. 그리고 경제학적으로는 ① 이중 노동시장(dual labor market)[1]이 형성되는 문제와 ② 근로의욕(work incentive)을 저해할 수 있다는 점을 우려하고 있다.

1) 이중 노동시장이론은 미국에서 이미 1960년대 후반과 1970년대 초반에 걸쳐 개발된 이론이다. 빈곤, 소득배분, 실업의 구조화, 그리고 노동시장에서의 차별화 현상에 관한 경험적인 이들 연구가 나오게 된 것이다. 이중 노동시장이론의 주된 가정은 전체노동시장이 제도적으로뿐만 아니라 경제적으로 안정된 1차 노동시장과 매우 불안정한 2차 노동시장으로 구분되어 있는 것으로 보는 관점이다.

② 기초생활보장

사회복지역사에 있어 기초생활보장의 개념은 영국에서 1897년 페이비언협회(Fabian Society)의 시드니 웹 부처(Sidney James Webb, Beatrice Potter Webb)에 의하여 사회보장의 맥락에서 최초로 제기된 후 1942년의 베버리지보고서에 의해 재차 논의되어 오늘날 대부분의 복지국가에서 채택되고 있다. 즉 당초 웹 부처는 국민최저생활선(national minimum)의 개념을 노동조합 연구에서 "노동자가 생산자, 그리고 시민으로서의 실력을 가진 상태로 유지시키는 것에 필요한 최저선의 생활수준을 확보"하는 것으로 보았으며, 그 후 1905년 국왕의 명으로 설치된 왕립구빈법위원회에서는 「구빈법」(「빈민법」, The Poor Laws)의 철폐, 사회보험 등 개별정책의 확충을 주장하는 소수파보고서(The Minority Report of the Royal Commission on the Poor Law)[2)]에서 구체화하였다.

그리고 베버리지는 'national minimum'의 개념을 '국민의 일상적 생존에 필요한 최소소득을 제공하는 것'으로 보았다. 그러나 베버리지에 있어서 국민최저생활선의 확보방법은 사회보험과 그 관련서비스(Social Insurance and Allied Services)에 의할 것을 의미하였고, 공공부조(public assistance)는 어디까지나 그것을 보완하는 임시적 조치에 한정할 것을 주장하였다. 따라서 기초생활보장은 공공부조에서 국민최저생활선을 확보하는 정도의 개념에 속하는 것으로 정의할 수 있다.

한국에서의 사회보장제도의 기반은 1963년 11월 5일에 제정·공포된 「사회보장에 관한 법률」이라고 할 수 있으며, '기초생활보장'이란 용어가 사용되기 시작한 것은 「국민기초생활보장법」을 제정하는 과정에서 일반화되었으며, 특히 김대중 정부를 탄생시켰던 정당(국민회의)에서 대통령 선거공약의 하나로 '국민복지기본선'의 보장을 제기한 것에서 비롯된 정치적 상관성이 있는 것으로 보인다. 그러므로 기초생활보장(basic livelihood security)은 '국민으로서 일상적 생활을 영위하는 데 필요한 기초적인 소

2) 영국의 왕립구빈법위원회(1905~1909년)는 두 개의 파로 나눠지는데, 1909년에 비어트리스 웹(Beatrice Webb) 등 노동당 및 노동조합관계의 4명 위원의 서명을 받아 발표된 것이 소수파보고이다. 이미 시대에 뒤떨어지게 되었던 「구빈법」 개혁을 위해 다수파보고보다 철저한 대책을 주장했다. 즉 기존 「구빈법」을 해체하여 예방적 원칙에 입각한 대책을 수립할 것을 권고했다.

득을 국가가 보장하는 것'으로 정의할 수 있다.

빈곤한 노인들을 위한 공공부조정책 중에서 국민기초생활보장제도는 소득보장정책부문에 해당한다. 사회보험제도에 의한 생활보장을 받지 못하는 저소득노인층에게 공공부조제도를 통하여 2차적 사회안전망의 역할을 하는 것이다. 원칙적으로 국민기초생활보장은 1999년 9월의 「국민기초생활보장법」 공포에 따른 2000년 10월부터의 제도 시행으로 구체화된 것이다.[3)]

(2) 국민기초생활보장의 급여종류

① 생계급여와 주거급여

생계급여와 주거급여는 국민기초생활보장제도의 급여종류에서 가장 기본적인 프로그램으로서 저소득층 노인에게 경제적인 생활보장을 제공할 수 있는 대표적인 급여 내용이다. 생계급여의 내용(법 제8조)은 의복·음식물 및 연료비와 기타 일상생활에 기본적으로 필요한 금품이다.

생계급여는 가구별 소득평가액과 최저생계비와의 차액을 지급하는 보충급여제(supplementary benefit)가 원칙이며, '긴급생계급여'는 최저생계비 중에서 식료품비에 해당하는 금액을 지급하도록 되어 있다. 국민기초생활보장제도 이전의 생활보호제도에서는 주거급여를 생계급여에 포함하여 지급하여 왔으나, 「국민기초생활보장법」 제정 이후에는 수급권자의 주거실태에 따른 적정한 급여가 이루어지도록 하고 수급권자가 보다 나은 주거환경에 거주할 수 있도록 하기 위하여 생계급여에서 주거급여를 분리하였다.

주거급여의 경우도 현금급여를 원칙으로 하지만 자기주택소유가구 등에는 현금(70%)과 현물(30%)급여를 병행하도록 하였다. 현물급여는 수급권자들의 주택이 비교

3) 제도 시행 이전의 「생활보호법」에서는 노인과 장애인 , 임산부 등의 특정 인구학적 범주에 국한된 공공부조(categorical public assistance)의 성격이 강하였으나 「국민기초생활보장법」은 빈곤에 처한 국민 모두를 보장하는(general public assistance) 의미가 강하다.

적 낡고 수리가 필요한 경우가 많음을 고려한 것이다. 그리고 2015년 7월 1일부터는 「주거급여법」에 따라 주거안정에 필요한 임차료, 수선유지비, 그 밖의 수급품 등을 국토교통부 주관으로 개별 급여하고 있다.

② 교육 · 해산 · 장제급여

교육급여와 해산급여는 생애주기적으로 볼 때 주로 저소득층 노인세대의 자녀 혹은 손자녀계층을 위한 급여 프로그램이다. 우선 교육급여는 기초수급자의 자녀 혹은 손자녀 등 학령기에 있는 수급권자에게 입학금 · 수업료 · 학용품비, 기타 수급품을 지원하는 것인데, 필요한 경우에는 수급자가 재학하는 학교장에게 지급할 수 있다(학교의 종류와 범위에 따라 지급액 결정). 주거급여와 마찬가지로 2015년 7월 1일부터 국민기초생활보장제도가 개별급여제도로 전환됨에 따라 교육부에서 담당하고 있다.

해산급여는 조산과 분만 전후의 필요한 급여를 하는 것으로 만약 해산행위를 의료기관에 위탁하는 경우에는 수급품을 의료기관에 지급할 수도 있다.

그리고 장제급여는 주로 노인 등의 수급자가 사망한 경우에 사체의 검안 · 운반 · 화장 또는 매장, 기타 제 조치를 행하는 자에게 지급하며, 필요한 경우는 현물급여로 할 수 있다.

③ 자활급여

자활급여는 노인세대와는 직접적인 관련성이 적으며, 비교적 근로능력이 있는 수급자의 자활을 조성하기 위하여 필요한 금품지급, 기능습득의 지원, 취업알선, 근로기회제공, 시설 · 장비의 대여 형태로 급여되는데 이들의 자활 촉진을 위한 지역자활센터를 시 · 군 · 구에 지정 · 운영하고 있다.

그 외에도 지방정부 주관으로 자활지원금을 기금형식으로 생활안정자금 등을 대부 · 관리하는 프로그램은 노인세대에도 해당이 되는데, 자활급여의 세부 내역을 보면 다음과 같다.

㉠ 자활에 필요한 금품의 지급 또는 대여

㉡ 자활에 필요한 근로능력의 향상 및 기능 습득의 지원

㉢ 취업 알선 등 정보의 제공

㉣ 자활을 위한 근로기회의 제공

㉤ 자활에 필요한 시설 및 장비의 대여

㉥ 창업교육, 기능훈련 및 기술·경영지도 등 창업 지원

㉦ 자활에 필요한 자산형성 지원

㉧ 기타 대통령령이 정하는 자활을 위한 각종 지원

이처럼 국민기초생활보장제도의 급여종류로는 생계급여(생계급여), 주거급여(주거급여), 의료급여(醫療給與), 교육급여(敎育給與), 해산급여(解産給與), 장제급여(葬祭給與), 자활급여(自活給與)의 7가지가 있으며, 이 중에서 의료급여는 소득보장제도가 아니라 의료보장제도에 속하기 때문에 별도의 절에서 세부 내역을 다루고자 한다.

2) 기초연금

(1) 기초연금의 개요

현행 국민연금제도의 가입적용대상이 60세 이상의 노인은 제외하고 있고, 저소득 노인층에 대한 생계보장대책이 미약한 상태에서 가족부양을 옹호하고 있다는 점에서 「국민기초생활보장법」 체제의 수급자인 노인과는 별도의 저소득노인층의 기초생활 보장을 위한 연금제도의 필요성이 있다. 그것도 한국 노인층의 대부분이 공적연금제도의 수혜계층이 아니라 자녀의 부양에 의존해야 한다는 차원에서는 공적연금 영역에서의 보장 필요성도 지속적으로 제기되어 온 문제의 하나였다.

이러한 필요성과 타당성에 따라 1998년 4월의 국민연금 적용대상자 확대를 앞두고 1997년 8월에 「노인복지법」을 개정하여 '노령수당'을 폐지하고 1998년 7월부터 '경

로연금'[4])을 시행하였다. 그 후 2008년에 와서는 경로연금이 폐지되고 무갹출(무기여) 노령연금제도인 '기초노령연금'제도로 명칭이 변경, 시행되어 오던 중 2014년 5월 20일에 「기초연금법」이 제정되고 2014년 7월부터는 '기초연금'제도로 새롭게 명칭을 개정하여 시행하고 있다.

이처럼 기초연금제도는 기존의 공공부조 성격이었던 당초의 '노령수당', '경로연금', '기초노령연금'을 폐지·흡수한 것으로 보아 저소득층 노인을 위한 공공부조제도 영역에 가까우나 급여대상자의 범위 면에서 볼 때에는 그 수혜대상자가 점차 광범위하게 확대되어 왔기 때문에 공공부조와는 달리 다소 보편적 급여가 이루어지는 특징도 있다.

그러나 대상자 선정이 선택성의 원리에 따라 결정된다는 점에서 보면 사회수당(demo grant)과도 차이가 있다. 아울러 연금이라는 명칭을 사용하고 있지만 무갹출(무기여) 연금이라는 점에서 본다면 사회보험의 성격과는 엄연한 차이가 있으며, 대상자 선정에서 자산조사(소득과 재산기준)를 적용한다는 점에서는 공공부조 영역의 프로그램으로 볼 수 있다. 그러나 기초연금 업무의 상당수는 국민연금공단에 위탁할 수 있도록 되어 있어서 전달체계상으로 보면 사회보험의 영역으로 볼 수도 있다(고수현, 2015 재수정).

(2) 기초연금의 급여대상자 선정

기초연금의 급여대상자는 일정 연령에 도달한 경우에 모든 사람에게 정기적으로 소득을 보장해 주는 선진국의 데모그랜트 제도와는 다르게 일정한 선정기준에 의해 적용되고 있다. 「기초연금법」 제3조(기초연금 수급권자의 범위)에서는 "65세 이상인 자로서 소득인정액이 보건복지부장관이 정하여 고시하는 금액 이하인 자에게 연금을 지급한다."고 규정하고 있다. 이는 자산조사를 하여 수급자를 선정한다는 의미이므로 사회수당이나 연금보험과는 다른 공공부조 성격을 보여 주는 것이다. 여기에서 기초

4) 1991년부터 65세 이상의 생활보호대상자에게 지급하여 왔던 '노령수당'이 1998년에 '경로연금'으로 바뀌어 시행되었다.

연금 수급권자의 세부 범위를 다음과 같이 규정하고 있다.

① 보건복지부장관은 선정기준액을 정하는 경우 65세 이상인 사람 중 기초연금 수급자가 100분의 70 수준이 되도록 한다.
② 제1항에도 불구하고 공무원연금, 사립학교교직원연금, 군인연금, 별정우체국직원연금 등의 직역연금과 「국민연금과 직역연금의 연계에 관한 법률」에 의한 연계연금을 받는 수급자와 그 배우자에게는 기초연금을 지급하지 아니한다.
③ 선정기준액의 기준, 고시 시기 및 적용기간 등은 대통령령으로 정한다.[5)]

한편, 기초연금을 지급받고자 하는 자 또는 그 친족, 그 밖의 관계인은 보건복지부장관 또는 지방자치단체의 장에게 급여를 신청할 수 있는데, 신청 시에는 다음의 자료 또는 정보제공에 대하여 동의한다는 서면을 제출하여야 한다.

① 「금융실명거래 및 비밀보장에 관한 법률」에 따른 금융자산 및 금융거래의 내용에 대한 자료 또는 정보 중 예금의 평균잔액과 그 밖에 대통령령으로 정하는 자료 또는 금융정보
② 「신용정보의 이용 및 보호에 관한 법률」에 따른 신용정보 중 채무액과 그 밖에 대통령령으로 정하는 자료 또는 신용정보
③ 「보험업법」에 따른 보험에 가입하여 납부한 보험료와 그 밖에 대통령령으로 정하는 자료 또는 보험정보(고수현, 2015 재수정).

(3) 기초연금의 급여내용 및 재정부담

현재 한국의 기초연금제도 역시 과거의 경로연금이나 기초노령연금과 마찬가지로 사회보험상의 공적연금과는 달리 보험가입자의 기여금에 의한 갹출방식이 아니라 일반 조세에 의한 무갹출 방식이다. 따라서 조세저항의 문제를 가지고 있고 재원 마련

5) 2017년 선정기준은 단독가구 기준 월 119만 원(부부가구 기준 월 190.4만 원)으로 장애인연금의 선정기준액과 동일하다.

의 과정에서도 다른 복지 프로그램에 비하여 우선순위를 확보하기 어려운 특성이 있다. 그러므로 당초 경로연금이나 기초노령연금에서 지적되었듯이 현재의 급여수준은 미약하며 수급권자도 어느 정도 제한될 수밖에 없기 때문에 당초의 정책목표의 달성에는 거리가 멀다. 즉 기여방식이 아니라 무기여(부갹출)제도라는 점에서 저소득노인층의 소득보장을 위한 서구방식의 기초연금제도를 제정해야 한다는 당초의 논의와도 거리가 있다고 볼 수 있다.

기초연금의 지급방법에 관한 규정을 보면 다음과 같다.

① 연금은 매월 25일(토요일이거나 공휴일인 경우에는 그 전날로 함)에 수급자가 지정하는 금융기관의 계좌에 입금하는 방법으로 지급한다. 다만 수급자가 금융기관이 없는 지역에 거주하거나 부득이한 사유가 있는 경우에는 해당 금액을 수급자에게 직접 지급할 수 있다.

② 연금은 수급자의 주민등록상의 거주지를 관할하는 특별자치도지사・시장・군수・구청장이 지급하되, 수급자가 주민등록상의 거주지를 변경한 경우에는 전입일이 그 달의 15일 이전인 경우에는 현 거주지의 특별자치도지사・시장・군수・구청장이, 전입일이 그 달의 16일 이후인 경우에는 전 거주지의 특별자치도지사・시장・군수・구청장이 각각 지급한다.

③ 사회복지시설에 입소한 수급자에 대하여는 해당 시설을 설치한 특별자치도지사・시장・군수・구청장이 연금을 지급한다. 다만 특별자치도・시・군・구 사회복지시설이 다른 특별자치도・시・군・구 관할구역에 소재하는 사회복지시설인 경우에는 보건복지부령으로 정하는 바에 따른다.

기초연금액은 시행 당시인 박근혜정부 시기의 2014년 기준으로 최고 월 20만 원 수준에서 급여되었으며, 기초연금을 포함한 모든 공적연금은 실질가치를 보전해 주기 위해 매년 전국소비자물가변동률을 반영하여 조정하고 있다. 그리고 문재인정부 시기인 2018년 9월부터는 25만 원 수준으로 인상되었다. 아울러 본인 및 그 배우자가 모두 연금을 지급받는 경우에는 각각의 연금액에 대하여 100분의 20을 감액한다. 그리고 보건복지부장관은 5년마다 기초연금 수급권자의 생활수준, 전국소비자물가변동률 등을 고려하여 기초연금액의 적정성을 평가하고 기준연금액을 조정하도록 규정하고 있으며, 기초연금지급에 따른 재정은 다음의 구분에 따라 국가 또는 지방자치단체가 부담한다.

① 국가는 지방자치단체의 노인인구 비율 및 재정여건 등을 고려하여 100분의 40 이상 100분의 90 이하의 범위 안에서 대통령령으로 정하는 비율[6]을 부담한다.
② 국가가 부담한 금액을 차감한 액수에 대하여는 특별시·광역시·도 또는 특별자치도 및 시·군·구가 상호 분담하되, 그 부담비율은 노인인구 비율 및 재정여건 등을 고려하여 시·도의 조례로 정하고, 미리 보건복지부장관과 협의하여야 한다(고수현, 2015 재수정).

2. 의료급여와 노인건강진단

1) 의료급여

(1) 의료급여의 개요

노인의 건강·보건문제를 해결하고 예방 및 건강증진을 위한 의료보장체계로는 크게 ① 국민건강보험, ② 의료급여, ③ 노인건강진단, ④ 노인 개안수술 및 노인 무릎인공관절수술 프로그램이 있다. 그중에서 의료급여와 노인건강진단은 국민기초생활보장 수급자 계층에 속하는 노인을 주 대상으로 한다.

6) 비율산정은 특별자치도·시·군·구의 재정자주도(100분의 90 이상, 100분의 80 이상 100분의 90 미만, 100분의 80 미만)와 노인인구 비율(14% 미만, 14~20% 미만, 20% 이상)을 기준으로 하여 국가부담 연금비용의 비율이 정해진다. 예를 들어 해당 특별자치도·시·군·구의 재정자주도가 100분의 80 미만이고 노인인구 비율이 14~20% 미만이면 국가는 100분의 80의 비용을 부담하게 된다.

의료급여제도는 2000년 10월부터 「국민기초생활보장법」이 시행됨에 따라 기존의 「의료보호법」에서의 '의료보호'의 개념이 「의료급여법」으로 전환된 후 '의료급여'라는 명칭으로 바뀐 것이다. 의료급여는 의료보호와 마찬가지로 공공부조의 하나인 의료부조(medical assistance)를 통해서 저소득층 노인 등에게 의료급여를 제공하는 것이다. 그러므로 의료급여는 생활유지의 능력이 없거나 일정 수준 이하인 저소득층에게 의료급여를 실시함으로써 국민보건의 향상과 사회복지의 증진을 목적으로 하는 공공부조방식의 사회보장제도이다.

한국에서 의료급여의 시작은 1961년의 「생활보호법」 제정에 따라 무능력자 및 저소득자 등의 사회적 취약계층을 대상으로 무료로 진료한 것에서 찾을 수 있다. 그러나 이 당시의 진료사업은 극히 제한적이어서 보편성 있는 사회보장제도적 성격은 미비하였다. 그 후 1970년대 이후 경제성장의 여파로 국민의 의료보장에 대한 욕구가 늘어나고 사회적 이슈가 됨에 따라 의료보험제도와 함께 법제화되기에 이르렀다.

즉 1976년에는 전국의료보장 기반 확립을 위한 '의료시혜확대방안'이 마련되었고, 1977년 1월 4일부터 「의료보호에 관한 규칙」을 보건사회부령으로 시행하였다. 1977년 12월 31일에 「의료보호법」이 제정되어 1978년부터 시행하였고, 1991년 3월 8일에는 1989년 7월 1일부터의 전국민의료보험화에 따라 「의료보호법」도 전면개정이 되었다. 또한 「국민기초생활보장법」이 1999년 9월 7일에 제정됨에 따라 같은 날 일부개정을 하였다. 그리고 2001년 5월 24일에 「의료급여법」으로 전문개정이 되어 2001년 10월 1일부터 시행되고 있다. 즉 의료급여는 국민기초생활보장제도에서 규정하고 있는 급여형태에 속하기는 하지만 법제상으로는 「의료급여법」의 규정에 따라 별도로 시행이 된다.

(2) 의료급여대상자 선정

① 급여대상자 선정 절차

의료급여 수급권자는 매년 보건복지부장관이 책정 기준을 정하여 각 시·도지사에게 시달하면 거주지를 관할하는 시・군・구청장(보장기관장)에게 재시달되어 세대를 기준으로 수급권자를 책정하여, 자격관리 및 의료급여혜택 부여 등을 하고 있다.

수급권자의 선정절차 등을 세부적으로 보면 다음과 같다.

㉠ 보건복지부장관은 수급권자의 선정 기준, 시・도별 수급권자의 수를 결정하여 매년 11월 30일까지 특별시장・광역시장・도지사에게 통보하여야 한다.

㉡ 시・도지사는 보건복지부장관이 통보한 범위 안에서 지역적 특수성을 고려하여 시・군・구(자치구)별 수급권자의 수를 확정하여 매년 12월 15일까지 시장・군수・구청장에게 통보하여야 한다.

㉢ 시장・군수・구청장은 시・도지사가 통보한 범위 안에서 수급권자를 선정한다.

② 의료급여 수급권자

우선 「의료급여법」 제3조(수급권자)에서 정하고 있는 대상자를 보면 다음과 같다.

㉠ 「국민기초생활보장법」에 따른 수급자

㉡ 「재해구호법」에 따른 이재민으로서 보건복지부장관이 의료급여가 필요하다고 인정한 사람

㉢ 「의사상자 등 예우 및 지원에 관한 법률」에 따라 의료급여를 받는 사람

㉣ 「입양특례법」에 따라 국내에 입양된 18세 미만의 아동

㉤ 「독립유공자예우에 관한 법률」, 「국가유공자 등 예우 및 지원에 관한 법률」 및 「보훈보상대상자 지원에 관한 법률」의 적용을 받고 있는 사람과 그 가족으로서 국가보훈처장이 의료급여가 필요하다고 추천한 사람 중에서 보건복지부장관이 의료급여가 필요하다고 인정한 사람

㉥ 「무형문화재 보전 및 진흥에 관한 법률」에 따라 지정된 국가무형문화재의 보유자(명예보유자 포함)와 그 가족으로서 문화재청장이 의료급여가 필요하다고 추천한 사람 중에서 보건복지부장관이 의료급여가 필요하다고 인정한 사람

ⓢ 「북한이탈주민의 보호 및 정착지원에 관한 법률」의 적용을 받고 있는 사람과 그 가족으로서 보건복지부장관이 의료급여가 필요하다고 인정한 사람

ⓞ 「5·18민주화운동 관련자 보상 등에 관한 법률」 제8조에 따라 보상금 등을 받은 사람과 그 가족으로서 보건복지부장관이 의료급여가 필요하다고 인정한 사람

ⓩ 「노숙인 등의 복지 및 자립지원에 관한 법률」에 따른 노숙인 등으로서 보건복지부장관이 의료급여가 필요하다고 인정한 사람

ⓒ 그 밖에 생활유지 능력이 없거나 생활이 어려운 사람으로서 대통령령으로 정하는 사람

③ 의료급여 수급권자 유형구분

수급권자 범주에 속하는 수급권자에 대한 의료급여의 내용과 기준은 대통령령으로 정하는 바에 따라 구분하여 달리 정할 수 있는데, 시행령 제3조(수급권자의 구분)에서는 1종 수급권자와 2종 수급권자로 구분하고 있다.

첫째, 외래 진료의 경우 방문 횟수당 1,000~2,000원, 입원의 경우에도 본인부담이 없는 1종 수급권자는 다음의 어느 하나에 해당하는 자로 한다.

ⓖ 「국민기초생활보장법」에 의한 수급자 중 다음의 어느 하나에 해당하는 자

가. 다음의 어느 하나에 해당하는 자 또는 근로능력이 없거나 근로가 곤란하다고 인정하여 보건복지부장관이 정하는 자만으로 구성된 세대의 구성원

- 18세 미만인 자
- 65세 이상인 자
- 「장애인고용촉진 및 직업재활법」 제2조 제2호에 해당하는 중증장애인
- 「국민기초생활보장법 시행령」 제7조 제1항 제2호에 해당하는 자
- 임신 중에 있거나 분만 후 6개월 미만의 여자
- 「병역법」에 의한 병역의무를 이행 중인 자

나. 「국민기초생활보장법 시행령」 제32조의 규정에 의한 보장시설에서 급여를 받고 있는 자

다. 보건복지부장관이 정하여 고시하는 결핵질환, 희귀난치성질환 또는 중증질환을 가진 사람

㉡ 「의료급여법」 제3조 제1항 제2호부터 제9호까지의 규정에 해당하는 자

㉢ 「의료급여법」 제2조 제1호에 해당하는 수급권자

㉣ 「의료급여법」 제2조 제2호에 해당하는 자로서 보건복지부장관이 1종 의료급여가 필요하다고 인정하는 자

둘째, 외래진료의 경우 방문 횟수당 1,000원 정도의 본인부담금, 입원의 경우 10% 정도의 본인부담만 있는 2종 수급권자는 다음의 어느 하나에 해당하는 자로 한다.

㉠ 「의료급여법」 제3조 제1항 제1호의 규정에 해당하는 자 중 제2항 제1호에 해당하지 아니하는 자

㉡ 「의료급여법 시행령」 제2조 제2호에 해당하는 자로서 보건복지부장관이 2종 의료급여가 필요하다고 인정하는 자

한편, 의료급여 수급권자의 수급자격 유지기간은 보장기관이 대상자로 선정한 날로부터 제외한 날까지이며, 보장기관이 다른 지역으로 수급자가 전입하는 경우는 전입된 지역의 보장기관으로부터 새로이 선정을 받아야 한다. 다만 이재민 등 보호기관이 특별하게 기간을 정하는 경우에는 보장기관에서 정한 기간까지만 자격이 유지된다(일반적으로 의료급여 수급권자에게는 의료급여증이 발급되는데 그 유효기간은 매년 1월 1일부터 12월 31일까지임).

(3) 의료급여 내용

의료급여 수급권자의 급여비용 부담과 내용은 1종 수급권자와 2종 수급권자에 따

라 달리할 수 있는데 실제 급여비용 부담에서는 상당한 차이가 나고 있다. 먼저 의료급여의 내용과 의료급여기관별 진료내용 및 의료급여기간을 보면 다음과 같다.

「의료급여법」 제7조에서 규정하고 있는 의료급여의 내용으로서는 ㉠ 진찰, 검사, ㉡ 약제・치료재료의 지급, ㉢ 처치, 수술과 그 밖의 치료, ㉣ 예방, 재활, ㉤ 입원, 간호, ㉥ 이송과 그 밖의 의료목적의 달성을 위한 조치이다.

뿐만 아니라 시행규칙 제16조에서는 의료급여기관별 진료범위도 별도로 정하고 있다.

① 약국에서 행할 수 있는 조제의 범위

㉠ 처방전에 의한 조제

㉡ 「약사법」 제23조 제3항의 단서 규정에 의한 직접조제

② 제1차 의료급여기관(의원급)**에서 행할 수 있는 진료의 범위**

㉠ 간단한 외과적 처치, 그 밖의 통원치료가 가능한 질병의 진료

㉡ 만성질환으로서 입원할 필요가 없는 질병의 진료

㉢ 질병상태, 이송거리, 이송시간을 고려할 때 환자를 이송하여서는 생명에 위험이 초래되는 경우의 입원진료

㉣ 제1차 기관에서 입원진료 받는 것이 수급권자에게 유리하다고 보건복지부장관이 고시한 입원진료

㉤ 제2차 및 제3차 진료기관에서 회송받은 환자의 진료

③ 제2차 의료급여기관(병원급)**에서 행할 수 있는 진료의 범위**

수급권자가 의료급여를 받고자 하는 경우는 먼저 제1차 의료급여기관에 의료급여를 신청하여야 하지만 다음 각 호에 해당하는 경우에는 제2차 의료급여기관이나 제3차 의료급여기관(종합병원 및 대학병원급)에 의료급여를 신청할 수 있다.

㉠ 「응급의료에 관한 법률」에 의한 응급환자

㉡ 분만의 경우

㉢ 희귀난치성질환 또는 중증질환을 가진 사람이 의료급여를 받고자 하는 경우

㉣ 「장애인복지법」 제32조에 의한 장애인이 보장구를 지급받을 경우와 의료급여를 받고자 할 경우

㉤ 제2차 및 제3차 의료급여기관에서 근무하는 자가 수급권자일 경우

㉥ 한센병환자(나균 감염 환자)가 의료급여를 받고자 할 경우

㉦ 작업치료운동치료 등의 재활치료가 필요한 자가 재활의학과에서 의료급여를 받고자 할 경우

④ 제3차 의료급여기관에서 행할 수 있는 진료의 범위

㉠ 상기 제2차 의료급여기관 대상자와 같은 특수한 경우

㉡ 제2차 의료급여기관으로부터 의뢰받은 환자

㉢ 당해 의료급여기관에 입원한 자가 퇴원 후 경과관찰이 필요한 환자

⑷ 의료급여 전달체계

의료급여를 행하는 전달체계인 의료급여기관에 관한 내용을 보면 다음과 같다.

① 의료급여는 다음의 의료급여기관에서 행한다. 이 경우 보건복지부장관은 공익 또는 국가시책상 의료급여기관으로 적합하지 아니하다고 인정하는 때에는 대통령령이 정하는 바에 따라 의료급여기관에서 제외할 수 있다.

㉠ 「의료법」에 따라 개설된 의료기관

㉡ 「지역보건법」에 따라 설치된 보건소·보건의료원 및 보건지소

㉢ 「농어촌 등 보건의료를 위한 특별조치법」에 따라 설치된 보건진료소

㉣ 「약사법」에 따라 개설등록된 약국 및 한국희귀의약품센터

② 의료급여기관은 다음과 같이 구분하되, 의료급여기관별 진료범위는 보건복지부령으로 정한다.

㉠ 제1차 의료급여기관

가. 「의료법」에 따라 시장·군수·구청장에게 개설신고를 한 의료기관

나. 「지역보건법」에 따라 설치된 보건소·보건의료원 및 보건지소

다. 「농어촌 등 보건의료를 위한 특별조치법」에 따라 설치된 보건진료소

라. 「약사법」에 따라 개설등록된 약국 및 한국희귀의약품센터

㉡ 제2차 의료급여기관: 「의료법」에 따라 시·도지사가 개설허가를 한 의료기관

㉢ 제3차 의료급여기관: 제2차 의료급여기관 중에서 보건복지부장관이 지정하는 의료기관

③ 의료급여기관은 정당한 이유 없이 이 법에 의한 의료급여를 거부하지 못한다.

④ 특별시장·광역시장·도지사 또는 시장·군수·구청장은 의료급여기관이 개설·설치되거나 개설·설치된 의료급여기관의 신고·허가 및 등록사항 등에 변경이 있는 때에는 보건복지부령이 정하는 바에 따라 그 내용을 다음의 전문기관에게 알려야 한다.

㉠ 의료급여에 소요된 비용의 심사·조정업무를 위탁받은 전문기관

㉡ 급여비용의 지급업무를 위탁받은 전문기관

⑤ 제3차 의료급여기관의 지정 기준 및 지정 절차 등에 관하여 필요한 사항은 보건복지부령으로 정한다.

그리고 의료급여비용은 대통령령이 정하는 바에 따라 그 전부 또는 일부를 의료급여기금에서 부담하되, 의료급여기금에서 일부를 부담하는 경우 그 나머지의 비용은 본인이 부담(본인부담금)한다고 규정하고 있다.

2) 노인건강진단

(1) 노인건강진단의 개요

노인건강진단제도는 1981년의 「노인복지법」 규정에 의해 확립된 무료건강진단제도이다. 질병의 조기발견 및 조기치료로 건강의 유지 및 증진을 도모하고, 노인건강수준 향상으로 노인복지에 기여한다는 목적으로 1983년 1월부터 시행된 프로그램이다. 2005년부터 지방이양사업으로 전환되었고, 무료건강진단사업이라는 특성으로 매년 예산을 확보해야 하고, 예산부족과 노인의 관심부족으로 당초의 정책목적을 달성하지 못하고 있는 제도라고 할 수 있다.

노인건강진단사업에 대한 근거는 「노인복지법」 제27조(건강진단 등)와 시행령 제20조(건강진단 등), 시행규칙 제8조(건강진단기관)~제9조(건강진단)에 두고 있는데 보건복지부장관, 시・도지사 또는 시장・군수・구청장(복지실시기관)은 2년에 1회 이상 건강진단기관에서 65세 이상의 노인에 대하여 건강진단(medical checkup)과 보건교육을 실시하도록 규정하고 있다.

(2) 노인건강진단의 대상자 선정

「노인복지법」상에서는 '65세 이상의 노인'으로 규정하여 보편적 적용을 하고 있으나 보건복지부가 주관하는 실제 사업에서는 "시・군・구 관할구역에 거주하는 65세 이상 국민기초생활보장 수급노인(의료급여 수급노인) 중 노인건강진단 희망자"로 되어 있으며, 단서에서 그 전년도 진단자 중 건강한 자는 제외하도록 하여 극히 선택적으로 적용되고 있다.

한편, 급여대상자들의 검진방법은 정확한 검사를 위하여 내원검진을 원칙으로 한다. 지역별 검진을 원칙으로 하되, 개별적으로 검진을 받고자 하는 자는 개별검진을 허용한다. 도서・벽지 등 취약지역은 이동검진반에 의한 순회검진을 실시할 수 있으며, 순회검진을 실시하는 경우에는 혈액 등 검체의 보관 및 수송에 유의하여 순회검진에 따른 필요인력의 확보 및 장비를 사전에 준비해야 한다.

검진기관장은 건강진단에 지장이 없도록 검진인력과 관련 장비를 확보하고, 소요 시약 및 기자재 등을 충분히 준비한 후 검진을 실시해야 한다. 한 검진기관에서 전 종목을 검진함을 원칙으로 하되, 안저검사(眼底檢査, Fundus examination)[7], 치매검사 및 방사선 촬영・판독은 타 전문 의료기관에 의뢰하여 실시할 수 있으며, 이 경우 비용 산정은 당해 진단종목별 수가로 한다.

그리고 검진절차는 1차와 2차로 구분이 되는데 1차 건강진단에서는 검진기관은 시장・군수・구청장(보건소장)과 검진일정을 협의하되, 당해 기관의 1일 검진가능인원을 감안하여 현실적인 검진일정계획을 수립하여야 하며, 개별검진실시 희망자는 검진기관과 협의하여 검진일정을 확정해야 한다. 건강진단은 공복인 상태로 실시하여야 하므로 오전 중에 검진을 완료하며, 최소한 8시간 정도의 공복상태를 유지토록 하여야 한다.

2차 건강진단에서는, 검진기관은 1차 건강진단결과 2차 진단대상자로 판정된 자에 대해서는 1차 검진 시 채혈된 혈액으로 2차 검진질환별 검사항목을 실시하고, 2차 수검대상자는 내원 시 잔여 2차 검사를 실시한다. 2차 진단의 종합판정은 질환별로 기준 종목의 검사를 완료한 후 수검자 내원 당일에 진찰과 함께 판정하되, 치료요양대상자(단순요양, 휴무요양) 및 예방관리대상자(요주의자)로 판정된 수검자에 대해서는 조기치료 및 건강지도를 실시한다.

(3) 노인건강진단의 내용

노인건강진단의 내용은 1차 진단에서는 혈액검사, 기타검사 등이고 2차 진단(1차 진단결과 유질환 소견자 및 그 전년도 진단결과 유질환자)에서는 고혈압의 정밀안저검사 등을 검사하며, 시장・군수・구청장은 건강진단사업의 효율성을 제고하기 위하여 진단수가의 범위 내에서 관할 보건소 등 의료기관과 협의하여 노인성 질환 및 암 등을

7) 안저란 동공을 통해 볼 때 확인되는 안구의 후반부 안쪽의 면을 말하며, 카메라 원리로 비교해 보면 렌즈가 앞쪽이고 필름이 위치한 맨 뒷벽을 안저라고 볼 수 있다.

중심으로 일부 검사항목을 조정할 수 있다.

보건복지부의 「노인보건복지사업 안내서」(2021)에 의한 제1차 건강진단항목은 〈표 6-1〉과 같이 13개 항목이며, 제2차 건강진단항목은 〈표 6-2〉와 같이 30개 항목인데, 실제의 진단항목의 수는 다소 변동이 될 수 있다.

〈표 6-1〉 제1차 노인건강진단항목

기본진료	혈액검사	기타검사
1. 진찰(시진, 청진, 촉진, 문진) 2. 체위검사(신장, 체중, 시력, 청력, 혈압) 3. 치과검사(우식증, 결손치, 치주질환)	1. 혈색소 2. 총콜레스테롤 3. 혈청 지오티 4. 혈청 지피티 5. 혈당 6. 매독(희망자)	1. 요검사(요당, 요단백, 요잠혈, 임질, 클라미디아 감염증) 2. 안검사(정밀안저검사-양측) 3. 흉부 X선 간접촬영 4. 간이인지검사(MMSE)

주: 노인이나 의사의 판단에 따라 일부 항목 생략 가능.
출처: 보건복지부, 2021, 『노인보건복지사업안내(2020)』 재인용 및 수정.

〈표 6-2〉 제2차 노인건강진단항목

기본진료	흉부질환 기타	순환계 질환		간질환	신장질환	빈혈	당뇨질환	안질환	치매	골다공증검사	낙상검사
		고혈압	고지혈증								
1.진찰(시진, 청진, 촉진, 문진)	1.흉부X선 직접촬영 2.결핵균 집균도말 검사	1.혈압 2.정밀 안저 검사 (양측) 3.심전도 검사	1.혈압 2.트리그리세라이드 3.HDL 콜레스트롤	1.총단백 2.알부민 3.알카라인포스타제 4.총빌리루번(총·직접) 5.유산탈수효소(LDH) 6.알파휘토단백	1.요침사 현미경 검사 2.요비중 3.크레아티닌 4.요소·질소	1.헤마토크리트 2.백혈구수 3.적혈구수	1.식전 혈당 (FBS) 2.식후 혈당 (PPS)	1.안압 검사 2.각막 곡률 검사 3.굴절 및 조절 검사	1.치매 척도 검사 (GDS 또는 CDR)	1.양방 사선 (광자) 골밀도 검사	1.하지 기능, 평형성

주: 매독, 임질, 클라미디아 감염증의 경우 희망자에 한해 실시.
출처: 보건복지부, 2021, 『노인보건복지사업안내(2020)』 재인용 및 수정.

한편, 건강진단 후 검진기관으로부터 질환자로 통보받은 '질환의심자'는 기록부와 의료급여증을 지참하여 의료급여자료를 받도록 하고, 본인부담분이 있는 제2종 의료급여수급자의 경우 그 진료비 부담이 어려울 경우는 지역사회 의사회, 사회복지법인 등의 협조를 얻어 혜택을 입을 수 있도록 조치한다. 그리고 검진기관(보건소, 병·의원 등)은 건강진단 실시 후 15일 이내에 건강진단실시기관장에게 청구토록 하고 있다.

3. 노인안검진과 노인수술지원

1) 노인안검진

노인안검진은 2003년부터 보건복지부 노인정책과에서 시행하고 있는 사업으로 2005년까지는 국비를 재원으로, 2006년부터는 건강증진기금을 재원으로 하여 100% 중앙지원하며, 한국실명예방재단을 통하여 운영하고 있다. 노인 안검진 및 개안수술은 저소득층 노인 등에 대한 정밀안검진의 실시로 안질환을 조기발견·치료함으로써 노인의 시력향상 및 실명예방을 위한 사업으로 그 세부적인 목적은 다음과 같다.

① 노인개안수술비 지원을 통한 노인 및 가족의 의료비 부담 경감
② 노인건강진단사업과의 연계 실시로 검진 및 치료의 연속성·효과성 제고
③ 개안검진 및 수술대상의 단계적 확대로 저소득노인건강 체계적 보장

사업시행의 근거법률로서는 「노인복지법」 제27조, 「노인복지법 시행령」 제20조, 「노인복지법 시행규칙」 제8조~제9조를 들 수 있다. 검진을 통하여 개안수술은 백내장과 망막질환으로 구분이 된다.

(1) 노인안검진의 대상

노인안검진의 사업대상은 60세 이상의 국민기초생활보장 수급권자 및 저소득층 노

인이 되며, 검진대상자 선정 기준은 다음과 같다.

① 안과 전문의가 없는 읍·면 지역의 60세 이상 국민기초생활보장 수급권자
② 시·도지사가 안과 병·의원 접근도가 특히 낮다고 인정한 지역의 60세 이상 국민기초생활보장 수급권자
③ 최근 2년 이내에 노인건강검진에서 안과검진이 제외된 지역의 60세 이상 국민기초생활보장 수급권자
④ 기타 시·도지사가 선정한 지역의 60세 이상 국민기초생활보장 수급권자 및 저소득층 노인
㉤ 기타 자치단체장이나 보건소장이 노인안검진이 필요하다고 인정하는 60세 이상의 노인

단, 검진대상자가 계획인원보다 많을 경우 65세 이상의 저소득노인을 우선 선정가능하다. 그리고 대상지역 선정 기준은 다음과 같다.

① 시·군·구 안검진은 60세 이상 국민기초생활보장 수급노인 중 희망자가 100명 이상인 지역을 우선 선정한다. 단, 사업대상자가 많을 경우 65세 이상 노인이 많은 지역을 우선 선정한다.
② 한국실명예방재단 안검진은 시·군·구 희망지역을 신청받아 출장검진한다. 시·도에서는 재단 안검진을 희망하는 시·군·구 지역을 선정하여 보건복지부 노인요양제도 팀에 신청하고 한국실명예방재단에 통보한다.

(2) 노인안검진의 항목

시·군·구와 재단 검사항목은 동일하며, 시·군·구청장은 노인건강진단을 실시할 때 재단주관으로 무료 안검진이 병행 실시될 경우 안검진 수가 범위 내에서 여타 노인성 질환 및 암 등을 중심으로 일부 검사항목을 조정하거나 추가할 수 있다.

① 1차 진단 : 정밀안저검사(양측) 1종

② 2차 진단 : 정밀안저검사(양측), 안압검사, 굴절검사 및 조절검사(안경 처방전 교부 포함), 각막곡률검사 등 총 4종

(3) 노인안검진 지원 및 실시체계

한국실명예방재단에서 노인안검진 시 1차, 2차 안검진은 1회 병행 실시 원칙으로 하고, 검진에 따른 필요 인력 및 장비 확보, 기타 안검진 소요비용은 재단에서 부담한다. 시・군・구(보건소) 또는 재단 검진 일정에 안검진을 받지 못한 자가 있을 경우에는 지정된 검진기관 또는 재단과 협의하여 추가 검진 실시도 가능하다.

보건복지부에서는 지침 시달, 수요 파악, 예산 지원, 연차별 추진계획 등 사업을 총괄하고, 재단은 이동 검진팀 운영 및 검진 실시, 상담・홍보・보건교육 등을 맡는다. 아울러 시・도에서는 시・군・구에 대하여 지도・감독한다. 그리고 시・군・구 보건소에서는 안검진이 필요한 대상자를 조사 후 이를 시・도에 신청한다. 이러한 노인안검진 지원 및 실시체계를 도식화하면 [그림 6-1]과 같다.

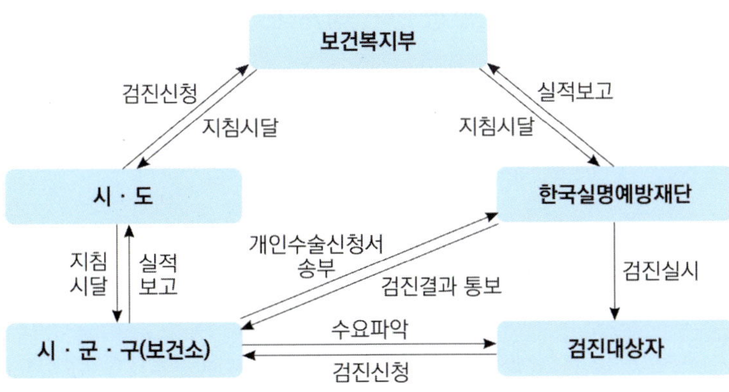

[그림 6-1] 노인안검진 지원체계

출처 : 보건복지부, 『노인보건복지사업안내(2021)』 재수정.

2) 노인개안수술 지원

(1) 개안수술대상질환 대상자 선정 기준

노인개안수술지원은 60세 이상의 노인으로서 전국가구 월평균소득 50% 이하인 경우가 지원대상이 되며, 노인 안검진으로 인한 개안수술대상질환은 다음과 같다.

① 백내장 : 안과 전문의에 의한 백내장 진단을 받고 해당 눈 시력이 0.3 이하인 환자

② 망막질환 : 안과 전문의에 의한 당뇨병성 망막증, 망막박리, 기타 망막질환의 진단을 받고 수술이 필요하다고 인정받은 환자

③ 녹내장 등 기타 안질환 : 안과 전문의에 의한 진단을 받고 녹내장 수술이 필요하다고 인정받은 환자

그리고 동일 시력 순위에서 대상자 초과 시에는 고령자 순으로 수술을 한다. 단, 예외적으로 당장 수술하지 않으면 실명이 예상되는 등 시급하다고 판단될 경우 3차 기관의 소견서를 첨부하여 제출 시 심의 후 수술지원이 가능하다. 지원대상의 선정은 개인의 신청에 의해 이루어질 수도 있으나, 대개 보건복지부 사업안내의 안검진 지역 선정 기준에 따라 선정된 지역의 안검진 대상자 가운데 수술이 필요한 자로 앞의 우선순위에 의해 선정된다.

(2) 개안수술비 지원 및 실시체계

노인 개인수술비 지원액은 1안당 본인부담금 전액(백내장 약 20~30만 원, 망막질환 약 100~120만 원 정도)이며, 실시체계는 보건복지부에서 지침시달, 예산지원, 연차별 추진계획 등 사업을 총괄하고 한국실명예방재단에서는 이동검진팀 운영, 수술대상자 선정, 수술 의뢰, 수술비 지급, 상담·사후관리, 홍보·보건교육 등을 맡는다. 그리고 시·도(시·군·구)는 안과 무의촌 지역 선정, 노인건강검진 중 안과 제외 지역 및 제

외자 등 안검진대상자를 선정한다. 그 외 지정안과병원은 수술 실시와 사후관리 등을 수행한다. 노인개안수술 지원 및 실시체계를 도식화하면 [그림 6-2]에서와 같다.

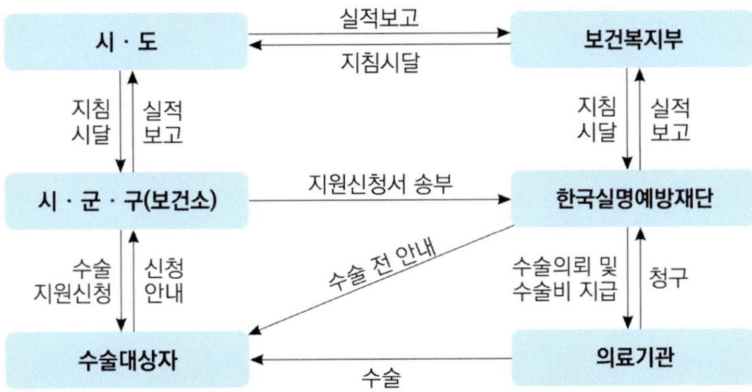

[그림 6-2] 노인개안수술 지원체계

출처 : 보건복지부, 2021, 『노인보건복지사업안내(2020)』 재인용 및 수정.

3) 노인무릎인공관절 수술지원

(1) 노인무릎인공관절 수술지원의 개요

노인무릎인공관절 수술지원 사업은 무릎관절증으로 지속적인 통증에 시달리나, 경제적 이유로 수술을 받지 못하는 노인들의 고통을 경감하여 삶의 질을 개선하기 위한 사업이다. 즉 저소득층 노인을 대상으로 무릎관절수술 지원을 통한 노인 건강 보장 및 의료비 부담을 경감하는 데 그 목적이 있으며, 「노인복지법」 제4조(보건복지증진의 책임)에 근거한다.

(2) 노인무릎인공관절 수술지원의 신청절차

노인무릎인공관절 수술 신청과 지원 절차를 보면, 65세 이상의 노인과 가족 또는 그 밖의 관계인, 읍 · 면 · 동 주민센터의 공무원, 대한노인회 지회 등에서 시 · 군 · 구 보건소에 대리 신청도 가능하다. 신청을 받은 보건소에서는 행정정보공동이용, 사회보장정보시스템, 건강보험료 납부영수증 등을 활용하여 소득기준 충족여부 및 진단서 등 관련 서류 확인 후 '노인의료나눔 재단'으로 적격자 지원서를 송부한다. 이에 재단에서는 대상자를 개별상담 후 의료기관에 수술 의뢰 및 지원금 지원 안내를 맡는다.

(3) 노인무릎인공관절 수술대상자의 선정

노인무릎인공관절 수술대상자는 만 65세 이상으로서, 건강보험급여 '인공관절치환술(슬관절)' 인정기준에 준하는 질환자가 해당이 되며, 소득기준은 중위소득 50% 이하이어야 하며, 의료급여수급자는 소득기준을 충족하는 것으로 판정한다.

수술비 지원범위는 검사비, 진료비 및 수술비(법정본인부담금에 한정)가 포함되는데, 법정본인부담금의 최대 120만 원 한도(한쪽 무릎 기준)의 실비를 지원한다. 단, 무릎인공관절 수술과 관련이 없는 질환치료비, 간병비 및 상급병실 입원료, 선택진료비 등의 건강보험 비급여는 지원에서 제외된다.

Senior Citizen Welfare | chapter 07

노인 연금보험정책

1. 국민연금

1) 국민연금의 개요

(1) 연금보험제도의 의의

연금제도란 고령, 폐질, 사망 등과 같은 이유로 소득중단이나 상당한 정도의 소득감소에 대한 대비책으로서 회복할 수 없는 장기적인 위험에 대한 소득보장제도이다(ILO, 1984). 연금제도는 1889년에 독일에서 「폐질 및 노령보험법」으로 시작되었으며, 제2차 세계대전을 전후하여 대부분의 선진자본주의 국가들이 도입하였다. 특히 1950

년대 이후에는 후발 자본주의 국가에서도 도입하는 경우가 많아 연금제도가 단순히 임금노동자의 최저생계보장을 위한 제도가 아니라 전 국민을 대상으로 노후에 적절한 급여를 제공하는 소득보장정책으로 변모하였음을 말해 준다.

한국의 노인소득보장을 위한 연금정책의 체계는 중산층을 대상으로 하는 공적연금제도인 국민연금, 특수직역연금과 저소득층을 대상으로 하는 공공부조제도인 국민기초생활보장제도가 있다. 그리고 공적연금과는 별도로 사적연금제도인 퇴직연금, 개인연금제도가 노후소득보장 차원에서 구축되어 있다.

연금보험제도인 국민연금(國民年金, a national pension)은 국가가 보험의 원리를 도입하여 만든 사회보험(社會保險, social insurance)의 일종으로 가입자, 사용자 및 국가가 일정액의 연금보험료를 납부하고 이를 기금으로 운영하여 퇴직이나 노령으로 인한 근로소득 상실을 보전하기 위한 공적연금제도이다. 즉 노령연금을 비롯하여 가입자의 사망에 따른 소득상실을 보전하기 위한 유족연금, 질병 또는 사고로 인한 장기근로능력 상실에 따른 소득상실을 보전하기 위한 장애연금 등을 지급함으로써 국민의 소득보장을 도모하는 노후소득보장제도의 하나이다.

한국의 공적연금제도인 국민연금은 1988년부터 시작되었으므로 20년이 지난 2008년부터 완전노령연금[1] 수급자가 발생하고 있다. 그리고 '2020년 국민연금 지급통계 현황'을 보면 노령연금 최고 수령액은 월 226만 900원에 달한다. 그러나 국민연금이 실시된 1988년 당시 60세에 도달한 노인의 대다수는 사실상 국민연금의 적용대상(18~60세 미만 가입)이 아니었다는 점에서 노인소득보장의 문제점으로 지적되어 왔다.

뿐만 아니라 현행 국민연금제도의 문제점을 보면 국민연금에 가입한 사람 가운데도 연금보험료를 납부하지 못하고 있는 저소득층 계층도 너무 많다는 문제점도 있다. 비정규직의 약 70%가 사업장 가입자에서 제외되어 있고, 지역가입자도 가입만 해 놓

1) 노령연금은 10년 이상의 가입기간을 충족하면 적용이 되지만 20년 이상이 되어야 기본연금액의 전액을 수급할 수 있고, 10~20년 미만인 경우에는 기본연금액의 1천분의 500에 해당하는 금액에다 10년을 초과하는 매 1년마다 1천분의 50에 해당되는 금액을 더하여 지급된다. 따라서 '노령연금'의 개념에는 '완전노령연금'이 포함되어 있다고 볼 수 있다.

고 실직이나 학생층 등의 사유로 연금보험료를 수납하지 않고 있는 인구가 절반에 이르고 있다는 것도 제도 자체의 문제점으로 볼 수 있다.

(2) 국민연금제도의 연혁

한국은 1973년 말에 「국민복지연금법」이 입법화되었으나 유류파동과 정치사회적 여건에 의해 시행이 유보되었다가 1986년 말에 「국민연금법」이 입법화되어 1988년 1월 1일부터 제도가 시행되어 오고 있다. 국민연금은 고령인구의 증가에 대비한 연금보험으로 대부분의 선진국들은 고령인구가 7%(고령화사회)에 도달하기 이전에 연금보험제도(노령연금제)를 실시하고 있다.

이러한 국민연금제도의 연혁을 세부적으로 보면 다음과 같이 정리할 수 있다.

① 1973년 **「국민복지연금법」 제정**

㉠ 1960년대 추진된 경제성장 추진계획으로 산업화, 도시화, 핵가족화, 고령화의 진전으로 발생된 사회문제의 해결방안으로 1973년 「국민복지연금법」 제정 · 공포

㉡ 그러나 1973년 유류파동의 영향에 의한 경제불황으로, 1974년 1월부터 시행예정이었던 국민복지연금제도를 무기한 연기

② 1988**년 국민연금제도 시행**(10인 이상 사업장 근로자 대상)

㉠ 한국의 공적연금제도는 국민연금 시행 이전에 특수직역연금인 공무원연금(1960), 군인연금(1963), 사립학교교직원연금(1975) 시행

㉡ 1986. 12. 31. 「국민연금법」 공포(법률 제3902호, 구법 폐지)

㉢ 국민연금 시행 이후에도 별정우체국직원연금(1992년)이 특수직역으로 시행

③ 1992년 **국민연금제도 확대**

㉠ 1992. 1. 1.: 상시근로자 5~9인 사업장의 근로자와 사용자로 제도 확대

㉡ 1995. 7. 1.: 농어촌지역(군지역)으로 제도 확대

㉢ 1995. 8. 4.: 상시근로자 5인 이상 사업장의 외국인 근로자 및 사용자

㉣ 1999. 4. 1.: 도시지역 확대적용으로 전국민연금시대 진입

㉤ 2000. 7. 1.: 농촌지역 특례노령연금 지급

㉥ 2003. 7. 1.: 국민연금 당연적용대상 5인 미만 사업장으로 확대(단계적으로 확대하여 2006년부터 근로자 1인 이상의 모든 사업장 적용)

④ 2009. 8. 7.: **국민연금과 4개 직역연금 가입기간 연계사업시행**

⑤ 2011년 **사회보험료 징수통합 관리**(국민연금, 건강보험, 고용보험, 산재보험)

⑥ 2012. 12. 01. **기초수급자 근로능력평가 사업 수행**

⑦ 2014. 07. 01. **기초연금 사업 수행**

2) 국민연금의 급여대상자

국민연금의 가입대상자는 국내에 거주하는 18세 이상 60세 미만의 국민이며, 급여대상자는 가입대상자와 일치한다. 그리고 국민연금가입사업장에 종사하는 외국인과 국내거주 외국인도 해당된다. 1인 이상의 근로자를 사용하는 사업장 또는 주한외국기관으로서 1인 이상의 대한민국 국민인 근로자를 사용하는 사업장(당연적용사업장)에 근무하는 사용자와 근로자는 외국인을 포함하여 모두 국민연금에 가입하여야 한다. 2013년 기준으로 국민연금의 가입자 수[2)]는 2,000만 명을 넘어섰고 2020년 4월 기준으로 수급자 수는 500만 명을 넘어서게 되는데, 2030년이면 수급자가 1천만 명에 달하고 2060년경에는 가입자보다 수급자가 많아져서 국민연금기금의 고갈상태도 예상된다.

2) 2020년 기준으로 특수직역연금가입자는 168만 명 정도이다.

좀 더 구체적으로 국민연금의 가입대상자와 급여대상자를 살펴보면 다음과 같다.

(1) 사업장가입자

사업장가입자는 국민연금에 가입된 사업장의 18세 이상 60세 미만의 사용자 및 근로자로서 국민연금에 가입된 자를 말한다. 1인 이상의 근로자를 사용하는 사업장 또는 주한외국기관으로서 1인 이상의 대한민국 국민인 근로자를 사용하는 사업장에서 근무하는 18세 이상 60세 미만의 사용자와 근로자는 당연히 사업장가입자가 된다.

다만, 아래와 같은 경우에는 사업장가입대상에서 제외된다. 그러나 일용근로자, 시간제근로자인 경우, 근로계약 여부 또는 근로계약 내용과 관계없이 고용기간이 1개월 이상이고, 근로시간이 월 60시간 또는 주당 평균 15시간 이상인 경우에는 가입대상이다.

㉠ 만 18세 미만이거나 만 60세 이상인 사용자 및 근로자. 다만, 18세 미만의 근로자로서 본인이 희망하는 경우는 사용자의 동의를 얻어 가입 가능

㉡ 공무원연금, 군인연금, 사립학교교직원연금가입자 등 타 공적연금가입자

㉢ 「공무원연금법」·「사립학교교직원연금법」 또는 「별정우체국법」에 의한 퇴직연금·장해연금 또는 퇴직연금일시금 수급권을 취득하거나 「군인연금법」에 의한 퇴역연금·상이연금 또는 퇴역연금일시금의 수급권을 취득한 자

㉣ 「국민기초생활보장법」에 의한 수급자

㉤ 일용근로자나 1개월 미만의 기한을 정하여 사용되는 근로자. 다만, 1개월 이상 계속 사용되는 경우에는 근로자에 포함

㉥ 소재지가 일정하지 아니한 사업장에 종사하는 근로자

㉦ 법인의 이사 중 「소득세법」 제20조 제1항에 따른 소득이 없는 자

㉧ 1개월 동안의 근로시간이 60시간 미만인 단시간근로자
다만, 해당 단시간근로자 중 생업을 목적으로 3개월 이상 계속하여 근로를 제공하는 사람으로서, 다음 중 어느 하나에 해당하는 사람은 가입대상임

가. 「고등교육법 시행령」 제7조 제3호에 따른 시간강사(대학시간강사)

나. 사용자의 동의를 받아 근로자로 적용되기를 희망하는 사람

㉰ 노령연금 수급권을 취득한 자 중 60세 미만의 특수직종근로자

㉱ 조기노령연금 수급권을 취득한 자(다만, 소득이 있는 업무에 종사하게 되어 그 지급이 정지 중인 자는 가입대상)

(2) 지역가입자

국내에 거주하는 18세 이상 60세 미만의 국민으로서 사업장가입자가 아닌 사람은 당연히 지역가입자가 된다. 다만, 아래와 같은 경우에는 지역가입자 가입대상에서 제외된다.

㉠ 사업장가입자

㉡ 만 18세 미만이거나 만 60세 이상인 경우

㉢ 「공무원연금법」, 「군인연금법」, 「사립학교교직원연금법」의 적용을 받는 공무원, 군인, 사립학교교직원

㉣ 노령연금 수급권을 취득한 자 중 60세 미만의 특수직종근로자

㉤ 조기노령연금 수급권을 취득한 자(다만, 소득이 있는 업무에 종사하게 되어 그 지급이 정지 중인 자는 가입대상)

㉥ 퇴직연금 등 수급권자 : 「공무원연금법」, 「사립학교교직원연금법」 또는 「별정우체국법」에 의한 퇴직연금장해연금 또는 퇴직연금일시금이나 「군인연금법」에 의한 퇴역연금 · 상이연금 또는 퇴역연금일시금의 수급권을 취득한 자(퇴직연금공제일시금 및 조기퇴직연금 수급권자 포함)

㉦ 별정우체국직원(「별정우체국법」 제29조)

㉧ 기초수급자 : 「국민기초생활 보장법」에 의한 수급자

㉨ 18세 이상 27세 미만인 자로서 학생이거나 군복무 등으로 소득이 없는 자(다

만, 연금보험료를 납부한 사실이 있는 자는 가입대상)

ⓩ 별도의 소득이 없는 배우자(무소득배우자)로서 다음에 해당하는 자

- ⓒ, ⓓ, ⓔ, ⓕ, ⓖ항에 해당하는 자의 배우자로서 별도의 소득이 없는 자
- 사업장가입자, 지역가입자 및 임의계속가입자의 배우자로서 별도의 소득이 없는 자
- 노령연금 수급권자의 배우자로서 별도의 소득이 없는 자
- 노령연금 수급권자 및 퇴직연금 등 수급권자

ⓚ 1년 이상 행방불명된 자(주민등록이 말소된 자에 국한)

(3) 임의가입자

사업장가입자와 지역가입자가 될 수 없는 사람(기초수급자 포함)도 60세 이전에 본인의 희망에 의해 가입신청을 하면 임의가입자가 될 수 있다. 그리고 임의가입자나 임의계속가입자는 사업장가입자, 지역가입자처럼 의무가입이 아니기 때문에 본인이 원하는 때 언제든지 탈퇴할 수 있으며, 3개월 이상 계속하여 보험료를 미납하는 경우 직권으로 탈퇴된다.

그러나 다음에 해당하는 자는 임의가입 신청대상에서 제외된다.

㉠ 타 공적연금가입자

㉡ 조기노령연금 수급권을 취득한 자(지급이 정지 중인 자를 제외)

㉢ 노령연금 수급권을 취득한 60세 미만의 특수직종근로자

㉣ 사업장가입자, 지역가입자, 외국인

(4) 임의계속가입자

국민연금 가입자 또는 가입자였던 자로서 60세가 된 자는 가입기간이 부족하여 연금을 받지 못하거나 가입기간을 연장하여 더 많은 연금을 받고자 원할 경우는 65세에

달할 때까지 신청에 의하여 임의계속가입자가 될 수 있다.

이때 임의계속가입자는 크게 다음과 같이 구분할 수 있다.

㉠ 사업장임의계속가입자 : 사업장가입자로 가입 중 60세 이상이 되었는데, 계속 사업장에 종사하면서 임의계속가입자로 보험료 납부를 희망할 경우
㉡ 지역임의계속가입자 : 지역가입자로 가입 중 60세 이상이 되어 임의계속가입자가 된 경우. 계속해서 지역가입자의 기준에 해당하는 소득이 있을 경우
㉢ 기타임의계속가입자 : 임의로 가입 중 60세 이상이 되어 임의계속가입자가 된 경우

그리고 다음에 해당하는 자는 임의계속가입 신청대상에서 제외된다.

㉠ 반환일시금을 이미 받은 자
㉡ 전액 미납, 전액 납부예외자(미납자는 납부 후 가입신청 가능)
㉢ 노령연금을 청구하여 수급 중인 자

(5) 외국인가입자

한국에 거주하고 있는 외국인은 내국인과 동등하게 국민연금에 가입해야 한다. 즉 18세 이상 60세 미만의 외국인이 국민연금에 가입된 사업장에 근무하면 사업장가입자가 되고, 그 외의 외국인은 지역가입자가 된다.

㉠ 외국인 사업장가입자 : 국민연금 적용사업장에 종사하는 18세 이상 60세 미만의 외국인인 사용자 또는 근로자
㉡ 외국인 지역가입자 : 국내에 거주하는 18세 이상 60세 미만의 외국인으로서 사업장가입자가 아닌 자

그리고 외국인 중에서 가입대상 제외자는 다음과 같다.

㉠ 연수생(연수취업은 가입대상), 유학생, 외교관 등 법령에 의해 국민연금 의무가입을 제외한 경우

㉡ 국민연금과 같은 성격의 연금제도에서 대한민국 국민을 의무적으로 가입시키지 않는 나라의 국민 : 해당 외국인의 본국법이 「국민연금법」에 의한 "국민연금에 상응하는 연금(국민연금과 같은 성격의 연금제도로서 사회경제적 위험분담형태의 소득보장제도)"에 관하여 대한민국 국민에게 적용되지 않는 경우

㉢ 한국과 사회보장협정을 맺은 나라에서 한국으로 파견된 근로자가 본국의 가입증명서를 제출할 경우

3) 국민연금의 급여형태(급여내용)

국민연금의 급여는 가입기간과 보험료 납부기간에 따라서 급여종류가 다르게 되는데, 2020년 기준으로 20년 이상 가입자의 평균연금 수령액은 90만 원 정도, 최고액은 212만 원 수준이다.[3] 급여 형태로는 ㉠ 노령연금, ㉡ 장애연금, ㉢ 유족연금, ㉣ 반환일시금, ㉤ 사망일시금의 5가지가 있다. 이러한 5가지의 유형 이외에도 특례노령연금도 있다.

특례노령연금은 국민연금제도를 확대 시행할 당시 나이가 많아 연금을 받기 위한 최소 가입기간인 10년을 채울 수 없는 사람도 국민연금 혜택을 받을 수 있도록 특별히 마련한 급여제도로서 5년(60개월)만 가입해도 60세가 되면 가입기간에 따라 일정률의 기본연금액에 부양가족연금액을 합산하여 평생 동안 지급하는 연금이다. 특례노령연금 수급권자는 대부분 가입기간이 짧아 연금액이 많지 않음을 고려하여 소득이 있는 업무 종사 유무에 관계없이 전액 지급된다.

3) 1988년 국민연금제도 시행 당시에는 제도 확산을 위해 연금보험료를 낮은 금액을 납부하더라도 높은 급여를 받을 수 있도록 한 결과이나 향후에는 점차 현재보다 고부담 저급여가 될 개연성이 많다.

국민연금의 급여는 '수급권자'의 청구에 의하여 국민연금공단[4]이 지급하는데, 연금액은 지급사유에 따라 '기본금액'과 가족수당 성격의 부가급인 '부양가족연금액'을 기초로 산정된다.[5]

첫째, 노령연금은 가입기간이 10년 이상인 자가 수급권자가 되며, 65세(1969년 이후 출생자)부터 생존하는 동안 평생 노령연금을 지급한다.

둘째, 장애연금은 가입 중에 발생한 질병 또는 부상으로 인하여 그 완치 후에도 신체 또는 정신상의 장애가 있는 자에 대하여는 그 장애가 존속하는 동안 장애정도(1~4등급)에 따라 지급된다.

셋째, 유족연금은 가입자나 연금 수급권자가 사망했을 때 그 유족에게 지급되며, 반환일시금은 본인 또는 유족이 반환일시금 사유가 발생하였을 때 청구에 의하여 지급받는다.

마지막으로 가입자 또는 가입자이었던 자가 사망하였을 경우에 유족이나 배우자, 자녀, 부모, 손자녀, 조부모, 형제자매 및 사촌 이내의 방계혈족 순으로 사망일시금을 지급한다.

4) 1987년 9월 18일에 국민연금관리공단이 설립되어 20년간 운영되어 오던 중 2007년 7월 23일 "국민연금공단"으로 명칭 변경이 되었다.

5) 부양가족연금액은 연금급여를 지급할 때 기본연금액에 추가하여 지급되는 가족수당 성격의 급여로서, 종전에는 "가급연금액"이라 하였으나 2007년 7월 「국민연금법」이 개정되면서 "부양가족연금액"으로 용어가 변경되었다. 부양가족연금액은 노령연금(완전, 감액, 조기 및 특례), 장애연금(장애등급 1~3급) 및 유족연금의 수급권자에게 지급되지만, 재직자노령연금, 분할연금, 장애일시보상금, 반환일시금, 사망일시금은 지급대상이 되지 않는다. 부양가족연금액은 배우자, 18세 미만 또는 장애 2급 이상의 자녀(배우자가 혼인 전에 얻은 자녀 포함), 60세 이상 또는 장애 2급 이상의 부모(배우자의 부모 포함)를 대상으로 소득수준이나 가입기간에 관계없이 일정금액이 지급된다.

(1) 노령연금

노령연금은 국민연금의 기초가 되는 급여로 국민연금가입자가 나이가 들어 소득활동에 종사하지 못할 경우 생활안정과 복지증진을 위하여 지급되는 급여로서 가입기간(연금보험료 납부기간)이 10년 이상이면 60세(소득이 있는 업무에 종사하지 않는 경우 55세)[6] 이후부터 평생 동안 매월 지급받을 수 있다. 다만 점차 수급연령이 상향되어 1969년생 이후부터는 65세에 도달해야 수급자가 될 수 있다.

노령연금은 가입기간, 연령, 소득활동 유무에 따라 다르게 지급되며, 수급연령에는 미달하지만 소득 있는 업무에 종사하지 않는 경우에 지급되는 '조기노령연금제도'가 있다. 그리고 가입자였던 배우자의 노령연금수급권이 취득되고 혼인기간 중 5년 이상의 납부실적이 있는 이혼배우자 본인의 나이가 수급나이 기준을 충족한 경우에 지급될 수 있는 '분할연금제도'도 있다.

그리고 노령연금은 수급연령에 도달하였다고 하더라도 더 많은 금액을 받기 위한 수급연기신청제도가 있는데, 일단 노령연금 수급권을 획득해야만 국민연금 연기신청을 할 수 있다. 따라서 국민연금 가입기간이 10년이 되지 않은 경우는 보험료를 추가로 내거나 반환일시금을 다시 반납하는 등의 방법으로 최소 10년의 가입기간을 확보해야 한다.

이는 100세 시대를 맞아 '평생월급' 개념으로 연금을 바라보는 수급권자가 많아지면서 다소 젊은 시기에는 연금수급을 미루고 몇 년간 늦어지더라도 더 많은 금액을 받겠다는 심리에서 연기신청을 하는 것으로 볼 수 있다. 예를 들면 노령연금 급여기간(10년)을 충족하고 수급연령(65세)에 도달했지만 노령연금의 일정부분에 해당되는 급여(50%~0%)만 수령하고 나머지 부분의 급여(50%~100%)를 5년 정도 연기하면 연기신청한 나머지 부분에 대하여 매년당 은행예금이자보다 훨씬 높은 이율이 적용된 금액을 5년 뒤부터 수령할 수 있게 된다.

6) 1952년생 이전일 경우에 60세 이상(특수직종 근로자 55세)이고 1953년생 이후부터는 매 4년 간격으로 1년씩 늦어지는데, 1969년생 이후는 65세가 수급연령이 된다.

① 조기노령연금

조기노령연금은 가입기간이 10년 이상이고 1952년생 이전의 사람은 소득 있는 업무에 종사하지 않는 경우에 본인이 신청하면 수급연령보다 5년 전부터 연금을 지급받을 수 있는 제도이다. 즉 수급연령이 65세인 경우(1969년생 이후)에는 60세부터 연금을 지급받을 수 있다. 이 경우 가입기간 및 처음 연금을 받는 연령에 따라 일정률의 기본연금액에 부양가족연금액을 합산하여 평생 동안 지급받게 된다.

단, 1952년생 이전 가입자의 경우는 55세[7] 이후에 연금을 신청하여 지급받다가 60세 이전에 소득이 있는 업무에 종사할 경우는 그 소득이 있는 기간 동안 연금지급이 정지된다. 조기노령연금 수급권자가 소득이 있는 업무에 종사하게 되어 지급을 정지하는 이유는 조기노령연금은 소득이 없는 것을 전제로 일반적인 노령연금보다 일찍 지급하는 급여이기 때문이다.

② 분할연금

분할연금은 이혼한 자가 배우자이었던 자의 노령연금액 중 혼인기간에 해당하는 연금액을 나누어 지급받는 연금이다. 이 경우 혼인기간 중 국민연금보험료 납부기간이 5년 이상이어야 한다.

분할연금은 ㉠ 이혼, ㉡ 배우자이었던 자의 노령연금 수급권 취득, ㉢ 본인의 60세(1952년생 이전)[8] 도달이라는 세 가지 요건이 갖추어졌을 때, 본인의 신청에 의해 지급된다.

한편, 이러한 국민연금의 수급요건은 「국민연금법」의 규정상 60세 이상으로 되어 있으나 출생연도에 따라 단계적으로 차등적으로 적용이 되고 있다. 「국민연금법」의 규정과 국민연금공단의 내부 자료를 중심으로 정리하면 <표 7-1>에서와 같다.

7) 조기노령연금도 1953년생 이후부터는 매 4년 간격으로 1년씩 수급자격이 늦어지는데, 1969년생 이후부터는 60세가 되어야 조기노령연금을 받을 수 있다.

8) 분할연금도 1953년생 이후부터는 매 4년 간격으로 1년씩 수급자격이 늦어지는데, 1969년생 이후부터는 65세가 되어야 지급받을 수 있다.

〈표 7-1〉 국민연금 수급요건

출생연도	수급개시연령		
	노령연금	조기노령연금	분할연금
1952년생 이전	60세	55세	60세
1953~1956년	61세	56세	61세
1957~1960년	62세	57세	62세
1961~1964년	63세	58세	63세
1965~1968년	64세	59세	64세
1969년생 이후	65세	60세	65세

출처 : 국민연금공단 내부자료 재수정.

(2) 장애연금

장애연금 지급액의 기초가 되는 장애등급은 질병이나 부상의 완치일을 기준으로 노동력 손실 또는 감소 정도에 따라 1~4급으로 결정하며, 완치되지 않은 경우에는 초진일로부터 1년 6개월이 경과된 날을 기준으로 장애등급을 결정한다. 만약, 1년 6개월 경과시점에서 장애가 경미하여 장애등급에 해당되지 않았으나, 그 장애가 악화되어 60세가 되기 전에 장애등급에 해당되면 청구한 날을 기준으로 가장 높은 1등급에서 가장 낮은 4등급으로 장애등급을 결정한다. 이때 가장 낮은 4등급은 기본연금액 225%를 일시보상금으로 지급하고, 나머지 1~3등급은 연금형태로 지급된다.

(3) 유족연금

유족연금은 국민연금에 가입하고 있는 사람 또는 연금을 받던 사람이 사망하면 그에 의하여 생계를 유지하던 유족에게 가입기간에 따라 기본연금액의 일정률(40~60%)[9]에 기본연금액에 '부양가족연금액'을 합한 금액을 지급하여 남아 있는 가족들이 안정된 삶을 살아갈 수 있도록 한 연금이다. 다만 가입기간이 1년 미만인 가입자가

9) 가입기간 10년 미만은 40%, 10년 이상 20년 미만은 50%, 20년 이상은 60%의 기본연금액을 적용하여 지급한다.

질병이나 부상으로 사망하면 가입 중에 생긴 질병이나 부상으로 사망한 경우에만 유족연금을 지급한다.

「국민연금법」상 유족이란 사망자에 의하여 생계를 유지하고 있던 가족으로 아래의 요건을 충족하는 배우자, 자녀, 부모, 손자녀, 조부모 순위 중 최우선 순위자에게 유족연금을 지급한다.

㉠ 배우자
㉡ 자녀 : 25세 미만 또는 장애등급 2급 이상
㉢ 부모(배우자의 부모 포함) : 60세 이상 또는 장애등급 2급 이상
㉣ 손자녀 : 19세 미만 또는 장애등급 2급 이상
㉤ 조부모(배우자의 조부모 포함) : 60세 이상 또는 장애등급 2급 이상

유족연금은 연금을 받을 수 있는 대상자가 동 순위로 2인 이상인 경우에는 같은 금액을 나누어 지급하지만, 그중 대표자를 선정하여 청구하는 경우에는 그 대표자에게 지급한다. 그리고 유족연금 수급권자가 배우자인 경우에는 수급권이 발생한 때부터 3년 동안 유족연금을 지급한 후 55세가 될 때까지는 그 지급을 정지한다.

다만 그 수급권자가 다음 사유 중 하나에 속하는 경우 지급을 정지하지 않는다.

㉠ 장애등급이 2급 이상인 경우
㉡ 사망자의 25세 미만 자녀 또는 장애등급 2급 이상의 자녀의 생계를 유지한 경우
㉢ 대통령령으로 정하는 소득이 있는 업무에 종사하지 아니하는 경우

(4) 반환일시금

반환일시금은 가입기간이 10년 미만인 자가 60세 도달(1952년생 이전일 경우)이나 사망, 국외이주 등으로 국민연금에 더 이상 가입할 수 없게 되었으나 연금 수급요건을 채우지 못한 경우, 그동안 납부한 보험료에 이자를 더해 일시금으로 지급하는 급여이다.

(5) 사망일시금

사망일시금은 가입자 또는 가입자이었던 사람이 사망하였으나 「국민연금법」에 의한 유족이 없어 유족연금 또는 반환일시금을 지급받을 수 없는 경우 생계유지를 함께 하던 사람에게 지급하는 장제보조적 · 보상적 성격의 급여이다.

(6) 외국인에 대한 연금급여

외국인도 우리 국민과 동일하게 노령연금, 유족연금, 장애연금을 수급할 수 있는 요건에 해당되는 경우 「국민연금법」상의 연금급여는 모두 지급받을 수 있다. 사회보장협정이나 상호주의가 적용되지 않은 국가의 외국인가입자에게는 본국 귀환 시 반환일시금을 지급하지 않았으나, E-8(연수취업), E-9(비전문취업), H-2(방문취업)에 해당하는 체류자격으로 국민연금에 가입한 외국인에 대하여는 2007년 5월 11일 이후부터는 반환일시금을 지급하고 있는데 그 규정을 보면 다음과 같다.

첫째, 외국인가입자의 반환일시금 수급요건은 다음과 같은 경우에만 가능하다.

① 그 외국인의 본국 법에서 대한민국 국민에게 대한민국 반환일시금제도에 상응하는 급여를 지급하는 경우

② 대한민국과 외국인의 본국 간에 반환일시금 지급에 관한 사회보장협정이 체결된 경우

③ 「출입국관리법 시행령」의 연수취업, 비전문취업, 방문취업에 해당하는 체류자격으로 국민연금에 가입한 경우

둘째, 외국인에 대한 반환일시금의 급여수준을 보면 내국인의 반환일시금과 같이 가입기간 중 본인이 납부한 연금보험료에 가입기간 동안의 이자와 지급사유 발생 일까지의 이자를 더하여 받게 된다.

2. 특수직역연금

1) 공무원연금

(1) 공무원연금의 개요

공무원연금제도는 공무원의 퇴직 및 사망과 공무로 인한 부상·질병·폐질에 대하여 적절한 급여를 실시하여 공무원 및 그 유족의 생활안정과 복리향상에 기여함을 목적으로 하는 공적연금제도(public pension system) 중의 하나이다. 한국에 처음 도입된 공적연금은 제1공화국의 중앙인사행정기관인 국무원 사무국에서 1960년 1월 1일에 법률 제533호로 「공무원연금법」을 제정·공포하여 설립된 공무원연금(government employees pension)이다.

당초에는 1949년 8월에 「국가공무원법」을 제정하면서 이 법에서 공무원의 퇴직금과 공무상 재해보상에 관한 법률 조항을 두어 적절한 급여를 실시할 것을 규정하였으나 한국전쟁 등의 정치적·사회적·경제적 여건 미성숙으로 10여 년간 지연된 후 시행된 것이다. 그 이후 당초 공무원연금에 속하였던 군인연금이 1963년에 분리되었고, 1975년에 사립학교교직원연금이 도입되었는데 이 3가지 연금과 1992년에 도입된 별정우체국직원연금을 합해서 4대 특수직역연금이라고 칭한다.

특수직역연금이라고 칭하는 것은 특수한 관계에 있는 직역(직종)에 종사하는 사람을 가입대상으로 하는 연금제도이기 때문에 통상적으로 특수직역연금제도로 하는 것이다. 이론상으로 본다면 소득보장만의 순수한 연금보험제도가 아니고 연금보험, 산재보험, 고용보험 및 퇴직금제도 등이 혼합된 일종의 종합보험형태라고 할 수 있다. 특수직역연금의 특징을 정리해 보면 다음과 같다.

① 노후생활보장과 퇴직 이후의 생활보장을 모두 고려하는 소득보장제도라는 기본적 특징이 있다.

② 공무상으로 인한 부상, 질병, 폐질 등의 위험을 보장하고 급여가 지급된다.

③ 근로보상 성격의 급여인 퇴직수당, 부조적 성격의 급여인 재해부조금 등 연금보험과 관계가 없는 급여가 별도로 지급되고 있다.

(2) 공무원연금의 급여대상자

「공무원연금법」의 적용대상자는 「국가공무원법」 및 「지방공무원법」에 의한 정규직 공무원과 기타 국가 또는 지방자치단체에 근무하다가 퇴직한 직원(정규공무원 외 공무원)이 된다. 그러므로 국공립대학이나 공립 중·고등학교 및 초등학교 교원은 대상이 되며, 군인과 선거에 의하여 취임하는 공무원(대통령, 국회의원 등)은 제외된다. 그리고 당사자 이외에도 사고로 인하여 당사자가 사망한 경우 등에는 그 유족도 급여대상자가 된다.

여기에서 유족의 개념을 보면 다음과 같이 공무원 또는 공무원이었던 자가 사망 당시 부양하고 있던 자를 의미한다.

① 배우자(재직 당시에 혼인관계에 있던 자에 한하며, 사실상 혼인관계에 있던 자 포함)
② 자녀(퇴직일 이후에 출생 또는 입양한 자녀를 제외하되, 퇴직 당시의 태아는 재직 중 출생한 자녀로 봄)
③ 부모(퇴직일 이후에 입양된 경우의 부모를 제외)
④ 손자녀(퇴직일 이후에 출생 또는 입양한 손자녀를 제외하되, 퇴직 당시의 태아는 재직 출생한 손자녀로 봄)
⑤ 조부모(퇴직일 이후에 입양된 경우의 조부모를 제외)

(3) 공무원연금의 급여형태(급여내용)

공무원연금급여는 2010년 이후에 임용이 된 자는 65세[10]부터 지급되며, 크게 퇴직·장애 및 사망에 대한 장기급여와 단기급여로 구분할 수 있다(〈표 7-2〉 참고).

10) 2010년 이전 임용자의 경우는 원칙적으로 60세부터 급여가 가능하다.

〈표 7-2〉 공무원연금 급여종류

<table>
<tr><td rowspan="5">장기 급여</td><td>퇴직급여</td><td>퇴직연금
퇴직연금일시금</td><td>퇴직연금공제일시금
퇴직일시금</td></tr>
<tr><td>유족급여</td><td colspan="2">유족연금(유족연금부가금, 유족연금특별부가금)
유족연금일시금 유족일시금
유족보상금</td></tr>
<tr><td>퇴직수당</td><td colspan="2">퇴직수당</td></tr>
<tr><td>장해급여</td><td>장해보상금</td><td>장해연금</td></tr>
<tr><td>순직유족급여</td><td colspan="2">순직유족연금, 순직유족보상금</td></tr>
<tr><td rowspan="2">단기 급여</td><td>요양급여</td><td colspan="2">공무상요양비</td></tr>
<tr><td>부조급여</td><td colspan="2">재해부조금, 사망조위금</td></tr>
</table>

출처: 공무원연금공단 내부자료 재수정.

우선 장기급여로는 퇴직급여 4종과 장해급여 2종, 유족급여 6종, 순직유족급여 2종, 퇴직수당 등 총 15종이 있다.[11] 세부적으로 보면 퇴직급여는 ① 퇴직연금, ② 퇴직연금일시금, ③ 퇴직연금공제일시금, ④ 퇴직일시금이 있고, 장해급여는 ① 장해연금, ② 장해보상금이 있다. 그리고 유족급여는 ① 유족연금일시금, ② 유족일시금, ③ 유족연금(유족연금부가금, 유족연금특별부가금), ④ 유족보상금이 있다.

유족연금은 퇴직연금 수급자가 사망한 경우에 배우자와 자녀에게 동 순위로 사망자 공무원연금의 60%가 급여가 되는데, 배우자는 공무원 재직 당시에 혼인한 경우에만 유족으로 인정받게 된다. 그리고 퇴직유족연금을 받을 권리가 있는 사람이 사망하거나 재혼하게 되면 수급권을 상실한다. 그리고 장해가 없는 자녀가 만 19세에 도달한 경우에도 수급권을 상실하므로 주로 배우자가 유족연금을 받게 된다고 볼 수 있다.

11) 급여종류의 상세한 내용은 공무원연금공단 홈페이지(http://www.gepco.or.kr)에서 사업안내 → 연금관리 → 급여지급업무 → 급여의 종류를 참고.

그리고 단기급여로는 공무상 요양비, 재해부조금, 사망조위금 3종이 있다.

① 장기급여

공무원연금의 급여 중에서 장기급여의 지급요건 및 지급액[12)]을 보면 퇴직급여, 유족급여, 재해보상급여, 퇴직수당으로 나누어지며 종류별로 지급요건과 지급액이 규정되어 있다. 재해보상급여를 제외한 세부내역을 보면 다음과 같다.

㉠ 퇴직급여

공무원이 10년 이상 재직하고 퇴직한 때에는 퇴직연금・조기퇴직연금・퇴직연 일시금・퇴직연금공제일시금 중 한 가지 급여를 선택하여 지급받을 수 있으며, 10년 미만 재직하고 퇴직한 때에는 퇴직일시금을 지급받을 수 있다.

가. 퇴직연금 : 10년 이상 재직하고 연금지급개시연령(65세) 도달 후에 퇴직할 경우 사망 시까지 매월 지급한다. 단, 65세 이전에 퇴직연금을 수급하고자 할 경우에는 미달연수 5년 이내(60세)부터 일정액이 감액된 퇴직연금을 지급할 수 있다(75~95% 상당액).

나. 퇴직연금일시금 : 퇴직연금에 갈음하여 일시금으로 지급한다.

다. 퇴직연금공제일시금 : 10년을 초과하는 재직기간에 대하여는 퇴직연금 또는 조기퇴직연금에 갈음하여 일시금으로 지급받을 수 있고, 나머지 기간에 대하여는 연금으로 매월 지급한다.

라. 퇴직일시금 : 10년 미만 재직하고 퇴직한 때 일시금으로 지급한다.

12) 공무원연금의 지급률(재직기간에 따라 평균기준소득월액에 곱하는 비율)은 재직기간 1.7%로서, 국민연금의 지급률 1%에 비하면 높은 편이다. 그러나 국민연금 가입자는 국민연금 외에 퇴직금을 연금화한 '퇴직연금'이 별도로 있기 때문에 양 제도 간에는 종합적으로 큰 차이가 없다고 볼 수 있다. 그러나 2017년 7월 26일부터 개인형 퇴직연금(IRP, Individual Retirement Pension) 제도의 가입 대상자가 기존의 '근로자'에서 '자영업자', '공무원', '군인' 등으로 확대되었고, 세액공제혜택도 주어져서 또 다른 논란이 예상된다.

마. 분할연금 : 분할연금제도는 2015년 6월 22일에 개정된 법률에서 새롭게 규정된 제도로서 배우자가 공무원으로서 재직하는 기간 중의 혼인기간이 5년 이상인 사람이 이혼하였을 경우에 65세부터 지급한다.

㉡ 유족급여

공무원 또는 공무원이었던 자(장해연금 또는 퇴직연금 수급권자 등)가 사망했을 때 그 유족은 다음과 같은 유족급여를 지급받을 수 있다.

가. 유족연금은 10년 이상 재직한 공무원이 재직 중에 사망하거나 퇴직연금 또는 장해연금 수급권자가 사망한 때 매월 지급한다.

나. 유족연금부가금과 유족연금특별부가금은 다음과 같다.

- 10년 이상 재직한 공무원이 재직 중에 사망한 때 유족연금과는 별도로 일시금으로 유족연금부가금 지급
- 퇴직연금 수급권자가 퇴직 후 3년 이내에 사망한 때 유족연금과는 별도로 일시금으로 유족연금특별부가금 지급

다. 유족연금일시금은 10년 이상 재직한 공무원이 재직 중에 사망한 때 유족이 원하는 경우 유족연금에 갈음하여 일시금으로 지급한다.

라. 유족일시금은 10년 미만 재직한 공무원이 재직 중에 사망한 때 일시금으로 지급한다.

㉢ 퇴직수당

공무원이 1년 이상 재직하고 퇴직 또는 사망한 때에는 재직기간에 따라 퇴직 또는 유족급여와는 별도로 퇴직수당을 받을 수 있다. 퇴직수당은 국가나 지방자치단체가 전액을 지급하는 사용자의 책임급여이며, 다른 급여와는 달리 재직기간 합산 시 반납하지 않는다. 이 제도는 1991년 10월 1일부터 시행되었는데 지급액은 기준소득월

액[13)]에 재직연수와 재직연수별 지급비율을 곱하여 지급한다. 만약 합산된 재직기간이 있을 경우에도 퇴직수당 적용연수에는 제외된다.

다만 2012년 3월 「공무원법」 개정으로 인하여 재직연수별 지급비율은 종전법 적용기간과 개정법 적용기간으로 구분이 된다. 여기서는 개정법에 따른 규정을 보면 재직연수에 다음과 같은 지급비율을 곱하여 지급되며, 만약 재직기간이 25년일 경우는 25×기준소득월액의 39%가 퇴직수당으로 지급된다.

가. 재직기간이 1년 이상 5년 미만 : 기준소득월액의 1만분의 650(6.5%)
나. 재직기간이 5년 이상 10년 미만 : 기준소득월액의 1만분의 2,275
다. 재직기간이 10년 이상 15년 미만 : 기준소득월액의 1만분의 2,925
라. 재직기간이 15년 이상 20년 미만 : 기준소득월액의 1만분의 3,250
마. 재직기간이 20년 이상 : 기준소득월액의 1만분의 3,900(39%)

② 단기급여

공무원연금의 급여 중에서 단기급여의 지급요건 및 지급액을 보면 〈표 7-3〉에서 보는 바와 같이 크게 재해보상급여인 공무상요양비와 부조급여인 재해부조금, 사망조위금으로 나누어지며, 급여종류별로 지급요건과 지급액이 규정되어 있다.

13) "기준소득월액"이란 부담금 및 급여 산정의 기준이 되는 것으로서 일정기간 재직하고 얻은 소득에서 비과세소득을 제외한 금액의 연지급합계액을 12개월로 평균한 금액을 말한다. 이 경우 소득 및 비과세소득의 범위, 기준소득월액의 결정방법 및 적용기간 등에 관한 사항은 대통령령으로 정한다.

〈표 7-3〉 단기급여 지급요건 및 지급액

종류			지급요건	지급액
재해보상급여	요양급여	공무상 요양비	공무상 질병·부상으로 인하여 요양기관에서 요양을 할 때, 또는 부상 치유 후 재발할 때(재요양)	동일한 질병·부상에 대하여 실제요양기간 2년(730일) 범위 내에서 요양에 소요되는 비용. 단, 1년 이하의 기간단위로 연장가능
부조급여	재해부조금		공무원의 주택이 수재·화재, 기타 재해로 인하여 재해를 입은 때(공무원, 공무원의 배우자 또는 공무원이 상시 거주하는 직계존비속 소유의 주택)	소실·유지·파괴의 정도에 따라 지급 • 완전 : 공무원 전체 기준소득월액 평균액의 3.9배 • 1/2 이상 : 공무원 전체 기준소득월액 평균액의 2.6배 • 1/3 이상 : 공무원 전체 기준소득월액 평균액의 1.3배
	사망조위금		• 공무원의 배우자, 직계존속 및 배우자의 직계존속이 사망한 때 • 공무원이 사망한 때	• 공무원의 배우자, 직계존속 및 배우자의 직계존속이 사망한 경우는 공무원 전체 기준소득월액 평균액의 0.65배 • 공무원 본인이 사망한 경우는 기준소득월액의 2배

주: 재해부조금과 사망조위금은 종전법 적용과 개정법 적용에 차이가 있으며, 제시된 내용은 종전법 기준임.
출처: 공무원연금공단 내부자료 재수정.

2) 사립학교교직원연금

(1) 사립학교교직원연금의 개요

사립학교교직원연금(사학연금)제도는 사립학교교직원만을 위한 공적연금제도로서 법률에 의하여 가입이 의무화되어 있으며, 사립학교교직원의 퇴직·사망 및 직무상 질병·부상·폐질에 대하여 적절한 급여를 실시함으로써 교직원 및 그 유족의 생활안정과 복리향상을 목적으로 1975년 1월 1일에 시행되었다.

사립학교교직원연금제도는 법률에 의하여 가입이 의무화되어 있으며, 가입기간과 부담금 납부 및 각종 급여의 지급요건 등이 일률적으로 정형화되어 있다. 부담률과 급여의 내용 등 제도의 근간은 공무원연금제도와 거의 동일하다.

사립학교교직원이 퇴직·사망 시에는 퇴직급여·유족급여와 민간기업의 퇴직금(퇴직연금)에 해당하는 퇴직수당을 지급하고 있으며, 또한 민간의 산업재해보상보험에 해당하는 재해보상급여와 기타 일반재해에 대한 각종 부조급여도 지급하고 있다. 이 밖에도 교직원을 위한 다양한 후생·복지 프로그램을 시행하고 있다.

이러한 사학연금제도는 비용부담주체로서 교직원, 학교기관 및 국가가 참여하고 있으며, 사립학교교직원연금공단이 기금의 조성·증식관리 및 제도의 운영을 담당한다.

(2) 사립학교교직원연금의 급여대상자

사학연금의 적용대상은 초등학교부터 대학교에 이르는 모든 사립학교와 사립특수학교, 그리고 이를 설치·운영하는 학교경영기관에서 근무하다가 퇴직한 정규직이 당연적용대상이다. 아울러 사립학교 중 유치원, 각종 학교, 기술학교, 공민학교 등의 정규 교직원과 법률에 의해 대학원을 설치·운영하는 연구기관의 교수요원 및 연구요원은 소속기관이 교육부의 지정을 받으면 임의적용대상이 된다.

여기서 교직원 및 적용대상자의 범위는 임시로 임명된 자나 조건부로 임명된 자 및 보수를 받지 아니하는 자는 제외되며, 교원은 「사립학교법」 제54조의 규정에 의하여 그 임명에 대하여 관할청에 보고된 자이며, 사무직원은 「사립학교법」 제70조의2의 규정에 의하여 정관상 정원의 범위 내에서 임명된 자를 의미한다.

(3) 사립학교교직원연금의 급여형태(급여내용)

사립학교교직원이 재직 중에 직무로 질병·부상을 당하거나, 화재·홍수 등으로 주택에 재해를 입었을 때 또는 배우자나 직계존속이 사망했을 때에는 단기급여를 지급하며, 교직원이 퇴직·폐질 및 사망으로 급여의 사유가 퇴직 후에 발생한 때에는 장기급여를 지급한다.

사학연금의 급여의 종류·사유·금액 및 제한사유 등은 「공무원연금법」을 준용한다. 급여의 종류는 크게 두 가지로 분류되는데 단기급여(재직 중 직무로 인한 질병·부상 및 재해에 대한 급여)와 장기급여(퇴직·장애 및 사망 시 급여)가 있으며, 단기급여에는 직무요양비 외 3종, 장기급여에는 퇴직급여 6종, 장해급여 2종, 유족급여 6종으로 총 19종류가 있다. 사립학교교직원연금은 원칙적으로 「공무원연금법」에서의 규정을 준용하므로 간략히 정리하면 다음과 같다.

① 퇴직연금은 사립학교교직원이 10년 이상 재직[14)]하여 퇴직하고 법령에서 정하는 요건에 해당할 경우에는 사망 시까지 매월 퇴직연금을 지급한다. 퇴직연금의 매월 급여액은 재직기간(기여금 납부기간) 매 1년당 평균기준소득월액의 1천분의 17(100만분의 17,000)에 상당하는 금액에 재직기간을 곱하여 산출한다. 이 경우 재직기간에 따른 기여금 납부기간은 최장 36년을 초과하지 못한다.

② 조기퇴직연금은 사립학교교직원이 10년 이상 재직하고 연령 등 법령에서 정한 퇴직연금 지급이 시작되는 시점(정년 또는 근무상한연령) 이전에 퇴직한 경우에는 본인이 원하면 그가 사망할 때까지 퇴직연금 지급이 시작되는 시점에 못 미치는 햇수(미달연수 최장 5년 한도)에 따라 다음에 정한 금액을 조기퇴직연금으로 지급할 수 있다.

가. 미달연수 1년 이내 : 퇴직연금 상당액의 100분의 95(95%)
나. 미달연수 1년 초과 2년 이내 : 퇴직연금 상당액의 100분의 90(90%)
다. 미달연수 2년 초과 3년 이내 : 퇴직연금 상당액의 100분의 85(85%)
라. 미달연수 3년 초과 4년 이내 : 퇴직연금 상당액의 100분의 80(80%)
마. 미달연수 4년 초과 5년 이내 : 퇴직연금 상당액의 100분의 75(75%)

③ 퇴직연금 또는 조기퇴직연금을 받을 권리가 있는 자가 원하는 경우에는 퇴직연금 또는 조기퇴직연금을 갈음하여 퇴직연금일시금을 지급하거나, 10년(퇴직연금·조기퇴직연금 또는 퇴역연금의 수급자가 제24조에 따라 재직기간 합산을 받은 경우에는 그 합산을 받은 재직기간)을 초과하는 재직기간 중 본인이 원하는 기간에 대하여는 그 기간에 해당하는 퇴직연금 또는 조기퇴직연금을 갈음하여 퇴직연금공제일시금을 지급할 수 있다.

14) 교직원이 10년 미만 재직하고 퇴직한 때에는 퇴직 당시의 보수월액과 재직기간에 의하여 산정된 퇴직일시금과 퇴직수당(1년 이상 재직자)이 지급된다.

④ 퇴직연금일시금의 금액은 퇴직한 날의 전날이 속하는 달의 기준소득월액에 재직연수(1년 미만의 매 1개월은 12분의 1년으로 계산)를 곱한 금액의 1천분의 975에 상당하는 금액에다 재직연수에서 5년을 뺀 연수의 매 1년에 대하여 퇴직한 날의 전날이 속하는 달의 기준소득월액에 재직연수를 곱한 금액의 1만분의 65에 상당하는 금액을 가산한 금액으로 한다. 이 경우에 그 재직연수는 36년을 초과하지 못한다.

⑤ 장해연금은 교직원이 직무상 질병·부상으로 장애가 되어 퇴직하거나, 퇴직 후 재직 중의 직무상 질병·부상으로 인하여 장애상태가 된 때에는 장애의 정도에 따라 본인이 원하는 바에 따라 장해연금 또는 장해보상금을 지급한다.

⑥ 유족연금은 퇴직연금 수급자격이 있는 교직원이 재직 중에 사망하였을 때 그 유족이 청구하는 유족연금과 퇴직연금·조기퇴직연금 또는 장해연금 수급 중인 자가 사망하였을 때 그 유족이 승계하여 연금을 수령할 수 있는 유족연금으로 나누어진다. 이때 퇴직연금 또는 조기퇴직연금을 받던 연금 수급권자가 사망한 경우에는 그 유족이 60% 상당액을 유족연금으로 받을 수 있다. 유족연금은 배우자와 자녀에게 동 순위로 사망자 사립학교교직원연금의 60%가 급여가 되는데, 배우자는 사립학교교직원 재직 당시에 혼인한 경우에만 유족으로 인정받게 된다. 그리고 퇴직유족연금을 받을 권리가 있는 사람이 사망하거나 재혼하게 되면 수급권을 상실한다. 그리고 장해가 없는 자녀가 만 19세에 도달한 경우에도 수급권을 상실하므로 주로 배우자가 유족연금을 받게 된다고 볼 수 있다.

⑦ 퇴직수당의 지급액은 재직연수와 기준소득월액에 다음의 구분에 따른 지급비율을 곱한 금액으로 한다. 이 경우 그 재직연수에는 합산기간, 소급기간, 임용 전 복무기간은 제외한다.

가. 재직기간이 1년 이상 5년 미만인 경우에는 1만분의 650(6.5%)

나. 재직기간이 5년 이상 10년 미만인 경우에는 1만분의 2,275

다. 재직기간이 10년 이상 15년 미만인 경우에는 1만분의 2,925

라. 재직기간이 15년 이상 20년 미만인 경우에는 1만분의 3,250

마. 재직기간이 20년 이상인 경우에는 1만분의 3,900(39%)

3) 군인연금

(1) 군인연금의 개요

군인연금제도는 1963년에 공무원연금제도에서 분리되어 군장교와 장기복무 부사관을 대상으로 하고 있다. 급여 내용과 재정운영은 공무원연금제도와 유사하나, 계급정년제에 의한 조기퇴직자가 많고 전투기간은 3배로 가산하는 제도가 있는 특수성으로 인하여 연금 수급자가 많은 편이다. 나머지 2개의 특수직역연금과는 달리 별도의 독립된 관리기구가 없고 국방부(복지보건관실 연금과)에서 직접 운영하고 있다.

이 제도는 군인이 상당한 기간을 복무하고 퇴직하거나 심신의 장애로 인하여 퇴직 또는 사망한 때, 또는 공무상의 질병・부상으로 요양하는 경우에 본인이나 그 유족에게 적절한 급여를 지급함으로써 본인 및 그 유족의 생활안정과 복리향상에 기여함이 목적이다.

(2) 군인연금의 급여대상자와 급여형태

현역 또는 소집되어 군에 복무하는 군인이 적용대상이다. 다만, 지원에 의하지 아니하고 임용된 부사관 및 병에게는 재해보상금(법 제31조)에 한하여 적용한다.[15)]

군인연금급여의 종류는 퇴직급여에 ① 퇴역연금, ② 퇴역연금일시금, ③ 퇴역연금공제일시금, ④ 퇴직일시금, ⑤ 퇴직수당의 5가지 종류가 있고, 유족급여에 ① 유족연금, ② 유족연금부가금, ③ 유족연금특별부가금, ④ 유족연금일시금, ⑤ 유족일시금, ⑥ 퇴직수당의 6가지 종류가 있으며, 재해보상급여에 ① 상이연금, ② 유족연금, ③ 공무상요양비가 있다. 그리고 재해보상금에 ① 사망보상금, ② 장애보상금이 있으며, 부조급여에 ① 사망조위금, ② 재해부조금이 있다.

15) 군인이 질병이나 부상을 당하거나 사망한 경우의 재해보상금은 국고 부담한다(법 제32조).

이러한 급여종류를 크게 7개 형태로 나누어서 지급요건을 중심으로 정리하면 다음과 같다.

① 퇴역연금 또는 퇴역연금일시금, 퇴역연금공제일시금

군인이 20년 이상 복무하고 퇴직한 경우에는 다른 공적연금제도와는 달리 연령에 상관없이 그때부터 사망할 때까지 퇴역연금을 지급한다. 다만, 본인이 원하는 경우에는 퇴역연금을 갈음하여 퇴역연금일시금을 지급하거나, 20년(퇴역연금·퇴직연금 또는 조기퇴직연금을 받던 사람이 제16조 및 제16조의2에 따른 복무기간 합산을 받은 경우에는 그 합산 받은 복무기간 포함)을 초과하는 복무기간 중 본인이 원하는 기간에 대하여는 그 기간에 해당하는 퇴역연금을 갈음하여 퇴역연금일시금을 지급할 수 있다.

첫째, 퇴역연금의 금액은 복무기간(공제일시금을 지급받는 경우에는 복무기간에서 공제일시금 지급 계산에 산입된 복무기간을 공제하고 남은 복무기간) 매 1년(1년 미만의 매 1개월은 12분의 1년으로 계산. 이하 같음)에 대하여 평균기준소득월액의 1천분의 19에 상당하는 금액으로 한다. 이 경우 퇴역연금의 금액은 평균기준소득월액의 1천분의 627을 초과하지 못한다.

둘째, 퇴역연금일시금의 금액은 퇴직한 날의 전날이 속하는 달의 기준소득월액에 복무연수(1년 미만의 매 1개월은 12분의 1년으로 계산)를 곱한 금액의 1천분의 975에 상당하는 금액에 복무연수에서 5년을 뺀 연수의 매 1년에 대하여 퇴직한 날의 전날이 속하는 달의 기준소득월액에 복무연수를 곱한 금액의 1만분의 65에 상당하는 금액을 가산한 금액으로 한다. 이 경우 그 복무연수는 33년을 초과하지 못한다.

셋째, 공제일시금의 금액은 퇴직한 날의 전날이 속하는 달의 기준소득월액에 퇴직하는 군인이 공제일시금 계산에 산입할 것을 원하는 복무연수를 곱한 금액의 1천분의 975에 상당하는 금액에 공제복무연수 매 1년에 대하여 퇴직한 날의 전날이 속하는 달의 기준소득월액에 공제복무연수를 곱한 금액의 1만분의 65에 상당하는 금액을 가산한 금액으로 한다. 이 경우 그 공제복무연수는 13년을 초과하지 못한다.

② 퇴직일시금

군인이 20년 미만 복무하고 퇴직한 경우에는 퇴직일시금을 지급한다.

첫째, 복무기간이 5년 이상 20년 미만인 사람의 퇴직일시금의 금액은 퇴직한 날의 전날이 속하는 달의 기준소득월액에 복무연수를 곱한 금액의 1천분의 975에 상당하는 금액으로 하되, 복무기간이 5년을 초과할 때에는 그 초과하는 매 1년에 대하여 퇴직한 날의 전날이 속하는 달의 기준소득월액에 복무연수를 곱한 금액의 1만분의 65에 상당하는 금액을 가산한다.

둘째, 복무기간이 1개월 이상 5년 미만인 사람의 퇴직일시금의 금액은 퇴직한 날의 전날이 속하는 달의 기준소득월액에 복무연수를 곱한 금액의 100분의 78에 상당하는 금액으로 한다.

③ 상이연금

군인이 공무상 질병 또는 부상으로 인하여 장애 상태가 되어 퇴직한 때 또는 퇴직 후에 그 질병 또는 부상으로 인하여 장애 상태가 된 때에는 그때부터 사망할 때까지 다음의 구분에 따라 상이연금을 지급한다.

가. 제1급 : 기준소득월액의 1만분의 5,200에 상당하는 금액
나. 제2급 : 기준소득월액의 1만분의 4,875에 상당하는 금액
다. 제3급 : 기준소득월액의 1만분의 4,550에 상당하는 금액
라. 제4급 : 기준소득월액의 1만분의 4,225에 상당하는 금액
마. 제5급 : 기준소득월액의 1만분의 3,900에 상당하는 금액
바. 제6급 : 기준소득월액의 1만분의 3,575에 상당하는 금액
사. 제7급 : 기준소득월액의 1만분의 3,250에 상당하는 금액

④ **유족연금, 유족연금부가금, 유족연금특별부가금**

군인 또는 군인이었던 사람이 다음의 어느 하나에 해당하는 경우에는 그 유족에게 유족연금을 지급한다.

가. 퇴역연금을 받을 권리가 있는 사람이 사망한 경우에는 군인 또는 군인이었던 사람이 받을 수 있는 퇴역연금액 또는 상이연금액의 100분의 60에 상당하는 금액

나. 상이연금을 받을 권리가 있는 사람이 사망한 경우에는 군인 또는 군인이었던 사람이 받을 수 있는 퇴역연금액 또는 상이연금액의 100분의 60에 상당하는 금액

다. 복무 중 공무를 수행하다가 사망하거나 공무상 질병 또는 부상으로 인하여 사망한 경우에는 20년 미만 복무한 사람인 경우에는 그 사망 당시의 기준소득월액의 1만분의 3,575에 상당하는 금액, 20년 이상 복무한 사람인 경우에는 기준소득월액의 1만분의 4,225에 상당하는 금액

라. 유족 중 「군인연금법」 제3조 제2항 또는 제3항에 해당하는 사람(그 사람을 부양하고 있는 군인 또는 군인이었던 사람의 배우자 포함)에게는 군인 또는 군인이었던 사람이 받을 수 있는 퇴역연금액 또는 상이연금액의 100분의 70에 상당하는 금액

⑤ **공무상요양비**

군인이 공무상 질병 또는 부상으로 인하여 다음의 요양을 하는 경우로서 대통령령으로 정하는 사유에 해당하여 군병원에서 그 요양을 할 수 없는 경우에는 공무상요양비를 지급할 수 있다.

가. 진단

나. 약제·치료재 및 보철구의 지급

다. 처치·수술이나 그 밖의 치료

라. 병원이나 요양소에의 수용

마. 간호

바. 이송(移送)

⑥ **사망보상금 및 장애보상금**

군인이 공무를 수행하다가 사망한 경우에는 그 유족에게 사망보상금을 지급한다. 사망보상금의 지급액은 다음의 구분에 따른다.

가. 전사 : 군인 전체의 기준소득월액 평균액의 10분의 577에 상당하는 금액

나. 특수직무 순직 : 군인 전체의 기준소득월액 평균액의 10분의 442에 상당하는 금액

다. 복무 중 공무를 수행하다가 사망하거나 공무상 질병 또는 부상으로 인하여 사망 : 기준소득월액의 10분의 234에 상당하는 금액

⑦ **퇴직수당**

군인이 1년 이상 복무하고 퇴직하거나 사망한 경우에는 퇴직수당을 지급한다. 퇴직수당 금액은 복무기간 매 1년에 대하여 기준소득월액에 다음의 구분에 따른 비율을 곱한 금액으로 한다.

가. 복무기간이 1년 이상 5년 미만인 경우 : 1만분의 650(6.5%)

나. 복무기간이 5년 이상 10년 미만인 경우 : 1만분의 2,275

다. 복무기간이 10년 이상 15년 미만인 경우 : 1만분의 2,925

라. 복무기간이 15년 이상 20년 미만인 경우 : 1만분의 3,250

마. 복무기간이 20년 이상인 경우 : 1만분의 3,900(39%)

3. 주택연금

1) 주택연금의 개요

주택연금제도는 2007년 7월에 도입되었으며, 한국주택금융공사에서 운영하고 있다. 이 제도는 55세 이상의 고령자가 소유한 주택을 담보로 제공하고 자기 집에 살면서 금융기관으로부터 노후생활자금을 매달 연금처럼 지급받는 대출형태를 말한다. 즉 주택을 담보로 대출계약을 체결한 뒤 일정 금액을 연금형태로 수령하는 장기주택저당대출을 말한다. 주택은 가지고 있으나 노후소득이 부족한 55세 이상의 고령자의 경우 본인이 살고 있는 주택을 담보로 사망 시까지 주택연금을 지급받음으로써 생활안정과 주거안정을 보장받을 수 있는 제도이다.

한국의 주택연금제도는 1989년에 출시된 미국의 정부보증 역모기지론 상품인 주택자산전환모기지(Home Equity Conversion Mortgage, HECM)와 비교했을 때 정부가 보증한다는 측면에서는 동일하나, 주택연금이 노후복지 성격이 강한 반면에 HECM은 금융상품 성격이 강하다. 주택연금은 노후복지 측면에서 고령층의 생활비 지원을 위해 도입된 반면에, 미국의 HECM은 주택구입 및 대출상환 등 목돈 사용을 위한 금융상품적인 성격으로 도입되었기 때문이다.

그리고 가입요건에서도 주택연금은 경제여건이 좋지 않은 고령층이 우선 가입할 수 있도록 주택가격 등을 제한하지만, HECM은 주택가격에 대한 제한이 없다. 아울러 대출금리 결정에서도 주택연금 대출금리는 공사가 정책적으로 결정하여 운영하고 있으나, HECM의 경우 금융기관이 자율 결정하므로 금리 수준이 높은 편이다.

주택연금제도는 부동산을 담보로 장기주택자금을 대출받는 모기지론(mortgage loan)[16]과 자금의 흐름이 반대이기 때문에 역모기지론(reverse mortgage loan)의 유형에 속하

16) 부동산을 담보로 주택저당채권(Mortgage Backed Securities, MBS)을 발행하여 장기주택자금을 대출해 주는 제도로 한국주택금융공사를 설립하여 2004년 3월 25일부터 시행하고 있다.

며, 기존의 주택담보대출제도인 모기지론과도 차이가 있다(〈표 7-4〉 참고).

〈표 7-4〉 주택연금과 주택담보대출의 차이

구분	주택연금	주택담보대출
자금용도	노후생활자금	주택 구입 자금
주 이용대상	고령층	청・장년층
대출금 지급방식	매월 분할 지급	계약 시 일시금 지급
상환방법	사망 시 일시상환	원리금 분할상환 또는 일시상환
계약종료 후	주택처분	주택소유
대출금 증감	기간경과에 따라 증가	기간경과에 따라 감소

출처: 한국주택금융공사 내부자료 재수정.

한국주택금융공사가 발표하고 있는 '주택연금 수요실태조사' 자료에 따르면 조사 대상자의 2020년 기준으로 30% 이상이 자신의 집을 자식에게 물려주지 않겠다고 답하고 있다. 이 비율은 점차 높아지는 추세이며, 특히 55~59세는 상속하지 않겠다는 응답이 50% 이상에 이르고 있다. 이는 실제 은퇴 후 필요소득이 부부 2인 가족 기준으로 월 200만~300만 원 수준에 달하지만 국민연금의 월평균 수령액은 50만 원 정도이고 저소득층에게 주어지는 기초연금도 부부기준으로 60만 원 정도에도 미달하고 있기 때문에 노후생활비가 절반에도 미치지 못하는 상황에서는 유용한 제도라고 받아들이고 있는 것으로 볼 수 있다.

그러나 주택연금제도는 저출산으로 인한 인구 감소, 경제사회환경 변화 등에 의해 주택가격이 하락함으로써 담보가치가 감소할 위험과 평균수명 연장으로 인한 종신지급금액이 증가하게 되는 위험 등이 현실화될 경우에는 국가의 부담이 커질 우려도 있다. 이는 결국 그 혜택(연금 액수)이 줄어들 가능성이 있다는 문제점도 있는 것이다.

주택연금의 지급액은 지급방식과 주택 가격, 가입 당시의 나이 조건에 따라 연금의 액수가 달라지는데, 만 70세인 가입자가 3억 원짜리 주택을 맡기고 종신지급방식 주택연금을 선택하면 2020년 기준으로 매월 70만 원 정도가 된다.

10년 동안만 연금을 받는 확정기간방식을 선택할 경우에는 150만 원 정도를 받게 된다. 하지만 향후에 집값과 정기예금 이율이 지속적으로 하락하게 되면 연금액(월지급금)도 줄어들게 된다.

2) 주택연금제도의 내용

(1) 주택연금의 이용자격

① 연령기준

소유자의 연령이 보증신청일 기준 만 55세[17] 이상이어야 하며 부부 공동소유주택일 경우에는 소유자 중 한 사람만 55세 이상이어도 가입이 가능하다. 예를 들어 남편은 55세인데 부인이 50세인 경우는 이용 가능하며, 부인이 54세, 남편이 50세라면 부인의 연령이 만 55세가 되었을 때 가입이 가능하다.

② 주택 기준(주택 보유 수)

당초에는 보증신청일 기준으로 보증신청인(소유자)과 배우자가 주택을 1채만 소유하고 있어야 한다는 규정을 두었으나, 수도권과 지방의 주택 가격 차이 등을 감안하여 1주택 소유자이거나 보유 주택 합산가격이 9억 원 이하인 다주택자 소유자도 가입이 가능하도록 변경되었다.

17) 주택연금의 가입자격은 제도시행 초기에는 65세 기준이었으나 이용률이 2007년 515명, 2008년 695명으로 연령기준의 제한성이 있다는 지적에 따라 2009년 초부터 60세로 완화된 이후에는 2009년 1,124명, 2010년 2016명, 2011년 2,936명, 2012년 5,013명, 2013년 5,296명, 2020년 7만 명을 넘어섰다. 그리고 55세로 가입연령이 개정된 2020년 이후에는 더욱 늘어날 것으로 보인다.

(2) 대상주택과 주택연금의 수령액

① 「주택법」상의 주택인 단독·다세대·연립주택 및 아파트(주상복합아파트 포함), 해당 지방자치단체에 신고된 노인복지주택 등을 대상으로 하며, 가입주택에 가입자 혹은 배우자가 실제 거주하고 있어야 한다. 비거주용 오피스텔, 실버주택, 상가, 판매 및 영업시설 등은 제외되며 원칙적으로 「주택법」상의 주택이면 모두 해당한다. 단, 복합용도주택(상가+주택)은 주택면적이 1/2 이상이어야 한다. 아울러 분양받은 노인복지주택은 확정기간방식에는 가입이 불가능하다.

② 주택가격은 한국감정원 인터넷 시세＞국민은행의 인터넷 시세＞한국감정원 정식 감정평가액 순서의 기준을 적용한 가격으로 시가 9억 원[18] 이하가 해당된다.

③ 대상주택에 권리침해(경매신청, 압류, 가압류, 가처분, 가등기 등), 저당권, 전세권 및 임대차계약이 없는 주택이어야 이용 가능하다. 다만 종신혼합방식을 선택하여 개별 인출금으로 저당권 및 전세권을 말소하거나, 임대차계약 등을 해지하는 경우에는 이용 가능하다.[19] 그러나 2008년 9월부터 은행담보대출금이나 전세보증금이 설정된 집도 주택연금을 가입할 수 있게 됐다. 주택연금에서 목돈을 받아서 빚을 갚는다는 확약서를 제출하면 신청할 수 있게 된 것이다.

④ 연금수령액은 가입 당시의 연령과 주택가격에 의해 결정된다. 즉 주택가격이 높을수록 월지급액이 많아지고, 지급받는 유형은 평생 동안 받는 '종신방식'과 고객이 선택한 일정기간 동안만 월지급금을 받는 방식인 '확정기간방식'을 기본으로 혼합하는 방식도 있다.

18) 2007년 7월에 처음 국내에 도입될 당초에는 6억 원 이하로 제도시행이 되었으나 부동산 가격 상승 등의 사유로 조정되었다.

19) 주택연금에서 받을 수 있는 목돈인 수시 인출금을 이용해 담보대출 등을 갚는다는 약속으로 가입할 수 있게 된 것이다. 수시인출금은 가입자의 나이와 집값에 따라 다르며 최대 9,000만 원 범위 내에서 언제든지 찾아 쓸 수 있는 금액이다. 가입한 뒤 수시 인출금으로 주택연금에 따른 월 지급금이 최초로 지급된 지 1개월 이내에 담보대출 등을 갚아야 한다. 수시 인출금을 받고 이 기간에 담보대출 등을 갚지 않으면 주택연금의 지급이 중단된다.

(3) 보증기간과 주택연금의 종료사유

주택연금 보증기간은 소유자 및 배우자 사망일까지이다. 그리고 주택소유자가 사망하게 되면 주택상속권을 가진 자녀들이 동의해야만 배우자가 주택연금을 계속하여 수령할 수 있다. 그렇지 않으면 주택을 팔아서 상속비율에 따라 정산해야 한다. 다만, 2021년에 개정된 「주택금융공사법 시행령」에 따르면 가입 시에 '신탁형 주택연금'에 가입하여 소유자 명의를 주택금융공사에 이전하고 수익자를 소유자와 그 배우자로 지정하게 되면 배우자에게 주택연금 수령권이 자동 승계가 가능하게 되었다.

아울러 ㉠ 소유자 및 그 배우자 모두 사망 시, ㉡ 주택에 대한 소유권 상실 시, ㉢ 소유자 사망 후 배우자가 6개월 이내에 소유권 이전 등기 및 채무인수를 하지 않을 시, ㉣ 1년 이상 담보주택에서의 미거주 시(단, 입원 등 사장이 정하는 사유로 거주하지 아니한 경우를 제외), ㉤ 주거 이전 목적의 이사 시, ㉥ 저당권 확보를 위한 공사나 금융기관의 채권 최고액 변경요구에 응하지 않는 경우, ㉦ 기타 보증 약정상 의무사항을 위반했을 시는 주택연금 종료사유가 되어 연금지급이 정지된다.

(4) 담보주택의 제공

① 제3자(자녀, 형제 등) 소유주택을 담보로 하는 주택연금은 이용이 불가하며 한국주택금융공사 또는 금융기관이 1순위로 근저당권을 설정한다.

② 설정금액은 현재 주택가격과 보증금액의 120% 범위 내에서 이용자가 선택하여 결정한다.

(5) 대출금(지출 연금)의 상환

① 이용자 사망 후 주택처분 가격으로 일시상환하게 되는데 대출금 상환은 주택연금 계약 종료 시 담보주택 처분가격 범위 내로 한정한다.

② 공사 또는 금융기관은 이용자 사망 등 계약해지사유 발생 시 주택처분(경매)으로 대출금 회수 후 부족분이 발생하여도 다른 재산 및 상속인 등에게 청구권을 행

사하지 않는다.

③ 주택처분(경매) 금액으로 대출금을 회수하고도 남은 잉여금은 법정상속인 등에게 배당 교부한다.

(6) 주택연금제도의 관리체계

주택연금제도의 관리체계를 보면 한국주택금융공사에서 보증상담 후 보증신청을 하면 보증심사를 거쳐 보증계약을 하고 보증료를 납부한 후 주택연금에 대한 보증서를 발급받는 단계가 있다. 그다음, 지정하는 금융기관에 가서 주택연금 대출신청을 하여 대출계약을 하면 주택연금을 수령하게 된다.

주택연금을 취급하는 금융기관은 국민, 기업, 농협, 신한, 우리, 하나 등 은행과 삼성화재, 흥국생명 등 보험사가 지정되어 있다. 주택연금제도를 운영하는 이용자, 한국주택금융공사, 대출기관 간의 관계는 이용자는 채무자로서 한국주택금융공사의 보증을 거쳐 채권자인 금융기관에서 대출약정을 하게 되고 그 이후 연금을 수령할 수 있다.[20]

20) 주택연금에 관련된 내용은 저자의 저서인 『100세 시대 노인복지론』에서 재인용하였다.

Senior Citizen Welfare | chapter 08

노인 의료보험정책

1. 국민건강보험

1) 국민건강보험제도

(1) 국민건강보험의 개요

한국의 국민건강보험은 직업과 지역 관련 사회보험제도를 통한 국민건강보험방식(NHI: National Health Insurance)의 의료보험(medical insurance)제도이다. 즉 국민의 질병, 부상, 분만 또는 사망 등에 대하여 보험급여를 실시함으로써 국민보건을 향상시키고, 사회보장의 증진을 도모하는 제도이다.

영국은 국민보건서비스(National Health Service, NHS) 방식의 정책을 바탕으로 세계로부터 복지국가의 대명사로 불리는 국가이며, 캐나다 역시도 기본적인 진료와 치료비를 국가가 전액 부담하고 있다. 영국은 당초 독일의 질병보험(1883)제도를 도입하여 발전시키는 과정에서 의사협회 등의 이익단체와의 갈등을 빚기도 하였고, 한국도 2000년에 의약분업제도를 시행하기에 앞서서 의사단체와 약사단체 간의 갈등을 빚는 등의 의료보장문제가 사회적 이슈가 되기도 하였다.

반면에 미국은 사회보장청(SSA: Social Security Administration)[1)]에서 관장하는 메디케어(Medicare)나 메디케이드(Medicaid) 등의 의료보장 프로그램이 있음에도 전체 국민을 대상으로 하는 프로그램이 미비하며 민간의료보험에 의존하고 있는 실정이다. 즉 미국의 공적의료보장은 65세 이상의 노인과 장애인을 대상으로 하는 '메디케어 제도'와 빈곤층을 대상으로 하는 '메디케이드 제도'가 있으나 적용대상인구는 약 20% 정도이며, 민간의료보험에 가입되어 있지 않은 인구도 16%인 5,000만 명 정도에 이른다. 따라서 그 어떤 나라보다도 개인의 의료비 지출이 많은 국가이며, 의료채무는 미국인들이 파산하는 주된 요인이 되고 있다.

그렇지만 민주당 정부 오바마 대통령에 의해 2010년에 도입돼 2013년 처음 시행된 「건강보험개혁법(Patient Protection and Affordable Care Act, PPACA: 별칭 오바마 케어)」에서는 정규직 50명 이상 기업의 직원들에게 건강보험 제공을 의무화하고, 주정부와 연방정부가 보조금을 지급하도록 하고 있다. 이에 일부 민주당이 집권한 주정부에서는 보조금을 지급하여 건강보험가입자가 늘어나고 있으나 공화당 집권 주에서는 보조금 지급을 반대해 왔다. 그러나 2015년 6월 25일의 미국연방 대법원 판결에서 보조금 지급이 합헌결정을 받게 됨에 따라 차츰 미국 내에서도 사회보험 차원의 건강보험 가입자가 점차 확산될 전망이다.

의료보장제도는 각국의 고유한 문화와 전통을 배경으로 하는 역사적 산물로서 단

1) 미국 사회보장청은 본부, 10개 지역의 지역본부(regional office), 사회보장사무소(field office) 1,300개소가 있다.

순 분류에는 어려움이 있으나 일반적으로 경제협력개발기구(OECD: Organization for Economic Cooperation and Development)는 3가지로 분류하고 있는데 ① 사회보험(SHI: Social Health Insurance) 방식, ② 국민건강보험(NHI: National Health Insurance) 방식, ③ 국민보건서비스(NHS: National Health Service) 방식이 그것이다.

첫째, 사회보험(SHI) 방식은 국가의 의료보장에 대한 책임을 기본으로 하고 있지만, 의료비에 대한 국민의 자기 책임의식을 일정부분 인정하는 체계이다. 정부기관이 아닌 보험자가 보험료로써 재원을 마련하여 의료를 보장하는 방식으로 독일의 비스마르크 수상이 창시하여 비스마르크 방식이라고도 한다. 이는 보험원리에 의해 1차적으로 국민의 보험료에 의해 재원을 조달하고 국가는 2차적 지원과 후견적 지도기능을 수행함에 따라 국민의 1차적 부담의무가 전제된 비용의식적 제도이며 국민의 정부 의존심을 최소화할 수 있다. 또한 관리체계는 정부에 대해 상대적으로 자율성을 지닌 기구를 통한 자치적 운영을 근간으로 하며, 의료의 사유화를 전제로 의료공급자가 국민과 보험자 간에서 보험급여를 대행하는 방식이다. 사회보험(SHI) 방식은 독일, 프랑스 등이 그 대표적인 국가이다.

둘째, 국민건강보험(NHI) 방식은 사회보험(SHI) 방식과 마찬가지로 사회연대성을 기반으로 보험의 원리를 도입한 의료보장체계이다. 서구유럽의 사회보험(SHI) 방식과 대체로 흡사하지만 국가 내 '보험자(의료에 대한 사회보험 관리운영기구)'가 1개라는 점에서 국민건강보험 방식은 서구의 사회보험(SHI) 방식과 차이가 있다. 이러한 국민건강보험(NHI) 방식의 의료보장체계로 운영하는 대표적인 국가는 한국과 대만을 들 수 있는데, 사회보험의 운영원리를 자국의 사회적 · 경제적 실정에 맞게 적용했다는 점에서 의의가 있다.

셋째, 국가보건서비스(NHS) 방식은 "국민의 의료문제는 국가가 모두 책임져야 한다."는 관점에서 정부가 일반조세로 재원을 마련하여 모든 국민에게 무상으로 의료를 제공(Universal Type)하는 국가의 직접적인 의료관장방식으로 일명 조세방식 또는 베버리지방식이라고 한다. 이 경우 의료기관의 상당부분이 사회화 내지 국유화되어 있으며, 영국의 베버리지가 제안한 이래 영국, 스웨덴, 이탈리아 등이 그 대표적인 국가이다. 국민보건서비스(NHS) 방식을 채택하고 있는 나라에서는 소득수준에 관계없이 모든 국민에게 포괄적이고 균등한 의료를 보장하며 정부가 관리주체로서 의료공급이 공공화되어 의료비 증가에 대한 통제가 강하다.[2)]

그리고 미국은 일부 의료서비스를 제외하면 보험회사와 병원의 계약에 따라 정해진 가입조건에 따라 소비자가 선택하는 소비자주권 방식(CSM: Consumer Sovereignty Model)의 민간보험에 의하고 있다.

한편, 경제협력개발기구(OECD)가 2006년 6월 26일에 발표한 OECD 국가의 보건의료 통계(OECD Health Data 2006)에 따르면, 한국의 국민의료비는 OECD 국가 중 가장 낮은 정도지만 한국 국민의 건강수준은 OECD 국가의 평균수준 또는 그 이상에 도달해 있는 것으로 밝혀졌다. 한국 국민의 평균수명은 1960년만 해도 여성 54세, 남성 51세로 OECD 국가(1960년 평균, 여성 71세, 남성 66세)의 최저수준이었으나, 현재는 선진국 수준에 이르게 되었다. 영아사망률 또한 1970년 천 명당 45.0명으로 가장 높은 수준이었으나 현재는 OECD 평균보다도 낮은 사망률을 유지하게 된 것이다. 그러나 국민의료비 중 공공재원의 비율은 OECD 34개 회원국 평균인 70% 정도보다 크게 낮은 55% 정도에 머물고 있다. 그리고 미국은 GDP 대비 국민의료비 지출규모가 2004년 15.3%인 것으로 발표된 이후 큰 변동이 없으며, 의료비가 경제에 주는 부담이 한국의 3배에 달하고 있으나 건강수준은 매우 낮으며, 미국 국민의 평균수명은 OECD 평균수준 정도인 것으로 보고되었다.[3)]

(2) 국민건강보험제도의 연혁

한국의 의료보험제도는 1963년 국가재건 최고회의에서 「의료보험법」이 제정되었으나 임의적용방식으로 사회여건에도 맞지 않았으며, 1970년 근로자 · 공무원 · 군인 등을 적용대상으로 하는 강제보험 방식으로 「의료보험법」을 개정하였지만 시행하지

2) 국민건강보험공단 홈페이지 참고 재수정.

3) http://www.oecd.org/health/healthdata 참고 재수정.

못하였다. 그 후 1977년 7월부터 500인 이상 사업장에 대한 의료보험을 실시하였으며, 1979년 1월부터 강제·임의적용방식의 병행내용으로 전문을 개정하여 공무원 및 사립학교교직원으로 확대·실시하였다.

그리고 1988년 1월에 직장의료보험이 5인 이상 사업장 근로자까지 확대·적용되었고, 지역의료보험도 1988년에 농어촌지역 실시에 이어서 1989년 7월에는 도시지역 의료보험을 실시하였다. 이로써 1977년 7월 실시 이후 12년 만에 전국민의료보험시대에 접어들었다. 그 후 1997년 12월에 「국민의료보험법」이 제정되었고, 1998년 10월에 1차 의료보험통합이 있은 후, 국민의료보험공단(현, 국민건강보험공단)이 발족되었다. 1999년 2월에 「국민건강보험법」이 새롭게 공포되어 2000년 7월 1일부터 지역과 직장의료보험이 완전 통합되었다.

여기에서 한국의 건강(의료)보험의 연혁을 세부적으로 정리해 보면 다음과 같다.

① 1963년 「의료보험법」 제정

㉠ 1963. 12. 16. 「의료보험법」 제정 및 조합 임의설립(300인 이상 사업장)

㉡ 1970. 8. 7. 「의료보험법」(1차) 개정(미실시), 조합강제설립주의(피용자, 군인, 공무원, 일반 자영자 대상)

㉢ 1976. 12. 22. 시행령 개정으로 500인 이상 사업장 당연적용(공무원, 교직원, 군인 제외)으로 조합방식 운영

② 1977년 의료보험제도 시행(500인 이상 사업장 대상)

㉠ 1977. 7. 1. 1종 의료보험조합(486개소) 업무개시 및 500인 이상 사업장 의료보험 실시

㉡ 1977. 12. 31. 「공무원 및 사립학교교직원 의료보험법」 제정

③ 1979년 공무원 및 사립학교교직원 의료보험 업무 개시

㉠ 1984. 5. 1.	목포에서 의약분업 시범사업 실시(8개월 시한)
㉡ 1984. 12. 1.	충북 청주시와 청원군에서 한방의료보험 시범사업 실시
㉢ 1987. 2. 1.	한방의료보험 전국 확대

④ 1988년 의료보험제도 확대

㉠ 1988. 1. 1.	농・어촌 지역의료보험 실시
㉡ 1988. 7. 1.	의료보험제도 확대(5인 이상 사업장 당연 가입)

⑤ 1989년 전국민 의료보장제도 실현

㉠ 1989. 7. 1.	도시 지역의료보험 실시
㉡ 1989. 10. 1.	약국 의료보험급여 실시

⑥ 1999년 「국민건강보험법」 제정

㉠ 1999. 2. 8.	「국민건강보험법」 제정
㉡ 1999. 12. 31.	「국민건강보험법」의 시행 연기(2000. 7. 1. 시행)

⑦ 2000년 「국민건강보험법」 시행 및 의약분업 실시

㉠ 2000. 7. 1.	「국민건강보험법」 시행 및 의약분업[4] 실시, 지역과 직장 의료보험 완전 통합으로 국민건강보험공단 출범
㉡ 2002. 1. 19.	「국민건강보험재정건전화특별법」 제정(2002. 7. 1. 시행)

⑧ 2011년 사회보험료 징수통합(국민건강보험, 국민연금, 고용보험, 산재보험)

4) 의약분업제도의 최초 시행은 1240년 신성로마제국에서 시작되었으며, 한국에서도 의료수요자의 불편 및 의사와 약사 등의 이권다툼 등으로 진통을 겪다가 2000년 7월부터 한 달간 계도기간을 거쳐 2008년 8월 1일부터 시행되었다.

(3) 국민건강보험의 급여대상자

국내에 거주하는 국민은 「국민건강보험법」에 따른 건강보험의 가입자 또는 피부양자가 된다. 다만, 다음의 어느 하나에 해당하는 사람은 제외한다.

㉠ 「의료급여법」에 따라 의료급여를 받는 사람

㉡ 「독립유공자예우에 관한 법률」 및 「국가유공자 등 예우 및 지원에 관한 법률」에 따라 의료보호를 받는 사람. 다만, 다음 어느 하나에 해당하는 사람은 가입자 또는 피부양자가 될 수 있다.

가. 유공자 등 의료보호대상자 중 건강보험의 적용을 보험자에게 신청한 사람

나. 건강보험을 적용받고 있던 사람이 유공자 등 의료보호대상자로 되었으나 건강보험의 적용배제신청을 보험자에게 하지 아니한 사람

그리고 국민건강보험의 적용대상자는 크게 지역가입자와 직장가입자로 구분이 되고, 그들의 피부양자, 외국인 및 재외국민이 된다. 따라서 모든 사업장의 근로자 및 사용자와 공무원 및 교직원은 직장가입자가 되는데, 다음의 자는 제외된다.

㉠ 1월 미만의 기간 동안 고용되는 일용근로자

㉡ 「병역법」의 규정에 의한 현역병(지원에 의하지 아니하고 임용된 하사 포함), 전환복무된 사람 및 무관후보생

㉢ 선거에 의하여 취임하는 공무원으로서 매월 보수 또는 이에 준하는 급료를 받지 아니하는 자

㉣ 기타 사업장의 특성, 고용형태 및 사업의 종류 등을 고려하여 대통령령으로 정하는 사업장의 근로자 및 사용자와 공무원 및 교직원(직장가입자에서 제외되는 사람)

가. 비상근근로자 또는 1개월 동안의 소정(所定)근로시간이 60시간 미만인 단시간근로자

나. 비상근교직원 또는 1개월 동안의 소정근로시간이 60시간 미만인 시간제공무원 및 교직원

다. 소재지가 일정하지 아니한 사업장의 근로자 및 사용자

라. 근로자가 없거나 위의 '가'에 해당하는 근로자만을 고용하고 있는 사업장의 사업주

① 수급자격 취득 시기

첫째, 「국민건강보험법」 제8조(자격의 취득 시기 등)에서는 국민건강보험 가입자로서의 자격취득 시기에 관한 규정을 다음과 같이 두고 있다.

㉠ 가입자는 국내에 거주하게 된 날에 직장가입자 또는 지역가입자의 자격을 얻는다. 다만, 다음의 어느 하나에 해당하는 사람은 그 해당되는 날에 각각 자격을 얻는다.

- 국민기초생활보장 수급권자이었던 사람은 그 대상자에서 제외된 날
- 직장가입자의 피부양자이었던 사람은 그 자격을 잃은 날
- 유공자 등 의료보호대상자이었던 사람은 그 대상자에서 제외된 날
- 보험자에게 건강보험의 적용을 신청한 유공자 등 의료보호대상자는 그 신청한 날

㉡ 수급자격을 얻은 경우 그 직장가입자의 사용자 및 지역가입자의 세대주는 그 명세를 보건복지부령으로 정하는 바에 따라 자격을 취득한 날부터 14일 이내에 보험자에게 신고하여야 한다.

둘째, 동법 시행규칙 제2조(피부양자 자격의 인정 기준 등)에서 '피부양자'는 다음의 어느 하나에 해당하는 날에 그 자격을 취득한다는 규정을 두고 있다.

㉠ 신생아의 경우 : 출생한 날

㉡ 직장가입자의 자격 취득일 또는 가입자의 자격 변동일부터 90일 이내에 피부양자의 자격취득 신고를 한 경우 : 직장가입자의 자격 취득일 또는 해당 가입자의 자격 변동일

㉢ 직장가입자의 자격 취득일 또는 가입자의 자격 변동일부터 90일을 넘겨 피부양자 자격취득 신고를 한 경우 : 동법 제13조에 따른 국민건강보험공단에 별지 제1호 서식의 피부양자 자격(취득 · 상실) 신고서를 제출한 날

② 가입자의 구분

㉠ 사업장(직장)가입자

사업장(직장)가입자의 적용대상은 상시 1인 이상의 근로자를 사용하는 사업장에 고용된 근로자와 그 사용자이며, 근로자 없는 사업장은 적용대상이 아니다. 그 외에도 적용제외 사업장으로는 소재지가 일정하지 않은 사업장, 근로자가 없이 대표자만 있는 개인사업장이다.

그리고 사업장 신규가입 시 신청서류는 다음과 같다.

가. 사업장(기관)적용 신고서 1부
나. 직장가입자 자격취득 신고서(신규 가입자인 경우)
다. 직장가입자 자격취득 신고서(피부양자가 있는 경우)
라. 직장가입자(근무처, 근무내역) 변동 신고서(전입자인 경우)
마. 외국인, 재외국인은 외국인 등록증 또는 국내거소신고증

한편, 직장가입자의 자격취득 변동일자를 정리해 보면 〈표 8-1〉에서 보는 바와 같다.

〈표 8-1〉 사업장(직장)가입자의 자격취득 변동

구분	자격취득 변동일
근로자	• 건강보험적용사업장에 사용된 날
	• 신규 건강보험적용사업장의 경우에는 사업장적용 신고일
사용자	• 건강보험적용사업장의 사용자가 된 날
	• 신규 건강보험적용사업장의 경우에는 사업장적용 신고일

구분	자격취득 변동일
공무원	• 공무원으로 임용된 날
	• 선거에 의하여 취임하는 공무원은 그 임기가 개시된 날
교직원	• 해당학교에 교원으로 임용된 날(교원)
	• 해당학교 또는 그 학교 경영기관에 채용된 날(직원)
일용 근로자	• 건강보험적용사업장에 1월을 초과하여 사역결의된 자는 사역결의된 날
	• 건강보험적용사업장에 최초사역일 1월 이내의 기간을 정하여 계속사역결의되는 자는 최초 사역일로부터 1월을 초과하는 날
시간제 근로자	• 건강보험적용사업장에 1월 이상 근무하고 근무시간이 월 80시간 이상인 시간제 근로자는 근로(고용) 개시일
	• 근로(고용) 개시일
외국인/ 재외국인	• 외국인 등록을 한 외국인 또는 국내거소신고를 한 재외국민이 건강보험적용사업장에 사용(임용 채용)된 날
	• 직장가입자 적용사업장에 근무하는 외국인 및 재외국민 근로자는 2006년 1월 1일부터 건강보험 직장가입자로 당연적용

출처 : 국민건강보험공단 내부자료 재수정.

㉡ 지역가입자

지역가입자는 원칙적으로 직장가입자가 아닌 자에 해당하며, 국적취득자, 직장가입자의 자격을 상실했을 때, 기초생활 수급권자에서 제외되었을 때, 국가유공자/독립유공자가 지역가입자적용을 신청한 때, 국외이주자가 영주귀국 시, 외국인 및 재외국민 등이 직장가입자가 아닌 경우의 자격취득을 말한다.

③ 피부양자

피부양자는 직장가입자에 의하여 주로 생계를 유지하는 자로서 보수 또는 소득이 없는 자를 말한다. 즉 직장가입자의 배우자, 직계존속(배우자 직계존속 포함), 직계비속(배우자 직계비속 포함) 및 그 배우자, 형제자매가 구체적인 피부양자에 속한다. 그런데 피부양자는 피부양자 인정조건에서 부양요건과 소득요건(보수 또는 소득이 없는 자)을 충족할 것을 규정하고 있는데 대부분은 부양요건보다는 소득요건이 논란이 된다. 그리고 피부양자가 그 자격을 취득하기 위해서는 구비서류를 갖추어 공단지사에 신청하여야 한다.

㉠ 피부양자 요건(자격의 인정요건)

피부양자 요건에는 소득요건과 부양요건으로 구분된다. 동법 시행규칙 제2조 제1항 제2호에서 관련된 소득요건은 보수 또는 소득이 없는 자를 의미하는 것으로서 다음의 요건을 갖추어야 한다.

가. 「국민건강보험법 시행령」 제41조 제1항 제1호 · 제2호의 이자소득과 배당소득의 합계액이 4천만 원 이하일 것

나. 「국민건강보험법 시행령」 제41조 제1항 제3호의 사업소득(이하 이 표에서 "사업소득")이 없을 것. 다만, 피부양자가 되려는 사람이 다음의 어느 하나에 해당하는 경우 해당되는 사업소득 요건을 충족하면 사업소득이 없는 것으로 본다.

- 사업자등록이 되어 있지 않은 경우 : 사업소득의 연간 합계액이 500만 원 이하일 것
- 「장애인복지법」 제32조에 따라 장애인으로 등록한 사람, 「국가유공자 등 예우 및 지원에 관한 법률」 제4조 · 제73조 및 제74조에 따른 국가유공자 등(법률 제11041호로 개정되기 전의 「국가유공자 등 예우 및 지원에 관한 법률」 제73조의2에 따른 국가유공자 등을 포함)으로서 같은 법 제6조의4에 따른 상이등급 판정을 받은 사람과 「보훈보상대상자 지원에 관한 법률」 제2조에 따른 보훈보상대상자로서 같은 법 제6조에 따른 상이등급 판정을 받은 사람인 경우 : 사업소득의 연간 합계액이 500만 원 이하일 것

다. 「국민건강보험법 시행령」 제41조 제1항 제4호 · 제6호의 근로소득과 기타소득의 합계액이 4천만 원 이하일 것

라. 「국민건강보험법 시행령」 제41조 제1항 제5호의 연금소득의 100분의 50에 해당하는 금액이 2천만 원 이하일 것

그리고 부양요건은 가입자 신청 시의 첨부서류 중 '가족관계등록부'의 증명서에서 가입자와 비동거하는 경우 등 공단에서 관계 확인이 되지 않을 경우에 제출한다.

㉡ 피부양자 신청

가입자는 주민등록표등본, 가족관계등록부의 증명서, 장애인등록 또는 국가유공자임을 증빙하는 자료, 소유가옥재건축에 따른 사업자등록증 사본 등 관계서류 중에서 피부양자인정요건에 해당됨을 입증하기 위하여 공단이 요구하는 서류를 제출하여야 한다.

(4) 국민건강보험의 급여내용

인간의 기본욕구 중 의료・위생・영양보장의 욕구는 1차적 욕구로서 기본권에 해당하며, 국가는 이에 대응한 정책을 강구하여야 할 주체이다. 오늘날 사회보장의 영역 중 소득보장과 의료보장이 대부분을 차지하고 있는 것은 그만큼 복지국가의 의료보장정책이 국민복지의 관건이 됨을 의미한다.

국민건강보험공단인 보험자(the insurer)가 보험가입자인 피보험자(the insured)와 그들의 피부양자에게 급부하는 보험급여종류로는 피보험자나 피부양자가 질병이나 부상, 분만, 사망 등을 당하였을 경우 현물 혹은 현금으로 지급받는 제 급여가 있는데, 이 중에서 노인에게 급여되는 의료비(노인진료비)는 지속적으로 증가하고 있다.

이제 요양기관(의료기관)에서 국민건강보험 재정으로 급여되고 있는 주요한 급여를 세부적으로 설명하면 다음과 같다.

① 요양급여

가입자 및 피부양자의 질병・부상・출산 등에 대하여 다음의 요양급여를 실시한다(「국민건강보험법」 제41조 제1항).

㉠ 진찰 · 검사

㉡ 약제 · 치료재료의 지급

㉢ 처치 · 수술 기타의 치료

㉣ 예방 · 재활

㉤ 입원

㉥ 간호

㉦ 이송

1996년 1월 1일부터 컴퓨터단층촬영(Computed Tomography, CT)도 의료보험으로 급여혜택을 받을 수 있고, 타 요양기관 이송 시 검사기록, X선 필름 등에 대하여 환자 본인의 요구 시 이를 교부토록 하였다. 그리고 2006년 6월 1일부터는 입원환자의 식대가 요양급여에서 지급되고 있다.

② **부가급여**(임신 · 출산 진료비)

공단은 요양급여 외에 임신 · 출산 진료비 · 상병수당 기타의 급여를 실시할 수 있으며, 장제비는 가입자(피부양자) 사망 시 장제를 행한 자에게 지급해 왔으나 2008년 1월 1일부터 폐지되었다.

임신 · 출산 진료비 지원은 2008년 12월 15일부터 시행해 왔으며, 2018년 기준으로 하나의 태아를 임신한 경우 50만 원, 둘 이상의 태아(다태아)를 임신한 경우 90만 원 범위 내에서 본인이 실제 부담한 금액을 지급한다.

③ **요양비**

국민건강보험공단은 가입자 및 피부양자가 보건복지부령이 정하는 긴급, 기타 부득이한 사유로 인하여 요양기관과 유사한 기능을 수행하는 기관에서 질병 · 부상 · 출산 등에 대하여 요양을 받거나 요양기관 외의 장소에서 출산을 한 때에는 그 요양급여에 해당하는 금액을 그 가입자 또는 피부양자에게 요양비로 지급한다. 여기서 요양기관 이외의 장소에서의 출산이란 요양기관(병·의원, 조산소)이 아닌 자택 등에서 의사나 전문조산원의 도움 없이 출산한 경우를 말한다.

④ 건강검진

건강검진(medical checkup)은 「국민건강보험법」 제52조 및 「국민건강보험법 시행령」 제25조와 보건복지부 고시 제2007-129호(일반건강검진 및 암검진 실시 기준)에 의하여, 질병의 조기발견 및 조기치료로 국민의료비 절감과 질병의 사전예방으로 국민건강수준의 향상을 목적으로 일반건강검진 및 특정 암검진 및 생애전환기건강진단을 실시하는 것을 말한다.[5)]

가. 건강검진은 「건강검진기본법」 제14조에 따라 지정된 건강검진기관에서 실시하여야 하며, 일반건강검진, 암검진으로 구분[6)]하여 실시한다.

- 일반건강검진의 1차 검진은 공단이 건강검진실시계획에서 정한 해당연도 검진대상자에 대하여 실시하는 검진을 말한다. 일반건강검진의 2차 검진은 국민건강보험공단이 1차 검진 결과 폐결핵 및 기타 흉부질환, 고혈압성 질환, 고지혈증 질환, 간장 질환, 당뇨 질환, 신장 질환, 빈혈증 질환의심자로 판정된 자의 의심 질환에 대하여 실시하는 검진을 말한다.
- 암검진은 일반건강검진 대상자 중에서 해당연도의 암검진대상자에 대하여 실시하는 위암, 유방암, 대장암, 간암 및 자궁경부암검진을 말한다.

나. 건강검진의 실시 원칙은 1차 검진과 2차 검진은 동일한 검진기관에서 실시한다. 1차 검진 및 암검진은 해당연도 12월 말까지, 2차 검진은 다음연도 1월 말까지 실시한다. 건강검진은 2년마다 1회 실시하되, 사무직에 종사하지 아니하는 직장가입자에 대하여는 1년에 1회 실시한다. 이 경우 사무직이라 함은 「산

5) 이 외에도 건강검진의 종류에는 영유아건강검진이 있으나 노인복지와는 상관관계가 적으므로 여기에서는 다루지 않는다.

6) 만 40세, 66세 해당자는 생애전환기 건강검진 대상자로 별도로 일반건강검진과 암검진 대상이 된다.

업안전보건법 시행규칙」에서 규정한 '사무직에 종사하는 근로자'를 말한다. 동일 암종의 검사는 동일한 암검진기관에서 실시한다. 다만, 암검진을 받은 자가 타 지역으로의 전출 또는 암검진기관의 휴·폐업 등 부득이한 사유 발생 시에는 암검진기관을 달리하여 다음 단계의 검사를 받을 수 있다.

다. 건강검진을 받을 수 있는 사람은 다음에서와 같다.

- 일반건강검진 : 직장가입자, 세대주인 지역가입자, 40세 이상인 지역가입자 및 40세 이상인 피부양자
- 암검진 : 암의 종류별 특성을 고려하여 검진이 필요하다고 보건복지부장관이 정하여 고시하는 사람(50세 이상의 위암 및 대장암 검사 등)
- 영유아건강검진 : 6세 미만의 가입자 및 피부양자

(5) 국민건강보험의 전달체계(요양기관)

① **요양급여**(간호 및 이송 제외)**는 다음의 요양기관에서 행한다.**

㉠ 「의료법」에 의하여 개설된 의료기관
㉡ 「약사법」에 의하여 등록된 약국
㉢ 「약사법」에 의하여 설립된 한국희귀의약품센터
㉣ 「지역보건법」에 의한 보건소·보건의료원 및 보건지소
㉤ 「농어촌 등 보건의료를 위한 특별조치법」에 의하여 설치된 보건진료소

② **보건복지부장관은 공익 또는 국가시책상 요양기관으로 적합하지 아니하다고 인정되는 의료기관 등으로서 대통령령이 정하는 다음의 의료기관 등은 요양기관에서 제외할 수 있다.**

㉠ 「의료법」 제35조에 따라 개설된 부속 의료기관
㉡ 「사회복지사업법」 제34조에 따른 사회복지시설에 수용된 사람의 진료를 주된 목적으로 개설된 의료기관

㉢ 「국민건강보험법」 제19조 제1항에 따른 본인부담액을 받지 아니하거나 경감하여 받는 등의 방법으로 가입자나 피부양자를 유인(誘引)하는 행위 또는 이와 관련하여 과잉 진료행위를 하거나 부당하게 많은 진료비를 요구하는 행위를 하여 업무정지 처분 등을 받은 의료기관

㉣ 「국민건강보험법」 제98조에 따른 업무정지 처분 절차가 진행 중이거나 업무정지 처분을 받은 요양기관의 개설자가 개설한 의료기관 또는 약국

(6) 국민건강보험의 재정조달

국민건강보험의 재정조달이 되는 국민건강보험료가 직장가입자와 지역가입자로 구분이 되어 산정되고, 보험료율도 매년 상승하고 있지만 보험료율을 급격하게 인상하지 않는 한 만성적인 건강보험 재정적자가 예상된다. 아울러 정확한 소득월액이 산정되지 않는 지역가입자가 부담하는 월보험료도 낮은 수준이어서 재정적자의 원인이 되고 있다.

직장가입자의 건강보험료는 사업주와 근로자가 절반씩 부담하며 2017년부터의 건강보험료율을 정리하면 아래의 〈표 8-2〉와 같다.

〈표 8-2〉 국민건강보험 보험료율과 부담률

연도	건강보험료율	사업자 부담	가입자(근로자) 부담
2017	(보수월액) x 6.12%	3.06%	3.06%
2018	(보수월액) x 6.24%	3.12%	3.12%
2019	(보수월액) x 6.46%	3.23%	3.23%
2020	(보수월액) x 6.67%	3.335%	3.335%
2021	(보수월액) x 6.86%	3.43%	3.43%

한편, 지역가입자는 종합소득금액에 따라 산정이 되는데, 종합소득금액은 이자·배당·사업·기타는 100% 적용되고 근로와 연금소득은 각 30%만 적용하여 합산한 금액이다. 재산은 과세대상인 토지·건물·주택 등등이 있다면 재산세 과세표준 금

액을 적용하고 그렇지 아니한 경우에는 보증금 및 월세 등으로 산정한다. 자동차는 별도로 연식과 종류, 배기량 등으로 등급을 나누어 산정한다.

단, 보험료 경감 및 감면규정도 있는데, 지역가입자와 직장가입자의 경우가 각기 다르다. 그중에서 지역가입자는 세대별 감면대상으로서 노인, 장애인, 한부모가족, 국가유공자, 보훈대상자 중 상이자, 장기수용자 등이 있고, 농어촌지역(군 및 도농복합 형태 시의 읍・면지역, 시의 동지역 중 주거・상업・공업지역을 제외한 지역)에 거주하면서 농・어업인으로 등록된 사람에게는 감면 규정이 있다.

2. 노인장기요양보험

1) 노인장기요양보험의 개요

(1) 노인장기요양보험제도의 의의

국민건강보험은 연령계층에 상관없이 다양한 질환의 진단, 입원 및 외래 치료, 재활치료 등을 목적으로 요양급여기관인 병・의원 및 약국에서 제공하는 서비스를 급여 대상으로 하는 의료보험제도이다. 반면에 노인장기요양보험(Long-term Care Insurance for the Aged)은 노화 및 치매・중풍 등의 노인성 질환 등으로 인하여 혼자 힘으로 일상생활을 영위하기 어려운 노인에게 요양시설이나 재가 장기요양기관을 통해 신체활동 또는 가사지원 등의 서비스를 제공하는 제도를 말한다. 다시 말하면. 고령이나 노인성 질병 등으로 인하여 일상생활을 혼자 수행하기 어려운 노인 등에게 신체활동 또는 가사지원 등의 장기요양급여를 사회적 연대원리에 의해 제공하는 사회보험제도이다.

따라서 2008년 7월 1일부터 시행되고 있는 「노인장기요양보험법」의 제1조(목적)에도 “이 법은 고령이나 노인성 질병 등의 사유로 일상생활을 혼자서 수행하기 어려운 노인 등[7)]에게 제공하는 신체활동 또는 가사활동 지원 등의 장기요양급여에 관한 사항을 규정하여 노후의 건강증진 및 생활안정을 도모하고 그 가족의 부담을 덜어 줌으로써 국민의 삶의 질을 향상하도록 함을 목적으로 한다."는 규정을 두고 있다.

아울러 법 제정의 이유를 보면 "한국의 인구 고령화가 세계에서 유례가 없을 정도로 빠르게 진행됨에 따라 치매·중풍 등 일상생활이 어려운 노인들의 수도 날로 증가하고 있으나, 핵가족화·여성의 사회참여 증가 등으로 장기요양이 필요한 노인을 가정에서 돌보는 것이 어렵고 그 가정의 비용부담이 과중하여 노인장기요양 문제는 사회가 시급히 해결해야 할 심각한 사회적 문제로 대두되고 있는 실정이므로, 노인의 간병·장기요양 문제를 사회적 연대원리에 따라 정부와 사회가 공동으로 해결하는 노인장기요양보험제도를 도입하여 노인의 노후생활 안정을 도모하고 그 가족의 부양부담을 덜어 줌으로써 국민의 삶의 질을 향상하려는 것"으로 제시하고 있다.

그러므로 노인장기요양보호제도는 치매·중풍 등 요양보호노인들의 자립생활을 보장하고 가족의 부담을 경감하기 위한 사회적 지원시스템을 확립하고 사회적 연대원리에 의한 요양보호비용을 확보하는 것이 관건이 될 수 있다. 그 외에도 요양보호서비스인력인 요양보호사[8] 자격제도의 강화나 방문간호사를 포함한 방문간호장기요양요원[9]의 저임금문제도 개선되어야 할 부문이다.

(2) 노인장기요양보험제도의 연혁

노인장기요양보험제도는 2007년 4월 2일 「노인장기요양보험법」이 국회 본회의를 만장일치로 통과 후 그해 4월 27일 공포됨으로써, 이미 오래전부터 고령화 현상을 겪

7) "노인 등"이란 65세 이상의 노인 또는 65세 미만의 자로서 치매·뇌혈관성 질환 등 대통령령으로 정하는 노인성 질병을 가진 자를 말한다.

8) 요양보호사란 치매·중풍 등 노인성 질환으로 독립적인 일상생활을 수행하기 어려운 노인들을 위해 노인요양 및 재가시설에서 신체 및 가사 지원 서비스를 제공하는 인력으로서, 개정 전 「노인복지법」상 인력인 가정봉사원과 생활지도원보다 기능·지식수준을 강화한 전문자격을 갖추기 위하여 신설된 국가자격제도에 의한 인력이나 단기양성과정으로 인한 서비스 질의 문제나 저임금 문제가 여전하다.

9) 방문간호 장기요양요원은 「의료법」상 간호사로 최근 10년 이내 2년 이상 경력을 가진 자, 「의료법」상 간호조무사로 최근 10년 이내 3년 이상 경력을 가지고 보건복지부장관이 정하는 교육이수자, 「의료기사 등에 관한 법률」상 치과위생사(단, 치과위생 업무를 하는 경우로 한정)를 말한다.

고 있는 선진국들이 다양한 방식으로 장기요양서비스를 해 온 것과 마찬가지로 한국도 그 시행의 근거를 마련하였다. 관리운영주체는 국민건강보험공단이 건강보험업무와 병행하고 있는데 이는 급여관리 및 재정관리 주체의 일원화로 관리운영의 책임성·효율성을 제고할 수 있다는 점과 기존의 건강보험체계 활용을 통한 관리운영비용을 절감할 수 있다는 점들이 고려되었다.

여기에서 한국의 노인장기요양보험의 연혁을 세부적으로 정리해 보면 다음과 같다.

㉠ 2001. 8. 15. 대통령(김대중) 경축사에서 노인장기요양보험제도 도입 제시

가. 2002. 노무현 후보 대통령 공약사항 포함

나. 2003. 3.~2004. 2. 공적노인요양추진기획단 설치·운영

다. 2004. 3.~2005. 2. 공적노인요양보장제도실행위원회 구성·운영

㉡ 2005. 10. 19.~2005. 11. 8. 「노인장기요양보험법(안)」[10] 입법예고

가. 2006. 2. 16. 정부입법 국회제출(각 정당 의원입법안 포함)

나. 2007. 4. 2. 국회 통과(부대결의내용 포함)

다. 국무회의 의결(4.17.)을 거쳐 4. 27. 공포, 2008. 7. 1.부터 시행

㉢ 2005. 7.~2006. 3. 1차 시범사업 실시

가. 대상자 : 6개 시·군·구 65세 이상 기초생활보장 수급노인 대상

나. 시범지역 : 광주 남구, 강원 강릉, 경기 수원, 충남 부여, 경북 안동, 제주 북제주

㉣ 2006. 4.~2007. 4. 2차 시범사업 실시

가. 대상자 : 8개 시·군·구 65세 이상 노인 대상

나. 시범지역 : 부산 북구, 전남 완도 추가

---

10) 입법예고 당시에는 '노인수발보험법'으로 명칭하였으나 이후에 「노인장기요양보험법」으로 바꾸었다.

ⓜ 2007. 5.~2008. 6. 3차 시범사업 실시

가. 대상자 : 13개 시·군·구 65세 이상 노인 대상

나. 시범지역 : 인천 부평구, 대구 남구, 충북 청주, 전북 익산, 경남 하동 추가

ⓑ 2008. 7. 노인장기요양보험제도 시행, 3등급 체계의 노인장기요양보험 전국 확대

ⓢ 2014. 7.~현재 5등급 체계의 노인장기요양 등급 체계 개편

5등급(일명 '치매특별등급') 신설 및 3등급의 세분화로 3등급 체계에서 5등급 체계로 개편

2) 노인장기요양보험의 급여대상자

(1) 노인장기요양 신청 자격

노인장기요양보험의 가입자는 「국민건강보험법」에 적용되는 가입자와 동일하다. 따라서 장기요양급여를 받기 위한 장기요양인정을 신청할 수 있는 자는 일단 장기요양보험료를 납부한 자이어야 한다. 다만 그 피부양자이거나 「의료급여법」에 따른 의료급여 수급권자도 해당이 된다. 그리고 장기요양인정의 신청자격은 65세 이상의 노인 및 64세 이하로 노인성 질병[11]을 가진 자가 자격 대상이다. 신청인은 본인 또는 대리인이 되며, 대리인은 가족, 친족 또는 이해관계인, 사회복지전담공무원, 시장·군수·구청장이 지정하는 자가 될 수 있다.

신청서류는 장기요양등급판정을 위한 장기요양인정신청서와 의사소견서를 첨부하여 공단지사(노인장기요양보험지원센터)에 제출하면 되며, 신청의 종류별(최초신청, 변경신청, 갱신신청, 이의신청)로 다소 차이가 있다. 국민건강보험공단은 장기요양인정신청서를 접수한 때 소속 직원으로 하여금 신청인의 거주지를 방문하여 조사하되, 지리적

11) 노인성 질병은 치매, 뇌혈관성 질환, 파킨슨병 등 보건복지부장관이 정하여 고시한 질병을 말한다.

사정 등으로 직접 조사하기 어려운 경우는 시·군·구에 조사를 의뢰하거나 공동 조사할 것을 요청할 수 있다.

방문조사 결과를 바탕으로 국민건강보험공단의 '장기요양등급판정위원회'에서 이루어지는 장기요양등급판정 기준에 따라 장기요양 급여대상자가 될 수 있는 것이다.

(2) 노인장기요양등급판정 기준과 절차

① 등급판정 기준

장기요양등급판정은 주관적인 개념이 아닌 "심신의 기능 상태에 따라 일상생활에서 도움(장기요양)이 얼마나 필요한가?"를 지표화한 장기요양인정점수를 기준으로 판정한다. 등급판정은 제도 시행 초기에는 3개 등급으로 운영되었으나 2014년 7월부터는 3등급을 다시 세분화하여 3, 4등급으로 나누고, 치매가 있는 노인들의 신체적 활동 특성을 고려하여 5등급을 인정하여 총 5개 등급으로 판정체계를 개편하였다. 그리고 2017년 12월 26일에는 장기요양인지지원등급을 추가하였기 때문에 실제로는 6개 등급으로 볼 수 있다(〈표 8-3〉 참고).

〈표 8-3〉 장기요양등급 판정 기준

등급	심신의 기능상태	장기요양인정점수
1등급	일상생활에서 전적으로 타인의 도움이 필요한 상태	95점 이상
2등급	일상생활에서 상당 부분 타인의 도움이 필요한 상태	75점 이상~95점 미만
3등급	일상생활에서 부분적으로 타인의 도움이 필요한 상태	60점 이상~75점 미만
4등급	심신의 기능상태 장애로 일상생활에서 일정 부분 타인의 도움이 필요한 상태	51점 이상~60점 미만
5등급	치매(노인성 질병) 환자	45점 이상~51점 미만
장기요양 인정지원등급	치매(노인성 질병) 환자	45점 미만

출처: 국민건강보험공단 내부자료 재수정.

이처럼 세밀하게 등급판정 절차를 거치는 이유는 장기요양보험료를 납부해 온 많은 노인들이 보험서비스신청을 하여 타인의 도움 없이도 일상생활이 가능한 경우까지 서비스를 받게 하면 보험재정 낭비문제가 발생할 수도 있기 때문이다. 등급판정 결과 등에 대해서는 국민건강보험공단에 이의신청 및 재신청이 가능하다. 이의신청은 결과통보를 받은 날로부터 90일 이내 공단에 제출하면 된다.

② 등급판정 절차

장기요양등급판정 절차는 인정신청을 접수한 후 방문조사를 통하여 장기요양점수를 산정한 자료를 바탕으로 최종적으로 장기요양등급판정위원회에서 등급 내(1~5등급)와 등급 외로 판정하게 되는데, 장기요양등급판정위원회는 시·군·구청장이 위촉한 위원장을 포함하여 15인 이상으로 구성하며, 이 가운데 의사 또는 한의사가 각각 1인 이상 포함되어야 한다.

㉠ 방문조사

장기요양인정신청을 하게 되면 소정의 교육을 거친 간호사, 사회복지사, 물리치료사 등으로 구성된 공단 소속장기요양 직원이 직접 방문하여 '장기요양인정조사표'에 따라 90개 항목을 조사하게 된다. 세부적인 항목 구성을 보면, 기본적 일상생활활동(ADL), 수단적 일상생활활동(IADL), 인지기능, 행동변화, 간호처치, 재활 영역 각 항목에 대한 신청인의 기능상태와 질병 및 증상, 환경상태, 서비스욕구 등 12개 영역, 90개 항목이다.

㉡ 등급판정위원회 판정

신청인의 심신 상태를 나타내는 90개 항목[12)]의 조사 결과를 입력하여 '장기요양인

12) 등급판정 도구는 일본이 개호보험을 도입하면서 외국의 판정도구를 일본이 수정·보완 개발한 판정도구를 모델로 하여 1차 시범사업(2005. 7. 1.~2006. 6. 30.)부터 2차 및 3차 시범사업(2006. 7. 1. ~2008. 6. 30.)기간 동안 3차례에 걸쳐 52개 항목으로 구성하였으나, 등급이 5등급으로 변경되면서 90개 항목으로 수정·보완한 조사표이다.

정점수'를 산정한 후 시・군・구 단위로 설치된 등급판정위원회에서는 방문조사 결과, 의사소견서, 특기사항을 기초로 신청인의 기능상태 및 장기요양이 필요한 정도 등을 등급판정 기준에 따라 판정한다.

그리고 장기요양등급판정은 등급판정항목 90개 중 5개 영역, 52개 항목(신체기능 12, 인지기능 7, 행동변화 14, 간호처치 9, 재활 10)을 장기요양인정점수를 산정하는 데 활용한다.

3) 노인장기요양보험의 급여내용

(1) 재가급여

① 재가급여 기관

재가급여 기관은 「노인복지법」상의 노인복지시설 중에서 '재가노인복지시설'에서 제공하는 4가지 서비스와 '방문간호'서비스를 의미한다. 노인장기요양보험제도 시행에 맞춰 「노인복지법」을 개정한 2008년 4월 4일 이전에는 가정봉사원파견시설, 주간보호시설, 단기보호시설 등이 해당되었으나 그 이후에는 시설명칭이 변경되어 방문요양서비스, 주・야간보호서비스, 단기보호서비스, 방문목욕서비스 중 어느 하나 이상의 서비스 제공을 목적으로 하는 시설을 말한다. 단, 건강보험의 경우 병・의원 설치신고 시 건강보험요양기관으로 당연 지정이 되지만 기존 노인복지시설은 별도의 지정 행위를 거쳐서 장기요양보험의 요양기관이 될 수 있다. 재가급여시설의 지정은 「노인장기요양보험법」상의 시설 기준과 인력 기준을 적용하여 시・군・구청장이 지정한다.

② 재가급여내용

재가급여는 방문요양, 방문목욕, 방문간호, 주・야간보호, 단기보호의 5가지 서비스가 있다.

㉠ 방문요양

방문요양은 장기요양요원이 수급자의 가정 등을 방문하여 신체활동 및 가사활동 등을 지원하는 장기요양급여이다. 장기요양요원은 재가시설 및 입소시설에 근무하면서 장기요양급여를 제공하는 사람으로서 요양보호사, 간호사, 간호조무사 및 치과위생사 등을 말한다.

㉡ 방문목욕

방문목욕은 노령 또는 중증 장애로 거동이 불편하여 스스로 목욕을 하지 못하는 대상자에게 목욕서비스 제공으로 신체적 청결과 근육경축 예방 및 심신의 기능을 향상시키고 안정된 생활을 유지시켜 주는 서비스이다.

㉢ 방문간호

방문간호는 장기요양요원인 방문간호사가 의사, 한의사, 치과의사가 발행한 '방문간호지시서'에 따라 가정 등을 방문하여 간호, 진료의 보조, 요양에 관한 상담, 구강위생을 제공하는 급여를 말한다. 방문간호사는 방문간호지시서의 범위 내에서만 급여를 할 수 있다. 예를 들어 의과 의사가 발급한 방문간호지시서로는 한의과・치과에 관련된 방문간호를 받을 수 없다는 것이다.

즉 의과 방문간호급여는 간호사정 및 진단, 산소요법, 욕창치료, 단순상처치료, 투약행위 등 기본간호와 검사관련 업무, 투약관리 지도 등이고, 한의과 방문간호급여는 한약복용지도, 좌욕 등이며, 치과 방문간호급여는 구강위생관리, 구강보건교육 등의 급여가 이루어진다.

㉣ 주・야간보호

주・야간보호는 수급자를 하루 중 일정시간 동안 장기요양기관에 보호하여 신체활동지원 및 심신기능의 유지와 향상을 위한 서비스를 제공하기 때문에 원칙적으로 요양시설에 준하는 서비스를 제공하게 된다. 세부적으로는 수급자에게 개인위생, 일상생활지원 및 일상동작훈련 등 심신의 기능유지·향상을 위한 서비스, 식사도움, 목욕 및 대상자의 집에서 장기요양기관, 장기요양기관에서 집까지 대상자를 차량 등으로 이송하는 송영(送迎)서비스 등이 포함된다.

㈤ 단기보호

단기보호는 부득이한 사유로 일시적으로 가족의 보호를 받을 수 없는 수급자에게 일정기간 동안 단기보호시설에 보호하여 신체활동 지원과 심신기능의 유지 및 향상을 위한 교육·훈련 등을 제공하는 급여를 말한다. 단기보호 급여 가능일수는 월 9일 이내이다. 단, 가족들이 여행이나 병원치료 등으로 돌볼 가족이 없는 경우에는 연간 4회까지 연장 가능하다.

(2) 시설급여

① 시설급여 기관

시설급여 기관은 의료기관에 속하는 요양병원이 아닌 노인복지시설 중에서 노인의료복지시설을 의미한다. 노인장기요양보험 제도 시행에 맞춰 「노인복지법」을 개정한 2008. 4. 4. 이전에는 노인요양시설, 실비노인요양시설, 유료노인요양시설, 노인전문요양시설, 유료노인전문요양시설 등이 해당되었으나 법 개정 이후에는 시설명칭이 통합 변경되어 노인요양시설, 노인요양공동생활가정을 말한다. 마찬가지로 건강보험의 경우 병의원 설치신고 시 건강보험요양기관으로 당연 지정이 되지만 기존 노인복지시설은 별도의 지정 행위를 거쳐서 장기요양보험의 요양기관이 될 수 있다. 시설급여시설은 「노인복지법」상에서 규정하는 시설 기준과 인력 기준을 적용하여 시·군·구청장이 지정한다.

② 시설급여 내용

시설급여는 노인의료복지시설에 장기간 동안 입소하여 신체활동지원, 심신기능의 유지 및 향상을 위한 교육과 훈련 등을 제공하는 요양급여서비스이다.

(3) 특별현금급여

특별현금급여는 장기요양기관이 현저히 부족한 지역(도서 · 벽지)에 거주하는 자, 천재지변 등으로 장기요양기관이 실시하는 장기요양급여를 이용이 어렵다고 인정된 자, 장기요양기관이 아닌 노인요양시설에서 요양을 실시한 자, 신체, 정신, 성격 등의 사유로 가족 등이 장기요양을 받아야 하는 자에게 지급하는 「노인장기요양보험법」상의 가족요양비, 특례요양비, 요양병원간병비 등을 말한다.

가. 가족요양비 : 제24조에 따라 지급하는 가족장기요양급여
나. 특례요양비 : 제25조에 따라 지급하는 특례장기요양급여
다. 요양병원간병비 : 제26조에 따라 지급하는 요양병원장기요양급여(현, 유보상태)

① 가족요양비

국민건강보험공단은 다음의 어느 하나에 해당하는 수급자가 가족 등으로부터 방문요양에 상당한 장기요양급여를 받은 때 대통령령으로 정하는 기준에 따라 당해 수급자에게 가족요양비를 지급할 수 있다.

가. 도서 · 벽지 등 장기요양기관이 현저히 부족한 지역으로서 보건복지부장관이 정하여 고시하는 지역에 거주하는 자
나. 천재지변이나 그 밖에 이와 유사한 사유로 인하여 장기요양기관이 제공하는 장기요양급여를 이용하기가 어렵다고 보건복지부장관이 인정하는 자
다. 신체 · 정신 또는 성격 등 대통령령으로 정하는 사유로 인하여 가족 등으로부터 장기요양을 받아야 하는 자

② 특례요양비

국민건강보험공단은 수급자가 장기요양기관이 아닌 노인요양시설 등의 기관 또는 시설에서 재가급여 또는 시설급여에 상당한 장기요양급여를 받은 경우 대통령령으로 정하는 기준에 따라 당해 장기요양급여비용의 일부를 당해 수급자에게 특례요양비로 지급할 수 있다. 이때 장기요양급여가 인정되는 기관 또는 시설의 범위, 특례요양비의 지급절차, 그 밖에 필요한 사항은 보건복지부령으로 정한다.

③ 요양병원간병비

국민건강보험공단은 수급자가 「의료법」 제3조 제2항 제3호 라목에 따른 요양병원에 입원한 때 대통령령으로 정하는 기준에 따라 장기요양에 사용되는 비용의 일부를 요양병원간병비로 지급할 수 있다. 이에 따른 요양병원간병비의 지급절차와 그 밖에 필요한 사항은 보건복지부령으로 정한다(현재 시행을 보류하고 있음).

(4) 기타 재가급여(복지용구)

기타 재가급여는 수급자의 일상생활·신체활동 지원에 필요한 용구를 제공하거나 가정을 방문하여 재활에 관한 지원 등을 제공하는 급여를 말한다. 즉 휠체어, 전동·수동침대, 욕창방지매트리스·방석, 욕조용 리프트, 이동욕조, 보행기 등을 급여하는 서비스이다. 복지용구의 급여방식 및 급여품목을 보면 다음과 같다.

① 복지용구급여는 「노인장기요양보험법 시행규칙」 별표 1에 따른 기타 재가급여를 제공하는 기관(복지용구 사업소)에 의하여 제공된다.

② 「노인장기요양보험법」 제15조 제2항에 따라 장기요양급여를 받을 자에 대한 복지용구의 급여방식은 구입방식과 대여방식으로 한다.

③ 급여품목은 이동변기, 목욕의자, 보행차 등의 구입전용품목과 구입·대여품목인 수동휠체어, 전동침대, 수동침대, 욕창예방 매트리스, 이동욕조, 목욕리프트 등이 있다.

4) 노인장기요양보험의 재정조달

(1) 보험료 징수와 국가부담

① 보험료 징수

노인장기요양보험제도는 당초 재정조달 문제로 사회적 여건과 인프라 수준 및 노인 등의 부담능력에 비추어 보면 공적 제도의 도입을 서두르고 있는 것이 아닌가 하는 의견도 제시되었으나 한국의 급속한 인구고령화 현상과 함께 정치적 영향으로 입법화되었다고 볼 수 있다. 재정확보를 위한 장기요양보험료는 「국민건강보험법」에 따른 보험료(건강보험료)와 통합하여 징수하며, 보건복지부장관과 소속 장기요양위원회의 심의를 거쳐 장기요양보험료율을 대통령령으로 명시한다. 그러므로 건강보험 가입자는 장기요양보험료를 동시에 납부하여야 한다.

그동안 적용대상자 확대를 위해 '저소득층의 본인부담률'을 50% 경감하는 등 급여 혜택범위를 확대해 왔는데, 이에 따라 장기요양보험료율은 매년 상승하고 있는 실정이다. 세부적인 장기요양보험료의 산정 내역을 보면, 직장 및 지역가입자 모두 동일하게 개인의 건강보험료에 장기요양보험료율을 곱하여 계산하는데, 2009년에 건강보험료×4.78%, 2013년 건강보험료×6.55%, 2018년 건강보험료×7.38%, 2019년 건강보험료×8.51%, 2020년 건강보험료×10.25%, 2021년 건강보험료×11.52%로 인상되었다.

단, 「장애인복지법」 제32조에 따라 등록한 제1급 및 제2급 장애인과 보건복지부장관이 정하여 고시하는 희귀난치성질환자는 장기요양보험가입자 또는 그 피부양자인 경우에 의료급여수급자로 결정되지 못한 때에는 장기요양보험료의 100분의 30을 경감한다. 이 경우 공단은 확인이 불가능하면 해당 장기요양보험가입자 또는 그 피부양자로부터 경감신청을 받아 경감한다.

공단은 장기요양보험료와 건강보험료를 구분하여 고지하여야 하며 통합 징수한 장기요양보험료와 건강보험료를 각각의 독립회계로 관리하여야 한다.

② **국가부담**

「노인장기요양보험법」 제58조에서는 노인장기요양보험제도의 비용부담에서 국가는 매년 예산의 범위 안에서 당해 연도 장기요양보험료 예상수입액의 100분의 20(20%)에 상당하는 금액을 공단에 지원한다는 규정을 두고 있다. 즉 국가와 지방자치단체는 의료급여 수급권자의 장기요양급여비용 중 공단이 부담하여야 할 비용과 관리운영비의 전액을 대통령령이 정하는 바에 따라 각각 부담하게 된다.

(2) 급여비용의 본인일부부담금

노인장기요양보험제도상의 급여비용 부담은 국민건강보험료와 통합 징수되는 노인장기요양보험료와 국가부담 외에도 일부 비용을 서비스를 받는 본인이 부담(본인일부부담금)하게 되는데 세부 내역은 다음과 같다.

① 재가급여비용은 당해 장기요양급여비용의 100분의 15(15%)를 수급자 본인이 부담한다.

② 시설급여비용은 당해 장기요양급여비용의 100분의 20(20%)을 수급자 본인이 부담한다.

③ 「국민기초생활보장법」에 의한 수급자는 본인일부부담금을 전액 면제하고 의료급여 수급권자, 소득, 재산 등이 보건복지부장관이 정하여 고시하는 일정금액 이하인 자는 본인부담금을 50%(시설 10%, 재가 7.5%) 경감할 수 있다.

Senior Citizen Welfare | part

03

노인복지서비스

Senior Citizen Welfare | chapter 09

노인복지서비스의 개관

1. 시설노인복지서비스

1) 시설복지서비스의 개요

(1) 노인복지서비스의 개념

도시화·산업화·정보화 사회로 칭해지는 현대 사회의 변화 속에서 노인은 과거 전통사회에서의 지위와 역할이 상실됨에 따라 소외·배제되는 계층으로서의 노인서비스대상이 되고 있다.

이에 대응하여 서구에서는 센필드(E. Shenfield)가 1957년에 노령자를 위한 사회적 대책으로서 ① 고용(Employment), ② 연금(Pension), ③ 주택(Housing), ④ 의료(Medical care), ⑤ 수용보호 및 재택노인을 위한 서비스(Residential care domiciliary welfare services) 등 5개 항의 노인복지정책과 노인복지서비스 실천 영역을 제시하고 있다.

그리고 카플란(J. Kaplan)은 1962년에 노인복지에 있어서 다루어야 할 생활상의 욕구로서 ① 건강을 증진하고 생명을 연장하기 위한 의학·정신의학적 서비스, ② 적절한 주거 마련, ③ 정신적인 안정성과 사회적 유용성을 위한 기회, ④ 퇴직 후의 경제적 안정, ⑤ 만성병 노인을 위한 보호조치, ⑥ 노동능력에 적합한 일을 갖는 기회, ⑦ 창조적 활동의 기회 및 여가를 적극적으로 이용할 수 있도록 하는 지도 등의 7개 항으로 노인복지정책과 노인복지서비스 영역을 규정하였다.

이어서 로이(L. Lowy)는 1980년에 노인복지서비스를 서비스 제공 장소를 기준으로 시설복지서비스(out of home service)와 재가복지서비스(in home service)로 분류하였다.

한편, 일본에서는 오카무라시게오(岡村重夫)가 1974년에 ① 경제적 안정, ② 직업적 안정, ③ 가족 관계 안정 및 주택의 보장, ④ 의료와 건강의 보장, ⑤ 교육적 기회, ⑥ 사회적 협동의 기회, ⑦ 문화와 오락의 기회 등의 7개 항으로 된 사회생활상의 기본적 요구를 각각 제시하고 그에 따른 정책과 실천분야를 제시하고 있다. 이 중에서 노인복지서비스는 노인의 사회생활상의 기본적 욕구 중에서 '가족안정 및 주택보장욕구'에 대응한 분야, 문화·오락의 기회욕구에 대응한 분야에 가깝다고 볼 수 있다. 즉 노인들에게 필요한 거주시설(생활시설)과 이용시설(여가복지시설) 등에 관한 서비스를 의미하는 것이다.

이렇게 볼 때 노인복지서비스는 노인을 대상으로 한 개별적이고 집단적인 보호와 처우를 하는 것을 의미한다. 여기에서 보호와 처우는 바로 사회적 서비스(social service)에 해당하는 개념이다. 노인복지를 정의할 때는 대부분 이러한 서비스의 개념을 포함하게 된다. 그러므로 노인복지서비스는 노인이라는 특정한 인적 대상자들이 갖고 있는 사회적 문제나 욕구에 대응하기 위한 사회복지적인 노력이며 체계라고 할 수 있다.

이러한 노인복지서비스에 대한 개념적 정의에 의거하여 노인복지서비스 실천 영역을 정리해 보면 우선 노인이 가지고 있는 사회적 욕구나 문제에 따른 영역분류와 그 다음은 그것을 실천할 구체적인 접근방법에 따라 분류할 수 있다. 그 외에도 실천 주체에 따라 공공 영역과 민간 영역으로 구분이 가능하겠으나 한국의 사회복지서비스의 여건상 공공 영역 외의 민간 영역도 민간위탁이나 정부지원에 의한 제3의 영역이 많으므로 세부적인 구분은 큰 의미가 없다.

그러므로 노인의 사회적 욕구나 문제에 대응한 노인복지 영역은 다양한 부문이 있겠으나 여기에서는 이미 제2부에서 분석한 사회보험 영역이나 공공부조 영역을 제외하고 노인 개인 및 집단의 문제나 사회적 욕구를 시설, 가정, 지역사회라는 공간 영역에서 원조하는 시설복지서비스, 재가복지서비스, 사례관리서비스로 구분하여 개관하고자 한다. 그리고 사회복지서비스의 특성상 일부 서비스에서는 공공부조나 사회보험 차원의 서비스와 중첩될 수도 있다. 다시 말해서, 저소득 노인단독세대를 위한 재가・지역사회서비스는 공공부조적 경향이 있으며, 특히 시설서비스의 경우는 기초생활보장과 의료보장의 측면도 있기 때문이다.

그리고 노인복지서비스는 구체적으로 「노인복지법」이나 「사회복지사업법」 등에서 구체화되고 그것을 바탕으로 실천되는 제도로 나타나는 특성이 있는 만큼 「사회복지사업법」이나 「노인복지법」상에서 정하고 있는 사회복지서비스와 맥락을 같이한다. 그 외에도 2007년 4월 27일에 제정된 「노인장기요양보험법」에 근거한 노인장기요양보호제도상의 서비스도 포함이 된다. 그러므로 대부분의 분석대상은 공공부문의 서비스가 될 것이다. 그렇지만 한국의 복지환경상 공공부문과는 분리된 사적 영역이 뚜렷하지 못한 실정을 감안한다면 노인을 대상으로 한 일부 민간부문의 복지서비스 내용도 범주에 들어갈 수 있다.

(2) 시설복지서비스의 개념

미국 사회복지사협회(National association of social workers, NASW)에서 발행한 『사회복지

사전(Encyclopedia of Social Work)』에서는 사회복지시설을 “특별한 사회문제를 가지고 있거나 그러한 사회문제를 갖게 될 위험이 있는 사람들에게 일정한 범위 내의 사회복지서비스를 제공하기 위하여 사회복지사와 사무직원, 기타의 직원들로 구성되고 이사회에서 운영하는 조직이나 시설”로 규정하고 있다.

이렇게 볼 때 시설복지서비스는 노인 등의 사회복지대상자가 질병이나 장애 또는 기타의 이유로 자신의 가족들에 의한 가족 부양을 받지 못하게 될 때, 이들에게 생활과 여가활용 등의 서비스를 제공받을 수 있는 공간인 사회복지시설을 마련하고 기본적 삶의 질을 유지할 수 있도록 도움을 주는 복지적 서비스 일체를 의미한다.

그리고 노인복지시설은 노인복지사업을 행할 목적으로 설치된 시설로서, 노인의 질병이나 장애 또는 주택, 경제, 가족관계 등의 생활 조건상의 곤란과 가족의 부양능력의 제한으로 인하여 가정에서 계속 생활할 수 없는 경우에 그 해당 노인에게 이러한 문제를 해결할 수 있도록 하는 대안적 노인 주거 형태를 의미한다고 볼 때, 노인복지시설서비스는 노인을 위한 주거공간이나 여가활용 공간 등이 갖추어진 사회복지시설에서 제공되는 사회심리적인 서비스를 포함한 제반 서비스를 말한다.

노인복지의 구체적인 서비스로서 그것을 필요로 하는 사람들에게 제공하는 급부형태는 현금급부, 현물급부(노인건강진단사업 등), 서비스 급부(양로시설 등), 조언・상담 등으로 구분되는데 이들 중 노인복지시설은 서비스 급부의 일부라 할 수 있다(김익균 외, 2002: 270 재수정). 즉 노인복지시설에서의 복지서비스는 부양의무자가 없고, 부양의무자가 있더라도 부양능력이 없는 노인세대 중에서 와병노인이 있을 경우는 지역사회에 거주하면서 재가급부를 받는 것보다는 시설에 입소하여 급부를 받는 것이 효율적인 서비스가 될 수 있다.

그러나 오늘날은 전체적인 맥락에서 보면 시설복지서비스가 재가복지서비스로 전환되는 과정에 있고, 영국 등 복지선진국에서도 가능하면 입소시설의 신축을 억제하고 통원 중심의 지역사회중간시설(community center)과 재가봉사 프로그램이 늘어나고 있는 추세에 있다. 하지만 한국은 아직까지는 서구 사회에 비하여 노인복지시설 등에 입소하고 있는 비율이 비교적 낮은 수준에 있기 때문에 복지선진국의 추이를 그대로 적용하기에는 다소 무리가 있다.

시설복지는 지역사회에서 이루어지는 재가복지와는 차별적인 의미를 여전히 가지고 있는데 개념적 주요 특징을 바탕으로 정리해 보면 다음과 같다.

① 시설복지는 지역사회의 공간에 위치하더라도 시설이라는 범주 내에서 서비스가 이루어지며(in-door service), 재가복지는 시설 밖의 서비스(out-door service)를 말한다.

② 시설복지는 시설 내에 거주하면서 서비스를 받게 되고(out of home service), 재가복지는 가정 내에 거주하면서 서비스를 받는다(in-home service).

③ 시설복지는 비교적 제도화된 건물에서 서비스를 받는(institutional care) 의미가 있고, 재가복지는 일반주택에서 서비스를 받는(domiciliary care) 의미가 있다.

2) 시설복지서비스의 대상

국민기초생활보장 수급자인 노인 중에는 가정과 지역사회에서 거주하면서 생계급여와 각종 사회복지서비스를 받는 집단과 사회와는 격리된 생활시설에서 보호와 서비스를 받는 대상자 집단이 있다. 지역사회와 가정에서 복지서비스를 받는 대상자에게 주어지는 서비스가 '재가복지서비스'가 된다면 시설에 수용되어 서비스를 받는 형태는 '시설복지서비스'라 할 수 있다.

시설복지서비스의 구체적 대상자를 서비스의 특성을 중심으로 정리하면 다음과 같다.

① 일시수용보호대상수급자와 장기수용보호대상수급자가 있다. 시설복지의 공급기간을 볼 때 시설 내에서 일정기간의 보호기간을 거쳐 지역사회구성원으로 통합되는 경우와 일단 입소하면 특정한 사유가 없는 한 평생을 시설에서 생활하게 되는 장기수용자가 있다.

② 생계구호대상수급자와 자립촉진대상수급자가 있다. 노인과 같이 신체적 기능

이 쇠약하고 장애가 있는 생계구호서비스 필요자와 근로능력이 있고 자활의지가 있는 대상자가 있다.

③ 사회격리대상수급자와 사회복귀대상수급자가 있다. 사회에서는 일탈되고 부적응하여 다른 사람에게 위해를 입힐 가능성이 있어서 치안유지상 격리수용이 필요하거나 특정한 가정이나 사회로부터 위협을 받아 시설에서 주거안정대책을 강구해야 하는 격리대상자와 시설에서 적응기간을 거쳐 지역사회로 복귀하는 대상자가 있다.

④ 양육대상수급자와 요양·보호 및 치료대상수급자가 있다. 신체적·정신적으로 스스로 가늠할 수 없는 아동·청소년 시기의 양육대상과 신체적·정신적으로 기능이 상실되어 요양과 보호 및 치료를 필요로 하는 서비스 대상자가 있다.

3) 시설복지서비스의 내용

로버트 펄만(Perlman, 1975)은 사회복지시설이 복지대상자를 돕기 위한 일련의 과업을 수행하는 데 있어서 요구되는 이론적인 기능으로서 다음의 네 가지 내용을 제시하고 있다.

① 사회복지시설은 복지수요를 지닌 이용자들에게 이용 가능한 서비스에 대해 홍보와 교육을 해야 하며, 전문적인 서비스를 필요로 하는 복지대상자에게 이를 알려 주어야 하고, 복지대상자의 문제를 해결하기 위해 지역사회 내의 다른 사회복지시설들과 협력해야 한다.

② 사회복지시설은 복지대상자의 문제를 사정하고 이용 가능한 자원을 찾아내어 복지대상자가 이를 활용하도록 도와주어야 하며, 필요하다면 복지대상자를 타 시설에 위탁하고 그 기관에서 필요한 서비스를 제공받을 수 있도록 보장해 주며, 위탁에 문제가 발생했을 때에는 서비스를 받을 수 있는 복지대상자의 권리를 보호하기 위해 대변자(advocator)의 역할을 충실히 행해야 한다.

③ 사회복지서비스 종사자와 사회복지시설에 의해 주어지는 특정한 형태의 도움, 예컨대 개별지도사업, 재활서비스, 법률구조사업, 재정적 원조 등의 상호관련 체제를 유지해야 한다.

④ 사회복지시설은 지역사회 내의 복지수혜인구의 동태를 파악하고, 새로 발생된 문제해결을 위해 필요한 서비스를 제공하고, 지역사회에서 충족되지 않은 욕구가 발견되었을 때에도 그 해결을 위해 지역사회에 있는 타 시설과 협조를 하거나, 가능하다면 이들 욕구에 대응할 수 있도록 시설 자체의 서비스를 조정할 정도의 책임을 져야 한다.

현재 생활(거주)시설에서 이루어지는 서비스의 주된 내용을 보면 생계급여와 수용생활과 관련된 프로그램으로 구성되어 있다. 이용시설의 경우에는 다양한 프로그램이 있으나 수용생활시설의 경우에는 시설보호(생계보호)가 주된 영역을 차지한다. 시설수용자에 대한 급여는 재가수급자들에 대한 급여형태와 같은 수준이지만 집단시설생활로 인한 주거적 특성에 따라 다소 차이가 나고 있다(연료비, 월동대책비 등). 그러나 대인적 특성(아동, 노인, 장애인, 여성, 부랑인 등)에 따른 생계급여액의 차이는 없으며, 아동시설의 경우는 학령기에 있을 경우에는 학비 관련의 부가적 급여가 있다.

그리고 생계급여 외의 생활시설의 주요 프로그램은 주로 의료・질병치료서비스, 입소자 간의 친숙도 높이기, 생일잔치, 가족초청, 종교행사, 시설 내 운동, 노래 부르기, 장기자랑하기, 윷놀이, 텔레비전 시청, 생활상담 등이다. 단, 국민기초생활보장 수급자 등을 보호하는 생활시설이 아닌 유료로 운영되는 노인주거복지시설에서는 전통국악, 물리치료, 영화감상, 야외활동, 운동회 등의 프로그램을 자체, 혹은 외부 인력을 통하여 서비스를 하고 있다.

한편, 노인시설이 아닌 아동시설, 장애인시설, 노숙인시설 등에서는 수급자들의 특성에 맞는 별도의 프로그램을 운영하게 되며, 각 시설마다 자활촉진을 위한 프로그램은 공통적으로 운영되고 있으나 그 효과성 면에서는 미미한 정도이다.

4) 사회복지시설의 종류와 시설복지서비스의 평가

사회복지시설은 시설입소자의 권익을 보호하기 위하여 사회복지법인이나 비영리 법인[1]에 한하여 설치・운영이 가능하게 되어 있다. 시설의 규모는 수용인원이 300인을 초과할 수 없으며(「사회복지사업법」 제41조), 단, 대통령령으로 정하는 경우는 예외가 된다. 사회복지시설의 설치와 운영은 신고 절차를 거쳐 가능하도록 하고 있으나 사회복지시설의 책임성에 대한 사회적 관심이 높아지면서 1998년에 사회복지시설평가제도가 도입이 되어 1999년부터 시행이 되어 오고 있으며, 매 3년마다 1회 이상의 시설평가를 받도록 의무화하였다(「사회복지사업법」 제43조의2).

(1) 사회복지시설의 종류

노인복지시설을 비롯한 사회복지시설의 종류는 주로 생활시설과 이용시설로 구분이 가능하다. 「사회복지사업법」과 개별 서비스 법률에서 설치 기준과 함께 운영에 대하여 정하고 있는데 한국에서 현재 설치・운영되고 있는 시설을 근거법률별로 정리해 보면 〈표 9-1〉에서 볼 수 있는 것과 같다.

〈표 9-1〉 사회복지시설의 종류(법률별)

관련법	시설 종류	세부 종류	
		생활시설	이용시설
「사회복지사업법」	사회복지관 결핵・한센시설	결핵・한센시설	사회복지관
「노인복지법」	노인복지시설	노인주거복지시설 노인의료복지시설	재가노인복지시설 노인여가복지시설 노인보호전문기관 노인일자리지원기관 학대피해노인 전용쉼터

1) 사회복지법인은 「사회복지사업법」에 규정한 사회복지사업을 행할 목적으로 설립된 법인 또는 그 연합체를 말하며, 1970년 「사회복지사업법」이 제정되기 이전까지 사회복지사업은 비영리법인에 해당하는 사단법인과 재단법인이 운영하였다.

관련법	시설 종류	세부 종류	
		생활시설	이용시설
「아동복지법」	아동복지시설	아동양육시설/공동생활가정 아동일시보호시설 아동보호치료시설 자립지원시설	아동상담소 아동전용시설 지역아동센터 아동보호전문기관 가정위탁지원센터
「장애인복지법」	장애인복지시설	장애인거주시설 – 장애유형별 거주시설 – 중증장애인 거주시설 – 장애영유아 거주시설 – 장애인단기 거주시설 – 장애인공동생활가정	장애인지역사회재활시설 장애인직업재활시설 장애인의료재활시설 장애인생산품판매시설
「정신건강증진 및 정신질환자 복지서비스 지원에 관한 법률」	정신건강 증진시설	정신요양시설 정신질환자생활시설	정신질환자재활훈련시설 정신질환자직업재활시설 중독자재활시설 생산품판매시설 종합시설
「국민기초생활 보장법	지역자활센터		지역자활센터
「농어촌주민의 보건복지증진을 위한 특별법」	복합노인 복지시설	농어촌지역에 한해 「노인복지법」 제31조 노인복지시설을 종합적으로 배치한 복합노인복지시설을 설치·운영 가능	
「한부모 가족지원법」	한부모가족 복지시설	모자가족복지시설 (기본, 공동, 자립) 부자가족복지시설 (기본, 공동, 자립) 미혼모자가족복지시설 (기본, 공동) 일시지원복지시설	한부모가족복지상담소
「영유아보육법」	어린이집		국공립어린이집 사회복지법인어린이집 법인·단체 등 어린이집 직장어린이집 가정어린이집 부모협동어린이집 민간어린이집

<table>
<tr><th rowspan="2">관련법</th><th rowspan="2">시설 종류</th><th colspan="2">세부 종류</th></tr>
<tr><th>생활시설</th><th>이용시설</th></tr>
<tr><td>「성매매방지 및 피해자보호 등에 관한 법률」</td><td>성매매 피해지원시설</td><td>일반지원시설
청소년지원시설
외국인여성지원시설
자립지원공동생활시설</td><td>자활지원센터</td></tr>
<tr><td>「성폭력방지 및 피해자보호 등에 관한 법률」</td><td>성폭력 피해보호시설</td><td>일반보호시설
장애인보호시설
특별지원보호시설
외국인보호시설
자립지원공동생활시설
장애인자립지원공동생활시설</td><td>성폭력상담소</td></tr>
<tr><td>「가정폭력방지 및 피해자보호 등에 관한 법률」</td><td>가정폭력 피해보호시설</td><td>당기보호시설
장기보호시설
외국인보호시설
장애인보호시설</td><td>가정폭력상담소</td></tr>
<tr><td>「노숙인 등의 복지 및 자립지원에 관한 법률」</td><td>노숙인시설</td><td>노숙인일시보호시설
노숙인자활시설
노숙인재활시설
노숙인요양시설</td><td>노숙인종합지원센터
노숙인급식시설
노숙인진료시설
쪽방상담소</td></tr>
<tr><td>「다문화가족지원법」</td><td>다문화가족지원센터</td><td></td><td>다문화가족지원센터</td></tr>
<tr><td>「청소년복지지원법」</td><td>청소년복지시설</td><td>청소년쉼터
청소년자립지원관
청소년치료재활시설
청소년회복지원시설</td><td>청소년상담복지센터</td></tr>
</table>

출처: 보건복지부 내부자료 재수정.

(2) 사회복지시설의 평가

① 사회복지시설 평가의 목적

첫째, 사회복지시설에 대한 평가를 통하여 사회복지시설의 운영 효율화 및 서비스의 질을 제고함으로써 사회복지시설 이용자・생활자에 대한 사회복지서비스의 질 향상을 도모하기 위함이다.

둘째, 합리적 평가지표와 평가체계의 개발을 통한 사회복지시설에 대한 객관적인 평가 틀을 마련하기 위함이다.

셋째, 전국적으로 사회복지시설 평가를 통하여 사회복지시설 운영 수준에 대한 지역별·시설종별 차이를 파악하고, 이의 개선을 위한 사회복지시설운영 수준의 균형화 대책마련을 위한 기초 자료 확보에 있다.

넷째, 사회복지 수요 증대에 따른 사회복지시설 운영 상태에 대한 정보 제공으로 사회복지시설에 대한 국민의 선택권 확대 및 보장하기 위함이다.

다섯째, 국민들에게 직접 복지서비스를 제공하는 사회복지시설의 기능강화를 통해 사회안전망을 강화하고 시설 운영의 선진화를 통하여 국민의 복지수준 향상에 기여하기 위함이다.

② 사회복지시설평가의 근거와 기준

첫째, 「사회복지사업법」 제43조의2(시설의 평가)에서는 다음과 같은 근거규정을 두고 있다.

가. 보건복지부장관과 시·도지사는 보건복지부령으로 정하는 바에 따라 시설을 정기적으로 평가하고, 그 결과를 시설의 감독·지원 등에 반영하거나 시설거주자를 다른 시설로 보내는 등의 조치를 할 수 있다.

나. 보건복지부장관이나 시·도지사는 제1항의 평가결과에 따라 시설거주자를 다른 시설로 보내는 경우에는 제38조 제3항의 조치를 하여야 한다.

둘째, 「사회복지사업법 시행규칙」 제27조(시설의 서비스 최저기준)에서는 다음과 같은 시설평가의 기준을 제시하고 있다.

가. 시설 이용자의 인권

나. 시설의 환경

다. 시설의 운영

라. 시설의 안전관리

마. 시설의 인력관리

바. 지역사회 연계

사. 서비스의 과정 및 결과

아. 그 밖에 서비스 최저기준 유지에 필요한 사항

2. 재가노인복지서비스

1) 재가복지서비스의 개요

재가복지서비스는 재가보호(home care)에 의한 노인복지를 증진시키는 데 목적을 두고 있다. 그러므로 재가복지서비스는 '재가노인복지서비스'와 같은 개념으로 볼 수 있다. 한국의 경우는 1987년 한국노인복지회 및 은천노인복지회에서 가정봉사원 파견사업을 시범 실시한 뒤, 제6공화국 시기에 정책적 논의의 대상[2)]이 되어 문민정부 시기인 1993년에 「사회복지사업법」 개정에 따라 재가복지사업이 사회복지사업의 한 영역으로 규정되었다. 그리고 노인복지 영역에서는 1993년 12월의 「노인복지법」 개정을 통해 재가노인복지사업이 노인복지사업의 영역에 포함되었다. 1997년에 개정된 「노인복지법」에서는 ① 가정봉사원파견사업, ② 주간보호사업, ③ 단기보호사업의 영역에서 추진되어 왔다.

그리고 2003년 1월 중산・서민층보호를 위한 '실비주간보호사업'을 실시하였고, 2005년부터 재가노인복지사업을 '지방이양사업'으로 추진하였다. 한편, 노인장기요양보험제도의 도입을 앞두고 2007년에 개정된 「노인복지법」에서는 ① 방문요양서비스, ② 주・야간보호서비스, ③ 단기보호서비스, ④ 방문목욕서비스, ⑤ 그 밖의 서비스로 구분하고 있다. 따라서 「노인복지법」상의 재가노인복지시설은 「노인장기요양보험법」상으로는 '장기요양기관'으로 지정되어 운영되고 있다.

2) 1989년 12월의 제1차 「노인복지법」 개정에서 '가정봉사사업'과 '재가노인'이라는 용어가 최초로 사용되기 시작하였다.

서구의 경우는 1970년대에 들어와서 탈시설화, 정상화 이념의 확산과 함께 지역사회보호(community care)운동이 각광을 받음으로써 노인과 장애인에 대한 보호의 인식전환이 있었다. 즉 시설에서 탈피하여 지역사회에 거주하면서 그 지역사회주민들과 함께 정상적인 사회생활을 할 수 있도록 조력하는 새로운 접근방법이 이슈가 된 것이다. 이렇게 본다면 재가복지서비스는 시설복지서비스와는 상대적인 개념으로서 가족이나 지역사회주민, 그리고 전문적 서비스 인력에 의해서 재가(在家) 혹은 재(在)지역사회 중심의 서비스를 전개하는 것을 의미한다.

따라서 재가복지에서의 서비스 방법은 가정과 지역사회라는 혼합된 보호나 노인의 기능장애를 완화시키고 보완해 주는 사업내용이 많다. 노인은 근본적인 질병보다는 노화로 인한 신체 전반적인 기능약화와 기능장애[3]가 많으며, 무료감이나 고독감에서 오는 심리적 장애도 중요하다고 할 수 있다.

현재 노인을 위한 국내 재가노인복지서비스는 「노인복지법」, 「농어촌주민의 보건복지증진을 위한 특별법」,[4] 「사회복지사업법」, 「의료법」 등에 근거하여 시행되고 있으며, 일상생활 수행에 불편이 있는 심신이 노쇠한 노인이 생활하는 가정에, 필요한 각종 서비스를 제공하여 노인이 가정이나 지역사회 안에서 정상적이고 안정된 생활을 영위할 수 있도록 하는 것이 목적이다.

그런데 한국의 경우는 대부분의 재가노인서비스가 의료나 복지서비스에 한정되고 있는 경향이 있어서 선진 외국에 비하여 협의적이고 선별적이라고 할 수 있는데, 그 원인 중의 하나는 시행 초기에 지역사회복지관이 재가복지봉사센터를 설치하여 재가복지서비스를 추가로 사업을 확장토록 한 것에 있다. 당시 정부는 예산이 부족한 상태에서 재가복지를 도입하였고, 그 결과 지역사회복지의 하위개념으로 인식되기도 하였던 것이다.

3) 기능장애를 나타내는 척도로 신체적 일상생활동작능력(PADL: Physical Activities of Daily Living), 기본적 일상생활동작능력(ADL: Activities of Daily Living), 사회적 일상생활동작능력(IADL: Instrumental Activities of Daily Living) 등이 사용된다.

4) 복합노인복지시설에 의한 재가복지서비스가 이루어지고 있다.

다음에서는 그간의 재가노인복지의 변화과정을 분석하기 위하여 「노인복지법」상의 재가노인복지서비스 내용을 1997년 개정내용과 2007년 개정내용으로 구분하여 살펴보고자 한다. 그리고 「노인장기요양보험법」상의 재가노인복지서비스에 해당하는 방문간호서비스와 경로우대서비스 영역도 별도로 다루고자 한다.

2) 1997년 개정 재가노인복지서비스의 내용

재가복지서비스는 시설이 아닌 자기 집이나 지역사회에서 생활하고자 하는 노인의 욕구와 노인의료비와 시설보호비의 증가에 대비하기 위한 정부의 대응방식의 합일점이라는 점에서 향후에도 사회복지서비스정책의 주요 프로그램이 될 전망이다. 1997년 개정된 「노인복지법」에서 재가노인을 위한 서비스 영역으로는 가정봉사원파견사업, 주간보호사업, 단기보호사업 등 3대 영역을 들 수 있다. 법 제38조에서는 이들 사업의 효율적인 추진을 위하여 세 가지 부문의 시설을 규정하고 있다.

(1) 가정봉사원파견사업

가정봉사원파견사업은 일정한 교육을 받은 가정봉사원(home helper)[5]을 65세 이상의 노인세대에 파견하여 일상생활의 기능장애를 도와주어 노인이 지역사회 내에서 안정된 노후생활을 보낼 수 있도록 하는 데 목적을 두고 있다. 즉 일상생활에 필요한 가사, 보건, 의료, 사회적 서비스를 제공하여 가족부양기능을 강화하는 사업이다.

2007년 법 개정 이후에도 가정봉사원파견사업은 「노인장기요양보험법」에서 급여대상으로 삼는 장기요양등급(1~5등급) 판정에서 제외된 노인성 질환자들을 대상으로 이루어지고 있다. 따라서 노인장기요양보험사업의 '방문요양'과 유사한 서비스를 현재에도 '노인복지센터'라는 시설명칭으로 「노인복지법」상의 시설과는 별도로 설치되어 시·군·구 자체지원으로 재가복지서비스를 수행 중이다.

5) 가정봉사원교육은 가정봉사원교육기관에서 이루어지며, 유급봉사원과 무급봉사원이 있다.

① **급여대상**

가정봉사원파견사업의 대상은 원칙적으로는 일상생활의 수행능력에 장애가 있는 노인이 되겠으나 아직까지는 저소득층 노인과 국민기초생활보장 수급노인을 대상으로 서비스가 제공되는 선별적 접근이 되고 있다. 그러므로 무료서비스와 실비서비스가 주종을 이루고 있고 유료서비스 대상인 60세 이상의 노인성 질환자에 대한 서비스는 이루어지지 않고 있다.

② **급여종류**

가정봉사원파견사업의 내용은 2008년에 시행된 「노인장기요양보험법」상에서의 재가급여에 속하는 '방문요양'과 유사하다. 즉 가정봉사에 관한 서비스, 개인활동지원서비스, 우애서비스, 노인상담 및 교육서비스, 노인결연서비스, 간병서비스 등의 영역이 있는데 세부적으로 보면 다음과 같다.

㉠ 가정봉사에 관한 서비스로는 취사, 장보기, 집안청소, 주변정리·정돈, 생활필수품 구매 등의 서비스가 있다.

㉡ 개인활동서비스에는 식사수발, 세면, 운동보조, 신체청결, 목욕, 용변수발, 외출 시 부축동행 등의 서비스를 들 수 있다.

㉢ 우애서비스로는 말벗, 친지 댁 전화·방문, 편지 써 주기(e-mail 보내기), 생활상담 등의 서비스 영역이 있다.

㉣ 노인상담 및 교육서비스에는 노인의 사회적 일상생활과 관련된 서비스로서 장애노인이나 그 수발자(가족 등)에게 자립할 수 있는 상담서비스나 문자·정보교육을 실시할 수 있다.

㉤ 노인결연서비스는 정부지원사업에 무의무탁노인을 연결하여 후원을 받도록 하는 서비스를 말한다.

㉥ 간병서비스는 재가노인 중 중증질환노인을 대상으로 재가간병 및 병원간병을 지원하는 것이다.

(2) 주간보호사업

주간보호사업(day care/day service)은 2008년에 시행된 「노인장기요양보험법」상에서는 재가급여인 '주 · 야간보호'로 명칭이 변경되었으며, 가정의 노인을 주간보호시설로 장소를 옮겨서 낮 시간 동안 보호하고 각종 서비스를 제공하는 것이다. 1992년부터 서울에 3개소(한국노인복지회, 은천노인복지재단, 천사양로원)의 시범사업을 통하여 전국으로 확산되었다.

초기에는 지역사회복지관의 1층 공간에서 물리치료사나 간호조무사를 두고 차량을 이용하여 만성질환노인을 이송해 와서 보호하다가 저녁시간에 가정으로 재이송하여 그 가족이 수발할 수 있도록 하는 체제로 이루어졌다. 마치 어린이집의 운영이 낮 시간 동안 이루어지고 저녁 시간에는 부모의 보호를 받게 되는 방식과 유사하여 '탁노소(託老所)'라고 불리기도 하였다.

① 급여대상

주간보호사업은 가정봉사원파견사업과 같이 국민기초생활보장 수급노인과 저소득층 노인, 일반노인 등이 대상이 되며, 무료서비스 대상, 실비서비스 대상, 유료서비스 대상으로 구분된다. 주간보호시설을 이용하는 주된 노인은 중풍, 치매 등의 만성질환을 가진 와병노인이거나 장애노인이다. 그리고 만성 퇴행성 노인환자가 기능재활훈련을 위해 이용하는 경우와 맞벌이부부 세대가 의뢰하는 경우가 늘어나고 있어 수요 대상이 확산될 것으로 전망되었다.

② 급여종류

주간보호사업의 내용은 가정봉사원파견사업에서와 유사한 서비스가 이루어지지만 노인이 낮 시간 동안[6] 한 곳에서 집단생활을 하게 된다는 측면에서 다소 다를 수 있

6) 낮 시간 동안이란 원칙적으로 1일 낮 동안이며, 시간은 평일은 07 : 30~19 : 30, 토요일은 07 : 30~15 : 30으로 하되, 신축성 있게 운영하도록 규정하고 있다.

다. 즉 가정봉사원이 아닌 전문사회복지사가 상담을 할 수도 있고 심리적 안정을 위한 프로그램 운영도 가능하다. 그러므로 프로그램에 따라 비용수납금액이 달라질 수 있고, 국민기초생활보장 수급노인에 대해서도 식비 등의 실비징수를 할 수 있도록 하였다.

주간보호시설은 기존의 노인복지시설(양로원 등)에서나 지역사회복지관 등의 사회복지시설에서 병설로 운영하는 경우가 많았으며, 서비스의 종류를 보면 다음과 같다.

㉠ 생활지도 및 일상적인 동작훈련 등의 심리적 · 신체적 기능회복서비스
㉡ 급식 및 청결 · 목욕서비스
㉢ 개인별 · 집단별 오락 프로그램 서비스, 실내 · 외 운동서비스
㉣ 장애노인 부양가족(수발자)에 대한 교육서비스
㉤ 노인결연에 관한 사항, 무의탁노인 후원을 위한 결연서비스

(3) 단기보호사업

단기보호사업(short stay service)은 주간보호사업과 유사한 서비스를 제공하지만 보호기간과 비용, 인력 면에서 기준의 차이가 있다. 그런데 단기보호사업의 구체적인 목적이라고 한다면 '부득이한 사유로 가족의 보호를 받을 수 없어 일시적으로 보호가 필요한 심신이 허약한 노인과 장애노인을 시설에 단기간 입소시켜 보호하고 필요한 각종 서비스를 제공'하는 것으로 볼 수 있다. 2008년부터 시행된 「노인장기요양보험법」상에서는 재가급여인 '단기보호'로 변경되었다.

① 급여대상

1997년 개정 「노인복지법」상의 가정봉사원파견사업이나 주간보호사업, 단기보호사업 등의 재가노인복지사업의 급여대상은 공히 60세 이상의 노인으로 규정하고 있었다. 다만 국가 또는 지방자치단체의 보조를 받는 재가노인은 무료 또는 실비보호대

상자로서 65세 이상의 자에 한한다. 즉 60세 이상은 유료서비스의 대상이 된다. 이들 서비스는 당사자 간의 계약에 의하여 대상자가 되며, 서비스 이용자가 부득이한 경우로 계약을 할 수 없을 경우에는 배우자 또는 부양의무자가 대신할 수 있었다.

② **급여종류**

1992년부터 대구(성산노인요양원), 인천(영락요양의 집) 등에서 6개소를 시범운영하기 시작했으며, 보호기간은 당초 15일 이내였으나 그 후 45일 이내로 늘어났으며, 연간 이용일수가 3월을 초과할 수 없다고 규정하였다.

사업에 따른 서비스 내용은 주간보호서비스와 유사하지만 장기간(주간보호서비스에 비하여) 보호서비스를 하게 됨으로 인한 다음과 같은 부가적 서비스나 프로그램이 필요할 수가 있다.

㉠ 생활지도 및 일상생활동작훈련 등 심신의 기능회복을 위한 서비스
㉡ 급식 및 청결·목욕서비스 등
㉢ 취미, 오락, 운동 등 여가시간활용서비스
㉣ 이용노인가족에 대한 수발상담 및 교육서비스
㉤ 노인결연에 관한 사항, 무의탁노인 후원을 위한 결연서비스

3) 2007년 개정 재가노인복지서비스의 내용

노인복지서비스는 크게 시설복지서비스(out-home service)와 재가복지서비스 및 지역사회보호(community care)로 대별된다. 시설복지서비스는 보호대상 노인을 입소시켜 급식, 치료, 기타 편의를 제공하는 시설의 보호서비스를 말하며, 대표적인 시설로는 노인주거복지시설과 노인의료복지시설이 있다. 재가복지서비스는 구체적으로는 재가보호(home care) 서비스와 지역사회보호서비스의 두 종류로 나누어진다. 전자는 대상노인의 가정에서 행해지는 서비스로 가정을 방문하여 이루어지는 방문간호와 요양보호서비

스 등이 여기에 해당된다. 후자는 재가노인을 대상으로 지역사회 내에서 일시적으로 보호하는 서비스로 대상노인에게 낮 동안의 보호를 제공하는 주간보호와 일정기간의 보호를 제공하는 단기보호서비스가 해당된다.

따라서 재가노인복지서비스란 좁게는 재가노인보호서비스만을 한정하나 넓게는 지역사회서비스까지 포함한 것으로 시설보호의 상대적인 개념으로 볼 수 있다. 즉 협의적 개념으로는 지역사회에 거주하고 있는 노인의 집을 방문하여 일상생활에 필요한 서비스를 노인이나 그 부양자에게 직접 제공하는 방문요양서비스를 의미하고, 광의적 개념으로는 시설환경이 아닌 가정이나 지역사회에서 생활하는 노인을 위한 제반의 복지서비스라고 할 수 있는 의료보장(진료 및 간호, 보호 포함) 및 관련 사회복지서비스 전반을 포함한 서비스라고 할 수 있다.

「노인장기요양보험법」(2007) 제정과 더불어 같은 해 개정된 「노인복지법」상의 재가노인복지서비스 내용을 보면 다음과 같다.

(1) 방문요양서비스

방문요양서비스는 1997년 개정 「노인복지법」상의 '가정봉사원파견사업'과 유사하다. 즉 가정에서 일상생활을 영위하고 있는 노인으로서 신체적 · 정신적 장애로 어려움을 겪고 있는 노인에게 지역사회 내에서 건전하고 안정된 노후를 영위하도록 장기요양요원 등(요양보호사)이 개별 가정을 방문하여 신체활동 및 가사활동 등 필요한 각종 서비스를 제공하는 서비스이다.

① 급여대상

방문요양서비스의 이용대상은 원칙적으로 재가노인복지시설 이용대상자가 된다. 단, 「노인장기요양보험법」에서 규정하는 급여대상인 1~5등급에 속해야 한다. 그러므로 등급 이외의 노인성 질환자들을 대상으로 서비스가 이루어지는 노인돌보미, 가사간병도우미, 독거노인생활관리사 등 타 서비스를 제공받고 있는 자는 대상에서 제외된다.

② **급여종류**

㉠ 방문요양에 관한 사항

가. 신체활동지원서비스 : 세면도움, 구강관리, 몸 청결, 머리감기기, 몸단장, 옷 갈아입히기, 목욕도움, 배설도움, 식사도움, 체위변경, 이동도움, 신체기능의 유지·증진 등

나. 가사활동지원서비스 : 취사, 생활필수품 구매, 청소·세탁·주변정돈 등

다. 개인활동지원서비스 : 외출 시 동행·부축, 일상업무 대행 등

라. 정서지원서비스 : 말벗, 격려 및 위로, 생활상담, 의사소통 도움 등

㉡ 상담 및 교육에 관한 사항

가. 노인생활 및 신상에 관한 상담서비스

나. 질환 및 장애노인, 가족을 위한 상담 및 교육

㉢ 노인결연에 관한 사항

무의탁 노인의 후원을 위한 결연사업

(2) 주·야간보호서비스

주·야간보호서비스는 부득이한 사유로 가족의 보호를 받을 수 없는 심신이 허약한 노인과 장애노인을 주간 또는 야간 동안 보호시설에 입소시켜 필요한 각종 편의를 제공하여 이들의 생활안정과 심신기능의 유지·향상을 도모하고, 그 가족의 신체적·정신적 부담을 경감하기 위한 재가노인복지서비스의 하나이다. 1997년 개정 「노인복지법」에서는 '주간보호사업'으로 운영되다가 노인장기요양보험제도 시행에 즈음하여 2007년에 '주·야간보호서비스'로 명칭이 변경되었으며, 보호기간은 1일로서 08:00~22:00으로 한다. 단, 이용노인과 그 가정의 형편에 따라 2시간 이내에서 신축성 있게 운영하도록 규정하고 있다.

① 급여대상

주・야간보호서비스의 이용대상은 원칙적으로 재가노인복지시설 이용대상자가 된다.

② 급여종류

㉠ 생활지도 및 일상동작훈련 등 심신의 기능회복을 위한 서비스

가. 일상생활지원 : 취미・오락, 운동 등 여가생활서비스

나. 일상동작훈련 : 이동, 체위변경, 기능훈련(물리치료적 훈련, 작업치료적 훈련, 언어치료적 훈련) 등

㉡ 급식 및 목욕서비스 등

몸 청결, 머리감기, 얼굴 씻기, 손 씻기, 구강관리, 몸단장, 옷 갈아입히기, 배설, 식사도움

㉢ 송영서비스

㉣ 노인 가족에 대한 교육 및 상담

(3) 단기보호서비스

단기보호서비스는 부득이한 사유로 가족의 보호를 받을 수 없어 일시적으로 보호가 필요한 심신이 허약한 노인이나 장애노인을 보호시설에 단기간 입소시켜 보호함으로써 노인 및 노인가정의 복지증진을 도모하기 위한 서비스를 제공하는 재가노인복지서비스에 속한다.

1997년 개정 「노인복지법」에서는 '단기보호사업'으로 운영되다가 노인장기요양보험제도 시행에 따라 2007년에 '단기보호서비스'로 변경되었다. 보호기간은 1회 90일 이내이고, 연간 이용일수는 180일 초과할 수 없다. 다만, 초과일수에 대해서는 전액자부담으로 이용할 수 있다.

① 급여대상

단기보호서비스는 노인의료복지시설이 아니라 재가노인복지시설이므로 단기보호서비스의 이용대상은 원칙적으로 노인의료복지시설에 입소하는 이용자보다는 다소 심신 기능상으로 나은 상태에 있는 노인성 질환자라고 할 수 있다.

② 급여종류

㉠ 급식, 치료, 그 밖의 일상생활에 필요한 편의를 제공하는 서비스
㉡ 그 밖에 노인요양시설 또는 노인요양공동생활가정의 사업에 준하는 서비스

(4) 방문목욕서비스

방문목욕서비스는 목욕장비를 갖추고 재가노인을 방문하여 목욕서비스를 제공하는 재가노인복지서비스에 속하며, 주로 방문요양서비스와 병행하여 서비스가 제공되고 있다.

① 급여대상

방문목욕서비스의 이용대상은 장기요양급여 수급자(1~5등급)와 심신이 허약하거나 장애가 있는 65세 이상의 자(이용자로부터 이용비용의 전부를 수납받아 운영하는 시설의 경우에는 60세 이상의 자)로서 가정에서의 보호가 필요한 자가 된다.

② 급여종류

㉠ 목욕준비, 입욕 시 이동보조, 몸 씻기, 머리 말리기, 옷 갈아입히기 등
㉡ 그 외 목욕 후 주변정리까지를 포함

4) 방문간호서비스

방문간호서비스는 「노인장기요양보험법」에 따른 장기요양수급자에게 장기요양요원인 간호사 등이 의사, 한의사 또는 치과의사의 방문간호지시서에 따라 수급자의 가정 등을 방문하여 간호, 진료의 보조, 요양에 관한 상담 또는 구강위생을 등의 장기요양급여를 제공하는 재가노인복지서비스에 속한다. 따라서 방문간호서비스를 제공하는 기관은 「노인복지법」에 의한 노인복지시설은 아니며 「노인장기요양보험법」에 의한 장기요양급여 수급자에게 방문간호서비스를 제공하기 위하여 「노인장기요양보험법」에 따라 설치·신고된 재가장기요양기관이다.

(1) 방문간호서비스의 이용대상

방문간호서비스의 이용대상은 장기요양급여 수급자로서 가정에서의 보호가 필요한 자가 된다.

(2) 방문간호서비스의 내용

간호사정 및 진단 등 기본간호, 욕창치료 및 단순 상처치료 등 간호, 검사관련 사항, 투약관련 지도, 환자·가족 대상 건강관리에 필요한 식이요법 등 교육훈련, 상담 등이며, 방문간호의 재가급여 업무를 하는 장기요양요원의 자격은 간호사, 간호조무사, 치과위생사 등이 개별 법률과 규정에 의해 주어진다.

3. 노인사례관리서비스

1) 노인사례관리서비스의 개요

(1) 노인사례관리서비스의 개념

비아트리스(Beatrice, 1981)는 노인을 위한 사례관리(case management for the elderly)를 서

비스들의 분열, 서비스의 갭, 서비스의 중복, 목적과 상반되게 운영되는 프로그램, 서비스의 포괄적인 배치의 부족, 조정된 서비스접근에 의해서만 해결될 수 있는, 장기보호 클라이언트의 복합적인 욕구에서 발생하는 문제들을 해결하는 기법으로 보았다.

아울러 사례관리를 장기요양보호서비스를 통합하고 개별화하는 것, 클라이언트가 다양한 서비스에 접근이 가능하도록 하는 것, 기존의 시설 내에서 제공되는 서비스보다는 더 넓은 범주에서의 서비스 확대와 개발을 촉진시키는 것, 클라이언트들에게 지속적으로 적절한 서비스를 보장해 주는 것, 클라이언트가 가지고 있는 복합적이고 다양한 욕구들에 맞는 서비스를 받을 수 있도록 조정하여 제공해 주는 것이라고 개념화하고 있다.

그리고 발리(Ballew)와 밍크(Mink)는 사례관리를 동시다발적이고 복합적인 문제들을 가졌지만 도움을 얻지 못하거나 효과적으로 도움을 받지 못하고 있는 사람들을 돕는 서비스로 정의하고 있다(Ballew & Mink, 1986).

한국의 경우에는 한국사회복지협의회가 발간한 『사회복지사전』에서 "사례관리란 복합적인 원인으로 요보호의 상태에 있는 클라이언트에게 다양한 지역사회자원을 연결시켜 관리하는 원조대책으로서 정신장애인, 와병노인, 치매성 노인 등이 가지고 있는 여러 가지 욕구를 조기에 적절하게 대응하는 지역보호체계이다."라고 설명하고 있다.

이처럼 사례관리(case/care management)는 1970년 중엽부터 미국에서 사용되기 시작한 용어이지만 아직까지 사례관리의 개념에 대한 정확한 정의나 합의가 없는 상태이다(Rothman, 1991: 520).

이렇게 볼 때 사례관리란 복합적이고 다양한 욕구와 문제를 지닌 노인 등의 클라이언트를 중심으로 그들의 욕구와 문제를 해결하고 사회적 기능을 증진시키기 위해서 그들이 필요로 하는 보호와 서비스를 효과적으로 제공받을 수 있도록 공식적 보호체계와 비공식적 보호체계를 통합·조정·관리하는 과정으로 개념화할 수 있다. 즉 클라이언트를 이미 제도화되어 있는 공식적 서비스와 가족, 친척, 이웃, 자원봉사자 등의 비공식적 자원에 연계시켜 지속적으로 원조하는 방법의 사회복지실천기법의 하나를 말한다. 그리고 임상적 개입의 의미가 강한 사례(case)라는 용어와 행정적 의미가 강한 관리(management)라는 용어가 합쳐진 개념으로서 사회복지실천의 한 영역으로 자리매김이 되고 있는 실정이다.

한편, 사례관리를 담당하는 사례관리자(case manager)란 사례관리에 관한 전문적인 지식과 기술을 소유하고 클라이언트와 사회자원체계와의 연계, 통합, 조정, 관계유지 등을 행하는 전문가들이다. 이들은 주로 능력부여자, 중개자, 옹호자, 동원자, 조정자, 지도감독자, 행동변화자, 평가자 등의 역할을 수행한다. 그리고 미국이나 캐나다의 경우에는 사례관리자의 4분의 3은 사회복지사이며, 나머지는 간호사, 보건직원, 작업치료사 등으로 구성되어 있다.

(2) 노인사례관리서비스의 필요성

일반적으로 지역사회복지에서 노인 등에 대한 사례관리의 필요성을 살펴보면 다음과 같다.

① 탈시설화와 지역사회 중심의 다원적인 서비스의 증가로 인한 서비스 형태의 변화에서 유발된 요인이 있다.
② 지역사회 내 중도의 장애를 갖게 되었거나 사회적 기능에 문제를 가진 보호대상자들이 증가되는 요인이 있다.
③ 클라이언트의 사회적 기능수행에 사회적 지지와 사회적 관계망이 중요한 역할을 수행하고 있다는 사실이 인식되는 요인이 있다.
④ 서비스의 단편화와 비용의 효과성에 대한 평가기능의 강화요인이 있다.
⑤ 사회복지 원조방법의 관심이 환경조정으로 변화하면서 지역사회복지에서 사례관리로의 변화된 관심이 증가되는 요인이 있다.
⑥ 지방자치제의 실시와 함께 사회복지서비스 공급주체가 다원화되는 요인이 있다.

그리고 노인의 특성에 기초하여 사례관리의 필요성을 정리해 보면 다음과 같다.

① 노인은 노화과정에 따라 보호욕구가 지속적으로 상승하는 경향이 있기 때문에 지속적인 서비스를 보장해야 할 요인이 있다.

② 노인은 생애발달의 특성상으로 보건, 의료, 재활, 간호, 복지, 심리 등 다양한 전문분야의 통합적 서비스를 제공해야 할 요인이 있다.

③ 인구고령화와 핵가족화로 가족체계에서 일차적 서비스 기능을 수행하지 못함으로써 노인들에게 적절한 사회적 서비스를 제공해야 할 필요가 있다.

④ 노인은 의존성이 증가하게 됨에 따라 이들이 지닌 다양하고 복합적인 욕구와 문제를 해결하기 위해서는 복합적인 서비스 제공이 요구되지만 개별적 서비스로는 한계가 있으므로 체계적인 서비스가 요구된다.

⑤ 보건, 간호, 복지, 심리 등의 개별 전문직이나 서비스 제공기관은 각각의 독특한 영역을 확보하고 있지만 상호연계가 어렵기 때문에 이를 통합적으로 제공할 수 있는 체계와 기법의 적용이 요구된다.

2) 노인사례관리서비스의 과정과 원리

(1) 노인사례관리서비스의 과정

노인 등을 위한 사례관리서비스의 과정은 일반적으로 여섯 단계로 나누어 살펴볼 수 있다(京極 高宣, 1995: 203-204 재수정).

① 접수단계

접수단계는 사례의 발견이나 긴급한 욕구를 가진 자를 가장 우선 과정에 포함시키고, 클라이언트에게 사례관리의 의미를 이해시켜 그 과정에 참가시키는 접수(intake)의 단계이다. 즉 지역사회복지관을 중심으로 각종 상담이나 지역주민의 정보를 통해서 서비스를 받도록 권장하거나 홍보하는 단계이다.

② 사정단계

사정단계는 클라이언트를 사회생활의 전체적인 시점에서 파악하여 각종 욕구를 사전에 평가한다. 사정의 내용은 원조대상자들의 종류에 따라 달라지지만 기본적으로는 현재의 문제상황, 신체적·정신적 건강생활, 일상생활동작능력, 경제상황, 세대구성, 가족구성, 이웃·친구에 관한 정보, 현재의 공적 서비스 등이 포함된다.

③ 계획수립단계

계획수립단계는 사례관리목표의 설정과 서비스 계획의 작성단계로 클라이언트 측의 욕구와 해당 지역의 잠재적인 서비스의 제공능력에 맞추어 사례관리에 맞는 원조목표를 설정하고, 개별화된 서비스와 원조를 통합해서 서비스의 계획을 작성한다.

④ 계획실행단계

계획실행단계는 클라이언트가 좋은 서비스를 원조받을 수 있도록 서비스의 계획을 실시하는 단계로서 사례관리자는 서비스나 원조의 공급주체와 관련을 가지고 클라이언트가 서비스를 원활하게 이용할 수 있도록 변호적 기능을 포함한 개입을 한다.

⑤ 재검토/평가단계

재검토 및 평가단계는 클라이언트 및 프로그램의 상황에 관한 재검토와 평가단계로서 서비스 계획의 실시상황에 관하여 점검하고 클라이언트나 사회상황의 변동에 따라 욕구를 충족하지 못한 경우에 다시 사정으로 돌아가서 서비스의 계획을 변경한다.

⑥ 종결단계

종결단계는 사례관리의 마지막 단계로서 총결산이 이루어진다.

(2) 노인사례관리의 원리

사례관리의 구조나 원리에서 보호대상자의 사회생활원조의 공통적인 원리를 살펴보면 다음과 같다(白澤政和, 1993: 91-92). 이러한 원리는 노인사례관리에서도 공히 적용될 수 있다.

① 사회생활의 전체성

사회생활의 모든 문제나 욕구는 상호연관이 되고 중복되어 있으므로 사례관리를 통하여 사회생활 전체의 관점에서 욕구를 파악하여 사회자원을 활용해야 한다.

② 사회생활의 계속성

사회생활상의 욕구나 문제는 항상 변화하고 문제의 내용도 변질되므로 계속적인 사정을 통해 사회생활의 계속성의 입장에서 사례관리를 실시하여야 한다.

③ 사회생활의 개별성

사회생활에서 욕구를 충족시켜 주는 방법은 개개인이 주체적으로 선택하는 입장에서 사례관리를 실시하는 것이다.

④ 사회생활의 지역성

사회생활의 문제나 욕구를 해결하는 방법은 개개인의 지역사회자원의 상황에 따라 차이가 난다. 사례관리에 있어서도 지역의 사회자원의 범위 내에서 계획을 작성, 실시하여야 한다.

3) 노인사례관리서비스의 전문성

최근의 산업화・도시화로 인하여 사회변동이 심화되고 정부의 복지재정부담이 점점 커져 가면서 가족기능의 강화를 포함한 사회적 지지에 대한 관심이 나타나기 시작하였다. 지역사회에 거주하는 대부분의 재가노인은 가족의 도움을 받고 있으며, 가족지지망의 강화가 노인의 사회적·심리적·신체적 복지에 가장 영향을 많이 주는 요인으로 나타나고 있다(성규탁·박영란, 1988: 45).

그러나 그들에게 서비스를 제공할 수 없는 경우에는 지역사회 내의 공식적인 지원망을 통하여 그들에게 서비스를 제공하는 것이 바람직하다. 특히 사례관리가 지역사회에 기반을 두어 한정되고 결핍된 자원 내에서 서비스 전달의 효과를 최대화하며, 대인서비스 전달의 비용을 억제하는 측면에서 지역사회 내에서 인적 자원을 동원하여 재가노인에게 서비스를 전달하는 기능을 해야 한다. 즉 재가노인에게 가족보호와 같은 비공식보호가 바람직한 것은 사실이나 대개 가족은 어떤 서비스가 유용한가에 대해서 잘 알지 못하고 사회자원과의 연결도 가능하지 않은 경우가 많다. 이것은 노인과 가족이 다차원적인 욕구를 가지고 있는 반면 이들이 필요로 하는 다양한 서비스에 대한 정보와 인식이 부족하고, 더욱이 서비스 전달체계가 복잡하며 자원이 부족하여 결과적으로 노인의 욕구와 서비스가 적절히 연결되지 못하고 있는 실정이다. 이러한 문제를 해결하는 데는 사회사업방법론의 새로운 분야인 사례관리를 활용하는 것이 바람직하다(성규탁·이윤로, 1993: 112).

이런 경우에 사례관리는 재가노인의 복잡한 욕구와 문제를 해결할 수 있는 서비스와 신속하게 연결시키고, 복합적 욕구에 대처하기 위하여 서비스를 통합·조정하며 만성질환노인을 포함한 재가노인에게 지속적인 보호를 제공할 수 있다.

최근 사회복지의 변화 추세는 대인복지서비스 전달의 구성부분으로서 사례관리에 대한 관심이 높아지고 있으며, 민간부문은 물론 공공부문까지 광범위한 영향을 미치고 있다. 그리하여 사례관리를 활용하는 분야는 학교, 보건 및 정신건강증진센터, 병원 등으로 확대되고 있으며, 재정상의 서비스에 대한 부가요소로서 사례관리를 계획하고 있다.

특히 사례관리는 허약한 노인, 시설에서 퇴원한 정신질환자, 발달장애를 지닌 아동과 성인 등에게 폭넓게 활용되고 있고, 만성질환자의 정신보건 및 신체상의 장애를 지닌 보호대상자들에게도 활용되고 있다.

노인 등을 포함한 만성질환자는 가족의 보호와 같은 비공식적 자원을 거의 가지고 있지 못한 데다 복합적 욕구를 가지고 있는 경우가 대부분이므로 보호를 제공할 수 있는 잠재적 자원인 지역사회 내에서 관계망을 클라이언트가 활용할 수 있도록 해야 한다. 그리고 장기보호를 원하는 보호대상자들의 신체적, 사회적, 정서적인 모든 측면의 욕구를 충족시키기 위해서는 가족이나 인근지역주민들을 보호자로서 또는 원조자로서 발굴하여 이들을 클라이언트와 연계시키는 기능이 중요하다(장인협, 1995: 155).

이러한 관점에서 사례관리자가 사례관리기법에 의하여 노인복지를 전개하려고 할 때 해결해야 할 과제들 중에서 중요한 과제를 제시하면 다음과 같다.

① 사례관리를 실시하는 기관을 어떻게 조직하느냐 하는 문제이다. 다양한 문제나 욕구를 효율적으로 해결하기 위한 공급조직의 구성은 일반 사회복지의 전달체계와의 관련성에서 현재 한국의 복지수준, 정치적 여건 등을 감안하여 조직하여야 할 것이다.

② 지역사회의 노인인구, 영역 등에 따라 사례관리의 체계를 어떻게 구성하는가 하는 문제이다.

③ 노인을 대상으로 한 사례관리에 필요한 전문적 인력의 양성과 교육문제이다.

④ 현재 실시되고 있는 사회복지의 기법에 사례관리기법을 어떻게 효과적으로 통합시키는가 하는 문제이다.

⑤ 사례관리기법을 해당 지역사회와 노인의 특성에 맞추어 어떻게 특성화시키는가 하는 문제이다.

Senior Citizen Welfare | chapter 10

노인주거복지시설과 노인보호전문기관서비스

1. 노인주거복지시설과 노인보호전문기관의 개요

1) 노인복지시설의 개념과 유형

노인복지시설은 공적인 사회복지제도에서 복지서비스의 일부분으로 심신의 장애 혹은 노화 등으로 정상적인 활동이 불가능하거나 자립이 곤란한 사람들에게 보호・치료 등의 서비스를 제공할 목적으로 통원, 생활, 기타의 방법으로 이들에게 가족부양기능을 대신하는 서비스를 제공하는 시설이나 설비 및 직원 등의 운영조직을 의미한다(阿部志郎 외, 1985 재수정).

현행 한국의 「사회복지사업법」 제2조와 「노인복지법」 제31조에 의하면 노인복지시설이란 「노인복지법」에 의거하여 각종 노인복지사업을 행할 목적으로 설치된 사회복지시설을 말한다. 즉 노인복지시설은 대인서비스의 욕구가 있는 노인을 대상으로 한 사회복지시설에 속한다. 그리고 사회복지서비스 부문 중에서도 노인복지 영역은 저출산·고령화의 영향으로 지속적인 확대가 예상되는 만큼 현행의 법제나 개별규정에 의한 노인복지시설의 개념은 변화과정에 있다고 볼 수 있다.

이제 노인복지시설의 유형을 「노인복지법」 제31조의 규정에서 살펴보면 〈표 10-1〉과 같이 총 7개 유형이 있다.

〈표 10-1〉 노인복지시설 유형 구분

구 분	시설 유형	
노인 복지시설	노인주거복지시설	• 양로시설, 노인공동생활가정
		• 노인복지주택
	노인의료복지시설	• 노인요양시설
		• 노인요양공동생활가정
	재가노인복지시설	• 방문요양서비스, 주·야간보호서비스, 단기보호서비스, 방문목욕서비스
	노인여가복지시설	• 노인복지관
		• 경로당, 노인교실
	노인보호전문기관	• 노인보호전문기관
	노인일자리지원기관	• 노인일자리지원기관
	학대피해노인 전용쉼터	• 학대피해노인 전용쉼터

출처: 보건복지부 내부자료 재수정.

자료: 노인일자리전담기관에는 다음과 같이 3가지 유형이 있다.

① 노인인력개발기관: 노인일자리 개발·보급사업, 조사사업, 교육·홍보 및 협력사업, 프로그램인증·평가사업 등을 지원하는 기관

② 노인일자리지원기관: 지역사회 등에서 노인일자리의 개발·지원, 창업·육성 및 노인에 의한 재화의 생산·판매 등을 직접 담당하는 기관

③ 노인취업알선기관: 노인에게 취업 상담 및 정보를 제공하거나 노인일자리를 알선하는 기관

이 중에서 지역사회 등에서 노인일자리의 개발 · 지원, 창업 · 육성 및 노인에 의한 재화의 생산 · 판매 등을 직접 담당하는 노인일자리지원기관은 2013년 6월에 개정된 「노인복지법」에 따라 새롭게 노인복지시설로 규정되었으며, 노인의 능력과 적성에 맞는 일자리지원사업을 전문적 · 체계적으로 수행하기 위한 전담기관(노인일자리전담기관)에 속한다.

이러한 다양한 유형의 노인복지시설은 대부분 국가나 지방정부가 설치한 후 민간에 위탁하거나 민간이 자발적으로 설립하였더라도 국가로부터 운영비를 지원받기 위해서는 '사회복지법인'화하는 것을 원칙으로 하고 있다. 단지 1993년에 「노인복지법」이 개정됨에 따라 1994년부터 비영리법인이 아닌 기업이나 개인도 유료노인복지시설(유료양로시설, 유료노인복지주택, 유료노인요양시설, 유료노인전문요양시설)을 설치하고 운영할 수 있도록 하였으나 활성화되지는 못하였다. 그리고 2008년 7월부터의 노인장기요양보험제도 시행과 더불어 노인복지시설을 유료와 무료로 구분하지 않고 통합 · 운영되는 개정과정을 거쳐서 현재에 이르고 있다. 즉 법 개정 이전의 유료노인복지시설은 흔히 말하는 실버타운(고령친화시설)을 의미하는 것으로 개정 이전 「노인복지법」상으로는 노인주거복지시설 및 노인의료복지시설 중 유료시설인 유료양로시설, 유료노인복지주택, 유료노인요양시설, 유료노인전문요양시설로 구분되어 운영되었던 것이 통합된 것이다.

그리고 노인복지시설은 시설을 사용하는 방법에 따라 생활(거주)시설과 이용시설로 구분이 가능하다. 생활(거주)시설은 노인이 지역사회와 분리된 거주공간에서 생활을 하는 서비스를 제공하며, 이용시설은 지역사회에 거주하는 노인이 낮 동안이나 일정기간(단기) 동안 수시로 서비스를 받는 시설이다. 노인복지시설을 구분하는 유형은 여러 가지가 있으나 운영주체에 따라 공공노인복지시설, 민간노인복지시설, 그리고 양자의 혼합형태인 민간위탁노인복지시설의 3개 유형으로 분류될 수 있다.

이러한 노인복지시설은 전국적인 규모의 연합회를 구성하고 있으며 1954년 3월에 한국양로사업협회로 발족하였고, 1958년 5월에 사단법인 '한국양로사업협회'로 인가

된 후 1973년 11월에는 그 명칭을 변경하여 '한국노인복지시설협회(KASCWI: Korea Association of Senior Citizens Welfare Institutions, http://www.elder.or.kr)'로 인가를 받아 운영하고 있다.

2) 노인주거복지시설의 개념과 유형

(1) 노인주거복지시설의 개념

노인주거복지시설은 가정을 대신하여 노인들이 생활할 수 있도록 주거를 포함하여 일상의 생활이 가능하도록 서비스를 제공하는 시설로서, 그 서비스대상은 신체적·정신적·사회적으로 기능 및 능력이 감퇴되는 노인으로서 가정에서 부양받기 어려운 처지에 있는 경우에 노인주거복지시설에 입소하여 각종 사회복지서비스를 받게 된다.

(2) 노인주거복지시설의 유형

「노인복지법」 제32조에 규정된 노인주거복지시설은 다음과 같이 양로시설, 노인공동생활가정, 노인복지주택의 3개 유형(종류)이 있으며, 세부적으로 살펴보면 다음과 같다.

① 양로시설

양로시설은 10인 이상의 노인들을 입소시켜 급식과 그 밖에 일상생활에 필요한 편의를 제공함을 목적으로 하는 시설이다.

② 노인공동생활가정

노인공동생활가정은 5~9인까지의 노인들을 입소시켜 가정과 같은 주거여건과 급식, 그 밖에 일상생활에 필요한 편의를 제공함을 목적으로 하는 소규모의 시설이다.

③ **노인복지주택**

노인복지주택은 30세대 이상의 규모로 노인에게 주거시설을 임대하여 주거의 편의·생활지도·상담 및 안전관리 등 일상생활에 필요한 편의를 제공함을 목적으로 하는 시설이다.

이처럼 노인주거복지시설은 일상생활에 지장이 없는 노인을 대상으로 급식과 그 밖에 일상생활에 필요한 편의를 제공하여 노후의 안정된 생활을 도모함을 목적으로 하는 사회복지시설로서 노인주거복지시설의 유형별 설치목적을 세부적으로 정리해 보면 다음과 같다(〈표 10-2〉 참고).

〈표 10-2〉 노인주거복지시설의 유형별 설치목적

시설	설치목적
① 양로시설	노인을 입소시켜 급식과 그 밖에 일상생활에 필요한 편의 제공
② 노인공동생활가정	노인들에게 가정과 같은 주거여건과 급식, 그 밖에 일상생활에 필요한 편의 제공
③ 노인복지주택	노인에게 주거시설을 분양 또는 임대하여 주거의 편의·생활지도·상담 및 안전관리 등 일상생활에 필요한 편의를 제공

출처 : 보건복지부 내부자료 재수정.

3) 노인보호전문기관의 개념과 유형

(1) 노인보호전문기관의 개념

노인보호전문기관에서 다루게 되는 '노인 학대'는 노인에 대하여 신체적·정신적·정서적·성적 폭력 및 경제적 착취 또는 가혹행위를 하거나 유기 또는 방임하는 행위를 의미한다.

노인보호전문기관은 학대받는 노인을 위한 전문적인 상담과 서비스 제공을 통한 노인의 권익증진, 학대행위자 등에 대한 교육·홍보를 통하여 노인 학대에 대한 인식을 개선하며, 노인 학대 예방사업을 통해 학대 없는 가정과 사회를 조성하기 위한 목적으로 만들어진 기관이다. 즉 노인보호전문기관은 다음과 같은 사업을 위해 설치된 시설이라고 정의할 수 있다.

① 학대받는 노인 및 가족에 대한 통합적 지원
② 노인 학대를 예방하기 위한 교육과 노인 학대예방 전문인력 육성
③ 노인에 대한 사회적 인식변화와 노인인권의 강화
④ 안전한 노후를 위한 노인 학대 신고 및 긴급전화 상담체계 구축

한편, 노인 학대는 학대가 발생하는 장소(공간)에 따라 가정 학대, 시설 학대, 지역사회 학대 등으로 구분할 수 있으며, 학대의 구체적 행위에 따라서는 신체적 학대(physical abuse), 언어적 학대(verbal abuse), 정서적 학대(emotional abuse), 성적 학대(sexual abuse), 재정적 학대(financial abuse), 방임(neglect), 자기방임(self neglect), 유기(abandonment)의 유형이 있다.

(2) 노인보호전문기관의 유형

① 중앙노인보호전문기관

㉠ 중앙노인보호전문기관은 다음과 같은 노인 학대예방사업 운영에 필요한 총괄적인 관리·지원 및 조정 업무를 담당한다.

가. 노인 학대예방 사업계획 수립
나. 노인 학대예방사업 전국적 홍보 실시
다. 노인 학대 사례관리 전산시스템 운영
라. 국·내외 관련기관 협력체계 구축 및 협력 활동
마. 전국 노인 학대 통계 구축 및 보고서 발간
바. 지방노인보호전문기관의 업무수행 매뉴얼 제작 및 배포
사. 지방노인보호전문기관 상담원 신규 및 보수교육 실시
아. 지방노인보호전문기관 사업수행 지원 및 평가
자. 각종 연구 및 프로그램 개발 등

㉡ 기타 노인인식개선교육(효행장려 및 지원에 관한 법률 관련 교육 포함), 노인자살 예방사업, 시설 내 노인권리 보호 및 기타 노인의 권익보호를 위한 사업 등에 필요한 총괄적인 관리·지원 및 조정 업무를 담당한다.

② 지방노인보호전문기관

㉠ 지방노인보호전문기관은 시도·단위로 1개소 이상씩 설치되며, 다음과 같은 노인 학대 상담 등 전문서비스 제공, 노인 학대예방교육 및 홍보를 담당한다.

가. 노인 학대 신고 접수 및 현장 조사

나. 응급보호조치 및 상담서비스 제공

다. 상담 사례의 기록, 기록의 입력 및 보존

라. 노인 학대예방 및 인식개선교육

마. 지역단위 일상 홍보 및 기획 홍보

바. 지역사회 자원개발 및 연계

사. 자체 사례회의 운영

아. 지방노인보호전문기관 자문위원회 및 노인 학대사례 판정위원회 운영

㉡ 기타 노인인식개선교육(경로효친교육 등 포함), 노인자살 예방사업, 시설 내 노인권리 보호 및 기타 노인의 권익보호를 위한 사업 등을 수행한다.

2. 노인주거복지시설의 입소와 설치·운영 기준

1) 노인주거복지시설의 입소대상과 절차

(1) 노인주거복지시설의 입소대상

「노인복지법 시행규칙」 제14조에서 정하는 노인주거복지시설의 입소대상자는 다음과 같다.

① 양로시설 · 노인공동생활가정

다음의 어느 하나에 해당하는 자로서 일상생활에 지장이 없는 자가 입소할 수 있다.

㉠ 「국민기초생활보장법」 제2조에 따른 수급권자로서 65세 이상의 자

㉡ 부양의무자로부터 적절한 부양을 받지 못하는 65세 이상의 자

㉢ 본인 및 본인과 생계를 같이하고 있는 부양의무자의 월소득을 합산한 금액을 가구원 수로 나누어 얻은 1인당 월평균 소득액이 통계청장이 「통계법」 제17조 제3항에 따라 고시하는 전년도(본인 등에 대한 소득조사일이 속하는 해의 전년도)의 도시근로자가구 월평균소득을 전년도의 평균 가구원 수로 나누어 얻은 1인당 월평균소득액 이하인 자로서 65세 이상의 자(실비보호대상자)

㉣ 입소자로부터 입소비용의 전부를 수납하여 운영하는 양로시설 또는 노인공동생활가정의 경우는 60세 이상의 자

㉤ 입소대상자의 65세 미만인 배우자(입소비용을 전부 수납하여 운영하는 경우에는 60세 미만인 배우자)는 해당 입소대상자와 함께 양로시설 · 노인공동생활가정에 입소할 수 있다.

② 노인복지주택

단독취사 등 독립된 주거생활을 하는 데 지장이 없는 60세 이상의 자가 입소할 수 있다. 아울러 입소대상자의 60세 미만인 배우자 및 입소대상자가 부양을 책임지고 있는 19세 미만의 자녀 · 손자녀도 해당 입소대상자와 함께 노인복지주택에 입소할 수 있다.

노인복지주택을 설치한 자는 입소자격자에게 임대하여야 하며, 임차한 자는 입소자격자가 아닌 자에게 양도 또는 임대할 수 없다.

(2) 노인주거복지시설의 입소절차

노인복지시설에 입소하고자 하는 자는 「노인복지법 시행규칙」 제15조 규정의 의하여 입소신청을 하여야 하며, 그 절차를 보면 다음과 같다.

① 「국민기초생활보장법」 제2조에 따른 수급권자로서 65세 이상의 자 및 부양의무자로부터 적절한 부양을 받지 못하는 65세 이상의 자가 해당 양로시설 또는 노인공동생활가정에 입소하려는 경우에는 입소신청서에 입소신청사유서 및 관련 증빙자료를 첨부하여 주소지를 관할하는 특별자치도지사・시장・군수・구청장에게 제출하여야 한다.

② 위와 같은 규정에 의한 신청을 받은 특별자치도지사・시장・군수・구청장은 신청일로부터 10일 이내에 입소대상자의 건강상태와 부양의무자의 부양능력 등을 심사하여 입소 여부와 입소시설을 결정한 후 이를 신청인 및 당해시설의 장에게 통지하여야 한다.

③ 특별자치도지사・시장・군수・구청장은 양로시설 입소자 중 부양의무자로부터 적절한 부양을 받지 못하는 65세 이상에 해당하는 자에 대하여는 1년마다 부양의무자의 부양 능력 등을 심사하여 입소 여부를 재결정하여야 한다.

④ 65세 이상의 실비보호대상자 및 입소비용을 전부 납부하는 60세 이상에 해당하는 자가 양로시설 또는 노인공동생활가정에 입소하려는 경우에는 당사자 간의 계약에 따른다.

⑤ 노인복지주택의 입소는 임대차계약에 의한다. 이 경우 임대차계약 신청자가 해당 시설의 정원을 초과하는 경우에는 다음의 순위에 의하되, 동 순위자가 있는 경우에는 신청순위에 따른다.

㉠ 부양의무자가 없는 자

㉡ 「주민등록법」상 연령이 많은 자

㉢ 배우자와 함께 입소하는 자

㉣ 19세 미만의 자녀・손자녀와 함께 입소하는 자

⑥ 입소대상자가 계약을 체결할 수 없는 부득이한 사유가 있다고 특별자치도지사・시장・군수・구청장이 인정하는 경우에는 입소대상자의 부양의무자가 입소대상자를 대신하여 계약당사자가 될 수 있다.

⑦ 입소자로부터 입소비용의 전부를 수납하여 운영하는 양로시설 및 노인공동생활가정의 설치자는 시설을 설치할 토지의 소유권 또는 사용권을 확보하고 시설의 건축공정이 〈표 10-3〉에 의한 기준공정에 도달한 후에 입소자를 모집할 수 있다.

〈표 10-3〉 노인복지시설의 건축기준공정표

구분	건축공정 (공사진척도)	공사진척내용	
		5층 이상 시설	5층 미만 시설
사회복지법인 또는 비영리법인	10% 이상	전체 층수의 1/4 이상에 해당하는 층수의 골조공사가 완성된 때	조적공사의 1/2 이상이 완성된 때
기타	20% 이상	전체 층수의 1/2 이상에 해당하는 층수의 골조공사가 완성된 때	조적공사가 완성된 때

주: 입소한 자로부터 입소비용의 전부를 수납하여 운영하는 노인주거복지시설(노인복지주택 제외) 및 노인의료복지시설에 대하여 적용함.
출처: 「노인복지법 시행규칙」 별표 1의2 재수정.

2) 노인주거복지시설의 설치 기준

(1) 노인주거복지시설의 설치 근거

「노인복지법」 제33조에 의한 노인주거복지시설에서 설치근거는 다음과 같다.

① 국가 또는 지방자치단체는 노인주거복지시설을 설치할 수 있다.
② 국가 또는 지방자치단체 외의 자가 노인주거복지시설을 설치하고자 하는 경우에는 특별자치도지사·시장·군수·구청장에게 신고하여야 한다.
③ 노인주거복지시설의 시설, 인력 및 운영에 관한 기준과 설치신고, 설치운영자가 준수하여야 할 사항, 그 밖에 필요한 사항은 보건복지부령으로 정한다.

(2) 노인주거복지시설의 설치 신고

「노인복지법 시행규칙」 제16조의 규정에 의하여 노인주거복지시설을 설치하고자 하는 자는 노인주거복지시설설치신고서에 다음의 서류(전자문서 포함)를 첨부하여 특별자치도지사 · 시장 · 군수 · 구청장에게 제출하여야 한다.

① 설치하고자 하는 자가 법인인 경우에는 정관 1부

② 위치도 · 평면도 및 설비구조 내역서 각 1부

③ 입소보증금 · 이용료, 기타 입소자의 비용부담 관계서류 1부

④ 사업계획서(제공되는 서비스의 내용과 입소자로부터 입소비용의 전부를 수납하여 운영하려는 양로시설, 노인공동생활가정 및 노인복지주택의 경우 의료기관과의 연계에 관한 사항 포함) 1부

⑤ 시설을 설치할 토지 및 건물의 소유권을 증명할 수 있는 서류(입소자로부터 입소비용의 전부를 수납하여 운영하려는 양로시설 및 노인공동생활가정의 경우에는 사용권을 증명할 수 있는 서류로 갈음할 수 있음) 각 1부

⑥ 「전기사업법 시행규칙」 제38조 제3항에 따른 전기안전점검확인서

위의 내용에 따라 신고서를 제출받은 담당 공무원은 「전자정부법」 제21조 제1항에 따른 행정정보의 공동이용을 통하여 법인등기부등본(법인인 경우에 한함)을 확인하여야 한다. 다만, 신고인이 이에 동의하지 아니하는 경우에는 그 서류를 첨부하도록 하여야 한다. 그리고 특별자치도지사 · 시장 · 군수 · 구청장은 위의 규정에 의하여 노인주거복지시설의 설치신고를 수리한 때에는 노인주거복지시설 설치신고필증을 신고인에게 교부하여야 한다.

(3) 노인주거복지시설의 유형별 설비 기준

① 양로시설

㉠ 침실

가. 독신용 · 합숙용 · 동거용 침실을 둘 수 있다.

나. 남녀공용인 시설의 경우에는 합숙용 침실을 남실 및 여실로 각각 구분하여야 한다.

다. 입소자 1명당 침실면적은 5.0m^2 이상이어야 한다.

라. 합숙용 침실 1실의 정원은 4명 이하이어야 한다.

마. 합숙용 침실에는 입소자의 생활용품을 각자 별도로 보관할 수 있는 보관시설을 설치하여야 한다.

바. 채광 · 조명 및 방습설비를 갖추어야 한다.

㉡ 식당 및 조리실

조리실 바닥은 내수재료로서 세정 및 배수에 편리한 구조로 하여야 한다.

㉢ 세면장 및 샤워실(목욕실)

가. 바닥은 미끄럽지 아니하여야 한다.

나. 욕조를 설치하는 경우에는 욕조에 노인의 전신이 잠기지 아니하는 깊이로 하고 욕조의 출입이 자유롭도록 최소한 1개 이상의 보조봉과 수직의 손잡이 기둥을 설치하여야 한다.

다. 급탕을 자동온도조절장치로 하는 경우에는 물의 최고 온도는 섭씨 40도 이상이 되지 아니하도록 하여야 한다.

㉣ 프로그램실

자유로이 이용할 수 있는 적당한 문화시설과 오락 기구를 갖추어 두어야 한다.

㉤ 체력단련실

입소 노인들이 기본적인 체력을 유지할 수 있는 데 필요한 적절한 운동 기구를 갖추어야 한다.

ⓑ 의료 및 간호사실

진료 및 간호에 필요한 상용의 약품 · 위생 재료 또는 의료 기구를 갖추어야 한다.

ⓢ 경사로

침실이 2층 이상인 경우 경사로를 설치하여야 한다. 다만, 승강기를 설치한 경우에는 이를 설치하지 아니할 수 있다.

ⓞ 그 밖의 시설

가. 복도 · 화장실 그 밖의 필요한 곳에 야간 상용등을 설치하여야 한다.

나. 계단의 경사는 완만하여야 하며, 난간을 설치하여야 한다.

다. 바닥은 부드럽고 미끄럽지 아니한 바닥재를 사용하여야 한다.

② 노인공동생활가정

㉠ 침실

가. 독신용 · 동거용 · 합숙용 침실을 둘 수 있다.

나. 남녀공용인 시설은 합숙용 침실을 남실 및 여실로 각각 구분하여야 한다.

다. 입소자 1명당 침실면적은 5.0m^2 이상이어야 한다.

라. 합숙용 침실 1실의 정원은 4명 이하이어야 한다.

마. 합숙용 침실에는 입소자의 생활용품을 각자 별도로 보관할 수 있는 보관시설을 설치하여야 한다.

바. 채광 · 조명 및 방습 설비를 갖추어야 한다.

㉡ 식당 및 조리실

조리실 바닥은 내수 재료로서 세정 및 배수에 편리한 구조로 하여야 한다.

㉢ 세면장 및 샤워실(목욕실)

가. 바닥은 미끄럽지 아니하여야 한다.

나. 욕조를 설치하는 경우에는 욕조에 노인의 전신이 잠기지 아니하는 깊이로 하고 욕조의 출입이 자유롭도록 최소한 1개 이상의 보조봉과 수직의 손잡이 기둥을 설치하여야 한다.

다. 급탕을 자동온도조절장치로 하는 경우에는 물의 최고 온도는 섭씨 40도 이상이 되지 아니하도록 하여야 한다.

㉣ 경사로

침실이 2층 이상인 경우 경사로를 설치하여야 한다. 다만, 승강기를 설치한 경우에는 경사로를 설치하지 아니할 수 있다.

㉤ 그 밖의 시설

가. 복도·화장실 그 밖의 필요한 곳에 야간 상용 등을 설치하여야 한다.

나. 계단의 경사는 완만하여야 하며, 난간을 설치하여야 한다.

다. 바닥은 부드럽고 미끄럽지 아니한 바닥재를 사용하여야 한다.

③ 노인복지주택

㉠ 침실

가. 독신용·동거용 침실의 면적은 20m^2 이상이어야 한다.

나. 취사할 수 있는 설비를 갖추어야 한다.

다. 목욕실, 화장실 등 입소자의 생활편의를 위한 설비를 갖추어야 한다.

라. 채광·조명 및 방습설비를 갖추어야 한다.

ⓛ 프로그램실

자유로이 이용할 수 있는 적당한 문화시설과 오락 기구를 갖추어 두어야 한다.

ⓒ 체력단련실

입소 노인들이 기본적인 체력을 유지할 수 있는 데 필요한 적절한 운동 기구를 갖추어야 한다.

ⓔ 의료 및 간호사실

진료 및 간호에 필요한 상용의약품・위생재료 또는 의료기구를 갖추어야 한다.

ⓜ 경보장치

타인의 도움이 필요할 때 경보가 울릴 수 있도록 거실, 화장실, 욕실, 복도 등 필요한 곳에 설치하여야 한다.

ⓑ 경사로

침실이 2층 이상인 경우 경사로를 설치하여야 한다. 다만, 승강기를 설치한 경우에는 경사로를 설치하지 아니할 수 있다.

이상의 노인주거복지시설 설비 기준을 정리하면 **〈표 10-4〉**에서와 같으며, 이러한 기준은 노인복지시설을 지도・감독하는 사회복지관련 공무원이나 사회복지사가 숙지해야 할 내용이다.

〈표 10-4〉 노인주거복지시설 설비 기준

<table>
<tr><th colspan="2">구분</th><th>침실</th><th>사무실</th><th>요양보호사 및 자원봉사자실</th><th>의료 및 간호사실</th><th>체력단련실 및 프로그램실</th><th>식당 및 조리실</th><th>비상재해대비시설</th><th>화장실</th><th>세면장 및 샤워실(목욕실)</th><th>세탁장 및 세탁물건조장</th></tr>
<tr><td rowspan="2">양로시설</td><td>입소자 30명 이상</td><td>○</td><td>○</td><td>○</td><td>○</td><td>○</td><td>○</td><td>○</td><td>○</td><td>○</td><td>○</td></tr>
<tr><td>입소자 30명 미만 10명 이상</td><td>○</td><td colspan="2">○</td><td>○</td><td>○</td><td>○</td><td>○</td><td>○</td><td colspan="2">○</td></tr>
<tr><td colspan="2">노인공동생활가정</td><td>○</td><td colspan="3">○</td><td>-</td><td>○</td><td>○</td><td>○</td><td colspan="2">○</td></tr>
<tr><td colspan="2">노인복지주택</td><td colspan="10">침실 1, 관리실 1(사무실·숙직실 포함), 식당 및 조리실 1, 체력단련실 및 프로그램실 1, 의료 및 간호사실 1, 식료품점 또는 매점 1, 비상재해대비시설 1, 경보장치 1</td></tr>
</table>

주: 세탁물 전량을 위탁처리하는 경우는 세탁장 및 세탁물건조장을 두지 않을 수 있음.
출처: 「노인복지법 시행규칙」 별표 2 재수정.

⑷ 노인주거복지시설의 시설유형별 직원자격 기준 및 배치 기준

① 노인주거복지시설의 직원자격 기준

노인주거복지시설의 직원자격 기준은 〈표 10-5〉에서 보는 바와 같이 직종별로 정해진다.

〈표 10-5〉 노인주거복지시설 직원자격 기준

직종별	자격 기준
시설의 장 (노인복지주택은 제외)	「사회복지사업법」에 따른 사회복지사 자격증 소지자 또는 의료법 제2조에 따른 의료인
사회복지사	「사회복지사업법」에 따른 사회복지사 자격증 소지자
요양보호사	법에 따른 요양보호사 자격증 소지자

출처: 「노인복지법 시행규칙」 별표 2 재수정.

② 노인주거복지시설의 직원배치 기준

노인주거복지시설의 직원배치 기준은 〈표 10-6〉에서 보는 바와 같이 직종별로 정해진다. 단, 세탁물을 전량 위탁 처리하는 경우에는 위생원을 두지 아니할 수 있으며, 입소자로부터 입소비용의 전부를 수납하여 운영하는 양로시설의 요양보호사 배치 기준은 입소자 20명당 1명으로 한다.

〈표 10-6〉 노인주거복지시설 직원배치 기준

시설별 \ 직종별		시설장	사무국장	사회복지사	의사(한의사 포함) 또는 촉탁의사	간호사 또는 간호조무사	요양보호사	사무원	영양사	조리원	위생원	관리인
양로시설	입소자 30명 이상	1명	1명	1명	1명 이상	입소자 50명당 1명	입소자 12.5명당 1명	1명 (입소자 100명 이상 경우 한정)	1명 (입소자 50명 이상 경우 한정)	2명 (입소자 100명 초과 시마다 1명 추가)	입소자 50명당 1명	
양로시설	입소자 30명 미만 10명 이상	1명	1명			1명	입소자 12.5명당 1명			1명	1명	
노인공동생활가정		1명				입소자 4.5명당 사회복지사, 간호사 또는 간호조무사, 요양보호사 1명 이상						
노인복지주택		1명		1명								1명

주: 1) 위생원 및 요양보호사: 세탁물을 전량 위탁처리하는 경우에는 위생원을 두지 아니할 수 있으며, 입소자로부터 입소비용의 전부를 수납하여 운영하는 양로시설의 요양보호사 배치기준은 입소자 20명당 1명으로 함.
2) 사회복지사: 입소자에게 건강유지, 여가선용 등 노인복지 제공계획을 수립하고, 복지증진에 관하여 상담·지도함.
3) 요양보호사: 요양서비스가 필요한 노인에게 신체활동지원서비스와 그 밖의 일상생활지원서비스를 제공하는 자
4) 의료기관과 협약을 체결하여 의료연계체계를 구축한 경우에는 의사(한의사 포함) 또는 촉탁의사를 두지 않을 수 있음.
5) 모든 종사자는 시설의 장과 근로계약을 체결한 사람이어야 함.

출처: 「노인복지법 시행규칙」 별표 2 재수정.

3) 노인주거복지시설의 지원 및 운영 기준

(1) 노인주거복지시설의 정부지원 기준

① 비용부담

「노인복지법」 제45조와 「노인복지법」 제33조 제1항의 규정에 따른 노인주거복지시설의 설치·운영에 소요되는 비용은 대통령령이 정하는 바에 따라 국가 또는 지방자치단체가 부담한다.

② 비용보조

㉠ 「노인복지법」 제47조 규정에 의하여 국가 또는 지방자치단체는 대통령령이 정하는 바에 의하여 노인복지시설의 설치·운영에 필요한 비용을 보조할 수 있다.

㉡ 「노인복지법 시행령」 제24조 제2항 규정에 따라 국가 또는 지방자치단체가 「노인복지법」 제47조의 규정에 의하여 노인복지시설의 설치·운영에 소요되는 비용을 보조하는 경우의 부담비율은 「보조금의 예산 및 관리에 관한 법률 시행령」에서 정하는 바에 의한다.

㉢ 「노인복지법 시행령」 제24조 제3항 규정에 따라 국가 또는 지방자치단체가 노인복지시설의 운영에 소요되는 비용을 보조하는 때에는 「사회복지사업법」 제43조의 규정에 의한 시설평가의 결과 등 당해 노인복지시설의 운영실적을 고려하여 차등하여 보조할 수 있다.

(2) 노인주거복지시설의 시설운영 기준

「노인복지법 시행규칙」 제17조 제2항의 규정에 따른 노인주거복지시설의 운영 기준은 다음과 같이 정리할 수 있다.

① **건강관리 규정**(노인복지주택의 경우는 제외)

㉠ 노인주거복지시설에는 입소자 건강관리를 위한 책임자를 두고 의사(한의사 포함), 간호사, 그 밖의 자격이 있는 자가 그 임무를 수행하여야 한다.

㉡ 전담의사(한의사 포함)를 두지 아니한 시설은 촉탁의사(시간제 계약에 의한 의사 또는 한의사 포함)를 두거나 의료기관과 협약을 체결하여 의료연계체계를 구축하여야 한다.

㉢ 촉탁의사를 두거나 의료기관과 협약을 체결한 경우 해당 촉탁의사 또는 의료기관의 의사는 매월 시설을 방문하여 입소자의 건강 상태를 확인하고 건강상태가 악화된 입소자에 대하여 적절한 조치를 하여야 한다. 이 경우 시설의 입소정원에 따른 방문횟수 등 세부적인 사항은 보건복지부장관이 정한다.

㉣ 입소자 및 직원에 대하여는 연 1회 이상의 건강진단을 하여야 하며, 건강진단 결과 건강이 좋지 아니한 자에 대하여는 그 치료를 위하여 필요한 조치를 하여야 한다.

㉤ 입소자에 대하여 그 건강상태에 따라 적절한 훈련과 휴식을 하도록 하여야 한다.

㉥ 시설의 환경을 항상 청결하게 하고 그 위생관리에 유의하여야 한다.

② **급식위생관리 규정**

㉠ 시설의 장은 입소자가 필요한 영양을 섭취할 수 있도록 영양사가 작성한 식단에 따라 급식을 행하여야 한다. 다만, 영양사가 없는 시설의 경우에는 소재지를 관할하는 보건소장 또는 다른 시설 등의 영양사의 지도를 받아 식단을 작성하고 이에 따라 급식하여야 한다.

㉡ 전염성 질환, 화농성 창상 등이 있는 자는 입소자의 식사를 조리하여서는 아니 된다.

㉢ 시설에서 사용되는 음용수의 경우에는 「수도법」 및 「먹는물관리법」이 정하는 바에 따라 수질검사를 받아야 한다.

㉣ 입소자의 식사를 조리하는 자는 항상 청결을 유지하여야 한다.

③ 기타 운영 규정

㉠ 시설의 장은 조직, 인사, 급여, 회계, 물품, 그 밖에 시설의 운영에 관하여 필요한 규정을 작성하여 시장·군수·구청장에게 제출하여야 한다.

㉡ 양로시설·노인공동생활가정 및 노인복지주택의 운영 규정에는 다음의 사항이 포함되어야 한다.

가. 입소정원 및 모집방법 등에 관한 사항

나. 입소계약에 관한 사항(계약기간, 계약목적, 입소보증금, 월 이용료, 그 밖의 비용부담액, 신원인수인의 권리·의무, 계약의 해제, 입소보증금의 반환 등에 관한 사항 포함)

다. 입소보증금 이용료 등 비용에 대한 변경방법 및 절차 등에 관한 사항

라. 서비스의 내용과 그 비용의 부담에 관한 사항

마. 특별한 보호를 필요로 하는 경우에는 그 서비스 기준과 비용에 관한 사항

바. 시설물 사용상의 주의사항 등에 관한 사항

사. 서비스 제공자의 배상책임, 면책범위에 관한 사항

아. 운영 규정의 개정방법 및 절차 등에 관한 사항

자. 운영위원회 또는 운영간담회의 설치·운영에 관한 사항

㉢ 시설의 장은 운영 규정에서 정한 바에 따라 해당 시설을 운영하여야 한다. 단, 노인복지주택의 경우에는 「노인복지법 시행령」 제20조의2(노인복지주택 운영의 위탁)에 따라 시설의 전부 또는 일부를 위탁하여 운영할 수 있다.

㉣ 모든 종사자는 시설의 장과 근로계약이 체결된 자이어야 한다.

④ 보증금의 수납 및 반환 규정

㉠ 양로시설·노인공동생활가정 및 노인복지주택을 설치한 자가 보증금을 수납하는 때에는 월 입소비용의 1년분 이내에서 이를 수납하여야 한다.

㉡ 노인주거복지시설을 설치한 자는 입소자가 퇴소하는 때에는 지체 없이 수납한

보증금을 입소자 또는 입소자를 대신하여 입소계약을 체결한 배우자 또는 부양 의무자에게 반환하여야 한다.

⑤ **회계 규정**

㉠ 시설의 설치·운영에 관한 회계는 법인회계 또는 다른 사업에 관한 회계와 분리하여 계리하여야 한다.

㉡ 국가 또는 지방자치단체로부터의 보조금품, 그 밖에 시설이 수수한 기부금품은 이를 별도의 계정으로 계리하여야 한다.

⑥ **장부 등의 비치 규정**

시설에는 다음의 장부 및 서류를 비치하여야 한다.

㉠ 시설의 연혁에 관한 기록부

㉡ 재산목록과 재산의 소유권 또는 사용권을 증명할 수 있는 서류

㉢ 시설운영일지

㉣ 예산서 및 결산서

㉤ 총계정원장 및 수입·지출보조부

㉥ 금전 및 물품의 출납부와 증빙서류

㉦ 보고서철 및 행정기관의 협의 등 관련 문서철

㉧ 정관(법인의 경우에만 해당) 및 관계 질의서류

㉨ 입소자 관리카드(입소계약 체결일, 입소보증금, 이용료, 그 밖에 비용부담 관계 등에 관한 내용 포함)

㉩ 연계의료시설과의 제휴계약서

㉪ 촉탁의사 근무상황부(촉탁의사가 있는 경우에만 해당)

⑦ **시설**(노인복지주택은 제외)**에서의 기거자 규정**

㉠ 시설의 장은 입소자의 침실 또는 침실이 있는 건물마다 요양보호사, 그 밖의 직원 중 1명을 입소자와 함께 기거하도록 조치하여야 한다.

㉡ 시설 안에서는 입소자 외에 시설의 장 및 직원과 그 가족이 아닌 자는 거주하지 못한다.

⑧ **사업의 실시 규정**

㉠ 시설의 장은 입소자에 대하여 적극적으로 필요한 생활지도를 하여야 한다.

㉡ 시설의 장은 입소자의 연령, 성별, 성격, 생활력, 심신의 건강상태 등을 고려하여 수시로 입소자와 면담하거나 관찰, 지도하고 특이사항을 기록, 유지하여 보호의 정도에 따라 다른 노인복지시설로의 전원 등 필요한 조치를 하여야 한다.

㉢ 시설의 장이 생활지도 등을 함에 있어서는 입소자의 의사를 최대한 존중하여야 한다.

㉣ 시설의 장은 노인교실 등의 기관과 제휴하여 입소자가 교양교육 등을 받도록 함으로써 건전하고 활력 있는 생활을 할 수 있도록 노력하여야 한다.

㉤ 시설의 장은 시설종류별로 각 시설의 특성을 고려하여 다음 〈표 10-7〉의 기준에 따른 사업을 실시하여야 한다.

〈표 10-7〉 노인주거복지시설 사업내용

시설별	사업내용
양로시설 · 노인공동생활시설	(가) 입소자의 생활의욕 증진 등을 도모하기 위하여 입소자의 신체적 · 정신적 상태에 따라 그 기능을 회복하게 하거나 기능의 감퇴를 방지하기 위한 훈련에 참가할 기회를 제공하여야 한다. (나) 교양 · 오락설비 등을 구비하고 적절한 레크리에이션을 실시하여야 한다.
노인복지주택	(가) 입주자의 거주에 불편함이 없도록 생활편의를 위한 체육시설, 여가 및 오락시설 등 부대시설 및 각종 복리시설을 설치하여 직접 또는 위탁하여 운영하여야 한다. (나) 사회복지사는 순회서비스를 제공하는 등 항상 입주자의 안전을 위하여 세심한 배려를 하여

시설별	사업내용
	야 하며 다음의 서비스를 제공하여야 한다. ① 생활지도·상담 ② 문안 ③ 긴급사태 시 대처 ④ 의료기관 등 관계기관과의 연락 ⑤ 일상생활상 필요한 원조 (다) 필요한 경우 재가노인복지시설의 방문요양과 주·야간보호서비스 등을 활용할 수 있도록 노인보건 및 복지에 관련된 사업기관과의 연계를 도모하여야 한다.

출처: 「노인복지법 시행규칙」 별표 3 재수정.

⑨ 시설운영위원회 규정

「사회복지사업법」 제36조 및 「사회복지사업법 시행규칙」 제24조에 따라 시설운영위원회를 설치·운영하여야 한다. 다만, 입소자로부터 입소비용 전부를 수납하여 운영하는 노인주거복지시설은 시설운영위원회를 대신하여 시설의 장, 직원, 가족대표, 입소자대표 및 「노인복지법」 제51조에 따른 노인복지명예지도원으로 구성된 운영간담회를 설치·운영할 수 있고, 시설의 장은 입소자의 상황, 서비스 제공 상황 등 시설의 운영과 관리비 등의 내용을 정기적으로 운영간담회에 보고하여야 한다.

3. 노인보호전문기관의 이용과 설치·운영 기준

1) 노인보호전문기관의 설치 기준

(1) 노인보호전문기관의 설치(지정)근거

① 국가 및 지방자치단체는 노인 학대에 관한 다음의 업무를 담당하는 노인보호전문기관을 설치하여야 한다. 다만, 대통령령이 정하는 범위 안에서 다른 노인복지시설을 노인보호전문기관으로 지정한 경우에는 그러하지 아니하다.

㉠ 노인 학대의 예방 및 방지를 위한 홍보

㉡ 학대받은 노인의 발견·상담·보호와 의료기관에의 치료의뢰 및 노인복지시설에의 입소의뢰

㉢ 노인 학대행위자, 노인 학대행위자로 신고된 자 및 그 가정 또는 업무・고용 등의 관계로 사실상 노인을 보호・감독하는 기관이나 시설 등에 대한 조사

㉣ 노인 학대행위자에 대한 상담 및 교육

㉤ 그 밖에 학대받은 노인의 보호를 위하여 필요한 사항

② 노인보호전문기관에 두는 상담원 등 직원의 자격은 대통령령으로, 그 설치 기준 및 운영에 관하여 필요한 사항은 보건복지부령으로 정한다.

③ 국가 및 지방자치단체는 노인복지시설 중 노인보호전문기관의 설치 및 운영 기준을 충족하는 시설에 한하여 노인보호전문기관으로 지정할 수 있다.

(2) 노인보호전문기관의 설치(지정)절차

① 보건복지부장관 또는 시・도지사는 다른 노인복지시설을 노인보호전문기관으로 지정하고자 하는 경우에는 지정대상의 수, 지정기간, 신청절차 그 밖에 지정에 관하여 필요한 사항을 정한 노인보호전문기관 지정운영계획을 미리 수립하여 이를 공고하여야 한다.

② 노인복지시설을 운영하는 자로서 노인보호전문기관으로 지정받고자 하는 자는 노인보호전문기관 지정신청서에 다음의 서류를 첨부하여 보건복지부장관 또는 시・도지사에게 제출하여야 한다.

㉠ 노인복지시설신고증 사본

㉡ 노인복지업무 수행실적을 기재한 서류

㉢ 노인보호전문기관 사업계획서

㉣ 노인보호전문기관으로 사용하고자 하는 시설의 평면도(구조별 면적 표시)

㉤ 직원의 명단과 자격증 사본(자격증이 필요한 직원에 한하되, 자격증을 확인한 경우에는 이를 첨부하지 아니함)

③ 보건복지부장관 또는 시・도지사는 노인보호전문기관의 지정신청을 받은 경우에는 노인인구, 업무범위 및 신청인의 업무수행능력 등을 고려하여 노인보

호전문기관을 지정하고, 노인보호전문기관 지정서를 신청인에게 교부하여야 한다.

④ 노인보호전문기관으로 지정받은 자가 기관의 장, 사업계획, 소재지 또는 시설의 구조를 변경한 때 변경신고서에 노인보호전문기관지정서와 다음의 구분에 따른 서류를 첨부하여 보건복지부장관 또는 관할 시·도지사에게 제출하여야 한다.

㉠ 기관의 장 변경의 경우 : 사유서(법인인 경우 기관의 장 변경을 결의한 이사회의 회의록 사본) 및 변경된 기관의 장의 이력서

㉡ 사업계획 변경의 경우 : 사유서(법인인 경우 사업계획 변경을 결의한 이사회의 회의록 사본) 및 변경된 사업계획서

㉢ 소재지 또는 시설의 구조 변경의 경우 : 사유서(법인인 경우 소재지 변경을 결의한 이사회의 회의록 사본) 및 변경된 시설의 평면도

(3) 노인보호전문기관의 설비 기준

① 노인보호전문기관 긴급전화의 설치·운영 기준은 다음과 같다.

㉠ 국가 및 지방자치단체는 「노인복지법」 제39조의5 제1항의 규정에 의한 노인보호전문기관에 전국적으로 통일된 번호인 1577－1389[1)]로 매일 24시간 동안 운영되는 긴급전화를 설치하여야 한다.

㉡ 긴급전화를 통한 노인 학대 신고의 접수 및 상담방법과 그 밖의 세부운영 등에 관하여 필요한 사항은 보건복지부장관이 정한다.

② 시설 기준은 다음 기준에 의한 각 시설을 갖추되, 노인복지시설에 병설하는 경우에는 사업에 지장이 없는 범위 내에서 당해 노인복지시설의 설비시설을 병용할 수 있다.

1) 노인학대신고 긴급전화는 전국적으로 1577-1389번과 110번으로 지정 운영되고 있다.

㉠ 사무실 : 긴급전화설치에 필요한 적정규모를 확보하여야 하며, 노인 학대관련 사무를 처리할 수 있는 설비를 갖추어야 한다.

㉡ 상담실 또는 프로그램운영실 : 상담실 또는 프로그램운영실을 설치하여야 하되, 상담실 또는 프로그램운영실에는 다음의 설비, 구조 또는 장비를 갖추어야 한다.

가. 학대받은 노인 등 상담을 받는 자의 신분, 사생활 및 상담내용 등이 노출되지 아니하도록 칸막이를 구획할 것

나. 노인의 심리치료 및 프로그램 · 교육 등에 적합한 구조와 설비를 갖출 것

다. 효과적인 상담 또는 프로그램 운영을 위한 장비(녹취기, 카메라 등)를 갖출 것

⑷ 노인보호전문기관의 직원자격 및 배치 기준

① 노인보호전문기관의 직원자격 기준

노인보호전문기관의 장 및 상담원은 다음 중 하나의 자격을 갖춘 자로 한다.

㉠ 「사회복지사업법」 제11조의 규정에 의한 사회복지사 자격을 가진 자

㉡ 7급 이상 공무원 또는 고위공무원단에 속하는 일반직공무원으로 국가 또는 지방자치단체에서 사회복지사업에 관한 행정업무에 5년 이상 종사한 경력이 있는 자

㉢ 「의료법」 제2조의 규정에 의한 의료인

② 노인보호전문기관의 직원배치 기준

긴급전화의 운영과 「노인복지법」 제39조의5 제1항 각 호에 규정된 업무수행을 위하여 기관의 장과 상담원을 다음과 같이 배치하여야 한다.

㉠ 기관의 장 : 기관의 장 1인을 두되, 노인보호전문기관을 운영하는 노인복지시

설의 장이 이를 겸직할 수 있다.

㉡ 상담원 : 상담원은 노인보호전문기관에 상시 근무하는 자로서 3인 이상을 배치하여야 하며, 이 경우 노인복지시설의 직원은 이를 겸직할 수 있다. 그리고 상담원은 보건복지부장관이 정하는 바에 따라 노인 학대예방프로그램 등 전문교육을 이수하여야 한다.

2) 노인보호전문기관의 운영 기준

(1) 노인보호전문기관의 관리 · 운영 규정

① 노인보호전문기관의 장은 조직 · 인사 · 급여 그 밖에 운영에 필요한 규정을 정하고 이를 시행해야 한다.

② 노인보호전문기관의 예산, 회계, 물품 등에 관한 사항은 사회복지법인재무 · 회계규칙을 준용해야 한다.

③ 장부 등의 비치 : 노인보호전문기관에는 다음의 장부 및 서류를 비치해야 한다.

㉠ 기관의 연혁 및 운영에 관한 기록부

㉡ 재산목록과 그 소유권 또는 사용권에 대한 증명서

㉢ 기관의 장 및 직원의 인사카드

㉣ 노인 학대의 조사 및 상담에 관한 기록(작성일로부터 5년간 보존)

(2) 노인보호전문기관의 위원회 운영 규정

① 자문위원회

㉠ 노인보호전문기관의 원활한 운영을 위해 지역노인보호전문기관에는 자문위원회를 설치할 수 있다. 기관의 특성에 맞게 구성하며 자문위원은 노인 학대사례판정위원회와 겸직할 수 있다.

㉡ 자문위원회는 학대사례와 관련된 정보제공, 자원연결, 학대사례연구 및 홍보

등 노인보호전문기관 운영과 관련하여 자문에 응할 수 있다.

㉢ 운영방법으로서는, 소장은 예방센터 운영과 관련하여 필요한 경우 자문위원회를 소집할 수 있으며, 가능한 연 2회(상반기 1회, 하반기 1회) 이상 전체회의를 소집한다.

② **노인 학대사례판정위원회**

㉠ 노인보호전문기관 조치결과의 객관성을 확보하고 노인 학대의 판정 기준의 일관성을 유지하기 위하여 지역노인보호전문기관에는 학대사례판정위원회를 설치한다.

㉡ 노인보호전문기관 2인(소장, 상담원 1명), 법률, 의료, 경찰 및 관계공무원, 노인복지분야 교수 및 사회복지분야 각 1인 이상을 위촉하여 6인 이상 10인 이내로 구성한다. 판정위원회 임기는 2년이며 연임할 수 있다.

㉢ 노인 학대사례판정위원회 위원장은 외부위원 중에서 호선하며, 부위원장은 노인보호전문기관의 장이 겸임한다.

㉣ 역할은 노인 학대사례로 판정하기 모호하고 자체사례회의에서 판단이 어려운 사례를 판단하고 피해노인의 학대행위자 또는 가족으로부터 이의를 제기받은 사례를 판단하고, 기타 사례판정위원회 위원장 또는 가족으로부터 이의를 제기받은 사례를 판정한다. 기타 사례에 관해서도 논의한다.

㉤ 운영방식으로는 판정위원회는 상담원 외에 2인 이상의 참여에 의해 개최되며 사례판정위원이 회의에 참석하기 어려운 경우 판정기재양식에 따라 기록하여 서면으로 제출할 수 있다. 긴급하여 회의 소집이 어려운 사례의 경우에는 사례판정위원으로부터 판정의뢰서를 서면으로 받아 위원장과 부위원장이 협의하여 판정한다. 그리고 회의결과는 회의록을 작성, 보관하고, 각 위원의 인준을 받는다. 한편, 학대사례판정위원회는 비상설로 운영된다.

③ **노인보호전문기관 자체 사례회의**

㉠ 노인보호전문기관 소장 및 상담원으로 구성하되 필요한 경우 자문위원회 위원 중 일부위원을 포함할 수 있다.

㉡ 노인 학대사례 여부가 불명확하거나 사례유형을 판단하기 어려운 사례, 사례판정위원회로부터 판정을 받을 만한 시간적 여유가 없을 정도로 응급한 사례, 개입, 평가, 종결, 사후관리 등 진행과정 전반에 처리방향이 모호하거나, 상담원 단독으로 결정하기 곤란한 사례 등에 관해 논의한다.

㉢ 자체 사례회의에서도 불명확하거나 판단이 어려운 경우는 사례판정위원회에 상정하여 결정한다.

㉣ 모든 회의 내용은 회의록을 작성하며 소장의 결재를 받아 보관한다.

3) 학대피해노인 전용쉼터의 설치·운영 기준

(1) 학대피해노인 전용쉼터의 설치배경과 법적 근거

기존에 60세 이상 학대피해노인의 일시보호를 위해 이용 중이던 시·도 지정의 양로·요양시설은 전문적인 상담·심리치료 프로그램 제공에 대한 한계로 인하여 가족 기능 회복 및 학대재발 방지를 위해 학대행위자 및 그 가족에 대한 전문 상담서비스 제공을 위하여 학대피해노인 전용쉼터를 설치하게 되었다. 법적 근거를 보면, 「노인복지법」 제39조의19(학대피해노인 전용쉼터의 설치)에 따른 피해노인을 일시적[2)]으로 보호하기 위한 시설의 운영 규정이 있다.

(2) 학대피해노인 전용쉼터의 설치 기준

① **학대피해노인 전용쉼터의 시설 기준**

㉠ 시설규모는 입소정원(5명 이상 9명 이하)이 입소할 수 있는 시설을 갖추어야 하며,

2) 입소기간은 3개월 이내이며, 1회에 한하여 1개월을 연장할 수 있다.

입소정원 1명당 연면적 15.9m2 이상의 공간을 확보하여야 한다. 아울러 응급대상자 및 초기 입소자의 생활지원을 위하여 1인실을 1실 이상 설치할 것을 권장한다.

㉡ 시설구조 및 설비는 일조・채광・환기 등 입소자의 보건위생과 재해방지 등을 충분히 고려하여야 한다. 아울러 「화재예방, 소방시설 설치・유지 및 안전관리에 관한 법률」에 따라 소화설비를 비치하는 등 시설의 실정에 맞게 비상재해에 대비하여야 한다.

㉢ 시설배치는 침실, 사무실, 요양보호사・자원봉사자실, 상담・교육실, 식당・조리실, 비상재해대비시설, 화장실・목욕실(샤워실), 세탁장・세탁물 건조장을 각각 갖추어야 한다. 다만, 세탁물을 전량 위탁하여 처리하는 경우에는 세탁장 및 세탁물 건조장을 두지 않을 수 있다. 단, 사무실, 요양보호사・자원봉사자실, 상담・교육실은 1개의 시설로 통합하여 운영할 수 있다.

㉣ 침실 설비에 관한 기준은 다음과 같다.

- 독신용・동거용・합숙용 침실을 둘 수 있다. 다만, 합숙용 침실은 남실 및 여실로 각각 구분하여야 한다.
- 입소자 1명당 침실 면적은 5.0㎡ 이상으로 한다.
- 합숙용 침실 1실의 정원은 3명 이하로 한다.
- 입소자의 생활용품을 개별로 보관할 수 있는 보관시설을 설치하여야 한다.
- 채광・조명 및 방습설비를 갖추어야 한다.

㉤ 상담・교육실에 관한 기준은 다음과 같다.

- 프로그램이 원활히 진행될 수 있도록 충분한 공간을 확보하여야 한다.
- 시설을 상담실로 이용하는 경우에는 상담받는 사람과 상담 내용 등이 노출되지 않도록 칸막이를 설치하고 방음이 되도록 하여야 한다.
- 식당 및 조리실: 조리실 바닥은 내수 재료로서 세정 및 배수에 편리한 구조로 하여야 한다.

㉥ 화장실 및 목욕실(샤워실)에 관한 기준은 다음과 같다.

- 바닥은 미끄럽지 않아야 한다.
- 욕조를 설치하는 경우에는 욕조에 노인의 전신이 잠기지 않는 깊이로 하고, 욕조에의 출입이 자유롭도록 최소 1개 이상의 보조봉과 수직의 손잡이 기둥을 각각 설치하여야 한다.
- 자동온도조절장치를 이용하여 급탕을 하는 경우, 물의 최고 온도는 섭씨 40도 이상이 되지 않도록 하여야 한다.

ⓢ 그 밖의 시설에 관한 기준은 다음과 같다.

- 복도・화장실 및 그 밖의 필요한 곳에 야간 상용등을 설치하여야 한다.
- 계단의 경사는 완만하여야 하며, 난간을 설치하여야 한다.
- 바닥은 부드러우면서도 미끄럽지 않은 바닥재를 사용하여야 한다.

② 학대피해노인 전용쉼터의 직원배치 기준 등

㉠ 쉼터의 장은 노인보호전문기관의 장이 겸직하면서 쉼터업무를 총괄 관리할 수 있다.

㉡ 중간관리자는 지역노인보호전문기관에서 무급 관리직으로 두며, 행정 및 회계 관련 업무 지도 및 관리와 프로그램 개발업무를 맡는다.

㉢ 사회복지사 또는 정신건강전문요원은 2인을 두며, 쉼터 입・퇴소 관련 행정, 회계, 실적보고, 프로그램 지원 및 관리, 입소자에 대한 상담 등의 업무를 한다.

㉣ 요양보호사는 3인 이상을 두며, 프로그램 지원, 신체활동 및 일상생활 지원, 활력증후 확인, 의료기관 동행, 가사활동, 조리업무 그 밖에 프로그램지원 업무 등을 한다.

(3) 학대피해노인 전용쉼터의 운영 기준

① 건강관리 기준

㉠ 쉼터의 장은 학대피해노인이 입소하는 경우에는 반드시 건강진단을 실시하고, 건강진단 결과 치료가 필요한 경우에는 그 치료를 위하여 필요한 조치를 하여

야 한다.

㉡ 쉼터의 직원은 매년 정기적으로 결핵검사를 포함한 건강진단 결과를 쉼터의 장에게 제출하고, 건강진단 결과 치료가 필요한 경우에는 그 치료를 위하여 필요한 조치를 하여야 한다.

㉢ 쉼터의 장은 입소자 및 직원이 감염성 질환에 감염되지 않도록 쉼터의 청결 및 위생관리에 충분한 주의를 기울여야 한다.

② 급식위생 기준

㉠ 입소자가 필요한 영양을 섭취할 수 있도록 관할 보건소장의 지도를 받아 급식 식단을 작성하고, 이에 따라 급식을 제공하여야 한다.

㉡ 감염병, 화농성 창상 등을 가진 직원은 입소자의 식사를 조리해서는 안 된다.

㉢ 입소자의 식사를 조리하는 직원은 항상 청결을 유지해야 한다.

㉣ 쉼터의 장은 조리실 및 식사공간의 청결을 유지하여 입소자, 이용자 및 직원이 부적절한 급식으로 인하여 식중독 등의 질환에 감염되지 않도록 충분한 주의를 기울여야 한다.

③ 기타 관리 규정

조직, 인사, 급여, 회계, 물품 및 그 밖의 시설 관리에 필요한 규정을 제정・시행하여야 한다.

④ 쉼터의 야간근무자 규정

쉼터의 장은 입소자의 침실이 있는 건물마다 「사회복지사업법」 제11조에 따른 사회복지사, 「정신건강증진 및 정신질환자 복지서비스 지원에 관한 법률」 제17조에 따른 정신건강전문요원, 법 제39조의2에 따른 요양보호사, 그 밖의 필요한 직원 중 1명 이상이 야간에 근무하도록 하여야 한다.

Senior Citizen Welfare | chapter 11

노인여가복지시설과 노인일자리 / 사회활동서비스

1. 노인여가복지시설과 노인일자리 / 사회활동지원의 개요

1) 노인여가복지시설의 개념과 설치목적

(1) 노인여가복지시설의 개념

노인여가복지시설이란 비교적 건강한 노인을 대상으로 친목도모 및 취미활동 등 여가활동을 할 수 있도록 서비스를 제공하여 노후생활을 여유와 보람을 가지고 보낼 수 있는 사회복지 이용시설을 말한다. 노인여가복지시설에는 노인복지관, 경로당, 노인교실이 있다. 이 중에서 경로당(Senior center)은 전통사회에 스며 있던, 누각 · 정자 등에서 그 기원을 찾을 수 있다. 누각은 양반계급이었던 권세가들이나 선비들의 향연 장소였으며, 정자는 주로 서민층이 이용하던 여가활용 장소였다. 그러나 급격한 산업화와 사회변화의 과정에서 전통사회의 노인여가시설은 자취를 감추거나 기능을 상실하고, 광복 이후에 여가시설로서 경로당, 또는 노인정이 생겨나게 된 것이다.

(2) 노인여가복지시설의 설치목적

평균수명의 연장, 퇴직, 자녀의 독립 등으로 인하여 노년기에는 사회적 역할이나 책임에서 벗어나서 자유롭게 활용할 수 있는 여가시간이 증가하게 된다. 따라서 노인여가복지시설의 설치를 통하여 편의를 제공하게 될 경우 노후생활의 적응에 많은 긍정적 효과를 기대할 수 있다. 이러한 관점에서 노인여가복지시설의 설치목적을 정리하면 〈표 11-1〉과 같다.

〈표 11-1〉 노인여가복지시설의 설치목적

시 설	설치목적
노인복지관	무료 또는 저렴한 요금으로 노인에 대하여 각종 상담에 응하고, 건강의 증진 · 교양 · 오락, 기타 노인의 복지증진에 필요한 편의를 제공
경로당	지역노인이 자율적으로 친목도모 · 취미활동 · 공동작업장 운영 및 각종 정보교환과 기타 여가활동을 할 수 있도록 하는 장소를 제공
노인교실	노인에 대하여 사회활동 참여욕구를 충족시키기 위하여 건전한 취미생활 · 노인건강유지 · 소득보장, 기타 일상생활과 관련한 학습 프로그램을 제공

출처 : 「노인복지법」 제36조 재수정.

2) 노인일자리 / 노인사회활동의 개념과 설치 · 지원목적

(1) 노인일자리지원기관의 개념과 설치목적

노인일자리지원기관이란 노인일자리전담기관에 속하는 한 유형으로서, 비교적 건강한 노인을 대상으로 노인일자리를 알선하여 소득보장과 아울러 보람을 가지고 노후를 보낼 수 있도록 지원하는 사회복지 이용시설을 말한다. 노인일자리전담기관에는 노인인력개발기관, 노인일자리지원기관, 노인취업알선기관의 3가지 유형이 있다.

따라서 노인일자리전담기관의 설치를 통하여 노인들의 능력과 적성에 맞는 일자리 사업을 지원하게 될 경우 노후생활에 필요한 소득보장에도 많은 긍정적 효과를 기대할 수 있다. 이러한 관점에서 노인일자리전담기관의 시설유형별 설치목적을 정리하면 〈표 11-2〉와 같다.

〈표 11-2〉 노인일자리전담기관의 설치목적

시 설	설치목적
노인인력개발기관	노인일자리의 개발·보급사업, 조사사업, 교육·홍보 및 협력사업, 프로그램인증·평가사업 등을 지원
노인일자리지원기관	지역사회 등에서 노인일자리의 개발·지원, 창업·육성 및 노인에 의한 재화의 생산·판매 등을 직접 담당
노인취업알선기관	노인에게 취업 상담 및 정보를 제공하거나 노인일자리를 알선

주: 노인일자리전담기관 중 노인일자리지원기관만 노인복지시설에 속함.
출처 : 「노인복지법」 제23조의2 내용 재수정.

(2) 노인사회활동지원의 개념과 지원목적

평균수명의 연장, 퇴직, 자녀의 독립 등으로 인하여 노년기에는 사회적 역할이나 책임에서 벗어나서 자유롭게 활용할 수 있는 여가시간이 증가하게 된다. 다른 한편으로는 자식들의 부양의식이 약화되는 반면에 국민연금이나 기초연금 수급만으로는 노후생활을 영위하는 데 경제적 어려움이 따르는 노인들을 위하여 어느 정도의 소득을 제공할 수 있는 프로그램의 하나가 노인사회활동지원이다.

노인일자리지원 및 사회활동지원목적의 근거를 법제적으로 보면, 「노인복지법」과 「저출산고령사회기본법」을 들 수 있다.

첫째, 「노인복지법」의 규정에서는 제23조(노인사회참여 지원)에서 “국가 또는 지방자치단체는 노인의 사회참여 확대를 위하여 노인의 지역봉사 활동기회를 넓히고 노인에게 적합한 직종의 개발과 그 보급을 위한 시책을 강구하며 근로능력 있는 노인에게 일할 기회를 우선적으로 제공하도록 노력하여야 한다."고 전제한 후, 제23조의2(노인일자리 전담기관의 설치·운영 등)에서는 "국가 또는 지방자치단체는 노인일자리전담기관을 설치·운영하거나 그 운영의 전부 또는 일부를 법인·단체 등에 위탁할 수 있다."고 규정하고 있다.

둘째, 「저출산고령사회기본법」의 규정에서는 제11조(고용과 소득보장)의 제1항에서 "국가 및 지방자치단체는 일할 의욕과 근로능력이 있는 고령자가 최대한 일할 수 있는 환경을 조성하여야 한다."라고 전제한 후, 제2항에서는 "국가 및 지방자치단체는 연금제도 등 노후소득보장체계를 구축하고 노인에게 적합한 일자리를 창출하는 등 국민이 경제적으로 안정된 노후생활을 할 수 있도록 필요한 조치를 강구하여야 한다."는 규정을 두고 있다. 그리고 제14조(여가·문화 및 사회활동의 장려)의 제1항에서 "국가 및 지방자치단체는 노후의 여가와 문화활동을 장려하고 이를 위한 기반을 조성하여야 한다."라고 전제한 후, 제2항에서 "국가 및 지방자치단체는 자원봉사 등 노인의 사회활동 참여를 촉진하는 사회적 기반을 조성하여야 한다."는 근거 규정을 두고 있다.

2. 노인여가복지시설의 이용과 설치·운영 기준

1) 노인여가복지시설의 유형과 이용대상

(1) 노인여가복지시설의 유형

① 노인복지관

노인복지관은 무료 또는 저렴한 요금으로 노인에 대하여 각종 상담에 응하고, 건강의 증진·교양·오락, 기타 노인의 복지증진에 필요한 편의를 제공함을 목적으로 하는 사회복지 이용시설이다. 서울시 및 대도시에는 노인종합복지관, 다른 지역에서는 노인복지회관, 노인종합복지회관 등의 명칭이 사용되고 있으나 기존의 「노인복지법」

에서는 노인복지회관으로 규정되었다. 그러나 2007년 개정 「노인복지법」에서는 공식적으로 '노인복지관'으로 명칭하고 있다.

② 경로당

경로당은 지역노인들이 자율적으로 친목도모 · 취미활동 · 공동작업장 운영 및 각종 정보교환과 기타 여가활동을 할 수 있도록 하는 장소를 제공함을 목적으로 하는 사회복지 이용시설이다.

③ 노인교실

노인교실은 노인들에 대하여 사회활동 참여욕구를 충족시키기 위하여 건전한 취미생활 · 노인건강유지 · 소득보장, 기타 일상생활과 관련한 학습프로그램을 제공함을 목적으로 하는 사회복지 이용시설이다. 「노인복지법」에 의한 노인교실은 대한노인회의 시 · 도 단위 노인연합회나 시 · 군 · 구 단위의 노인지회, 사회복지관, 종교단체 등에서 노인대학, 장수대학, 노인교실 등의 다양한 명칭으로 실시하고 있는 실정이다.

(2) 노인여가복지시설의 이용대상

「노인복지법」 제36조에서 규정하고 있는 노인여가복지시설의 이용대상자는 다음과 같다.

㉠ 노인복지관 및 노인교실 : 60세 이상의 자

㉡ 경로당 : 65세 이상의 자

㉢ 이 규정에도 불구하고 노인복지관 및 노인교실 이용대상자의 배우자는 60세 미만인 때에도 이용대상자와 함께 이용할 수 있다. 그리고 노인여가복지시설의 이용은 시설별 운영 규정이 정하는 바에 의한다.

2) 노인여가복지시설의 설치 기준

(1) 노인여가복지시설의 설치 근거

① 국가 또는 지방자치단체는 노인여가복지시설을 설치할 수 있다.

② 국가 또는 지방자치단체 외의 자가 노인여가복지시설을 설치하고자 하는 경우에는 시장 · 군수 · 구청장에게 신고하여야 한다.

③ 국가 또는 지방자치단체는 경로당의 활성화를 위하여 지역별 · 기능별 특성을 갖춘 표준 모델 및 프로그램을 개발 · 보급하여야 한다.

(2) 노인여가복지시설의 설치 절차

① 노인여가복지시설의 설치신고

㉠ 「노인복지법」 제37조의 규정에 의하여 노인여가복지시설을 설치하고자 하는 자는 노인여가복지시설 설치신고서에 다음의 서류를 첨부하여 특별자치도지사 · 시장 · 군수 · 구청장에게 제출하여야 한다.

가. 노인여가복지시설설치신고서

나. 설치하려는 자가 법인인 경우에는 정관 1부

다. 위치도 · 평면도 및 설비구조내역서 각 1부(경로당 및 노인교실 제외)

라. 이용료 그 밖의 이용자의 비용부담 관계 서류 1부(경로당 제외)

마. 사업계획서 1부

바. 시설을 설치할 토지 및 건물의 소유권을 증명할 수 있는 서류(경로당 및 노인교실의 경우에는 사용권을 증명할 수 있는 서류로 갈음) 각 1부

㉡ 신고서를 제출받은 담당 공무원은 「전자정부법」 제21조 제1항에 따른 행정정보의 공동이용을 통하여 법인등기부등본(법인인 경우에 한함)을 확인해야 한다. 다만, 신고인이 이에 동의하지 아니하는 경우에는 그 서류를 첨부하도록 해야 한다.

㉢ 특별자치도지사 · 시장 · 군수 · 구청장이 노인여가복지시설의 설치신고를 수리한 때에는 노인여가복지시설 설치신고필증을 신고인에게 교부해야 한다.

② 노인여가복지시설의 변경신고

㉠ 노인여가복지시설의 설치신고를 한 자가 시설의 명칭 · 소재지 · 입소(이용)정원, 시설의 종류 또는 시설의 장을 변경하려는 때에는 노인여가복지시설 변경신고서에 다음의 서류를 첨부하여 특별자치도지사 · 시장 · 군수 · 구청장에게 신고해야 한다.

가. 토지 및 건물의 소유권 또는 사용권을 증명할 수 있는 서류 1부(시설의 소재지 및 입소 또는 이용정원을 변경하는 경우에 한함)

나. 시설설치신고필증 1부

㉡ 변경 3개월 전까지 구비 서류를 제출해야 한다.

③ 노인여가복지시설의 폐지 및 휴지

㉠ 노인여가복지시설의 설치신고를 한 자가 그 시설을 폐지 또는 휴지하려는 때에는 노인여가복지시설 폐지 · 휴지신고서에 다음의 서류를 첨부하여 특별자치도지사 · 시장 · 군수 · 구청장에게 미리 신고해야 한다.

가. 시설(기관)의 폐지 또는 휴지 의결서(법인의 경우에 한함) 1부

나. 입소자 또는 이용자에 대한 조치계획서 1부

다. 시설(기관)설치신고필증(폐지의 경우에 한함)

㉡ 폐지 · 휴지 3개월 전까지 구비 서류를 제출해야 한다.

㉢ 노인여가복지시설의 설치신고를 한 자가 신고하지 아니하고 그 시설을 폐지 또는 휴지한 경우 200만 원 이하의 과태료가 부과된다.

(3) 노인여가복지시설의 설비 기준

① 노인여가복지시설의 시설 기준

노인여가복지시설은 다음 시설 구분에 따른 면적 이상이거나 또는 인원이 이용할 수 있는 시설을 갖추어야 한다.

㉠ 노인복지관: 연면적 500m^2 이상(분관은 미적용)

㉡ 경로당: 이용정원 20명 이상(읍·면 지역의 경우에는 10명 이상)

㉢ 노인교실: 이용정원 50명 이상

② 노인여가복지시설의 유형별 설비 기준

노인여가복지시설의 설비 기준을 정리하면 〈표 11-3〉과 같으며, 시설별 세부 설비 기준은 〈표 11-4〉와 같다.

〈표 11-3〉 노인여가복지시설 설비 기준

구분 / 시설별	사무실	식당 및 조리실	상담실 또는 면회실	집회실 또는 강당	프로그램실	화장실	물리치료실	비상재해대비시설	거실 또는 휴게실	전기시설	강의실	휴게실	객실	공동목욕장	기타부대시설
노인복지관	○	○	○	○	○	○	○	○							
경로당						○			○	○					
노인교실	○					○					○	○			

주 1) 노인복지관: 오락실에 인터넷 등을 통하여 전자정보의 접근이 가능한 컴퓨터를 설치할 수 있음.
2) 노인교실: 사무실 및 휴게실은 사업에 지장이 없는 범위에서 강의실과 겸용할 수 있음.
출처: 「노인복지법 시행규칙」 별표 7 재수정.

〈표 11-4〉 노인여가복지시설 세부설비 기준

구분	노인복지관	경로당	노인교실
설비 기준	가. 식당 및 조리실: 조리실 바닥은 내수재료로서 세정 및 배수에 편리한 구조로 하여야 한다. 나. 프로그램실: 자유로이 이용할 수 있는 적당한 문화시설과 오락기구를 비치하여야 한다. 다. 물리치료실: 기능회복 또는 기능감퇴를 방지하기 위한 훈련 등에 지장이 없는 면적과 필요한 시설을 갖추어야 한다.	가. 거실 또는 휴게실: $20m^2$ 이상이어야 한다.	가. 강의실: $33m^2$ 이상이어야 한다.

주: 노인복지관 분관은 식당 및 조리실, 물리치료실, 비상대비시설 규정을 적용치 않음.
출처: 「노인복지법 시행규칙」 별표 7 재수정.

(4) 노인여가복지시설의 시설유형별 직원자격 및 배치 기준

① 노인여가복지시설의 직원자격 기준

직원의 자격 기준은 〈표 11-5〉와 같이 시설장과 상담지도원으로 구분하여 규정하고 있다.

〈표 11-5〉 노인여가복지시설 직원자격 기준

직종별	자격 기준
노인복지관 시설장	「사회복지사업법」에 따른 사회복지사 자격증 소지자
상담지도원	「사회복지사업법」에 따른 사회복지사 자격증 소지자

출처: 「노인복지법 시행규칙」 별표 7 재수정.

② 노인여가복지시설의 직원배치 기준

직원의 배치 기준은 〈표 11-6〉과 같이 시설별 및 직종별로 구분하여 규정하고 있다.

〈표 11-6〉 노인여가복지시설 직원배치 기준

직종별 / 시설별	시설의 장	상담지도원	강사 (외부강사 포함)	물리치료사	사무원	조리원	관리인
노인복지관	1명	2명 이상		1명	1명	1명	1명
노인교실	1명		1명				

주: 상담지도원은 이용자에 대하여 노인의 건강유지·여가선용 등 노인의 복지증진에 관하여 상담·지도하는 자
출처: 「노인복지법 시행규칙」 별표 7 재수정.

3) 노인여가복지시설의 운영 기준

(1) 노인여가복지시설의 정부지원 기준

① 경로당 운영지원

경로당에 난방연료비 및 운영비를 지원함으로써 경로당의 운영활성화를 도모하고 있다.

㉠ 모범경로당 선정 운영

주거생활권 내 재가노인의 여가시설로서 역할을 하고 있는 기존 경로당을 모범경로당으로 선정하여 우수 운영사례를 타 경로당에 점진적으로 확산·파급시킴으로써 노인복지증진에 기여한다.

㉡ 경로당활성화사업

가. 경로당을 지역사회중심형 노인복지 종합서비스 전달의 기초 단위로 한다.

나. 건전한 노인 여가문화 조성과 확산의 토대를 형성한다.

다. 지역사회의 세대 간 유대 강화 및 노인세대 내 교류를 증진한다.

라. 자립형 경로당 구축으로 생산적 노인복지의 귀감으로 삼는다.

② **노인복지관, 노인교실 운영 지원**

노인복지관, 노인교실은 「노인복지법」에 규정된 시설 기준에 따라 설치토록 하고, 신고가 된 시설에 대하여는 「노인복지법」상의 직원배치 기준과 운영 기준에 맞추어 운영함으로써 노인여가시설로서의 역할을 원활히 수행할 수 있도록 행・재정적으로 지원한다.

(2) 노인여가복지시설의 시설운영 기준

① **급식위생관리 규정**(노인복지관)

㉠ 시설의 장은 이용자가 필요한 영양을 섭취할 수 있도록 영양사가 작성한 식단에 따라 급식을 행하여야 한다. 다만, 영양사가 없는 시설의 경우에는 소재지를 관할하는 보건소장의 지도를 받아 식단을 작성하고 이에 따라 급식하여야 한다.

㉡ 전염성 질환・화농성 창상 등이 있는 자는 이용자의 식사를 조리하여서는 아니 된다.

㉢ 시설에서 사용되는 음용수의 경우에는 「수도법」 및 「먹는물관리법」이 정하는 바에 따라 수질검사를 받아야 한다.

㉣ 이용자의 식사를 조리하는 자는 항상 청결을 유지하여야 한다.

② **기타운영 규정**(노인복지관・노인교실)

㉠ 노인여가복지시설의 장은 그 시설의 운영방법, 이용자의 준수사항, 기타 시설의 운영에 관하여 필요한 규정을 작성하여 시장・군수・구청장에게 제출하여야 한다.

㉡ 노인복지관・노인교실의 운영 규정에는 다음의 사항이 포함되어야 한다.

가. 이용정원 등에 관한 사항

나. 이용계약에 관한 사항(계약기간, 이용료 및 기타 비용 등에 관한 사항을 포함)

다. 이용료 등 비용에 대한 변경방법 및 절차 등에 관한 사항

라. 서비스의 내용과 그 비용의 부담에 관한 사항

마. 시설물 사용상의 주의사항 등에 관한 사항

바. 서비스 제공자의 배상책임·면책범위에 관한 사항

사. 운영 규정의 개정방법 및 절차 등에 관한 사항

③ 회계 규정

㉠ 시설의 설치·운영에 관한 회계는 법인회계 또는 다른 사업에 관한 회계와 분리하여 계리하여야 한다.

㉡ 국가 또는 지방자치단체로부터의 보조금품, 기타 시설이 수수한 기부금품은 이를 별도의 계정으로 계리하여야 한다.

④ 사업의 실시 규정

노인여가복지시설의 시설장은 시설종별로 각 시설의 특성을 고려하여 다음 〈표 11-7〉의 기준에 따른 사업을 실시하여야 한다.

〈표 11-7〉 노인여가복지시설 사업 기준

시설별	시설별 운영 기준
노인복지관	(가) 노인의 복지증진을 위하여 종합적인 노인복지센터로서의 기능을 수행할 수 있도록 필요한 사업을 선정·수행하여야 한다. (나) 다음의 사업을 기본사업으로 수행하되 이용대상 노인의 실정과 지역 여건 등을 감안하여 사업의 종류를 가감하거나 별도의 사업을 개발·추진할 수 있다. ① 상담·지도: 노인의 생활·주택·신상 등에 관한 생활상담 및 노인의 질병예방·치료에 관한 건강상담 및 지도 ② 취업상담 및 알선: 노인에 대한 취업알선 및 취업자의 사후관리 ③ 기능회복훈련의 실시: 노인의 기능회복 또는 기능의 감퇴를 방지하기 위한 훈련을 실시하되, 물리치료장비는 관할보건소에 종사하는 의사의 지도를 받아 사용하여야 한다. ④ 교양강좌 등의 실시: 노인의 교양향상을 위한 프로그램의 제공 및 레크리에이션 활동 등의 지도

시설별	시설별 운영 기준
	(다) 거동불편 노인의 생활편의를 위한 서비스 등의 제공을 위하여 재가노인복지시설을 병설·운영하도록 노력하여야 한다. (라) 지역 특성에 따라 야간이용이 가능한 체제를 갖추도록 노력하여야 한다.
경로당	노인들이 건전한 사회봉사활동이나 취미활동 등을 할 수 있도록 하여야 한다.
노인교실	주 1회 이상 교육을 실시하여야 한다.

출처 : 「노인복지법 시행규칙」 별표 8 재수정.

⑤ 시설운영위원회 규정

「사회복지사업법」 제36조 및 「사회복지사업법 시행규칙」 제24조에 따라 노인복지관에서는 시설운영위원회를 설치·운영하여야 한다. 이러한 시설운영위원회에 관한 규정은 모든 사회복지시설에서의 공통된 사항이다.

3. 노인일자리 및 사회활동지원의 유형과 사업 기준

1) 노인일자리사업 및 사회활동사업의 유형

(1) 노인일자리사업의 유형

① 시장사업단

노인일자리사업 중에서 시장사업단은 참여자 인건비 일부를 보충지원하고 추가 사업 수익으로 연중 운영하는 노인일자리를 말한다.

② 인력파견형사업단

노인일자리사업 중에서 인력파견형사업단은 수요처의 요구에 의해서 일정 교육을 수료하거나 관련된 업무능력이 있는 자를 해당수요처로 연계하여 근무기간에 대한 일정 임금을 지급받을 수 있는 일자리를 말한다.

③ 시니어인턴십, 고령자친화기업, 기업연계형

시니어인턴십은 만 60세 이상의 노인에게 일할 기회를 제공함으로써 노인의 직업능력 강화 및 재취업기회를 촉진하는 사업이다. 그리고 고령자친화기업은 고령자가 경쟁력을 가질 수 있는 적합한 직종에서 다수의 고령자를 고용하는 기업의 설립을 지원하는 사업이며, 기업연계형은 기업이 적합한 노인일자리를 창출하고 유지하는 데 필요한 직무모델 개발, 설비 구입 및 설치, 4대 보험료 등 간접비용을 지원하는 사업을 말한다.

(2) 노인사회활동사업의 유형

① 공익활동

노인사회활동사업 중에서 공익활동사업은 노인이 자기만족과 성취감 향상 및 지역사회 공익증진을 위해 자발적으로 참여하는 봉사활동을 지원하는 사업을 말한다. 예를 들어 법조계에서 종사한 법률가들이 경제적 여유가 없는 사회적 약자들에 대해 무보수로 변론이나 자문을 해 주는 봉사활동이라는 뜻으로 쓰이는 프로보노(pro bono)는 '공익을 위하여'라는 뜻의 라틴어 'pro bono publico'에 기원한다. 하지만 자신의 전문적인 분야에서 공익차원에서 봉사한다는 점에서 일반적인 자원봉사와는 차이가 있다.

② 재능나눔활동

노인사회활동사업 중에서 재능나눔활동 사업은 주로 음악, 미술, 체육분야 등의 다양한 재능을 보유한 노인에게 재능나눔활동 기회를 부여하여 사회참여를 통한 노후 성취감 제고, 건강 및 대인관계 개선을 유도하기 위한 사업을 말한다.

2) 노인일자리사업 및 사회활동사업의 기준

(1) 시장형사업단 사업 기준

2001년부터 시범사업으로 시작된 '지역사회시니어클럽(CSC: Community Senior Club)' 사업으로 보건복지부가 전국의 노인단체 등을 중심으로 지정·위탁하여 추진하고 있는 사업들은 대표적인 노인들의 적극적인 사회참여를 돕기 위한 사업이라고 볼 수 있다. 약칭 시니어 클럽은 지역 사회에서 전문 인력과 시설을 갖추고 지역의 자원을 활용해 일자리를 제공하는 노인일자리전담기관의 한 형태로 65세 이상의 노인과 50세 이상의 퇴직자들이 각종 활동을 통해 소득을 올리고, 여가시간을 활용해 친목을 도모하며, 봉사활동에도 참여할 수 있도록 운영되고 있기 때문이다.

시니어 클럽의 노인일자리 지원사업 중에서 '시장형사업단'은 노인에게 적합한 업종 중 소규모 매장 및 전문 직종 사업단 등을 공동으로 운영하여 일자리를 창출하는 사업으로, 일정 기간 사업비 또는 참여자 인건비 일부를 보충지원하고 추가 사업 수익으로 연중 운영하는 노인일자리를 말한다.

노인일자리 지원사업의 '시장형사업단'의 세부사업 내용을 정리하면 〈표 11-8〉과 같다.

〈표 11-8〉 노인일자리 지원사업 중 시장형사업단 유형의 사업내용

사업 종류	세부사업
공동작업형	공동작업장 운영 사업, 지역영농사업, 기타 공동작업형 사업
제조판매형	식품제조 및 판매 사업, 공산품제작 및 판매사업, 매장운영사업, 아파트택배 사업, 지하철 택배 사업, 세차 및 세탁사업, 기타 제조 및 판매 사업
전문서비스형	학교 급식도우미, CCTV 상시관제, 스쿨존 교통지원, 영유아 및 청소년 교육지원, 기타

출처 : 「2018~2020 노인보건복지 사업안내」 재수정.

(2) 인력파견형사업단 사업 기준

노인일자리 지원사업 중에서 '인력파견형사업단'은 수요처의 요구에 의해서 일정 교육을 수료하거나 관련된 업무능력이 있는 자를 해당 수요처로 연계하여 근무기간에 대한 일정 임금을 지급받을 수 있는 일자리를 말한다.

(3) 공익활동 유형별 사업 기준

노인사회활동지원사업 중에서 '공익활동' 유형은 노인이 자기만족과 성취감 향상, 지역사회 공익증진을 위해 자발적으로 참여하는 유급봉사활동에 대하여 행·재정적으로 지원하는 사업을 말한다.

노인사회활동지원사업 중 '공익활동'의 세부사업 내용을 정리하면 〈표 11-9〉와 같다.

〈표 11-9〉 노인사회활동 지원사업 중 공익활동 유형의 사업내용

사업 종류	세부사업
노노케어	독거노인, 조손가정 노인, 거동불편 노인, 경증치매 노인 등 취약노인 가정을 방문하여 일상생활을 안정적으로 유지할 수 있도록 안부확인, 말벗 및 생활 안전 점검 등 필요한 서비스를 제공하는 활동
취약계층 지원	장애인, 다문화 가정, 한부모 가족 아동 등 취약계층에게 상담·교육 및 정서적 지원 등 필요한 서비스를 제공하는 활동
공공시설 봉사	사회복지시설, 공공의료시설, 교육(보육)시설, 지역 내 주거환경 및 생태환경 정화 등 지역사회 내 필요한 공익서비스를 제공하기 위해 필요한 각종 사항을 지원하는 활동
경륜전수 활동	노인이 평소 가지고 있는 경험과 지식, 삶의 지혜를 동세대, 아동·청소년 세대 등 지역공동체 구성원들과 공유하는 활동

출처 : 「2018~2020 노인보건복지 사업안내」 재수정.

이상에서와 같이 노인복지서비스 실천은 주로 노인복지시설을 통하여 이루어지며, 크게 3가지 축(axis)에서 실천되고 있다.

첫째는 비교적 신체적·인지적으로 건강한 노인계층의 주거문제와 여가활용 욕구에 대응하여 설치·운영되는 노인주거복지시설과 노인여가복지시설의 한 축이 있다.

둘째는 노인성 질환이 있어 신체적으로나 인지·정서적으로 보호가 필요한 노인들의 요양서비스 욕구에 대응하기 위해 설치·운영되는 노인의료복지시설과 재가노인복지시설의 또 다른 축이 있다.

셋째는 노인인권보장 및 노인 학대예방과 상담을 위한 노인보호전문기관과 은퇴 이후의 전기노인 계층들의 소득보장 욕구에 대응한 노인일자리지원기관을 비롯한 노인일자리 및 사회활동지원사업이 100세 시대의 노인복지서비스로서의 새로운 축으로서 역할을 담당하고 있다.

Senior Citizen Welfare | chapter 12

노인의료복지시설과 재가노인복지시설서비스

1. 노인의료복지시설과 재가노인복지시설의 개요

1) 노인의료복지시설의 개념과 설치목적

(1) 노인의료복지시설의 개념

노인의료복지시설이란 노인들이 지닌 욕구들 중에서도 특히 치매와 중풍 등의 노인성 질환에 대한 의료서비스 집중을 목적으로 한 사회복지 생활시설로 실비와 유료시설 등의 다양한 시설명칭이 있었으나 노인장기요양보험제도의 실시를 앞두고 2007년 8월 3일 「노인복지법」의 개정에 따라 노인요양시설, 노인요양공동생활가정, 노인

전문병원으로 기관분류를 단순화하였다. 그 후 2011년 6월 법 개정에서는 노인전문병원이 제외되어 생활시설(거주요양시설) 형태인 노인요양시설과 노인요양공동생활가정의 2개 유형으로 개정되었다.

(2) 노인의료복지시설의 설치목적

노인의료복지시설은 치매·중풍 등 노인성 질환을 가진 노인들이 장애가 발생하여 도움을 필요로 하는 노인들을 노인요양시설에 입소시키거나 소규모시설인 노인요양공동생활가정에서 급식·요양, 그 밖에 일상생활에 필요한 편의를 제공함을 목적으로 설치한다(〈표 12-1〉 참고).

즉 비교적 건강한 노인들을 대상으로 노인주거복지시설이 설치·운영되는 것에 비하여, 노인의료복지시설은 노인성 질환을 보유하여 신체적으로나 인지적으로 보호와 요양을 필요로 하는 노인들을 위해서 설치·운영되는 것이다. 아울러 「노인복지법」상의 노인의료복지시설은 재가노인복지시설과 함께 「노인장기요양보험법」상에서 규정하는 노인장기요양기관에 속한다.

〈표 12-1〉 노인의료복지시설의 설치목적

시설	설치목적
노인요양시설	치매·중풍 등 노인성 질환 등으로 심신에 상당한 장애가 발생하여 도움을 필요로 하는 노인을 입소시켜 급식·요양과 그 밖에 일상생활에 필요한 편의를 제공
노인요양공동생활가정	치매·중풍 등 노인성 질환 등으로 심신에 상당한 장애가 발생하여 도움을 필요로 하는 노인에게 가정과 같은 주거여건과 급식·요양, 그 밖에 일상생활에 필요한 편의를 제공

2) 재가노인복지시설의 개념과 설치목적

(1) 재가노인복지시설의 개념

재가노인복지시설은 「노인복지법」상의 노인복지시설로서 신체적·정신적 장애로 일상생활을 영위하기 곤란한 노인에게 다음 중 어느 하나 이상의 서비스를 제공함을 목적으로 하는 시설을 말한다. 아울러 아래의 서비스 유형과 함께 「의료법 시행규칙」 제24조 제4항(가정간호)에 의한 사업인 '방문간호서비스' 유형은 「노인장기요양보험법」 상의 '장기요양급여'의 종류[1] 중 재가급여 유형에 속하기도 한다.

① 방문요양서비스 ② 주·야간보호서비스
③ 단기보호서비스 ④ 방문목욕서비스
⑤ 그 밖의 서비스

(2) 재가노인복지시설의 설치목적

심신이 노쇠하여 일상생활에 불편이 있는 노인 가정에 필요한 각종 사회적 서비스를 제공하여 지역사회 내에서 건전하고 안정된 생활을 영위하도록 도와주는 것을 목적으로 하고 있으며, 이를 정리해 보면 〈표 12-2〉와 같다.

〈표 12-2〉 재가노인복지시설의 설치목적

시 설	설치목적
방문요양서비스	신체적·정신적 장애로 일상생활을 영위하기 곤란한 노인이 있는 가정에 장기요양요원을 파견하여 노인의 일상생활에 필요한 각종 편의를 제공
주·야간보호 서비스	부득이한 사유로 가족의 보호를 받을 수 없는 심신이 허약한 노인과 장애노인을 낮 동안과 밤 동안 시설에 입소시켜 필요한 각종 편의를 제공
단기보호서비스	부득이한 사유로 가족의 보호를 받을 수 없어 일시적으로 보호가 필요한 심신이 허약한 노인이나 장애노인을 보호시설에 단기간 입소시켜 보호함으로써 노인 및 노인가정의 복지 증진을 도모하기 위한 서비스를 제공
방문목욕서비스	신체적·정신적 장애로 일상생활을 영위하기 곤란한 노인이 있는 가정에 장기요양요원을 파견하여 노인의 건강생활에 필요한 목욕 편의를 제공

주: 노인재가복지시설에 속하지 않는 장기요양급여의 종류 중 '재가급여'에는 '방문간호'가 별도로 있음.
출처: 「노인복지법」 제38조 재수정.

1) 장기요양급여의 종류에는 재가급여, 시설급여, 특별현금급여가 있다.

2. 노인의료복지시설의 입소와 설치 · 운영 기준

1) 노인의료복지시설의 유형과 입소(이용)대상

(1) 노인의료복지시설의 유형

① 노인요양시설

노인요양시설은 치매 · 중풍 등 노인성 질환 등으로 심신에 상당한 장애가 발생하여 도움을 필요로 하는 노인(10명 이상)을 입소시켜 급식 · 요양과 그 밖에 일상생활에 필요한 편의를 제공함을 목적으로 하는 사회복지 생활시설을 말한다.

② 노인요양공동생활가정

노인요양공동생활가정은 치매 · 중풍 등 노인성 질환 등으로 심신에 상당한 장애가 발생하여 도움을 필요로 하는 노인(5~9명 이하)에게 가정과 같은 주거여건과 급식 · 요양, 그 밖에 일상생활에 필요한 편의를 제공함을 목적으로 하는 사회복지 생활시설을 말한다.

(2) 노인의료복지시설의 입소대상

「노인복지법 시행규칙」 제18조에서 정하는 입소대상은 다음의 어느 하나에 해당되며, 노인성 질환 등으로 요양을 필요로 하는 자로 한다.

① 「노인장기요양보험법」 제15조에 따른 수급자
② 「국민기초생활보장법」상의 기초수급권자로서 65세 이상의 자
③ 부양의무자로부터 적절한 부양을 받지 못하는 65세 이상의 자
④ 입소자로부터 입소비용의 전부를 수납하여 운영하는 노인요양시설 또는 노인요양공동생활가정의 경우는 60세 이상의 자

이 경우 입소대상자의 배우자는 65세 미만(입소자로부터 입소비용의 전부를 수납하여 운영하는 노인요양시설 또는 노인요양공동생활가정의 경우에는 60세 미만)인 경우에도 입소대상자와 함께 입소할 수 있다.

(3) 노인의료복지시설의 입소절차

① 기초수급권자로서 65세 이상의 자나 부양의무자로부터 적절한 부양을 받지 못하는 65세 이상의 자가 노인요양시설이나 노인요양공동생활가정에 입소하고자 하는 때에는 입소신청서에 다음의 서류를 첨부하여 주소지를 관할하는 특별자치도지사·시장·군수·구청장에게 제출하여야 한다.

㉠ 건강진단서 1부

㉡ 입소신청사유서 및 관련 증빙자료 각 1부(기초수급권자의 경우 제외)

② 위와 같은 규정에 의한 신청을 받은 특별자치도지사·시장·군수·구청장은 신청일부터 10일 이내에 입소대상자의 건강상태와 부양의무자의 부양능력 등을 심사하여 입소여부와 입소시설을 결정한 후 이를 신청인 및 당해시설의 장에게 통지하여야 한다.

③ 특별자치도지사·시장·군수·구청장은 입소자 중 부양의무자로부터 적절한 부양을 받지 못하는 65세 이상에 해당하는 입소자에 대하여는 1년마다 입소자의 건강상태 또는 부양의무자의 부양능력 등을 심사하여 입소 여부를 재결정하여야 한다.

④ 「노인장기요양보험법」의 수급자로서 입소자로부터 입소비용의 전부를 수납하여 운영하는 노인요양시설 또는 노인요양공동생활가정 시설에의 입소는 당사자 간의 계약(분양계약은 제외)에 의한다.

⑤ 입소자로부터 입소비용의 전부를 수납하여 운영하는 노인요양시설과 노인요양공동생활가정의 설치자는 시설을 설치할 토지의 소유권 또는 사용권을 확보하고 시설의 건축공정이 기준공정에 도달한 후에 입소자를 모집하여야 한다.

⑥ 노인요양시설 또는 노인요양공동생활가정에 입소하고자 하는 자는 국·공립 병원, 보건소 또는 건강진단기관이 발행한 건강진단서를 당해 시설의 장에게 제출하여야 한다.

이상에서 설명된 입소 및 서비스이용 절차를 도식화하면 [그림 12-1]에서 보는 바와 같다.

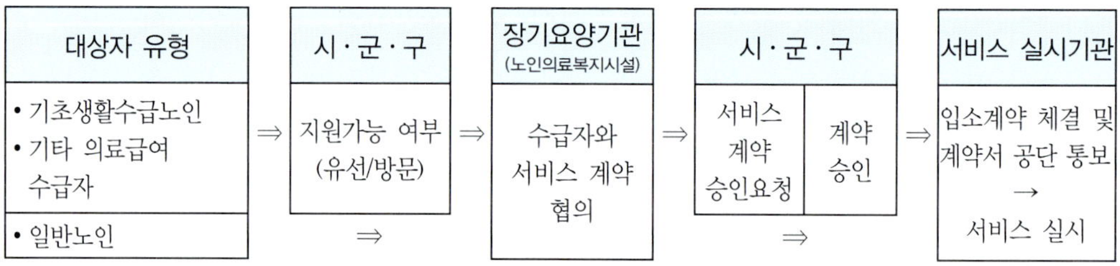

[그림 12-1] 노인장기요양기관(노인의료복지시설) 입소 및 서비스 절차

출처: 보건복지부 내부자료 재수정.

2) 노인의료복지시설의 설치 기준

(1) 노인의료복지시설의 설치 근거

노인의료복지시설의 설치 기준에서 그 근거를 살펴보면 다음과 같다.

① 국가 또는 지방자치단체는 노인의료복지시설을 설치할 수 있다.

② 국가 또는 지방자치단체 외의 자가 노인의료복지시설을 설치하고자 하는 경우에는 시장·군수·구청장에게 신고하여야 한다.

③ 노인의료복지시설의 시설, 인력 및 운영에 관한 기준과 설치신고 및 설치허가 등에 관하여 필요한 사항은 보건복지부령으로 정한다.

(2) 노인의료복지시설의 설치 신고

① 「노인복지법」 제35조의 규정에 의하여 노인의료복지시설을 설치하고자 하는 자는 노인의료복지시설 설치신고서에 다음의 서류를 첨부하여 특별자치도지사 · 시장 · 군수 · 구청장에게 제출하여야 한다.

㉠ 설치하고자 하는 자가 법인인 경우에는 정관 1부

㉡ 위치도 · 평면도 및 설비구조 내역서 각 1부

㉢ 입소보증금 · 이용료, 기타 입소자의 비용부담 관계서류 1부

㉣ 사업계획서(제공되는 서비스의 내용 및 의료기관과의 연계에 관한 사항 포함) 1부

㉤ 시설을 설치할 토지 및 건물의 소유권을 증명할 수 있는 서류(입소자로부터 입소비용의 전부를 수납하여 운영하려는 노인요양시설 및 노인요양공동생활가정의 경우에는 사용권을 증명할 수 있는 서류로 갈음할 수 있음) 각 1부

㉥ 「전기사업법 시행규칙」 제38조 제3항에 따른 전기안전점검확인서

② 신고서를 제출받은 담당 공무원은 「전자정부법」 제21조 제1항에 따른 행정정보의 공동이용을 통하여 법인등기부등본(법인인 경우에 한함)을 확인하여야 한다. 다만, 신고인이 이에 동의하지 아니하는 경우에는 그 서류를 첨부하도록 하여야 한다.

③ 특별자치도지사 · 시장 · 군수 · 구청장은 제1항의 규정에 의하여 노인의료복지시설의 설치신고를 수리한 때에는 노인의료복지시설 설치신고필증을 신고인에게 교부하여야 한다.

(3) 노인의료복지시설의 설비 기준

노인요양시설 및 노인요양공동생활가정의 설비 기준은 다음과 같다.

① 침실

㉠ 독신용 · 합숙용 · 동거용 침실을 둘 수 있다.

㉡ 남녀공용인 시설의 경우에는 합숙용 침실을 남실 및 여실로 각각 구분하여야 한다.

㉢ 입소자 1명당 침실면적은 6.6m^2 이상이어야 한다.

㉣ 합숙용 침실 1실의 정원은 4명 이하이어야 한다.

㉤ 합숙용 침실에는 입소자의 생활용품을 각자 별도로 보관할 수 있는 보관시설을 설치하여야 한다.

㉥ 적당한 난방 및 통풍장치를 갖추어야 한다.

㉦ 채광 · 조명 및 방습설비를 갖추어야 한다.

㉧ 노인질환의 종류 및 정도에 따른 특별침실을 입소정원의 5% 이내의 범위에서 두어야 한다.

㉨ 침실바닥면적의 7분의 1 이상의 면적을 창으로 하여 직접 바깥 공기에 접하도록 하며, 개폐가 가능하여야 한다.

㉩ 침대를 사용하는 경우에는 노인들이 자유롭게 오르내릴 수 있어야 한다.

㉪ 안전설비를 갖추어야 한다.

② 식당 및 조리실

조리실 바닥은 내수재료로서 세정 및 배수에 편리한 구조로 하여야 한다.

③ 세면장 및 목욕실

㉠ 바닥은 미끄럽지 아니하여야 한다.

㉡ 욕조를 설치하는 경우에는 욕조에 노인의 전신이 잠기지 아니하는 깊이로 하고 욕조 출입이 자유롭도록 최소한 1개 이상의 보조봉과 수직의 손잡이 기둥을 설치하여야 한다.

㉢ 급탕을 자동온도조절장치로 하는 경우에는 물의 최고온도는 섭씨 40도 이상이 되지 아니하도록 하여야 한다.

④ 프로그램실

프로그램실에는 자유로이 이용할 수 있는 적당한 문화시설과 오락 기구를 갖추어 두어야 한다.

⑤ 물리(작업)치료실

물리치료실에는 기능회복 또는 기능감퇴를 방지하기 위한 훈련 등에 지장이 없는 면적과 필요한 시설 및 장비를 갖추어야 한다.

⑥ 의료 및 간호사실

의료 및 간호사실에는 진료 및 간호에 필요한 상용의약품·위생재료 또는 의료 기구를 갖추어야 한다.

⑦ 그 밖의 시설

㉠ 복도, 화장실, 그 밖의 필요한 곳에 야간 상용등을 설치하여야 한다.

㉡ 계단의 경사는 완만하여야 하며, 치매노인의 낙상을 방지하기 위하여 계단에 출입문을 설치하고 잠금장치를 하여야 한다.

㉢ 바닥은 부드럽고 미끄럽지 아니한 바닥재를 사용하여야 한다.

⑧ 경사로

침실이 2층 이상인 경우 경사로(Ramp)를 설치하여야 한다. 다만, 승강기를 설치한 경우에는 이를 설치하지 아니할 수 있다.

〈표 12-3〉 노인요양시설 및 노인공동생활가정 설비 기준

<table>
<tr><th colspan="2">구분
시설별</th><th>침실</th><th>사무실</th><th>요양보호사실</th><th>자원봉사자실</th><th>의료 및 간호사실</th><th>물리치료실</th><th>프로그램실</th><th>식당 및 조리실</th><th>비상재해대비시설</th><th>화장실</th><th>세면장 및 목욕실</th><th>세탁장 및 세탁물 건조장</th></tr>
<tr><td rowspan="2">노인요양시설</td><td>입소자 30명 이상</td><td>○</td><td>○</td><td>○</td><td>○</td><td>○</td><td>○</td><td>○</td><td>○</td><td>○</td><td>○</td><td>○</td><td>○</td></tr>
<tr><td>입소자 30명 미만 10명 이상</td><td>○</td><td colspan="3">○</td><td>○</td><td>○</td><td>○</td><td>○</td><td>○</td><td>○</td><td colspan="2">○</td></tr>
<tr><td colspan="2">노인요양 공동생활가정 (5~9명)</td><td>○</td><td colspan="3">○</td><td colspan="2">○</td><td>○</td><td>○</td><td>○</td><td colspan="3">○</td></tr>
</table>

주 1) 세탁물을 전량 위탁 처리하는 경우에는 세탁장 및 세탁물 건조장을 두지 아니할 수 있음.
2) 의료기관의 일부를 시설로 신고하는 경우에는 물리(작업)치료실, 조리실, 세탁장 및 세탁물 건조장을 공동으로 사용할 수 있음. 다만, 공동으로 사용하려는 물리(작업)치료실이 시설의 침실과 다른 층에 있는 경우에는 입소자의 이동이 가능하도록 경사로 또는 엘리베이터를 설치하여야 함.

출처 : 「노인복지법 시행규칙」 별표 4 재수정.

이상의 노인요양시설 및 노인공동생활가정 설비 기준을 정리하면 〈표 12-3〉과 같으며, 이러한 기준은 노인복지시설을 지도·감독하는 사회복지관련 공무원이나 사회복지사가 숙지해야 할 내용이다.

(4) 노인의료복지시설의 직원자격 및 배치 기준

① 노인의료복지시설의 직원자격 기준

「노인복지법」 제22조 제1항과 관련한 시행규칙이 정하는 노인의료복지시설의 직원자격 기준은 〈표 12-4〉와 같다.

〈표 12-4〉 노인의료복지시설의 직원자격 기준

직종별	자격 기준
시설의 장	「사회복지사업법」에 따른 사회복지사 자격증 소지자 또는 「의료법」 제2조에 따른 의료인
사회복지사	「사회복지사업법」에 따른 사회복지사 자격증 소지자
물리치료사 또는 작업치료사	「의료기사 등에 관한 법률」에 따른 물리치료사 또는 작업치료사 면허 소지자
요양보호사	「노인복지법」에 따른 요양보호사 자격증 소지자

출처: 「노인복지법 시행규칙」 별표 4 재수정.

② 노인의료복지시설의 직원배치 기준

노인요양시설 및 노인요양공동생활가정의 직원배치 기준은 〈표 12-5〉와 같이 직종별로 정해진다. 단, 표에서 나타난 이외에도 다음과 같은 직종의 배치 기준이 있다.

가. 사무원은 입소자 30인 이상의 노인요양시설에 필요 수를 둔다.

나. 위생원은 노인요양시설에 필요 수를 두며 세탁물을 전량 위탁 처리하는 경우에는 두지 아니할 수 있다.

다. 관리인은 입소자 30명 이상의 노인요양시설에 필요 수를 둔다.

라. 영양사는 입소자 50명 이상의 노인요양시설에 1명을 두며 영양사가 소속되어 있는 업체에 급식을 위탁하는 경우에는 두지 아니할 수 있다.

마. 의료기관의 일부를 시설로 신고한 경우에는 의료기관의 장(의료인인 경우로 한정)이 해당 시설의 장을 겸직할 수 있다.

〈표 12-5〉 노인요양시설 및 노인요양공동생활가정 직원배치 기준

<table>
<tr><th colspan="2">직종별 / 시설별</th><th>시설의 장</th><th>사무국장</th><th>사회복지사</th><th>의사(한의사 포함) 또는 촉탁의사</th><th>간호사 또는 간호조무사</th><th>물리치료사 또는 작업치료사</th><th>요양보호사</th><th>사무원</th><th>영양사</th><th>조리원</th><th>위생원</th><th>관리인</th></tr>
<tr><td rowspan="2">노인요양시설</td><td>입소자 30명 이상</td><td>1명</td><td>1명 (입소자 50명 이상 경우로 한정)</td><td>1명 (입소자 100명 초과 시마다 1명 추가)</td><td>1명 이상</td><td>입소자 25명당 1명</td><td>1명 (입소자 100명 초과 시마다 1명 추가)</td><td>입소자 2.5명당 1명 (치매 전담형은 2명당 1명)</td><td>1명 (입소자 50명 이상 경우로 한정)</td><td>1명 (1회 급식인원 50명 이상인 경우 한정)</td><td>입소자 25명당 1명</td><td>1명 (입소자 100명 초과 시마다 1명 추가)</td><td>1명 (입소자 50명 이상 경우로 한정)</td></tr>
<tr><td>입소자 30명 미만 10명 이상</td><td>1명</td><td colspan="2">1명</td><td>1명</td><td>1명</td><td></td><td>입소자 2.5명당 1명</td><td></td><td></td><td>1명</td><td></td><td></td></tr>
<tr><td colspan="2">노인요양 공동생활가정</td><td colspan="3">1명</td><td></td><td colspan="2">1명</td><td>입소자 3명당 1명(치매 전담형은 2명당 1명)</td><td></td><td></td><td></td><td></td><td></td></tr>
</table>

주 : 1) 의료기관의 일부를 시설로 신고한 경우에는 의료기관의 장(의료인인 경우만 해당한다)이 해당 시설의 장을 겸직할 수 있다.

2) 사회복지사는 입소자에게 건강유지, 여가선용 등 노인복지 제공계획을 수립하고, 복지증진에 관하여 상담 · 지도하여야 한다.

3) 촉탁의사는 의사, 한의사 또는 치과의사를 포함한다.

4) 의료기관과 협약을 체결하여 의료연계체계를 구축한 경우에는 의사(한의사를 포함한다) 또는 촉탁의사를 두지 않을 수 있다.

5) 요양보호사는 요양서비스가 필요한 노인에게 신체활동지원 서비스와 그 밖의 일상생활지원 서비스를 제공하여야 한다.

6) 영양사 및 조리원이 소속되어 있는 업체에 급식을 위탁하는 경우에는 영양사 및 조리원을 두지 않을 수 있다.

7) 세탁물을 전량 위탁처리하는 경우에는 위생원을 두지 않을 수 있다.

8) 모든 종사자는 시설의 장과 근로계약을 체결한 사람이어야 한다.

9) 노인요양시설 내 치매전담실과 치매전담형 노인요양공동생활가정의 경우에는 보건복지부장관이 정하여 고시하는 자격을 갖춘 프로그램관리자를 두어야 한다.

10) 시설의 장, 요양보호사 및 프로그램관리자는 보건복지부장관이 정하여 고시하는 치매전문교육을 이수하여야 한다.

출처 : 「노인복지법 시행규칙」 별표 4 재수정.

3) 노인의료복지시설의 운영 기준

(1) 건강관리 규정

㉠ 노인의료복지시설에는 입소자 건강관리를 위한 책임자를 두고 의사(한의사 포함)·간호사, 기타 자격이 있는 자가 그 임무를 수행하여야 한다.

㉡ 전담의사(한의사 포함)를 두지 아니한 시설은 가급적 신경과, 정신과 또는 한방신경정신과 전문의로서의 촉탁의사(시간제 계약에 의한 의사 또는 한의사 포함)를 두거나 의료기관과 협약을 체결하여 의료연계를 구축하여야 한다.

㉢ 촉탁의사를 두거나 의료기관과 협약을 체결한 경우 해당 촉탁의사 또는 의료기관의 의사는 매월 시설을 방문하여 입소자의 건강상태를 확인하고 건강상태가 악화된 입소자에 대하여 적절한 조치를 하여야 한다. 이 경우 시설의 입소정원에 따른 방문횟수 등 세부적인 사항은 보건복지부장관이 정한다.

㉣ 입소자 및 직원에 대하여는 연 1회 이상의 건강진단을 하여야 하며 건강진단결과 건강이 좋지 아니한 자에 대하여는 그 치료를 위하여 필요한 조치를 하여야 한다.

㉤ 입소자에 대하여 그 건강상태에 따라 적절한 훈련과 휴식을 하도록 하여야 한다.

㉥ 시설의 환경을 항상 청결하게 하고 그 위생관리에 유의하여야 한다.

(2) 급식위생관리 규정

㉠ 시설의 장은 입소자가 필요한 영양을 섭취할 수 있도록 영양사가 작성한 식단에 따라 급식을 행하여야 한다. 다만, 영양사가 없는 시설의 경우에는 소재지를 관할하는 보건소장 또는 다른 시설 등의 영양사의 지도를 받아 식단을 작성하고 이에 따라 급식하여야 한다.

㉡ 전염성 질환·화농성 창상 등이 있는 자는 입소자의 식사를 조리하여서는 아니 된다.

㉢ 시설에서 사용되는 음용수의 경우에는 「수도법」 및 「먹는물관리법」이 정하는 바에 따라 수질검사를 받아야 한다.

㉣ 입소자의 식사를 조리하는 자는 항상 청결을 유지하여야 한다.

(3) 보증금의 수납 및 반환 규정

㉠ 시설을 설치한 자가 보증금을 수납하는 때에는 월 입소비용 중 이용자 본인이 부담하여야 할 금액의 1년분 이내에서 이를 수납하여야 한다.

㉡ 노인의료복지시설을 설치한 자는 입소자가 퇴소하는 때에는 수납한 보증금을 지체 없이 입소자 또는 입소자를 대신하여 입소계약을 체결한 배우자 또는 부양 의무자에게 반환하여야 한다.

(4) 시설에서의 기거 규정

㉠ 시설의 장은 입소자의 거실 또는 거실이 있는 건물마다 요양보호사, 기타 직원 중 1인을 입소자와 함께 기거하도록 조치하여야 한다.

㉡ 시설 안에서는 입소자 외에 시설의 장 및 직원과 그 가족이 아닌 자는 거주하지 못한다.

(5) 사업의 실시 규정

㉠ 시설의 장은 입소자의 요양 및 재활을 도울 수 있는 다양한 프로그램을 운영하여야 한다.

㉡ 시설의 장은 입소자에 대하여 적극적으로 필요한 생활지도를 하여야 한다.

㉢ 시설의 장은 입소자의 연령·성별·성격·생활력·심신의 건강상태 등을 고려하여 수시로 입소자와 면담하거나 관찰·지도하고 특이사항을 기록·유지하여 보호의 정도에 따라 다른 노인복지시설로의 전원 등 필요한 조치를 하여야 한다.

㉣ 시설의 장이 생활지도 등을 함에 있어서는 입소자의 의사를 최대한 존중하여야 한다.

㉤ 시설의 장은 시설의 종사자(사무원 · 조리원 · 위생원 · 영양사 · 관리인 제외)가 치매 및 중풍환자의 간병요령 등 치매환자 보호에 필요한 교육을 받을 수 있도록 조치하여야 한다.

㉥ 시설의 장은 다음의 기준에 따른 사업을 실시하여야 한다.

- 입소자의 생활의욕증진 등을 도모하기 위하여 입소자의 신체적 · 정신적 상태에 따라 그 기능을 회복하게 하거나 기능의 감퇴를 방지하기 위한 훈련에 참가할 기회를 제공하여야 한다.
- 교양, 오락설비 등을 구비하고 적절한 레크리에이션을 실시하여야 한다.
- 입소자에 대한 상시보호를 할 수 있도록 이에 적합한 직원의 근무체제를 갖추어야 한다.
- 입소자의 건강상태에 유의하여야 하며 건강의 유지를 위하여 필요한 조치를 하여야 한다.
- 입원치료를 필요로 하는 입소자를 위하여 진료기관을 정하는 등 인근 지역의 의료기관과 긴밀한 협조체계를 갖추어야 한다.
- 거동이 불가능한 와상노인의 욕창예방과 치료를 위하여 적절한 보호조치를 하여야 한다.
- 치매노인은 치매의 정도에 따라 분리하여 보호하여야 한다.

(6) 시설운영위원회 규정

「사회복지사업법」 제36조 및 같은 법 시행규칙 제24조에 따라 노인의료복지시설에는 시설운영위원회를 설치 · 운영하여야 한다.

① 시설운영위원회의 설치

가. 시설의 운영에 관한 다음의 사항을 심의하기 위하여 운영위원회를 둔다.

- 시설운영계획의 수립・평가에 관한 사항
- 사회복지프로그램의 개발・평가에 관한 사항
- 시설종사자의 근무환경 개선에 관한 사항
- 시설거주자의 생활환경 개선 및 고충처리 등에 관한 사항
- 시설과 지역사회와의 협력에 관한 사항
- 그 밖에 시설의 장이 부의하는 사항

나. 운영위원회의 조직 및 운영에 관한 사항은 보건복지부령으로 정한다.

② 시설운영위원회의 조직 및 운영

가. 법 제36조 제2항의 규정에 의한 운영위원회의 위원은 위원장 및 시설의 장을 포함하여 5인 이상 10인 이하의 위원으로 구성한다.

나. 운영위원회의 위원은 다음의 1에 해당하는 자중에서 시설의 장의 추천을 받아 관할 시장・군수・구청장이 임명 또는 위촉한다. 다만, 관계공무원의 경우에는 시설의 장의 추천을 받지 아니한다.

- 시설거주자 또는 시설거주자의 보호자 대표
- 지역주민
- 후원자 대표
- 관계공무원
- 기타 시설운영에 관하여 전문적인 지식과 경험이 풍부한 자

다. 운영위원회의 위원장은 위원 중에서 호선한다.

라. 위원의 임기는 3년으로 한다.

3. 재가노인복지시설의 이용과 설치 · 운영 기준

1) 재가노인복지시설의 유형과 이용대상

(1) 재가노인복지시설의 유형

① 방문요양서비스

재가노인복지시설은 「노인복지법」과 「노인장기요양보험법」에 근거하여 설치 · 운영된다. 그중에서 방문요양서비스는 가정에서 일상생활을 영위하고 있는 노인으로서 신체적, 정신적 장애로 어려움을 겪고 있는 노인에게 지역사회 안에서 건전하고 안정된 노후를 영위하도록 장기요양요원(요양보호사)이 가정을 방문하여 신체활동 및 가사활동 등의 다음과 같은 서비스를 제공하는 재가복지시설이다.

㉠ 방문요양에 관한 사항

- 신체활동지원서비스 : 세면도움, 구강관리, 몸 청결, 머리감기기, 몸단장, 옷 갈아입히기, 목욕도움, 배설도움, 식사도움, 체위변경, 이동도움, 신체기능의 유지증진 등 신체에 관한 서비스
- 가사활동지원서비스 : 취사, 침실 및 주변정돈, 세탁 등 가사에 관한 서비스
- 개인활동지원서비스 : 외출 시 동행, 일상업무 대행 등 개인활동에 관한 서비스
- 정서지원서비스 : 말벗, 격려 및 위로, 생활상담, 의사소통 도움 등 정서에 관한 서비스

㉡ 상담 및 교육에 관한 사항

- 노인생활 및 신상에 관한 상담서비스
- 장애노인 및 보호자의 교육

㉢ 노인결연에 관한 사항 : 무의탁노인의 후원을 위한 결연사업

② **방문목욕서비스**

방문목욕서비스는 서비스라는 명칭으로 되어 있지만 목욕장비를 갖추고 재가노인을 방문하여 목욕서비스를 제공하는 시설이다. 주로 방문요양서비스와 병행하여 운영되며, 세부적인 서비스 내용은 목욕준비, 입욕 시 이동보조, 몸 씻기, 머리 말리기, 옷 갈아입히기 등이며 목욕 후 주변정리까지 포함한다.

③ **주 · 야간보호서비스**

주 · 야간보호서비스는 부득이한 사유로 가족의 보호를 받을 수 없는 심신이 허약한 노인과 장애노인을 주간 또는 야간 동안 보호시설에 입소시켜 필요한 각종 편의를 제공하여 이들의 생활안정과 심신기능의 유지, 향상을 도모하고, 그 가족의 신체적 정신적 부담을 경감시키는 시설이다.

가. 보호기간은 1일(08:00~22:00)로 하되, 이용노인과 그 가정의 형편에 따라 2시간 이내에 신축성 있게 조정할 수 있다.

나. 서비스 내용은 다음과 같다.

- 생활지도 및 일상동작훈련 등 심신의 기능회복을 위한 서비스
- 급식 및 목욕서비스 등
- 노인가족에 대한 교육 및 상담

④ **단기보호서비스**

단기보호서비스는 부득이한 사유로 가족의 보호를 받을 수 없어 일시적으로 보호가 필요한 심신이 허약한 노인이나 장애노인을 보호시설에 단기간 입소시켜 보호함으로써 노인 및 노인가정의 복지증진을 도모하기 위한 서비스를 제공하는 단기 사회복지 생활시설겸 재가복지시설이다.

가. 보호기간은 월 1일 이상 15일 및 연간 180일 이내이다. 단, 초과일수에 대해

서는 전액 자부담하여야 한다.

나. 서비스 내용은 다음과 같다.

- 급식, 치료, 그 밖에 일상생활에 필요한 편의를 제공하는 서비스
- 그 밖에 노인요양시설 또는 노인요양공동생활가정의 사업에 준하는 서비스

(2) 재가노인복지시설의 이용대상

① 노인성 질환을 가진 장기요양급여수급자

재가노인복지시설의 이용은 장기요양수급권자와 장기요양기관의 당사자 간 계약에 의한다.

② 심신이 허약하거나 장애가 있는 65세 이상의 자로서 다음에 해당하는 자[2)]

가. 방문요양서비스 : 1일 중 일정기간 동안 가정에서의 보호가 필요한 자

나. 주·야간보호서비스 : 주간 또는 야간 동안의 보호가 필요한 자

다. 단기보호서비스 : 단기간(월 1일 이상 15일 이하)의 보호가 필요한 자

라. 방문목욕서비스 : 가정에서의 목욕이 필요한 자

재가노인복지서비스 이용계약절차는 입소(이용)대상자가 직접 계약을 해야 하지만 당사자가 계약을 체결할 수 없는 부득이한 사유가 있다고 특별자치도지사·시장·군수·구청장이 인정하는 경우에는 입소(이용)대상자의 부양의무자가 입소대상자를 대신하여 계약당사자가 될 수 있다.

2) 재가노인복지시설의 설치 기준

(1) 재가노인복지시설의 설치 근거

① 국가 또는 지방자치단체는 재가노인복지시설을 설치할 수 있다.

2) 이용자로부터 이용비용의 전부를 수납받아 운영하는 시설의 경우에는 60세 이상의 자로 한다.

② 국가 또는 지방자치단체 외의 자가 재가노인복지시설을 설치하고자 하는 경우에는 시장 · 군수 · 구청장에게 신고하여야 한다.

③ 재가노인복지시설의 시설, 인력 및 운영에 관한 기준과 설치신고 등에 관하여 필요한 사항은 보건복지부령으로 정한다.

(2) 재가노인복지시설의 설치 절차

① 설치신고 절차

㉠ 법인시설

재가노인복지시설을 설치하고자 하는 자(법인)는 시 · 군 · 구 노인복지시설 담당공무원과 상담한 후 다음 [그림 12-2]와 같은 절차에 따라 신고하여야 한다.

- 시설부지 확보 여부
- 확보된 부지에 시설 설치가 가능한지
- 국고 지원이 가능한지(소규모 다기능 시설, 재가지원센터 농어촌 재가노인복지시설 등 다양한 재가시설 설치비 지원 사업이 있음)
- 사회복지법인 설립절차 등

⬇

사회복지법인 설립신청〈신청자 → 시 · 군 · 구(검토 의견 첨부) → 시 · 도〉

⬇

재가노인복지시설 설치신고서 제출(신청자 → 시 · 군 · 구)

⬇

재가노인복지시설 신고필증 교부(신청자 → 시 · 군 · 구, 시행규칙 제28조)

[그림 12-2] 재가노인복지시설 설치신고 절차(법인)

출처 : 「노인복지법 시행규칙」 제28조 재수정.

㉡ 개인시설

재가노인복지시설을 설치하고자 하는 자(개인)는 시 · 군 · 구 노인복지시설 담당공무원과 상담한 후 다음 [그림 12-3]과 같은 절차에 따라 신고하여야 한다.

재가노인복지시설 설치신고서 제출(신청자→시·군·구, 시행규칙 제28조)
⬇
재가노인복지시설 신고필증 교부(신청자→시·군·구, 시행규칙 제28조)

[그림 12-3] 재가노인복지시설 설치신고 절차(개인)

출처 : 「노인복지법 시행규칙」 제28조 재수정.

② 설치신고 구비서류

㉠ 재가노인복지시설을 설치하고자 하는 자는 재가노인복지시설 설치신고서에 다음의 문서를 첨부하여 특별자치도지사 · 시장 · 군수 · 구청장에게 제출하여야 한다(전자문서 포함).

가. 설치하고자 하는 자가 법인인 경우에는 정관 1부

나. 위치도, 평면도 및 설비구조내역서 각 1부(주 · 야간보호서비스 또는 단기보호서비스를 제공하려는 경우에만 제출)

다. 이용료, 기타 이용자의 비용부담 관계서류 1부

라. 사업계획서(사업대상 및 서비스내용 포함) 1부

마. 시설을 설치할 토지 및 건물의 소유권 또는 사용권을 증명할 수 있는 서류 각 1부(주 · 야간보호서비스 또는 단기보호서비스를 제공하려는 경우에만 제출)

㉡ 신고서를 제출받은 담당 공무원은 전자정부법 규정에 따른 행정정보의 공동이용을 통하여 법인등기부등본(법인인 경우에 한함)을 확인하여야 한다. 다만, 신고인이 이에 동의하지 아니하는 경우에는 그 서류를 첨부하도록 하여야 한다.

㉢ 특별자치도지사 · 시장 · 군수 · 구청장은 제1항에 따라 재가노인복지시설의 설치신고를 수리한 때에는 재가노인복지시설 설치신고필증을 신고인에게 발급하여야 한다.

(3) 재가노인복지시설의 설비 기준

① 시설 기준

㉠ 방문요양서비스 및 방문목욕서비스 시설 기준

재가노인복지시설 중 방문요양서비스 및 방문목욕서비스 시설의 기준을 보면 〈표 12-6〉과 같이 정리할 수 있으며, 세부적 시설 기준을 보면 다음과 같다.

〈표 12-6〉 방문요양서비스 및 방문목욕서비스 시설 기준

구분	사무실	통신설비, 집기 등 사업에 필요한 설비 및 비품	이동용 욕조 또는 이동목욕차량
방문요양서비스	1	1	–
방문목욕서비스	1	1	1

출처 : 「노인복지법 시행규칙」 별표 9 재수정.

가. 이동목욕차량이란 이동용 욕조, 급탕기, 물탱크, 물공급과 배출용 호스릴 등을 갖춘 차량으로 자동차등록증상 차량용도에 '이동목욕용'으로 표시되어 있거나 이동목욕용으로 구조변경 내용을 기재·등록한 차량을 말한다.

나. 방문요양서비스 또는 방문목욕서비스를 제공하는 재가노인복지시설을 사회복지시설에 병설하거나, 어느 하나 이상의 재가노인복지서비스(주·야간보호서비스 또는 단기보호서비스 포함)를 동시에 제공하는 경우 사업에 지장이 없는 범위에서 상호 중복되는 시설·설비를 공동으로 사용할 수 있다.

㉡ 주·야간보호서비스 및 단기보호서비스 시설 기준

주·야간보호서비스 및 단기보호서비스 시설의 기준은 〈표 12-7〉과 같이 정리할 수 있으며, 세부적 설비 기준을 보면 다음과 같다.

〈표 12-7〉 주·야간보호서비스 및 단기보호서비스 시설 기준

<table>
<tr><th colspan="2">구분</th><th>거실</th><th>침실</th><th>사무실</th><th>의료 및 간호사실</th><th>작업 및 일상동작 훈련실</th><th>식당 및 조리실</th><th>화장실</th><th>세면장 및 목욕실</th><th>세탁장 및 건조장</th></tr>
<tr><td rowspan="2">주·야간 보호서비스</td><td>이용자 10명 이상</td><td>1</td><td></td><td colspan="2">1</td><td>1</td><td>1</td><td>1</td><td colspan="2">1</td></tr>
<tr><td>이용자 10명 미만</td><td>1</td><td></td><td colspan="2">1</td><td>1</td><td>1</td><td colspan="3">1</td></tr>
<tr><td rowspan="2">단기 보호서비스</td><td>이용자 10명 이상</td><td></td><td>1</td><td colspan="2">1</td><td>1</td><td>1</td><td>1</td><td colspan="2">1</td></tr>
<tr><td>이용자 10명 미만</td><td></td><td>1</td><td colspan="2">1</td><td>1</td><td>1</td><td colspan="3">1</td></tr>
</table>

출처 : 「노인복지법 시행규칙」 별표 9 재수정.

가. 주·야간보호서비스 이용자가 10명 이상인 경우 사무실과 의료 및 간호사실은 공간을 함께 사용 가능하나 각각의 시설에 대한 기능은 모두 갖추고 있어야 한다.

나. 주·야간보호서비스와 단기보호서비스를 함께 제공하거나, 주·야간보호서비스 또는 단기보호서비스를 사회복지시설에서 제공하는 경우에는 거실, 침실 외의 시설은 사업에 지장이 없는 범위에서 병용할 수 있다.

다. 주·야간보호서비스 또는 단기보호서비스를 제공하는 재가노인복지시설이 방문요양서비스, 방문목욕서비스 또는 방문간호서비스를 동시에 제공하는 경우에는 사업에 지장이 없는 범위에서 사무실을 공동으로 사용할 수 있다.

② 유형별 설비 기준

방문요양서비스와 방문목욕서비스는 재가노인을 찾아가는 유형이므로 세부설비 기준은 없으나, 주·야간보호서비스 및 단기보호서비스를 제공하는 시설의 설비 기준은 다음에서와 같다.

㉠ 시설의 규모·구조 및 설비는 이용자가 쾌적한 일상생활을 하는 데 적합하여야 하며, 일조·채광·환기 등 이용자의 보건위생과 재해방지 등을 충분히 고려하여야 한다.

㉡ 복도·화장실·거실·침실 등 이용자가 통상 이용하는 시설은 휠체어 등의 이동이 가능한 공간을 확보하여야 하며, 문턱을 제거하고, 손잡이 설비를 부착하며, 바닥의 미끄럼을 방지하는 등 이용자의 활동에 편리한 구조를 갖추어야 한다.

㉢ 「소방시설 설치유지 및 안전관리에 관한 법률 시행규칙」이 정하는 바에 따라 소화용 기구를 비치하고 비상구를 설치하여야 한다.

㉣ 급·배수 설비 기준은 다음과 같다.

가. 급수설비는 상수도에 의한다. 다만, 상수도에 의할 수 없는 경우에는 「먹는물관리법」 제5조에 따른 먹는 물의 수질 기준에 적합한 지하수 등을 공급할 수 있는 설비를 갖추어야 한다.

나. 시설에서 사용되는 음용수의 경우에는 「수도법」 또는 「먹는물관리법」에 따라 수질검사를 받아야 한다.

다. 빗물·오수 등의 배수에 지장이 없도록 배수설비를 갖추어야 한다.

㉤ 침실이 2층 이상인 경우 건물 내에 경사로(Ramp)를 설치하여야 한다. 다만, 승강기를 설치한 경우에는 경사로를 설치하지 아니할 수 있다.

㉥ 그 밖의 설비 기준은 다음과 같다.

가. 복도·화장실, 그 밖의 필요한 곳에 야간 상용등을 설치하여야 한다.

나. 계단의 경사는 완만하여야 하며, 치매이용자의 낙상을 방지하기 위하여 계단에 출입문을 설치하고 잠금장치를 하여야 한다.

다. 바닥은 부드럽고 미끄럽지 아니한 바닥재를 사용하여야 한다.

라. 주방 등 화재위험이 있는 곳에는 치매이용자가 임의로 출입할 수 없도록 잠금장치를 설치하고, 배회이용자의 실종 등을 예방할 수 있도록 외부출입구에 적정한 잠금장치를 하여야 한다.

③ **공간별 설비 기준**

첫째, 재가노인복지시설 중 재가노인지원서비스를 제공하는 시설의 경우에는 사무실, 상담실, 교육실, 자원봉사자실을 갖추어야 한다.

둘째, 재가노인복지서비스를 제공하는 시설을 사회복지시설에 병설하는 경우에는 시설 및 설비 기준에 관한 특례를 적용할 수 있는데, 그 세부적인 기준을 보면 다음과 같다.

㉠ 방문요양 또는 방문목욕을 제공하는 시설을 사회복지시설에 병설하여 운영하는 경우 사업에 지장이 없는 범위에서 상호 중복되는 시설·설비를 공동으로 사용할 수 있다.

㉡ 주·야간보호 또는 단기보호를 제공하는 시설을 사회복지시설에 병설하여 운영하는 경우에는 생활실, 침실 외의 시설은 사업에 지장이 없는 범위에서 병용할 수 있다. 다만, 이 경우 시설의 연면적은 공동으로 사용하는 시설의 면적을 포함하여 각각 90m^2 이상이 되어야 한다.

셋째, 재가노인복지시설 중 주·야간보호서비스 또는 단기보호서비스를 제공하는 경우에는 생활실, 침실, 사무실, 의료 및 간호사실 등의 시설을 갖추어야 하는데, 공간별 세부 설비 기준을 보면 다음과 같다.

㉠ 생활실

가. 이용자가 자유롭게 활동할 수 있는 공간과 안전설비를 갖춘 생활실을 두어야 한다.

나. 적당한 난방 및 통풍장치, 채광·조명 및 방습설비를 갖추어야 한다.

㉡ 침실

가. 독신용·동거용·합숙용 침실을 둘 수 있다.

나. 남녀공용인 시설의 경우에는 합숙용 침실을 남실 및 여실로 구분하여야 한다.

다. 이용자 1명당 침실 면적은 6.6m^2 이상이어야 한다.

라. 합숙용 침실 1실의 정원은 4명 이하이어야 한다.

마. 합숙용 침실에는 이용자의 생활용품을 각자 별도로 보관할 수 있는 보관설비를 설치하여야 한다.

바. 이용자 질환의 종류 및 정도에 따른 특별침실을 입소정원의 5% 이내의 범위에서 두어야 한다.

사. 침실 바닥 면적의 7분의 1 이상의 면적을 창으로 하여 직접 바깥 공기에 접하도록 하며, 개폐가 가능하여야 한다.

아. 침대를 사용하는 경우에는 이용자들이 자유롭게 오르내릴 수 있어야 한다.

자. 치매이용자가 자유롭게 활동할 수 있는 공간과 안전설비를 갖춘 침실을 두어야 한다.

차. 적당한 난방 및 통풍장치, 채광・조명 및 방습설비를 갖추어야 한다.

㉢ 사무실

사무를 위한 적당한 집기・비품 및 탈의공간을 갖추어야 한다.

㉣ 의료 및 간호사실

진료 및 간호에 필요한 상용의약품・위생재료 또는 의료기구를 갖추어야 한다.

㉤ 작업 및 일상생활동작훈련실

기능회복 또는 기능감퇴를 방지하기 위한 훈련 등에 지장이 없는 면적과 필요한 설비 및 장비를 갖추어야 하고, 자유로이 이용할 수 있는 적당한 문화설비와 오락 기구를 갖추어 두어야 한다.

ⓑ 식당 및 조리실(다만, 급식제공을 외부기관에 위탁하는 경우에는 두지 않을 수 있음)

가. 조리실 바닥은 내수재료로서 세정 및 배수에 편리한 구조로 하여야 한다.

나. 채광 및 환기가 잘 되도록 하고, 창문에는 방충망을 설치하여야 한다.

다. 식기를 소독하고 위생적으로 취사 및 조리를 할 수 있는 설비를 갖추어야 한다.

ⓢ 세면장 및 목욕실

가. 바닥은 미끄럽지 아니하여야 한다.

나. 욕탕샤워기 및 세면설비와 깨끗한 물을 사용할 수 있는 설비를 갖추어야 한다.

다. 욕조를 설치하는 경우에는 욕조에 이용자의 전신이 잠기지 아니하는 깊이로 하고 욕조 출입이 자유롭도록 최소한 1개 이상의 보조봉과 수직의 손잡이 기둥을 설치하여야 한다.

라. 급탕을 자동온도조절장치로 하는 경우에는 물의 최고온도는 섭씨 40도 이상이 되지 아니하도록 하여야 한다.

ⓞ 세탁장 및 건조장

세탁 및 세탁물을 건조할 수 있는 설비를 갖추어야 한다. 다만, 세탁물을 전량 위탁처리하는 경우에는 두지 아니할 수 있다.

(4) 재가노인복지시설의 직원자격 및 배치 기준

① 재가노인복지시설의 직원자격 기준

재가노인복지시설에서 근무할 수 있는 직원자격은 시설의 장과 전문직으로 구분이 되는데, 시설의 장, 요양보호사, 물리치료사, 작업치료사 자격 기준은 〈표 12-8〉과 같이 정리할 수 있다.

〈표 12-8〉 재가노인복지시설의 직원자격 기준

직종별	자격 기준
시설의 장	「사회복지사업법」에 따른 사회복지사 자격증 소지자, 「의료법」 제2조에 따른 의료인의 자격을 취득한 자 또는 요양보호사 1급으로의 실무경력 5년 이상인 자로서 보건복지부장관이 정하여 고시하는 소정의 교육을 이수한 자
요양보호사	「노인복지법」에 따른 요양보호사 자격증 소지자
물리치료사 또는 작업치료사	「의료기사 등에 관한 법률」에 따른 물리치료사 또는 작업치료사 면허 소지자

출처: 「노인복지법 시행규칙」 별표 9 재수정.

② 재가노인복지시설의 직원배치 기준

첫째, 재가노인복지시설의 시설유형별 직원의 배치 기준은 〈표 12-9〉와 같이 정리할 수 있다.

〈표 12-9〉 재가노인복지시설의 직원배치 기준

<table>
<tr><th colspan="2">구분</th><th>시설장</th><th>사회복지사</th><th>간호사 또는 간호조무사</th><th>물리치료사 또는 작업치료사</th><th>요양보호사</th><th>사무원</th><th>조리원</th><th>보조원(운전사)</th></tr>
<tr><td colspan="2">방문요양서비스</td><td>1명</td><td>1명 (수급자 15명 이상)</td><td></td><td></td><td>15명 이상 (농·어촌지역의 경우 에는 5명 이상)</td><td></td><td></td><td></td></tr>
<tr><td colspan="2">방문목욕서비스</td><td>1명</td><td></td><td></td><td></td><td>2명 이상</td><td></td><td></td><td></td></tr>
<tr><td rowspan="2">주·야간 보호 서비스</td><td>이용자 10명 이상</td><td>1명</td><td>1명 이상</td><td colspan="2">1명 이상</td><td rowspan="2">이용자 7명당 1명 이상</td><td>필요수</td><td>1명</td><td>1명</td></tr>
<tr><td>이용자 10명 미만</td><td>1명</td><td></td><td colspan="2">1명 이상</td><td></td><td>1명</td><td></td></tr>
<tr><td rowspan="2">단기보호 서비스</td><td>이용자 10명 이상</td><td>1명</td><td>1명 이상</td><td>이용자 25명당 1명</td><td>1명(이용자 30명 이상)</td><td rowspan="2">이용자 4명당 1명 이상</td><td></td><td>1명</td><td></td></tr>
<tr><td>이용자 10명 미만</td><td>1명</td><td></td><td>1명</td><td></td><td></td><td>1명</td><td></td></tr>
</table>

주: 재가노인지원서비스는 시설장 1명, 사회복지사 1명, 사무원 1명임.
출처: 「노인복지법 시행규칙」 별표 9 재수정.

둘째, <표 12-8>에서 정하고 있는 세부적인 내용을 설명하면 다음과 같다.

㉠ 방문요양서비스에서 "농·어촌지역"이란 시·군의 읍·면 전 지역 또는 동 중 주거지역·상업지역 및 공업지역을 제외한 지역을 말한다.

㉡ 주·야간보호서비스, 단기보호서비스, 방문요양서비스 및 방문목욕서비스 중 장기요양급여수급자에 대한 신체활동 지원서비스는 요양보호사가 제공할 수 있다.

㉢ 주·야간보호서비스 이용자가 10명 이상인 경우 간호(조무)사와 물리(작업)치료사 중 1명 이상의 인원을 두어야 한다.

㉣ 시설의 장은 상근(1일 8시간, 월 20일 이상 근무하는 것을 말함)하는 자로 두어야 한다.

㉤ 방문요양서비스를 제공하는 시설의 장이 어느 하나 이상의 재가노인복지시설을 동시에 관리하는 경우 그 사업의 시설의 장을 겸직하여 운영할 수 있으며, 사회복지시설에 병설하여 운영하는 경우에도 시설의 장을 겸직하여 운영할 수 있다.

㉥ 주·야간보호서비스 및 단기보호서비스에 종사하는 사회복지사, 간호(조무)사, 물리(작업)치료사, 요양보호사는 다른 업무와 겸직할 수 없다.

셋째, 재가노인복지서비스를 제공하는 시설을 사회복지시설에 병설하는 경우의 인력 기준에 관한 특례는 다음과 같다.

㉠ 재가노인복지서비스(재가노인지원서비스 제외)를 제공하는 시설을 사회복지시설에 병설 운영하는 경우 사회복지시설의 장은 사업에 지장이 없는 범위에서 재가노인복지서비스 제공시설의 장을 겸직하여 운영할 수 있다.

㉡ 주·야간보호를 제공하는 시설을 사회복지시설에 병설 운영하는 경우 간호(조무)사, 물리(작업)치료사는 겸직 운영할 수 있다.

3) 재가노인복지시설의 운영 기준

(1) 급식위생관리 규정 (주 · 야간보호 및 단기보호서비스에서 급식을 제공하는 경우)

㉠ 시설의 장은 입소자가 필요한 영양을 섭취할 수 있도록 영양사가 작성한 식단에 따라 급식을 행하여야 한다. 다만, 영양사가 없는 시설의 경우에는 소재지를 관할하는 보건소장 또는 다른 시설 등의 영양사의 지도를 받아 식단을 작성하고 이에 따라 급식하여야 한다.

㉡ 전염성 질환, 화농성 창상 등이 있는 자는 입소자의 식사를 조리하여서는 아니 된다.

㉢ 시설에서 사용되는 음용수의 경우에는 「수도법」 및 「먹는물관리법」이 정하는 바에 따라 수질검사를 받아야 한다.

㉣ 입소자의 식사를 조리하는 자는 항상 청결을 유지하여야 한다.

(2) 기타 운영 규정

㉠ 시설의 장은 조직, 인사, 급여, 회계, 물품, 그 밖에 시설의 운영에 관하여 필요한 규정을 작성하여 시장 · 군수 · 구청장에게 제출하여야 한다.

㉡ 운영 규정에는 다음의 사항이 포함되어야 한다.

가. 이용정원(주 · 야간보호서비스 및 단기보호서비스의 경우에만 해당) 및 모집방법 등에 관한 사항

나. 이용계약에 관한 사항(계약기간, 계약목적, 월이용료 및 그 밖의 비용부담액, 신원인수인의 권리 · 의무, 계약의 해제 등에 관한 사항 포함)

다. 이용료 등 비용에 대한 변경방법 및 절차 등에 관한 사항

라. 서비스의 내용과 그 비용의 부담에 관한 사항

마. 특별한 보호를 필요로 하는 경우에는 그 서비스 기준과 비용에 관한 사항

바. 의료를 필요로 하는 경우에는 그 구체적인 처리절차

사. 시설물 사용상의 주의사항 등에 관한 사항

아. 서비스 제공자의 배상책임, 면책범위에 관한 사항

자. 운영 규정의 개정방법 및 절차 등에 관한 사항

차. 운영위원회의 설치 및 운영에 관한 사항

카. 그 밖에 운영에 필요한 중요한 사항

㉢ 시설의 장은 운영 규정에서 정한 바에 따라 해당 시설을 운영하여야 한다.

㉣ 모든 종사자는 시설의 장과 근로계약이 체결된 자이어야 한다.

(3) 회계 규정

㉠ 시설의 설치·운영에 관한 회계는 법인회계 또는 다른 사업에 관한 회계와 분리하여 계리하여야 한다.

㉡ 국가 또는 지방자치단체로부터의 보조금품, 그 밖에 시설이 수수한 기부금품은 이를 별도의 계정으로 계리하여야 한다.

(4) 시설운영위원회 규정

「사회복지사업법」 제36조 및 「사회복지사업법 시행규칙」 제24조에 따라 재가노인복지시설은 시설운영위원회를 설치·운영하여야 한다. 이와 같은 규정은 재가노인복지시설뿐만 아니라 모든 사회복지시설에 대해서는 시설운영의 공개성과 투명성을 위해서 공히 적용된다.

(5) 사업의 실시 규정

㉠ 주·야간보호서비스를 제공하는 시설 및 단기보호서비스를 제공하는 시설의 이용기간은 다음의 구분에 따른다.

가. 주·야간보호서비스 제공시설 : 1일

나. 단기보호서비스 제공시설 : 1개월에 15일 이내로 이용할 수 있다. 다만, 시

장 · 군수 · 구청장은 중증 질환이 있는 노인, 연고(緣故)가 없는 노인, 취학 · 생계곤란 등의 사유로 인하여 부양능력이 없는 부양의무자로부터 부양을 받지 못하는 피부양 노인에 대하여는 이를 초과하여 이용일수를 연장할 수 있다.

㉡ 시설의 장은 각 서비스별 특성을 고려하여 다음의 〈표 12-10〉의 기준에 따른 사업을 실시하여야 한다.

〈표 12-10〉 재가노인복지시설 사업내용

구분	사업내용
방문요양 서비스	가. 방문요양에 관한 사항 (1) 신체활동지원서비스: 세면도움, 구강관리, 몸 청결, 머리감기기, 몸단장, 옷 갈아입히기, 목욕도움, 배설도움, 식사도움, 체위변경, 이동도움, 신체기능의 유지증진 등 신체에 관한 서비스 (2) 가사활동지원서비스: 취사, 침실 및 주변정돈, 세탁 등 가사에 관한 서비스 (3) 개인활동지원서비스: 외출 시 동행, 일상업무 대행 등 개인 활동에 관한 서비스 (4) 정서지원서비스: 말벗, 격려 및 위로, 생활상담, 의사소통 도움 등 정서에 관한 서비스 나. 상담 및 교육에 관한 사항 (1) 노인생활 및 신상에 관한 상담서비스 (2) 장애노인 및 보호자의 교육 다. 노인결연에 관한 사항: 무의탁노인의 후원을 위한 결연사업
방문목욕 서비스	입 · 목욕준비, 입욕 시 이동보조, 몸 씻기, 머리말리기, 옷 갈아입히기 등이며 목욕 후 주변정리까지 포함함
주 · 야간 보호서비스	가. 생활지도 및 일상동작훈련 등 심신의 기능회복을 위한 서비스 나. 급식 및 목욕서비스 등 다. 노인가족에 대한 교육 및 상담
단기보호 서비스	가. 급식, 치료, 그 밖에 일상생활에 필요한 편의를 제공하는 서비스 나. 그 밖에 노인요양시설 또는 노인요양공동생활가정의 사업에 준하는 서비스

출처: 「노인복지법 시행규칙」 별표 10 재수정.

Senior Citizen Welfare | chapter 13

죽음과 사후 복지서비스

1. 죽음과 임종서비스의 개요

1) 죽음

죽음이란 생애종결(end of life)의 시점이다. 죽음은 삶이 종결된 상태를 말하며, 생애발달이 완전히 종결된 상태이다. 인간의 삶에 대한 정의가 쉽지 않듯이 생의 종결상태인 죽음에 대한 정의도 그렇게 용의한 것은 아니다. 우선 세계보건기구(WHO)에서는 소생할 수 없는 삶의 영원한 종말로 정의하고 있고, 미국의 생명통계국에서는 삶을 의미하는 소견이 전혀 없는 영구적 종식으로 규정하고 있다. 그리고 대한의학협회에서는 의학적 죽음(사망)의 판정기준을 심폐기능의 정지인 심폐사(Cardiac arrest) 또는 전뇌기능의 소실인 뇌사(brain death)로서 구분하여 정의한다.

한편, 덴마크계 독일인으로 미국 발달심리학자이자 정신분석학자인 에릭 에릭슨(Erik Erikson, 1902~1994)은 8단계의 심리사회적 발달이론(psychosocial development theory)을 제시하면서 "노년기에 자신의 과거와 현재적 상황을 자기의 내부로 통합할 수 있는 사람은 죽음이란 사태를 삶 속의 일련의 사건으로 수용할 수 있는 사람이다."라고 하였다. 그리고 르네상스 시기의 천재적 미술가인 레오나르도 다 빈치(Leonardo da Vinci, 1452~1519)는 "잘 보낸 하루가 행복한 잠을 가져오듯이, 잘 보낸 생애는 행복한 죽음을 가져온다."고도 말하였다. 이처럼 노인에게 죽음은 의학적 사건일 뿐만 아니라 일상적 사건과 같이 삶과 연결되어 있다. 따라서 노인복지서비스 현장의 사회복지전문직은 죽음과 임종의 현상에 관한 올바른 지식과 태도를 갖출 것이 요구된다.

이러한 죽음에 대한 정의는 개인과 사회문화, 학문과 종교에 따라 각기 다르게 표현될 수 있는데 이는 관점의 차이이기도 하다. 즉 의사는 인간의 신체를 기준으로 사망 판정을 하며, 법률가는 죽은 사람과 그의 가족이나 사회와의 관계성을 바탕으로 규정하고, 신학자는 신의 섭리로 간주하기 때문이다. 그리고 최근에는 품위 있는 죽음을 의미하는 '웰다잉(well dying)'과 '웰엔딩(well ending)'에 대한 철학적이고 종교적인 논의가 사회적으로 심화되고 있는 경향이라는 점에서 본다면 행복한 삶인 웰빙(well being)만큼 웰다잉과 웰엔딩은 관심사항이 되고 있다. 이 둘은 서로 분리된 것이 아니라 서로 연결되어 있는 생명현상의 과정이기 때문이다.

특히 품위 있는 죽음을 말하는 존엄사(euthanasia with dignity)와 안락사(euthanasia)[1] 문제는 생명윤리나 철학에서도 생철학(philosophy of life) 이후 꾸준히 다루어져 온 부문이기는 하지만 20세기 후반인 1981년의 '리스본 선언(Lisbon Declaration)' 이후부터 최근 21세기에 와서 이슈가 되고 있는 실정이다. 즉 "환자는 인간으로서의 존엄함을 유지

1) 안락사의 영어 표현인 'Euthanasia'는 그리스어의 Eu(좋은)와 Thanatos(죽음)에서 유래한다. 즉 good death(행복한 죽음)를 말하는 것이다.

하면서 죽음을 맞이할 권리가 있다."고 세계의사총회가 천명한 환자의 권리에 관한 '리스본 선언'은 각국에서 존엄사 논쟁을 불러일으켰다.

예컨대 일본 같은 경우는 1975년에 창립된 일본안락사협회가 1983년 '존엄한 죽음을 실천하는 모임'으로 이름을 바꾸며 본격적 계몽운동에 들어갔다. 그리고 네덜란드가 2015년에 세계 최초로 「안락사법(euthanasia law)」을 제정한 이후 각국에서 논의가 활발하게 이루어지고 있다. 그중에서 라이샤워(Reischauer, 1910~1990) 전 주일미국대사의 사례가 회자되는데, 그는 생전에 가족에게 "치유 불가능한 경우 인위적 생명연장은 바람직하지 않다."고 말했으며, 가족과 친지에게 이별을 고한 뒤 의료기기에 의존하지 않고서 조용히 세상을 떠났기 때문이다.

한국에서도 '리스본 선언(환자권리선언)'이 채택된 지 30년이 가까운 2008년 말부터 존엄사가 논란이 되었다. 그 이유는 의학적 회생가능성이 없는 환자에게 생명연장치료를 하지 않고 인간답게 죽을 수 있는 권리를 인정해야 한다는 이른바 '존엄사'를 인정하는 판결이 서울서부지법에서 2008년 11월에 처음 되었기 때문이다. 이는 고등법원 항소심에서도 그대로 받아들여졌으며, 2009년 김수환 추기경의 타계와 맞물려 존엄사 문제는 더욱 세간의 화제를 모으게 되었다.

당시 김 추기경은 생전에 "의식이 없는 상태나 생명연장이 아무 의미가 없는 경우에는 치료를 받지 않겠다."고 밝혔고, 의료진은 이런 뜻을 존중해 자기호흡을 유지한 가운데 영면토록 도왔다. 그로부터 10여 년 후인 2016년에는 「호스피스완화의료 및 임종과정에 있는 환자의 연명의료결정에 관한 법률」이라는 일명 '존엄사법(웰다잉법)'이 제정되어 2018년부터 시행되고 있다. 이는 임종과정에 접어든 환자의 인공호흡기를 때도 처벌하지 않도록 한 존엄사법 논쟁의 시작이라고 할 수 있는, 1997년의 보라매병원 사건[2] 이후 19년만의 결과이기도 하다.

최근 100세 시대 혹은 장수시대가 도래함에 따라 평균수명은 과거 전통사회보다

2) 당시 경제적인 이유로 환자를 퇴원시켜 달라는 보호자의 요구를 수락한 의사가 처벌받은 사건이다.

30년 정도가 늘어났지만 그만큼 건강수명[3)]이 늘어나지 못하는 현상에서 웰다잉(Well-dying)이 관심을 끌면서 생전에 존엄한 죽음을 맞기 위해 선언서를 작성하는 '생전유서(Living Will, 리빙 윌)도 이슈가 되고 있다. 즉 병에 걸려 치료가 불가능하고 죽음이 임박할 경우에 대비해 생명을 인위적으로 연장하기 위한 연명치료에 대한 거부의사를 표시하고, 그에 따르는 모든 행위에 대한 책임이 본인에게 있음을 밝혀 두는 선언서에 서명하는 것이 리빙 윌(생전유서)인데, 선언서는 정신이 온전한 상태에서 작성한 것임을 명백히 밝히는 것이 우선이 된다. 미국에서는 연방의 50개 주 가운데 49개 주에서 건강할 때 존엄한 죽음을 원한다는 의사표시를 해 두는 '리빙 윌'을 법제화하고 있다. 하지만 '사전 의료 지시서(Advance Medical Directive)'라고 볼 수 있는 리빙 윌을 시행하기 위해서는 환자의 상태가 치료 불가능할 뿐 아니라 돌이킬 수 없는 상태(incurable and irreversible condition)에 있다는 확인이 선행되어야 한다.

이처럼 노인에게 죽음은 일상적 사건과 같이 삶과 연결되어 있다. 그것은 회피할 수 있는 그 무엇이 아니다. 노인복지서비스 현장의 사회복지사는 죽음과 임종의 현상에 대한 올바른 지식과 태도를 갖추고, 죽음 가까이에 다가선 노인에게 최선의 서비스를 할 수 있어야 한다.

2) 임종기의 두려움과 서비스

죽음이 어떤 것인가에 대한 확신이 있다면 죽음은 그다지 두려운 것이 아닐 것이며, 일체의 소유욕으로부터 자유로울 수 있다면 죽음 앞에서 동요가 없을 것이다. 죽음은 인간에게 미지의 그 무엇이며 인간의 소유욕을 일시에 제거해 버리는 그 무엇이다. 죽음이 우리에게 두려움으로 다가오는 근원적 이유는 그것이 항시 미지의 상태에 머물러 있다는 것과 현실적 세계를 빼앗아 가는 그 무엇이기 때문일 것이다.

3) 한국인의 건강수명은 2000년 67.4세에서 2020년 기준으로 73.2세로 5.8세 정도 늘어났는데, 일본 74.1세 이어서 세계 2위에 해당하고, 그다음으로 스위스, 이스라엘, 스페인 순이다.

죽음을 앞둔 환자와 죽음에 관한 느낌이나 견해에 관해 적극적으로 이야기를 나누게 되면 그의 고독감과 고립감은 훨씬 경감된다. 죽음에 대해 피상적 두려움을 갖고 그것을 멀리하거나 회피하기보다는 적극적으로 이해하려 할 때 죽음은 편안한 그 무엇으로 다가오게 되는 것이다. 노인에게 죽음은 삶과 동일하게 가까이 있고 내면으로 무조건 수용하여야만 할 과제인 것이다. 다음에서는 죽음의 단계인 임종기에 있는 환자들이 경험하게 되는 공포나 두려움에 관한 학자들의 연구결과를 보고자 한다.

(1) 임종기의 공포

미국 캘리포니아 주립대 교수인 패티슨(Pattison, 1977: 97-107)은 죽음의 경험 연구에서 제시된 임종기의 사람들이 경험하게 되는 공포를 여덟 가지로 나누어 정리하고 있다.

① 미지의 대상으로서의 죽음에 대한 두려움

죽음과 죽음 이후의 상황에 대한 무지함, 죽음을 통한 일체의 소멸 및 죽음으로 인한 불확실성 등으로 인해 가지는 두려움을 말한다. 이는 전혀 모르는 것에 대한 두려움으로 예측을 불허하는 미래에 대한 것이다. 예를 들면 아이 때부터 어둠에 대한 두려움에서 어른의 죽음에 대한 두려움까지에 이른다. 임종환자는 가까운 장래에 있는 죽음의 두려움과 공포를 느낀다.

② 외로움에 대한 두려움

죽음으로 인해 일체의 현실(사랑하는 사람, 애착이 가는 정신적·물질적 대상과 현상 등)과 영원히 분리되어 홀로되어야 하는 외로움에 대한 두려움을 말한다. 임종기의 사람을 홀로 방치한다면 이러한 두려움은 더욱더 증폭된다. 또한 노인이 가장 두려워하는 것 중 하나는 홀로 죽음을 맞이하는 것이다. 회복이 불확실한 환경에서는 타인의 존재가 종말기에 있는 사람에게 위로와 안정감을 준다. 그러나 타인의 죽음을 주시하며 그 아픔과 괴로운 환경을 함께한다는 것은 쉽지 않은 일이다. 따라서 많은 임종기의 사람들이 홀로 남게 되고 친밀한 환경인 가정에서 소외되거나 병원이란 환경에서 홀로 견디어야 한다는 외로움의 두려움이 있다.

③ 가족과 친구를 잃는다는 두려움

자신이 아끼는 사람들을 잃어버리는 상실감 및 슬픔에서 오는 두려움을 말하는데, 가족, 친구 및 가까운 사람들의 문병은 이러한 두려움을 감소시킬 수 있다. 누구나 사랑하는 사람을 잃었을 때 슬프고 두렵지만 죽어 가는 환자는 영원히 다 잃어버려야 한다는 심리 때문에 상실의 두려움이 더욱 극대화된다고 볼 수 있다.

④ 육체적 상실에 대한 두려움

자신의 육체가 소실되고 변형됨에 대한 두려움을 말한다. 육체는 자아상의 큰 부분을 차지하기 때문에 질병으로 인한 육체의 상실이나 불구, 기능저하, 마비 등은 자기 자신의 상실을 의미한다. 이러한 자아상의 무너짐은 부끄러움과 부적절함, 죄의식, 사랑받지 못함, 원하지 않는 자기 자신이라는 느낌을 불러일으키게 된다. 한편, 화장이나 매장이 될 경우에 겪게 될 육체적 상실에 대한 막연한 불안도 포함될 수 있다.

⑤ 자기통제력 상실에 대한 두려움

죽어 가는 사람은 질병이 깊어 감에 따라 자신의 신체나 감정을 조절할 수 없는 두려움이 있다. 이는 타인의 힘을 빌리고 의존해야 하는 신체적 부담, 정신적 부담과 경제적 부담감을 가져야 하며 자기비하의 느낌과 과정을 경험해야 하는 두려움이다. 그리고 치매, 뇌손상 등 정신기능 이상으로 인해 자기통제력을 상실할 것에 대한 수치심이 강한 환자에게도 이러한 두려움이 있다. 이들은 수치감과 두려움이 증가하면 죽기를 원하기도 한다. 따라서 이러한 두려움에 대해서는 환자에게 스스로 결정할 수 있는 일을 하도록 격려하여 자아존중과 자기결정을 하도록 하고 자기 자신을 지나치게 비하하지 않도록 하는 것이 필요하다.

⑥ **정체성 상실에 대한 두려움**

죽음이 가까워지고 가족, 친지, 주변사람과의 접촉이 감소하면 자신의 존재성에 대한 의심을 가지게 되며 나아가 자아정체성 상실이 나타난다. 무의미한 자기 존재에 대한 두려움이 나타나는 것이다. 이는 죽음에 직면하면서도 자아존중과 완성, 존엄성을 잃지 않고 싶은 욕구에 기인한다. 인간적 접촉이나 관계가 가족, 친구들로부터 약화되고 자신의 정체성을 위협하는 사건들은 이러한 욕구들을 충족하지 못하게 하는 상실감으로 작용하기 때문에 두려움이 생긴다.

⑦ **고통과 통증에 대한 두려움**

신체적 통증에 대한 두려움을 말한다. 통증은 자연스러운 노화로 인한 죽음보다는 악성질환으로 인한 사망의 단계에 더욱 심하다. 죽음의 고통은 일반 환자가 겪는 일시적 고통이 아니라는 점에서 완화될 수 없다고 생각하는 심리적 한계가 있는 고통이다. 대부분의 노인성 질환이 치료보다는 통증을 완화하는 맥락의 처우가 많지만 죽음의 통증은 완화에도 심리적 어려움이 있다. 잘 죽는다는 개념은 고통이 없는 죽음이 최우선이 된다고 할 수 있기 때문에 통증관리는 매우 중요하다. 그리고 그러한 고통 중에 홀로 남게 되지 않게 통증이 어느 정도 완화될 수 있도록 하는 의료적 처우는 중요하다.

⑧ **퇴행에 대한 두려움**

퇴행(regression)은 자신의 나약함과 의존적 존재로의 변화에 대한 두려움을 말한다. 죽음이 가까워짐에 따라 환자는 퇴행에 대한 두려움이 더 현저해진다. 자기 자신을 품위 있게 유지할 수 없다는 생각과 좌절감은 극심한 두려움으로 귀결된다. 이는 조절능력 상실에 대한 두려움과도 관련이 된다. 죽음이 가까워지면서 신체적 능력 저하와 의식의 불명, 시간과 공간의 느낌 상실 등이 두려움으로 가중되는 것들이다.

이러한 두려움에 대해 패티슨은 임종환자가 그의 남은 능력을 죽음의 과정에서 사용할 수 있도록 관심과 지지로써 도울 것을 지적하고 있다. 따라서 죽음의 과정에 대한 올바른 이해는 생애종결복지와 관련이 있는 의료복지전문직에게는 필수적이라고 할 수 있다. 이는 죽음의 시기를 처우해야 하는 가족뿐만 아니라 의료복지적이고 정서적인 지지 서비스를 전문으로 하는 전문직으로서의 책임성과 윤리성과도 상관이 있기 때문이다.

(2) 임종기의 환자욕구 서비스

죽음의 두려움이나 공포는 임종환자의 욕구와도 관련이 있다. 따라서 사회복지적인 처우방식으로 본다면 클라이언트의 욕구에 대응한 사회적 대책과 실천기술이 강구되어야 한다는 측면에서 세계적 죽음학자(생사학자)이며 독일 태생의 신부로서 일본 죠지대학(上智大學)의 교수로 재직한 알폰스 디켄(Alfons Deeken, 2006)의 견해가 의미가 있다. 그는 『죽음을 어떻게 맞이할 것인가』라는 저서에서 죽음을 앞둔 환자의 욕구를 다음과 같이 열 가지로 제시하고 있는데, 노인복지서비스 전문직은 이에 대한 전문적인 서비스를 해야 한다.

첫째, 환자는 죽음을 앞둔 상태에서 혼자 버려진다는 느낌, 두려움을 갖기 때문에 옆에 친구가 가까이 있기를 원한다. 죽음이라는 미지의 세계를 향해 나아갈 때 옆에 가까운 사람이 있어 주는 것이 필요하고, 마지막 순간까지 공동체로부터 사랑을 받고자 하는 욕구가 있다.

둘째, 환자는 자율성을 존중받으며 자기결정을 하고자 하는 욕구가 있다. 의사나 간호사는 질병에 대한 지식을 많이 갖고 있는 반면 환자는 질병으로 인해 정신적, 신체적, 정서적으로 약해진 상태지만, 전문가라는 이름으로 환자의 결정을 무시해선 안 되며 환자의 권리를 빼앗아서는 안 된다.

셋째, 환자는 인간 '성장'에 대한 욕구를 갖고 있다. 죽음이라는 끝에 대해 자포자기(自暴自棄)하는 마음을 갖기도 하지만, 죽음까지 적극적으로 자신의 삶을 향해 나아가고 성장하고 싶어 하는 욕구가 있다.

넷째, 환자는 죽음의 행위에서 조연이 아니라 주인공으로 적극적 역할을 하고자 하는 욕구가 있다. 자신의 죽음 때문에 겪어야 할 주위 사람들의 고통을 알고 있고, 힘든 상황 속에서도 그들에게 무언가를 해 주고 싶어 한다.

다섯째, 환자는 자신의 병에 대해 진실을 알고 싶은 욕구가 있다. 환자를 위해 '암'이라는 사실을 알려 주지 않는 것은 환자에게 희망을 갖게 하고 치료효과를 거두기 위한 것이지만, 이러한 의료진의 태도는 스스로 갖고 있는 죽음에 대한 공포를 반영한 것일 뿐 환자에게 도움이 되지 못한다. 환자와 의사가 신뢰관계 속에 있으려면, 의사는 환자에게 진실을 이야기해야 하고 환자는 자신의 몸에서 일어날 일들에 대해 알 권리를 누려야 한다.

여섯째, 환자는 품위 있게 '위엄'을 갖고 죽고자 하며 불필요한 생명연장, 인위적 생명연장은 원하지 않는다. 안락사와 관련해 논란의 여지가 있지만, 죽음의 과정을 연장시키기 위해 최첨단 의료기구 사용을 거절할 권리를 죽어 가는 환자에게 부여해야 한다는 것과 연관된다.

일곱째, 환자는 자기 전 생애를 돌아보는 정신요법을 원한다. 과거의 인간관계나 현재 고민하는 문제들 때문에 죽음에 대해 두려움을 갖는데, 화해와 용서의 시간에 대한 욕구가 있기 때문이다.

여덟째, 환자는 고통을 통제할 수 있기를 원하는 욕구가 있다. 육체적 고통에 한정하는 것이 아니라 정신적 고통, 육체적 고통, 사회적 고통, 영적 고통을 합한 전체적 고통을 고려해야 한다.

아홉째, 환자는 유머와 웃음에 대한 욕구가 있다. 죽어 가는 사람들은 주변 사람들의 슬픈 얼굴을 바라보기보다는 유머나 웃음을 통해 의사소통하고 싶어 한다.

열째, 환자는 죽음 후의 세계를 알고 싶은 욕구가 있다. 죽음은 모든 것의 끝이라고 생각하는 것과 영원한 생명에 대한 시작이라고 생각하는 것 사이에는 차이가 존재하기 때문이며 이는 영성치료서비스와 관련이 있다.

2. 호스피스 · 임종돌봄서비스

1) 호스피스 · 임종돌봄서비스의 개념

100세 시대에 접어들면서 다른 한편으로는 건강하지 못한 삶의 기간도 늘어나는 추세에서 존엄한 죽음, 즉 '웰다잉'을 준비하고자 하는 사람들이 늘어나고 있다. 특히 사망 원인 1위인 암환자의 경우에는 임종에 이르는 원인이 다양하고, 그 과정에서 심한 통증이 발생하기도 한다는 측면에서 임종돌봄서비스를 필요로 하는 경우가 많다. 즉 2017년 8월 4일부터 「호스피스 · 완화의료 및 임종과정에 있는 환자의 연명의료결정에 관한 법률」(약칭, 연명의료결정법)이 시행된 이후에는 호스피스 · 완화의료 내지 호스피스 · 임종돌봄서비스의 중요성이 커지고 있는 실정이다. 따라서 기존의 '호스피스'라는 용어보다는 현 시점에서는 '호스피스 · 완화의료' 내지 '호스피스 · 임종돌봄서비스'로 통칭할 필요가 있다.

호스피스(hospice)의 어원은 라틴어의 호스피탈리스(hospitals)와 호스피티움(hospitium)으로 알려져 있다. 원래 호스피탈리스는 '주인'을 뜻하는 호스페스(hospes)와 '구원의 집, 병을 구치하는 곳'을 의미하는 호스피탈(hospital)의 복합어로서, 주인과 손님 사이의 따뜻한 마음과 그러한 마음을 표현하는 '장소'의 뜻을 지닌 '호스피티움'이라는 어원에서 변천되어 왔다.

역사적으로 보면, 호스피스는 중세 유럽에서 순례자들이나 여행자들에게 성직자들이 숙박을 제공했던 작은 교회 시설을 의미하는 말이었다. 그런데 순례자들이나 여행자들이 피로나 병으로 여행을 떠날 수 없게 되는 경우가 발생하면서부터 그곳에서 치료와 간호서비스를 제공하기 시작하면서, 교회뿐만 아니라 걸인이나 부랑인들을 수용하여 치료하는 시설들을 통칭해서 호스피스라고 부르게 된 것이다. 아울러 그러한 수용시설에서 간호를 맡는 사람의 헌신과 환대를 '호스피탤러티(Hospitality)'라고 불렀는데, 오늘날 병원을 칭하는 용어인 'Hospital'의 근원이 된다. 오늘날 널리 사용되고 있는 현대적 의미의 호스피스 개념을 보면, 웹스터사전(1972년)에서는 "여행자를 위한 숙소 또는 병자, 가난한 사람들을 위한 집(inn)"으로 설명하고 있고, 미국호스피스협회(NHO)에서는 "말기환자와 가족에게 입원간호와 가정간호를 연속적으로 제공하는 프로그램"으로 정의하고 있다(고정자, 2001).

이를 종합하여 정의해 보면 호스피스·임종돌봄서비스란 "불치질환의 말기환자에게 편안하고 충만한 삶을 영위하도록 지지와 돌봄을 제공하는 것이며, 말기환자와 가족에게 입원간호와 가정간호를 연속적으로 제공하는 프로그램"이라고 할 수 있다.

2) 호스피스·임종돌봄서비스의 현황

(1) 영국과 미국의 호스피스·임종돌봄서비스

19세기에 영국의 자비의 수녀회는 더블린(Dublin)에서 호스피스를 시작하였고 임종환자들을 돌보기 위해 헌신하도록 창립되었으며 영국의 자비의 수녀회는 런던에 성요셉호스피스를 설립했다. 그러나 현대적인 호스피스·임종돌봄서비스의 개념화는 호스피스의 창시자로 불리는 영국의 간호사이자 여의사 시실리 손더스(Cicely Saunders)에 의해 시작되었다고 볼 수 있다.

시실리 손더스는 1918년에 성 요셉병원에서 호스피스에 대한 아이디어와 원칙을 다듬어서 현대 호스피스 간호의 초석을 만들기 시작했다. 1935년부터 성 누가병원에서는 진통제의 '정규적인 제공(regular giving system)'을 치료법으로 실시하였고, 손더스는 이것으로 현대 호스피스의 통증조절 지침의 기초로 삼았다. 또한 그녀는 성 요셉병원에서 발전시킨 호스피스 프로그램을 독립적으로 성(聖) 크리스토퍼병원에 도입시켰다. 1967년에는 손더스가 열과 성을 다하여 계획하였던 성 크리스토퍼 호스피스는 개방되었고 현대 호스피스 운동의 시초가 되었다. 이 호스피스는 초기 호스피스에서 제공했던 간호의 영적인 지지 및 정서적 지지에 참가하여 말기질환과 관련된 증상과 통증조절에 초점을 두었던 것이다. 이러한 호스피스운동은 1980년대에 영국을 중심으로 완화의학(Palliative Medicine)이 정립되기 시작하는 데 기여하였다.

한편, 1963년 시실리 손더스는 미국을 처음 방문하여 호스피스에 대한 강연을 하게 되면서 대호응을 받게 된 후 미국에서도 호스피스에 대한 관심이 일기 시작하였다고 볼 수 있다. 1968년에 예일 뉴헤븐(Yale New Haven)에서 호스피스 가정간호(Hospice Home Care)가 시작되고, 1969년에는 스위스 출신의 정신과의사인 엘리자벳 큐블러－로스(Elisabeth Kübler-Ross)가 『죽음과 죽어감(*On Death and Dying*)』을 출판함으로서 죽음의 개념과 말기환자의 돌봄에 대한 관심이 높아졌다.

1971년 코네티컷(Connecticut)에서 가정간호가 시작되었고, 1975년에는 미국에서 발전된 제2의 호스피스 프로그램으로 뉴욕의 성 누가 루즈벨트병원에서 시작되어 미국의 유일한 호스피스 모델이 되었다. 그리고 1978년에는 미국호스피스협회(National Hospice Organization, NHO)가 창립되어 호스피스의 정의와 철학, 목적, 특징들이 보다 체계화되기에 이른다.

(2) 한국의 호스피스 · 임종돌봄서비스

한국은 1965년 '마리아의 작은 자매회'라는 수녀모임이 운영한 강릉의 '갈바리 의원'에서 호스피스가 처음 소개된 후 서서히 지속되다가 1990년 이후 적극성을 보이고 있다. 1991년 한국호스피스협회, 1992년 한국가톨릭호스피스협회가 창설되었고, 1999년 한국호스피스완화의료학회가 결성되어 호스피스 운동에 관심 있는 사람과 자원봉사자에게 호스피스 활동을 위한 유익한 정보와 자료를 제공하면서 호스피스 운동의 활성화에 기여하고 있다(류종훈 외, 2008 참조).

2000년대 이후의 상황을 보면, 2009년부터는 국립암센터, 지역암센터 및 암환자 완화의료 전문기관을 중심으로 완화의료 전문인력(의사, 간호사, 사회복지사) 양성교육을 실시하고 있다. 교육과정은 오프라인 교육방식과 e-leaning 교육방식이 병행되는데, 호스피스사회복지사는 34차시 e-leaning 교육과 호스피스 완화의료기관 실습으로 이루어진다. 이 과정은 주로 호스피스 완화의료기관에서 통증조절과 증상조절, 임종돌봄서비스 등의 서비스에 관련된 교육으로 구성이 된다.

호스피스·임종돌봄서비스는 암과 같은 생명을 위협하는 질환을 가진 환자와 그 가족의 완화의료는 물론 심리·사회적, 영적 서비스도 이루어진다. 호스피스·임종돌봄서비스 유형은 입원형, 가정형, 자문형 등으로 구분된다.

세부적으로 보면, 입원형은 독립된 호스피스 병동에서 통증과 증상 완화의료가 즉각 이루어질 수 있고, 오랜 투병생활로 신체적·정신적으로 힘든 말기 환자들을 위한 심리프로그램도 제공이 된다. 따라서 말기 환자들의 선호도가 높지만 여명을 예측할 수 있는 말기 암환자만 호스피스 전문기관에 입원이 가능하도록 제한되어 있다. 가정형은 호스피스·임종돌봄서비스 팀이 가정으로 방문해 서비스를 제공하는 것이며, 자문형은 일반 병동과 외래에서 진료를 받는 말기 환자와 가족에게 호스피스·임종돌봄서비스 팀이 담당 의사와 같이 임종돌봄서비스를 제공하는 형태이다. 따라서 자문형은 입원형과 같은 서비스를 받을 수 있지만 서비스 결정권이 담당 의사에게 있고, 여러 사람이 같이 사용하는 일반 병동에서 서비스가 이루어진다는 점이 차이가 있다.

이렇듯 현재의 호스피스·임종돌봄서비스에 관한 국가정책은 말기암환자로 국한되고 있는 한계가 있다는 점에서 다른 만성·난치성질환으로 인한 말기환자와 가족에 대한 정책이 미진함을 알 수 있다. 그리고 기본적으로는 호스피스·완화의료 인프라를 확충하고 말기환자 관리체계를 구축해야 할 필요도 있다.

아울러 낮은 호스피스·완화의료 수가로 인해 병원들의 참여가 저조하고 호스피스 원칙에 따른 표준적 전문의료서비스를 제공하기 어려운 실정이라는 점에서 본다면 호스피스완화의료 전문기관에 대한 지원을 늘리고 현행 행위별수가제에서는 포함되지 않는 호스피스·완화의료 서비스의 특성을 감안한 적정보상을 위한 별도의 수가를 제공하는 것도 개선과제가 된다(http://www.mdtoday.co.kr, 2014.10.14. 재수정).

3) 호스피스 · 임종돌봄서비스 대상자와 목적

(1) 호스피스 · 임종돌봄서비스의 대상자

호스피스 · 임종돌봄서비스 대상자는 주로 다음과 같은 죽음의 단계에 접어든 말기 환자들이 해당된다.

① 불치병으로 진단받은 자로 호스피스 간호가 필요한 환자
② 의사로부터 6개월 정도 살 수 있다는 진단을 받은 환자
③ 의사의 동의가 있거나 의뢰된 환자
④ 환자나 가족이 의사의 진단을 받아들이고 예후를 논의하여 통증 및 증상완화를 위한 비치료적 간호를 받기로 결정된 환자
⑤ 가족이나 친지가 없어 호스피스의 도움이 필요하다고 인정된 환자
⑥ 의식이 분명하고 의사소통이 가능한 환자
⑦ 의학적인 치료효과를 기대하기 힘든 환자로 증상완화치료가 필요한 환자

(2) 호스피스 · 임종돌봄서비스의 목적

세계보건기구(WHO)는 건강을 "신체뿐만 아니라 마음도 건강하여 육체적, 정신적, 사회적인 면에서 완전히 양호한 상태를 가리킨다."고 정의하였으나 호스피스가 확산되면서 건강의 정의에 1998년, 영적인 측면이 추가되었다. 비록 육체적으로 점점 쇠약해지고 있다 하더라도 영적 보호가 잘 뒷받침되어야 평안함을 유지하며 삶을 마감할 수 있다는 사실을 경험을 통해서 알게 되었기 때문이다.

죽음 앞에 있는 이들은 전인적으로 고통을 당한다. 우선 통증조절을 위해서는 의료진의 도움이 필요하고 정신적으로나 영적인 면을 보살펴 줄 성직자나 전문 상담자, 각 분야 자원봉사자의 도움이 절대적으로 필요하다. 경제적 어려움이나 남겨 둔 일에 대한 미련, 남는 가족에 대한 염려, 장례문제 등으로 고민하는 환우는 가족을 포함한 전인적 보호가 이루어지지 않으면 편안하게 떠나지 못한다(김인선, http://eu.christiantoday.co.kr 재수정).

이처럼 임종돌봄서비스로서의 호스피스는 더 이상 치료하기 어려운 말기환자가 가족과 더불어 그들의 희망에 따라 마지막 삶을 살 수 있도록 하며, 환우가 가족과 함께, 남은 시간 동안 삶을 잘 마무리할 수 있도록 여러 면에서 도와주는 데 목적이 있다. 그리고 환자가 남은 삶을 인간으로서의 존엄성과 높은 삶의 질을 유지하면서 살다가 평안한 죽음을 맞이하도록 하며, 환자와 가족의 신체적 · 정서적 · 심리적 · 사회경제적 · 영적 요구를 충족시키는 데도 목적이 있다.

3. 사후 장묘복지서비스

1) 장묘복지문제와 장묘복지서비스의 개념

(1) 장묘복지문제

사후 장묘복지문제는 인간의 사후문제와 관계가 밀접하다. 삶과 죽음의 과정은 원래 구분되어 있는 것은 아니며 오히려 삶의 종결단계가 죽음이라는 일관된 삶의 연장선상에서 다루어져야 한다. 장묘제도는 시대적 · 사회적 여건변화에 따라 변천해 오고 있으며, 한국의 경우도 불교의 이념에 따라 삼국시대 말기부터 통일신라를 거쳐 고려에 이르기까지 고대와 중세 전기의 기간에는 화장에 대한 관심이 사회적으로 높았던 시기였다. 그러나 조선시대에 이르러 숭유억불정책의 대두는 장묘제도에도 영향을 주어 유교의 이데올로기에 기초한 매장 위주의 장묘제도가 확산되었다(고수현, 1998 재수정).

이러한 장묘복지문제가 현대사회에서 사회적으로 이슈화된 것은 그리 오래되지 않은 실정이다. 그 단적인 예는 1999년 8월 9일부터 시행에 들어간 「건전 가정의례의 정착 및 지원에 관한 법률」에서 장례식장과 관련된 조항을 장묘 관련법으로 바꾸기 전까지는 「가정의례에 관한 법률」에서 상 · 장례에 대한 지침이나 방향을 제시하는 소극적 정책을 지속해 왔다. 특히 현행 「장사 등에 관한 법률」 시행 이전의 「매장 및 묘지 등에 관한 법률」에서도 보건위생상의 위해(危害)를 방지하고 국토의 효율적 이용의 차원에서

호화분묘 방지나 화장장 관리업무 위주의 잔여적(residual) 대책을 일관해 온 것이다.[4)]

그러나 이러한 제도는 전후 복지국가의 합의인 복지주체로서의 국가가 개입하여 국민의 인간다운 생활보장을 목표로 하는 이상(ideal)에 대응한 사회복지적 접근이 되지 않고 있는 실정이다. 따라서 인간이 태어나서 죽을 때까지는 생애에 있어서 필요 최저한의 사회보장을 국가의 책임으로 하고 있는 것이 현대 복지국가의 이념인 점과 연관해 본다면, 장묘복지서비스는 인간복지를 대상으로 한 서비스의 최종 대상이기 때문에 중앙정부 및 지방정부의 보다 적극적인 지원이 요청된다.

(2) 장묘복지서비스

최근 한국도 평균수명의 연장과 함께 100세 시대에 접어들어 자신의 사후에 대한 관심이 높아지고 있다. 100세 시대에서는 대부분 가족부양 체계가 무너지기 때문에 장묘문제가 단순한 가정의례 차원의 문제라기보다는 죽은 자의 사후보장과 산 자의 생활보장을 가져올 수 있는 인간존중과 복리의 차원에서의 장묘복지서비스의 모형을 개발하고 그에 따른 장묘복지서비스가 실천될 필요가 있다.

그러나 이러한 장묘복지서비스 제도나 행정의 모태가 되는 정책모형 개발을 비롯한 이념적 논의는 극히 미진한 상태이다. 한국의 장묘복지서비스의 전달체계상으로 정점에 있는 보건복지부에서 제시하고 있는 장묘복지서비스[5)]의 주요 방향을 장묘제도의 개선을 통한 장묘행정의 역량강화, 매장억제 및 화장・납골의 장려를 위한 시설 확충 및 개선, 국민의식・관행 개선에 초점을 둔 시민운동을 통한 장묘문화의 합리화에 두고 있다는 점에서도 장묘문제를 적극적 복지대책으로 다루려는 정책의지로 보기에는 한계가 있다.

---

4) 「가정의례에 관한 법률」(1969.1.16. 법률 제2079호)에 의거 1973년에 대통령령 제6680호로 제정된 가정의례준칙에서는 상・장례시설인 장례식장 영업사항까지를 규제하였으나, 2001년 1월 13일부터는 「장사 등에 관한 법률」에서 다루도록 변경된 것이다.

5) 현재 보건복지부는 「장사 등에 관한 법률」 시행 이후부터 '장묘'보다는 '장사'라는 용어를 주로 사용하고 있다.

장묘복지서비스는 '장묘복지(funeral welfare)'와 '서비스(service)'라는 두 개념이 합성된 개념이다. 따라서 장묘복지와 서비스의 정의가 필요하다. 그러나 사회복지서비스라고 할 때 대부분의 쟁점은 '서비스'의 본질과 개념 정의보다는 '사회복지'의 개념 정의에서 비롯되는 것이기 때문에 사회복지의 이념과 가치가 어디에 있느냐가 중요시된다. 마찬가지로 장묘복지서비스는 장묘복지의 이념과 가치가 어디에 있는지에 초점을 두어야 하는 것임에 비추어 볼 때, 장묘복지서비스는 '장묘복지의 목표를 이루기 위하여 필요한 조직적 행정과 전문기술적 봉사'로 정의를 내릴 수 있다.

2) 장묘복지서비스의 생전계약

(1) 장묘복지서비스 생전계약의 개념

장묘생전계약(Pre-need funeral plan, Pre-need funeral arrangement)은 1950년대 미국에서 시작된 개념으로서, 유럽이나 일본에서는 고령자의 대다수가 이용하고 있다. 한국에서도 2010년대 이후부터 이러한 일본식 용어를 차용하여 일부 민간단체에서 서비스가 이루어지고 있으나 아직은 미미한 정도에 불과한 실정이다.

한편, 장묘생전계약은 일본에서는 '생전계약(生前契約, せいぜんけいやく)'으로 번역이 되고 있다. 그러나 '생전계약'이라는 번역은 생전의 모든 계약이라는 너무 포괄적인 의미를 가지고 있기 때문에 적절한 용어로 보기는 힘들다. 다시 말하면, 장묘복지서비스와 관련된 구체적 용어로 번역된 새로운 용어가 필요한 것이다. 아울러 장묘복지서비스 영역도 사후문제와 관련된 유언장 작성, 존엄사 및 장기기증, 유품보존 및 정리 등의 포괄적 서비스를 내포하고 있기 때문에 좀 더 구체화된 명칭이 요구되는 것이다. 즉 '존엄한 죽음을 위한 선언서'의 개념으로서 미국 등의 '리빙 윌'[6]이 생전유언장의 일종으로 인식이 되는 반면에 '장묘생전계약'은 사후의 장묘서비스까지를 포괄하는 계약이다.

6) 1989년에 제정된 미국의 「표준 말기환자 권리법(Uniform Rights of the Terminally ill Act)」 제2조 '생명유지 치료 실시에 관한 선언서'를 말한다. 18세 이상인 사람만 제출할 수 있다.

(2) 장묘복지서비스 생전계약의 형태와 서비스 체계

미국과 일본의 경우에는 고령자의 상당수가 생전에 사후의 장묘복지서비스 문제를 전문서비스 회사나 단체와 계약을 하고, 법률회사가 공증하는 3자 계약형태가 보편적인 형태로 이루어지고 있다. 한국에서도 몇몇 전문서비스 회사가 설립되어 있으나 아직은 운영체계가 미흡하고, 일부 상조회사도 장례서비스 위주로 사전계약(일시불 혹은 할부방식 구매)을 하고 있으나 고령자 본인이 직접적으로 선택하는 것보다는 자녀들이 장사(葬事)를 편리하게 치르기 위해서 간접적으로 계약을 하는 정도에 머무르고 있는 실정이다.

그러나 한국도 전통적인 가정의례 차원의 관혼상제(冠婚喪祭)가 제대로 이행되지 않고 있기 때문에 자녀나 가족체계에 의존하는 것보다는 개인 스스로도 자기 자신의 죽음문제나 사후장례문제와 상관하여 생전에 의사결정을 하는 것이 바람직하다고 볼 수 있다. 왜냐하면 21세기의 현대사회에서는 도시화로 인하여 전통적인 공동체정신이 거의 소멸된 상태이고, 가족체계 역시도 핵가족화되거나 결혼을 하지 않는 사유 등으로 무자녀가족체계도 늘어나고 있기 때문에 본인의 생애를 존엄하게 종결할 책임도 자신에게 있는 것이다.

아울러 가족중심의 장례행위가 어렵게 된 현대사회에서는 국가(중앙정부나 지방정부) 차원에서도 사회복지서비스 제도의 하나로 장묘서비스 부문을 포함해야 할 당위성이 있다. 100세 시대의 복지국가를 지향하기 위해서는 과거와 같이 아동에서부터 노인에 이르는 생애주기에만 초점을 둔 사회복지서비스에만 한정된 '삶의 질 향상'에서 더 나아가 생애종결 시기와 관련된 복지서비스를 포괄하는 '삶과 죽음의 질 향상'으로 자리매김이 요구되기 때문이다. 예를 들어 민간차원의 생전 장묘복지서비스 계약에도 행정지침(가이드라인)을 제시하여 공증하거나, 공공특수법인을 중앙정부나 지방정부 차원에서 설립하여 국가차원에서 보증하는 방식을 병행하는 운영체계가 요구된다.

3) 사후 장묘복지서비스 시설

사후에 장사(葬事)를 수행하는 복지시설의 유형은 일반적으로 장례행사 절차와 관련된다. 시신에 대한 안치에서부터 염습에 이어 입관, 조문, 영결식, 화장 또는 매장, 그리고 화장한 유골을 봉안하는 전 과정은 과거 전통사회에서는 대부분의 과정이 개별 가정의 생활양식이나 풍습, 그리고 종교와 문화 영역에서 자율적으로 진행이 되었지만 산업화 이후의 현대사회에서는 일정한 규정과 법제에 따라 설치된 시설물에서 이루어지게 되었다.

장묘복지시설을 현행 「장사 등에 관한 법률」에 기초하여 정리하면 크게 장묘서비스를 제공하는 장례식장과 매장을 하는 묘지, 그리고 화장을 하는 화장시설, 화장한 유골이나 개장한 유골을 화장 후 안치하는 봉안시설, 자연장지가 있다.[7] 이 중에서 2008년 5월 26일부터 개정・시행된 법률에서는 화장한 유골의 골분(骨粉)을 수목・화초・잔디 등의 밑이나 주변에 묻는 방식의 자연장(自然葬)을 허용하고 있는 자연장지(自然葬地)는 새로운 형태의 장묘복지시설이라고 할 수 있다. 한편, '수목장림'도 「산림자원의 조성 및 관리에 관한 법률」 제2조 제1호에 따른 산림에 조성하는 형태로 자연장지에 속한다(고수현 외, 2007 재수정).

(1) 장례식장

장례(葬禮)란 사후의 주검(시체)을 처리하고 이에 따르는 모든 의례절차라고 할 수 있으므로 장례식장은 장례절차의 과정에서 필요한 장소, 장례용품을 제공하고 시신의 위생적 처리와 각종 장례정보를 제공하는 곳을 말하며, 공설과 사설이 있다. 장례는 1980년대까지만 해도 대부분 개별 가정 내에서 이루어지고, 소규모의 장의사(葬儀師)나 염사(殮師) 의해 염습(殮襲) 등의 일정 부분만 서비스가 제공되는 형태였다. 그러

7) 「장사 등에 관한 법률」에 의한 "장사시설"이란 묘지・화장시설・봉안시설・자연장지 및 제29조에 따른 장례식장을 말한다.

나 1990년대에 접어들면서 아파트 형태의 주거문화가 일반화되면서 주택 형태의 주거문화에서처럼 장례를 치르는 것이 용이하지 않게 되자 임종에 즈음하여 병원에 입원토록 하여 병실에서 사망하게 되는 생애종결 형태가 보편화되기에 이른다.

즉 병원에서 사망한 경우에는 환자로 처우되어 시신을 영안실에서 장례서비스를 제공하는 방식으로 변화된 것이다. 마치 결혼식장이 혼인을 대상으로 한 서비스를 제공하는 곳이라는 관점과 유사하게 관혼상제의 하나인 장례도 병원의 영안실이나 전문장례식장이 '장례식장'이라는 명칭으로 서비스를 제공하는 장소라는 개념화가 이루어졌다.

아울러 장례서비스도 기존의 '염사'나 '장의사'가 아니라 '장례지도사'라는 명칭의 민간자격으로 운영되어 오다가 2012년 8월부터는 「장사 등에 관한 법률」에 근거한 국가자격(시 · 도지사 발급)으로 바뀌었다. 즉 시 · 도지사는 장례지도사 교육과정을 마친 사람에게 무시험검정으로 자격증을 교부하도록 규정한 것이다.

(2) 화장시설

화장(火葬)[8]시설은 사후의 시신이나 유골을 화장하기 위한 공설 또는 사설시설을 말한다. 화장의식은 장작 등을 사용하여 불로 태우는 다비식(茶毘式) 등 불교문화의 한 양식으로 도입된 것으로 보이나 오늘날은 일정한 시설에서 화장로에 시신을 넣고 유류나 전기 등을 사용하여 태우는 방식을 취한다. 이때 시신 또는 개장[9] 유골을 화장하려는 자는 화장시설을 관할하는 특별자치시장 · 특별자치도지사 · 시장 · 군수 · 구청장에게 사전 신고를 하여야 한다. 전통적으로 기독교 등에서는 종교적 이념에 따라 화장보다는 매장을 선호했으나 최근에는 종교적 차원보다는 화장문화에 대한 인

8) 사망 또는 사산한 때부터 24시간이 지난 후가 아니면 매장 또는 화장을 하지 못한다. 다만, 다른 법률에 특별한 규정이 있거나 임신 7개월이 되기 전에 죽은 태아, 그 밖에 대통령령으로 정하는 시체의 경우에는 그러하지 아니하다.

9) '개장'이란 매장한 시신이나 유골을 다른 분묘 또는 봉안시설에 옮기거나 화장 또는 자연장을 하는 것을 말한다.

식확산과 편의 위주 생활양식의 영향으로 화장이 보편적 방식이 되었다.

그리고 화장의 대상도 과거에는 질병사나 사고사에 한정하는 관념이 있었으나 오늘날은 화장 후의 유골을 봉안하는 봉안시설이 발달함에 따라 도시를 중심으로 화장 선호도가 급속하게 높아지고 있다. 뿐만 아니라 최근에 개정된 법률에서는 화장한 유골의 골분을 수목・화초・잔디 등의 밑이나 주변에 묻어 장사하는 자연장[10)]을 허용하고 있고, 특히 「산림자원의 조성 및 관리에 관한 법률」의 제2조 제1호에 따른 산림에 '수목장림'을 자연장지의 하나로 규정하고 있기 때문에 화장욕구는 더욱 늘어날 전망이다.

(3) 봉안시설

봉안(奉安)이란 유골을 봉안시설에 안치하는 것을 말하며, 봉안시설은 화장 후의 유골을 봉안하는 곳을 의미한다. 즉 봉안의 개념이 과거의 납골의 개념과 마찬가지로 유골을 안치하는 것을 의미한다고 보면 기존의 납골시설에 해당하는 개념이다. 과거의 화장은 화장한 골분을 산골처리하는 것을 전제로 했기 때문에 고인을 지속적으로 추모할 수 없다는 관념이 많았지만 오늘날과 같이 화장이 보편화된 것은 봉안시설이 발달하고 다양화된 것과도 상관성이 있다.

봉안시설은 화장 후의 유골을 보관하는 방식에 따라 크게 봉안묘, 봉안당, 봉안탑의 세 가지 유형으로 구분된다.

① 봉안묘

봉안묘는 분묘의 형태로 된 봉안시설을 의미하며 주로 가족봉안묘의 형태가 확산되는 경향이 있다. 이는 매장형식인 분묘형태를 취하지만 내부에는 시신 대신 유골함을 안치하는 방식이다.

10) 화장 후 유골을 곱게 빻아 그 가루를 산이나 강에 뿌리는 방식을 산골(散骨)이라고 하고 크게는 자연장으로 볼 수 있으나 현행 법률에서는 땅에 묻는 방식으로 제한하고 있다.

② 봉안탑

봉안탑도 가족 납골묘지의 형태에 속한다. 주로 불교에서 다비식을 거친 후 유골을 수습하여 영탑(부도탑)에 안치하였던 전통장법을 활용하여 탑의 형태로 된 봉안시설의 설치가 늘어나고 있는 것이다. 그러나 봉안묘와 봉안탑은 개별적 장점에도 불구하고 비교적 규모가 작고 유골을 보관하는 과정에서 습기가 발생하기 쉬워 온전한 봉안이 어렵고, 봉안하는 공간 이외에도 과다한 석재를 사용하여 환경훼손의 문제도 있어 한계점이 나타나고 있다.

③ 봉안당

봉안당은 개정 법률 이전에는 '납골당'으로 불린 시설로 「건축법」 제2조 제1항 제2호에 따른 건축물인 봉안시설을 말한다. 봉안당은 가장 보편적인 봉안시설로 산 자의 공동주택인 아파트와 같이 공간활용 측면에서 효율성이 높다. 즉 비교적 대규모의 시설 내에 많은 유골을 봉안하게 됨으로써 봉안묘나 봉안탑과 같이 화장 후의 유골을 안치하는 시설이나 집단적으로 관리할 수 있는 장점을 보유하고 있는 시설이다.

(4) 매장시설(묘지)

매장(埋葬)이라 함은 사망 후 24시간이 지난 시신이나 유골을 땅에 묻어 장사(葬事)하는 것을 말한다. 한국은 유교사상과 풍수지리사상의 영향으로 조상의 묘소를 중시해 왔고 그로 인하여 자손이 번창할 수 있다는 인식이 강하여 명당을 찾아 호화롭게 매장하는 경향이 있어 왔다. 서구의 매장법이 마을 인근의 평지를 중심으로 공동매장하는 방식이 대부분인 것에 비하여 한국은 집성촌을 중심으로 선산(先山)을 마련하고 마을 주변의 임야를 중심으로 성씨나 문중별로 매장을 하고 시제사(時祭祀)[11]를 지내

11) 시제는 원래 사계절(춘하추동)에 걸쳐 이루어지는 묘사(墓祀)를 말하나 봄(삼짇날)과 가을(중양절, 9월 9일)에 지내는 경우가 많았고 산업화가 이루어진 이후 가을에 1회 정도 지내는 것으로 변모하였으며, 최근에는 사라져 가는 풍습의 하나이다.

면서 죽은 조상과 살아 있는 후손 간의 의미 있는 심리적 상호작용 공간으로 인식되어 왔다.

현행법상으로 매장시설에 관한 규정을 보면 '분묘'란 시체(시신)나 유골을 매장하는 시설을 말하며, 분묘를 설치하는 구역을 '묘지'로 보고 있으며, 공설묘지와 사설묘지가 있다. 그러므로 매장시설은 일반적으로 묘지시설이 되는 것이며 묘지 내에는 분묘가 있고 그 분묘에는 시신(매장 깊이는 지면으로부터 1미터 이상) 이외에도 화장한 유골(매장 깊이는 지면으로부터 30센티미터 이상)을 매장하는 것도 포함된다. 그리고 분묘의 형태는 일반적으로 봉분과 비석, 상석 등 부대시설을 설치할 수 있는 공간으로 이루어지며 경우에 따라서는 봉분을 낮추거나 평지형태의 평분으로 설치하기도 한다.

한편, 공동묘지는 전통사회에서 문중이나 개인소유의 선산이 없는 평민들의 장법이나 집단매장의 유습으로 전승되어 왔고 일제강점기에는 법제화된 공설 및 사설로 운영되어 왔다. 현행법상에서는 묘역 이외에도 도로, 배수시설, 주차장, 휴게실 등의 편익시설을 갖춘 공원화된 형태의 시설을 의미한다. 아울러 매장을 한 자는 매장 후 30일 이내에 매장지를 관할하는 특별자치도지사・시장・군수・구청장에게 사후에 신고하여야 한다.

(5) 자연장지

자연장(自然葬)이란 화장한 유골의 골분을 수목・화초・잔디 등의 밑이나 주변에 묻어 장사하는 것을 말하며, 이러한 장소인 자연장지(수목장림 포함)는 크게 보면 매장시설에 속한다. 자연장지의 종류로는 공설 자연장지[12]와 사설 자연장지가 있는데, 국가, 시・도지사 또는 시장・군수・구청장이 아닌 자는 다음의 수목장림이나 그 밖의 사설자연장지를 조성할 수 있다.

자연장의 방법은 지면으로부터 30센티 이상의 깊이에 화장한 유골의 골분을 묻되,

12) 자연장지(自然葬地)란 자연장으로 장사할 수 있는 구역을 말한다. 그리고 수목장림이란 「산림자원의 조성 및 관리에 관한 법률」 제2조제1호에 따른 산림에 조성하는 자연장지를 말한다.

생화학적으로 분해가 가능한 용기를 사용하거나 흙과 섞어서 묻어야 한다. 아울러 자연장지에는 사망자 및 연고자의 이름 등을 기록한 표지와 편의시설 외의 시설을 설치하여서는 아니 된다.

가. 개인 · 가족자연장지: 면적이 개인자연장지는 30제곱미터, 가족자연장지는 100 제곱미터 미만인 것으로서, 1구의 유골을 자연장하거나 「민법」에 따라 친족관계였던 자의 유골을 같은 구역 안에 자연장할 수 있는 구역

나. 종중 · 문중 자연장지: 면적이 2천제곱미터 이하인 것으로서, 종중이나 문중 구성원의 유골을 같은 구역 안에 자연장할 수 있는 구역

다. 종교단체 · 법인 자연장지: 공공법인이나 재단법인은 5만 제곱미터 이상의 면적, 종교단체는 4만 제곱미터 이하 면적으로서, 불특정 다수인의 유골을 같은 구역 안에 자연장할 수 있는 구역

그리고 개인 · 가족 자연장지, 종중 · 문중 자연장지를 조성한 자는 자연장지의 조성을 마친 후 30일 이내에 보건복지부령으로 정하는 바에 따라 관할 시장 등에게 신고하여야 한다. 신고한 사항 중 대통령령으로 정하는 사항을 변경하는 경우에도 또한 같다. 아울러 법인 등 자연장지를 조성하려는 자는 대통령령으로 정하는 바에 따라 관할시장 등의 허가를 받아야 한다. 허가받은 사항을 변경하고자 하는 경우에도 또한 같다.[13)]

13) 제13장의 일부 내용은 저자의 『100세 시대 노인복지론』에서 재인용하거나 수정 · 보완되었다.

참고문헌

고수현(1990). 한국 고령 노동력 활용에 관한 연구. 대구대학교 석사학위논문.

고수현(1998). 장묘복지정책에 관한 이념적 접근. 한국장묘연구회, **한국장묘**(4).

고수현(2001). 장묘복지시설 설치의 갈등원인 -지역이기주의 현상을 중심으로-. 한국장례문화학회 제3회 학술대회자료집.

고수현(2001). **한국사회보장론**. 서울: 형설출판사.

고수현(2004). 특수직역 연금기금의 장사복지사업참여방안, **장례문화연구**(2).

고수현, 고덕기, 박효준, 오영희, 이삼식, 이필도(2007). 장사제도 개선방안 연구(한국보건사회연구원 정책보고서). 서울: 보건복지부・한국보건사회연구원.

고수현(2020). **지역사회복지론**. 경기: 양서원.

고수현(2021). **100세 시대 노인복지론**. 경기: 정민사.

고수현, 강호성, 김정헌, 남연희, 박성복, 윤종갑, 정영주(2016). **사회복지정책론**. 경기: 양성원.

고수현, 김녹현, 남연희, 박성복, 박영국, 서경석, 오주, 윤선오, 윤종갑(2016). **사회복지행정론**. 경기: 양성원.

고용노동부(2009~2020). 내부자료.

고용노동부(2009~2020). 고용보험백서.

고정자(2001). **노인복지학개론**. 서울: 형설출판사.

공무원연금공단(2009~2020). 내부자료.

교육인적자원부(2001). 국가인적자원개발기본계획: 사람, 지식, 그리고 도약.

국무조정실 노인보건복지대책위원회(2002). 고령사회에 대비한 노인보건복지종합대책.

국민건강보험공단(2007). 노인장기요양보험제도 준비현황과 향후 추진 계획.

국민건강보험공단(2009~2020). 내부자료.

국민연금공단(2009~2020). 내부자료.

국방부(2009~2203). 내부자료.

근로복지공단(2009~2020). 내부자료.

김대희(2008). 고령화 사회에 따른 노인복지 정책의 효과와 발전방향에 관한 연구. 한국학술정보.

김만두(1992). **일본사회복지동향**. 서울: 홍익제.

김미혜(2001). 노인 학대의 이해와 해결을 위한 첫걸음. 노인 학대 세미나 자료집: 노인 학대실태 및 방향성 모색. 까리따스방배종합사회복지관.

김원종(2004). OECD 국가들의 인구고령화 파급효과 및 대응전략. OECD Focus, 3(5), 47-59.

김익균 외(2002). **노인복지론**. 서울: 대학출판사.

김종서 외(1982). 평생교육의 체제와 사회교육의 실태. 경기: 한국정신문화연구원.

김태헌(2007). "고령인구 증가에 사회적 충격". 고령사회의 밝은 미래. 한국노인과학학술단체연합회 편. 서울: 아카넷.

김태현(1994). 노년학. 서울: 교문사.

노인교육연구회(2003). 노인교육. 서울: 학지사.

대한상공회의소(2005). 고령사회 극복을 위한 산업전략.

류종훈, 박지현, 이영주(2008). 노인건강생활과 호스피스케어. 서울: 학문사.

박광준(2004). 고령사회의 노인복지정책. 경기: 학현사.

박상범(1999). 사회보험론. 경남: 세종출판사.

박재간, 홍미령(2001). 노인취업관련 사업의 활성화 방안. 노인복지연구, 11, 119-150.

백승균(2008). 호스피스철학. 경북: 계명대학교출판부.

보건복지부(2004). 독일수발보험 출장 귀국보고서.

보건복지부(2009~2020). 내부자료.

보건복지부(2009~2020). 국민기초생활보장사업안내.

보건복지부(2009~2020). 노인보건복지사업안내.

보건복지부(2009~2020). 보건복지백서.

보건복지부(2021). 노인보건복지사업안내(2020).

사학연금공단(2009~2020). 내부자료.

사회복지연구소(2003). 저소득층 노인의 소득창출과 연계한 협력개발 방안 연구. 연세대학교보고서.

선우덕(2007). 노인장기요양보험제도에서의 현안과 과제. 대한임상노인의학회 춘계학술대회.

성규탁, 박영란(1988). 노인의 사회적 지원망에 관한 연구. 사회복지, 98, 17-27.

성규탁, 이윤로(1993). 사례관리: 효과적 서비스의 전달을 위한 방법. 사회복지, 118, 112.

신섭중 외(1994). 세계의 사회보장. 서울: 유풍출판사.

오갑환(1981). 사회의 구조와 변동. 서울: 박영사.

오진주(1998). 노인의 성생활 경험에 대한 서술적 연구. 한국보건간호학회지, 12(2), 236-251.

윤선오(2000). 유럽 노인들의 정치적 공조체제 형성과 정치 참여에 관한 고찰. 국제문화논문집, 3, 경산대학교 국제문화연구소.

윤선오 외(2005). 독일사회복지론. 서울: 엠-에드.

이삼식 외(2004). 인구고령화의 전개와 인구대책. 서울: 한국보건사회연구원.

이인수(2001). 노인복지론. 서울: 양서원.

이혜원(2002). 노인복지론. 서울: 유풍출판사.

임춘식(2005). 고령화 사회의 도전. 서울: 나남출판.

장세철 외(2004). 현대노인복지론. 서울: 홍익제.

장인협(1995). 지방화시대의 지역복지실천방법론. 서울: 서울대학교 출판부.

장인협, 최성재(1993). 노인복지학. 서울: 서울대학교 출판부.

정경배(2002). 고령화 시대의 생산적 복지정책. 서울: 한국보건사회연구원.

정경희 외(2003). 지역별 노인복지현황과 정책과제. 서울: 한국보건사회연구원.

정경희 외(2005). 2004년도 전국노인생활실태 및 복지욕구조사. 서울: 한국보건사회연구원.

조애저, 김승권, 김유경(1999). 노부모 학대 실태에 관한 사례연구. 서울: 한국보건사회연구원.

통계청(2005~2020). 시·도별 장래인구 특별추계 결과.

통계청(2009~2020). 고령자 통계.

통계청(2017). 사회조사 통계.

한국노년학회(2003). 고령화사회와 노인인력의 활성화방안 세미나 자료집.

홍강의 역(1999). Stoppard, M., 함께 배우는 성. 서울: 푸른숲

福祉士養{成講座編集委員會(1990, 1992). 老人福祉論. 東京: 中央法規.

那須宗一 監修(1989). 老年學事典, Handbook of Gerontology. 京都: 株式會社 ミネルヴァ書房.

岡村重夫・三浦文夫 編(1974, 1987). 老人の福祉と社會保障. 東京: 垣内出版株式會社.

大道安次郎(1987). 老人の社會學{的概念. 現代のエスプリ(老人問題).

京極 高宣(1995). 일본현대복지학총람. [日本の福祉士制度] (신섭중 외 역). 서울: 대학출판사(원저출판: 1992).

三補文夫 編(1995). 圖說高齡者白書. 東京: 全國社會福祉社協議會.

白澤政和(1993). ケースマネージメソトの理論と實際. 東京: 中央法規出版.

勝沼英字(1983). 老人の生理と保健. 東京: 同文書院.

阿部志郎(1985). 社會福祉教室. 東京: 有裴閣.

伊藤實(2002). 일본의 고령자고용실태. 고령자노동시장의 특성과 정책과제: 제3차 KFI-JIL 국제워크숍 자료.

前全大作(1992). 老人福祉論. 東京: 中央法規.

川村匡由(1992). 現代老人福祉論. 東京: minerva 書房.

Alber, J. (1995). *Die Soziale Integration der älteren Menschen in Deutschland*, Brüssel/Belgien.

Allen, P. A., Madden, D. J., Weber, P. & Croizer, L. C. (1992). Age differences in short-term memory: Organization or internal noise?. *The Journals of Gerontology, 47B*, 281-288.

Archibald, W. P. (1976). Face-to-Face: The Alienating Effects of Class, Status and Power Divisions. *American Sociological Review, 41*, 819-837.

Arnold, B. (1979). *Die ökonomische Natur des Alters. Eine sozialgeschichtliche Analyse, Diss.* Universität Bremen.

Atchley, R. C. (1971). Retirement and leisure participation: Continuity or crisis?. The Gerontologist, *11*(1), 13-17.

Atchley, R. C. (1980). *Social Forces in Later Life*(2nd ed.). Belmont, C.A.: Wadsworth Publishing Co.

Bäcker, G. & Naegele, G. (1993). *Alternde Gesellschaft und Erwerbstäigkeit－Modelle zum Übergang vom Erwerbsleben in den Ruhestand.* Bund-Verl., Köln.

Bahrick, H. P., Bahrick, P. O. & Wittlinger, R. P. (1975). Fifty years of memory for names and faces: A cross-sectional approach Journal of Experimental Psychology. *General, 104*(1), 54-75.

Ballew, J. R. & Mink, G. (1986). *Case Management in the Human Services.* Springfield, Illinois: Charles C. Thomas.

Beach, Eileen E. Malone (Eds.). (1992). Caregiver' Perceptions of Case Management and Community-Based Services : Barriers to Service Use. *The Journal of Applied Gerontology, 11*(2), 146-159.

Bengtson, V. L. & Dowd, J. J. (1980). Sociological Functionalism, Exchange Theory and Life Cycle Analysis. *International Journal of Gerontology and Human Development, 12*(1), 55-73.

Berger, P. L. (1973). *Einladung zur Soziologie.* München: Eine humanistische Perspektive.

Beveridge, W. (1958). *Social Insurance and Allied Service.* London: HMSO[1942].

Birren, J. E. (1959). Principles of Research on Aging. *In Handbook of Aging and the Individual*, Ed. by J. E. Birren. Chicago: University of Chicago Press.

Bischof, L. J. (1976). *Adult psychology*(2nd ed.). New York: Haper & Row.

Blau, B. L. (1973). *Old Age in a Changing Society.* New York: A Division of Franklin Watts. Inc.

Brody, E. M. (1977). *Long-Term Care of Older People: A Practical Guide.* New York :Human Science Press.

Butler, R. N. & Lewis, M. I. (1977). *Aging and Mental Health*(2nd ed.). St. Louis: The C. V. Mosby.

Callahan, J. L., Jr. (1989). Case Management for the Elderly : A Panacea?. *Journal of Aging and Social Policy, I,* 181-195.

Cattell, R. B. (1963). Theory of fluid and crystallized intelligence: A critical experiment. *Journal of Educational Psychology, 54*(1), 1 - 22.

Cesta, Toni G., Tahan, Hussein A., & Fink, Lois F. (1998). *The Case Manager' Survival Guide: Winning Strategies for Clinical Practice.* St. Louis & Boston: Mosby.

Challis, D. & Davies, B. (1986). *Case Management in Community Care.* Aldershot, UK: Gower.

Corso, J. F. (1977). "Auditory Perception and Communication". *In Handbook of Psychology of Aging*, ed. by J. E. Birren and K. W. Schaie, New York: Van Nostrand Reinhold.

Cowgill, D. O. & Holmes, L. D. (1974). "Aging and Modernization: A Revision of the theory". In *Late Life: Community and Environmental Policy*, ed. by J. F. Gubrium. Springfield, Ill.: Charles C. Thomas.

Cumming, E. & Henry, W. E. (1961). *Growing Old: The Process of Disengagement.* New York: Basic Books.

David, K. (1992). The Effects of Hospice Coverage on Medicare Expenditure. *Health Service Research, 27*(2), 195 - 217.

Dennis, W. (1966). Creative Productivity Between the Ages of 20-80 Years. *Journal of Gerontology, 21*(1), 1-8.

Dinitto, D. M. (1995). *Social Welfare: Politics and Public Policy.* Boston: Ally and Bacon.

Dowd, J. J. (1975). Aging and Exchange: A Preface to Theory. *Journal of Gerontology, 30*(5), 584-593.

Erich J. (1970). From Forecasting and Planning to Policy Science. *Policy Sciences, 1,* 31-47.

Erikson, E. H. (1959). *Identity and the Life Cycle: Selected Papers.* New York: International Universities Press.

Gilbert, N. & Terrell, P. (1998). *Dimensions of Social Welfare Policy.* Englewood Cliff, New Jersey: Prentice-Hall, Inc.

Glimore, G. C., Allan, T. M., & Royer, F. L. (1986). Iconic memory and aging. *Journal of Gerontology, 41*(2), 183 - 190.

Golding, J. (Eds.). (1996). *Tolley' National Insurance Contributions 1996~1997.* Surry: Tolley Publishing Co.

Harold D. L. & Abraham K. (1970). *Power and Society.* New Haven: Yale University Press.

Havighurst, R. J. (1968). Social psychological perspectives an aging. *The Gerontologist, 8*(2), 67 - 71.

Havighurst, R. J. (1972). *Developmental Tasks and Education.* New York: David Mckay.

Havighurst, R. J. & Albrecht, R. (1953). *Older People.* New York: Lomgmans, Green & Co.

Hendricks, J. & Hendricks, C. D. (1992). *Aging in Mass Society: Myths and Realities*(4th ed.). New

York: Harper Collins.

Homans, G. C. (1974). *Social Behavior: Its Elementary Forms,* Revised Edition. New York: Harcourt Brace Javanovich.

Horn, J. L. & Cattel, R. B. (1966). Refinement and Test of the Theory of Fluid and Crystallized Intelligence. *Journal of Educational Psychology, 57*(5), 253-270.

Horn, J. L., & Cattell, R. B. (1967). Age differences in fluid and crystallized intelligence. *Acta Psychologica, 26*, 107 - 129.

Horowitz, A. (1985). "Family Caregiving to the Frail Elderly" In M. Lawton & G. Maddox (Eds.), *Annual Review of Gerontology and Geriatrics.* New York: Springer.

Huttman, E. D. (1985). *Social Service for the Elderly.* New York: The Free Press.

Huvighurst, R. J. & Albrecht, R. (1953). *Older People.* New York: Longmans, Green & Co.

ILO(1984). *The Introduction to Social Security.*

Jantsch, E. (1970). From Forecasting and Planning to Policy Science. *Policy Science, 1,* 31 - 47.

Kaplan, J. & Aldridge, G. J. (1962). *Social welfare of the aging.* New York: Columbia University Press.

Kleemeier, R. W. (1962). Intellectual change in the senior. *Proceedings of the Social Statistics Section of the American Statistical Association, 1*, 290-295.

Kübler-Ross, E. (1969). *On Death and Dying*. New York: Macmillian Publishing Co. Inc.

Kuypers, J. A. & Bengtson, V. L. (1973). Social breakdown and competence: A model of normal aging. *Human Development, 26*, 181-201.

Larson, R. (1978). Thirty Years of Research on the subjective Well-Being of Old Americans. *Journal of Gerontology, 33*(1), 109 - 125.

Lehr, U. (1977). *Psychologie des Alterns*[Psychology of aging]. Heidelberg: Quelle & Meyer.

Lehr, U. M. (Hrsg.). (1979). *Interventionsgerontologie*. Darmstadt: Steinkopff.

Lemon, B. W. (Eds.). (1972). In Exploration of the Activity Theory of the Aging: Activity Types and Life Satisfaction among In-Movers to a Retirement Community. *Journal of Gerontology, 27*(4), 511-523.

Lowy, L. (1980). *Social Policies and Programs on Aging*. Lexington, MA: Lexington Books.

Luckmann, T. (1979). "Persönliche Identität". In O., Marquard and K. Stierle(eds) Identität, *Soziale Rolle und Rollendistanz.* München: Fink

Martin, R. (1971). The Concept of Power: A Critical Defence. *British Journal of Sociology, 22*, 240-256.

McLellan, D. (2002). 이데올로기. [Ideology] (구승회 역). 서울: 이후(원저출판: 1995).

Ministry of Health(1944). *A National Health Service*, Cmnd6502. London: HMSO.

MLP AG Digitale Pressemappe(2006). *Allensbach-Umfrage*, Heidelberg(ots).

Murdock, G. P. (1949). *Social Structure*. New York: Free Press.

Neugarten, B. L., Havighurst, R. J. & Tobin, S. S. (1964). "Personality Types in an Aged Population" In *Personality in Middle and Late Life*, Ed. by B. L. Neugarten et al., New York: Atherton Press.

O'Conner, J. (1977). *The Fiscal Crisis of the State.* London.

OECD(1988). *Ageing Population—The Social Policy Implications*. Paris: OECD.

OECD(1988). *Reforming Public Pension*. Paris: OECD.

OECD(2002). *Learning to Bridge the Digital Divide.* Paris: OECD.

Olsho, L. (Eds.). (1985). "Aging and the auditory system". In *Handbook of the Psychology of Aging*, ed. by J. E. Birren & K. Schaie. New York: Van Nostrand Reinhold.

Pattison, E. M. (1977). *The Experiencing of Dying.* New Jersey: Prentice Hall Inc.

Perlman, R. (1975). *Consumers and Social Service*. New York: John Wiley.

Phillipson, C. & Walker A. (Eds.). (1986). *Aging and Social Policy: A Critical Assessment.* Hants: Gower.

Pieters, D. (1993). *Introduction into the Basic Principles of Social Security*. Deventer, The Netherlands: Kluwer Law and Taxation Publishers.

Policy Studies Organization(1972). *Policy Studies Journal,* 1, Autumn.

Randolph Hills Nursing Center(1994). *Annual Reports on the Management,* Series 2, Wheaton, MD, USA: Randolph Hills Nursing Center.

Riley, M. & Foner, A. (1968). *Aging and Society: An Inventory of Research Findings.* New York : Russell Sage.

Robinson, R. & Grand J. L. (Eds.). (1993). Evaluating the NHS Reforms. London: King's Fund Institute.

Rose, A. M. (1965). "The Subculture of Aging: A Framework of Research in Social Gerontology". In Rose, A. M. and Peterson, W. A. (eds.), *Older People and Their Social World.* Philadelphia, Pa.: F. A. Davis Company.

Rosow, I. (1976). "Status and Role Change through the Life Span" In *Handbook of Aging and the Social Sciences,* ed. by R. H. Binstock & E. Shanas, New York: Wadworth Publishing.

Rothman, J. (1991). A Model of Case Management: Toward Empirically Based Practice. *Social*

Work, 36(6), Silver Spring, MD: Nation Association of Social Worker, Inc.

Saumweber, W. (2002). *Die Alzheimer Krankheit.* Frankfurt: a.M.

Schaie, K. W. (1994). The course of adult intellectual development. *American Psychologist, 49,* 304-313.

Schaie, K. W. & Labovie-Vief, G. (1974). Generational Versus Ontogenetic Components of Change in Adult Cognitive Behavior: A Fourteen Year Cross-Sequential Study. *Developmental Psychology, 10,* 305-320.

Shenfield, B. E. (1957). *Social Policy for Old People.* Englewood Cliffs, N.J.: Prentice-Hall.

Sheppard, H. L. (1976). "Work and Retirement" In *Handbook of Aging and the Social Sciences*, ed. by R. H. Binstock & E. Shanas, New York: D. van Nostrand.

Siegler, I. G. McCarty, S. M. & Logue. P. E. (1982). Wechsler memory scale scores, selective attrition and distance from death. *Journal of Gerontology, 37,* 176-181.

Skobe(1997). When nurse is not enough: Why the hospice interdisciplinary team may be a nurse' best gift. *American Journal of Hospice & Palliative Care,* July/Aug.

Stoppard, M. (1999). 함께 배우는 성. [Magic of sex] (홍강의 역). 서울: 다섯수레(원저출판: 1991).

Swanson, R. A., & Holton Ⅲ. E. F. (2001). *Foundation of Human Resource Development.* San Francisco: BK.

Veelken, L. (1981). *Soziale Geragogik*. Frankfurt: A. M.

Walker, A., Walker, C. & Ryan, T. (1996). Older People with Leaning Difficulties. *Aging and Society, 10*(4), 377-396.

Weil, M. & Karls, J. (1985). *Case Management in Human Service Practice.* San Francisco: Jossey-Bass.

Yoon, S. O. (1997). *Gesundheitslernen im alter unter gerontologischem Aspekt.* Uni. Dortmund.

Yoon, S. O. (1998). *Das Alter und die Gesundheit*. Athena Verl.: Oberhausen.

Zacks, R. T., Hasher, L., Doren, B., Hamm, V. & Attig, M. S. (1987). Encoding used memory of explicit and implicit information. *Journal of Gerontology, 42*, 418 - 422.

[법]

고용보험법, 고용보험법 시행령, 고용보험법 시행규칙.

공무원연금법, 공무원연금법 시행령, 공무원연금법 시행규칙.

국민건강보험법, 국민건강보험법 시행령, 국민건강보험법 시행규칙.

국민기초생활 보장법, 국민기초생활 보장법 시행령, 국민기초생활 보장법 시행규칙.

국민연금법, 국민연금법 시행령, 국민연금법 시행규칙.
군인연금법, 군인연금법 시행령, 군인연금법 시행규칙.
노인복지법, 노인복지법 시행령, 노인복지법 시행규칙.
노인장기요양보험법, 노인장기요양보험법 시행령, 노인장기요양보험법 시행규칙.
사립학교교직원연금법, 사립학교교직원연금법 시행령, 사립학교교직원연금법 시행규칙.
사회복지사업법, 사회복지사업법 시행령, 사회복지사업법 시행규칙.
산업재해보상보험법, 산업재해보상보험법 시행령, 산업재해보상보험법 시행규칙.
의료급여법, 의료급여법 시행령, 의료급여법 시행규칙.

[웹사이트]
http://www.elder.or.kr
http://www.gepco.or.kr
http://www.hallym.ac.kr
http://www.hospitallaw.or.kr
http://www.koreawa.or.kr
http://www.longtermcare.or.kr
http://www.moleg.go.kr
http://www.mohw.go.kr
http://www.nhic.or.kr
http://www.npc.or.kr
http://www.nso.go.kr
http://www.ssa.gov
http://www.welco.or.kr

찾아보기

(인명)

(ㄱ)

저자 소개

고 수 현

〈약력〉

경북대학교 사회복지학과(박사)
연세대학교 상담교육학과(석사) / 대구대학교 사회복지학과(석사)
영남대학교 지역사회개발학과(학사)
보건복지부 장사제도개선위원(역임) / 보건복지부 보건복지통계위원(역임)
보건복지부 사회보장실무위원(역임) / 보건복지부 사회복지정책 자체평가위원장(역임)
한국노인복지학회 이사(역임) / 대한노인회 충남연합회 노인지도자대학장(역임)
한국복지행정학회장 / 한국복지상담교육학회장 / 사회복지공동모금회 충남지회 부회장(역임)
금강대학교 사회복지학 교수(대학원장 / 평생교육원장)

〈저서〉

사회복지조사론 / 지역사회복지론 / 사회복지법제와 실천 / 사회복지윤리와 철학 / 100세 시대 노인복지론
사회복지지도감독론(사회복지사업현장론) / 사회복지상담론 / 정신건강상담론 외 다수

윤 선 오

〈약력〉

Dortmund대학교 노년학전공 박사(Dr. Phil.)
Dortmund대학교 노년학연구소 연구원(역임)
Hermann-Keiner-Center 실버타운재단 연구원(역임)
경상북도 사회복지협의회 정책연구위원(역임)
현, 경운대학교 사회복지대학원장
경운대학교 상담복지학과장

〈저서 및 논문〉

독일사회복지론 / 사회복지실천론 / 사회복지실천기술론 / 사회복지학개론
Das Alter und die Gesundheit(노인과 건강)
Handbuch Altenbildung(노인교육 지침)
Gesundheitslernen im Alter unter gerontologischem Aspekt(노년기의 건강학습에 관한 연구)
사회보험으로서의 간병보험제도에 관한 고찰
유럽노인들의 정치적 공조체제 형성과 정치참여에 관한 고찰 외 다수

노인복지론

1판 1쇄 인쇄 – 2021년 8월 26일
1판 1쇄 발행 – 2021년 9월 1일

저 자 - 고수현 윤선오
발 행 인 - 강성민
발 행 처 - 수양재
주 소 - 경기도 파주시 검산로 173번길 29-20
전 화 - 031-946-3863(代)
팩 스 - 031-946-3864
이 메 일 - syjpub@naver.com
홈페이지 - tnwpub.co.kr
출판등록 - 2016년 6월 3일 제 406-2016-000069 호

ISBN 979-11-89457-16-7

정가 20,000원